Lourdes Miquel
Neus Sans

Curso intensivo de español

Rápido neu

Ernst Klett Verlag
Stuttgart Düsseldorf Leipzig

Autoras:
Lourdes Miquel
Neus Sans

Coordinación editorial y redacción:
Eduard Sancho

Redacción y corrección:
Roberto Castón

Revisión pedagógica:
Nuria Sánchez

Actividades de fonética:
Dolors Poch

Diseño y dirección de arte:
Estudio Ivan Margot

Maquetación:
Eva Bermejo

Ilustración:
Monse Fransoy, Javier Andrada

Fotografías:
Adela Ruosi, Archivo fotográfico del Servicio de Turismo del Gobierno de Navarra, Arquivo Histórico Provincial de Lugo, Bernardo Guerra (Turismo Andaluz, S.A.), Consulado de Brasil en España, Corporación de Turismo de Venezuela, Corporación Nacional de Turismo de Colombia, Embajada de Argentina en España, Embajada de Colombia en España, Embajada de Venezuela en España, Ersilia Viola, Fotoformat, Iberdiapo, Juan Francisco Macías, Kobal Collection, Nacho Calonge, Nelson Souto, Oficina de Turismo de la República Dominicana, Paolo Tiengo (Turismo Andaluz, S.A.), Photodisc, Phovoir, Promperú, Secretaría de Turismo de la Nación (República Argentina)

Textos:
© Antonio Machado, fragmentos de "Proverbios y Cantares", "Canciones a Guiomar" y "Apuntes, Parábolas, Proverbios y Cantares", Cátedra
© Gloria Fuertes, "Tengo, tengo, tengo... Tú no tienes nada...", de *Historia de Gloria*, Cátedra

Agradecimientos:
Andreu Planas, Armand Mercier, Azucena Carrasco, Begoña Montmany, Carolina Hernández, Carles Torres, Didac Aparicio, Editorial Cátedra, Elisabet Maseras, El Tablao de Carmen, Enric París, Francisco Gavilán, Gerard Freixa, Gil Durante, Jaime Corpas, Jordi Sancho, Marc Reig, María Encabo, María Soledad Gómez, María Encabo, Maria Teresa Cami, Marina Puig, Montse Belver, Montse Martínez, Noelia Salido, Nuria París, Nuria Sánchez, Patricia Jancke, Pol Wagner, Raúl Romero, Ricardo Belver, Roberto Castón, Rogerio de Andrade Brasil, Tono Vañó

Este libro está dedicado a Friedhelm Schulte-Nölle, que tanto aportó a este proyecto.

1. Auflage   1 5 4 3 2 1 | 2006 2005 2004 2003 2002

Alle Drucke dieser Auflage können im Unterricht nebeneinander benutzt werden, sie sind untereinander unverändert. Die letzte Zahl bezeichnet das Jahr dieses Druckes.

© für die Originalausgabe:
Las autoras y Difusión, S.L. Barcelona 2002

© für diese Ausgabe:
Ernst Klett Verlag GmbH, Stuttgart 2002. Alle Rechte vorbehalten.
Internetadresse: http://www.klett-verlag.de
Druck: Druckerei RARO, Madrid. Printed in Spain.
ISBN: 3-12-514701-8

Vorwort

Konzeption

Mit *Rápido Neu* liegt Ihnen die optisch neu gestaltete und inhaltlich überarbeitete Version des einbändigen Spanischlehrwerks *Rápido* vor. Durch seine steile Progression ist es besonders für einen intensiven Unterricht mit Lernern geeignet, die bereits Erfahrungen mit dem Erwerb einer Fremdsprache haben. Das Lehrwerk ist strukturell und kommunikativ ausgerichtet und ermöglicht den Lernenden schon von der ersten Stunde an, in der spanischen Sprache zu handeln.

Aufbau

Das Lehrbuch umfasst **18 Unidades**, die folgendermaßen aufgebaut sind:

1. Auf der Auftaktseite einer jeden *Unidad* werden die Lernziele präsentiert.

2. Der Präsentationsteil *Textos* macht die Lernenden mit dem Sprachmaterial vertraut (Wortschatz, Redemittel und Grammatik). Das geschieht durch eine Vielfalt von schriftlichen und mündlichen Texten wie z. B. Dialoge, Berichte, Radiosendungen, Anzeigen usw., die von aktuellem Bildmaterial aus der spanischen und lateinamerikanischen Welt begleitet werden. Diese Lese- und Hörtexte sind stets mit einer kleinen Aufgabe verbunden, mit der die Aufmerksamkeit auf bestimmte sprachliche Phänomene gelenkt wird (entdeckendes Lernen).

3. Der Grammatikteil *Gramática* enthält eine systematische Darstellung der in den Texten enthaltenen grammatischen Phänomene und Redemittel.

4. Der Übungsteil *Actividades* bietet vielfältige Aufgaben, in denen die präsentierten Strukturen und Redemittel gründlich und systematisch geübt werden können. Diese Aufgaben sind überwiegend personalisiert und dienen dem Austausch von inhaltlich relevanten Informationen. Zudem enthält jede *Unidad* eine Hörübung, in der die Lernenden für einen bestimmten Aspekt der Phonetik sensibilisiert werden.

5. Am Ende jeder *Unidad* findet sich eine Abschlussaufgabe, in der die Lernenden die Möglichkeit haben, das Gelernte selbstständig anzuwenden, indem sie für einen fiktiven Radiosender Programme ausarbeiten und anschließend aufnehmen.

Die Aufteilung der *Unidades* in Präsentations-, Grammatik- und Übungsteil ist ein Ordnungsschema und bedeutet nicht, dass man zunächst alle Texte des Präsentationsteils durchnehmen muss, bevor man zum Grammatik- oder Übungsteil übergehen kann. Es empfiehlt sich vielmehr, sich zuerst einem Text und dem darin präsentierten Phänomen zu widmen, das man mithilfe der Grammatik behandeln und im anschließenden Übungsteil festigen kann. Danach wendet man sich dem nächsten Text des Präsentationsteils zu und verfährt analog.

Die **Arbeitsanweisungen** werden in den ersten *Unidades* auf Spanisch und Deutsch gegeben, dann zunehmend auf Spanisch. Die Benutzer des Buches werden im Spanischen mit „tú" angeredet. Das entspricht der Realität in den meisten spanischsprachigen Ländern, in denen das Du sehr viel häufiger gebraucht wird als bei uns, und ist ein Stück Landeskunde.

Im **Anhang** befinden sich ein lektionsbegleitendes und ein alphabetisches Wörterverzeichnis. Es wurde ein Lernwortschatz vorgeschlagen, der sich an der Wortschatzliste des Europäischen Sprachenzertifikats „*Certificado de Español*" orientiert.

Lehrwerksteile

Zum Lehrbuch ist wahlweise eine **Kassette** oder eine **Audio-CD** erhältlich. Unter den Sprechern finden sich neben Spaniern auch Lateinamerikaner aus den verschiedensten Ländern.
Das Lehrbuch wird von einem fakultativen **Arbeitsbuch** begleitet, das in erster Linie für die individuelle Arbeit zu Hause gedacht ist und die Inhalte der einzelnen Lektionen systematisch festigt. Es enthält erstmalig eine Fortsetzungsgeschichte, die der Progression des Lehrbuchs folgt.

Inhalt

Unidad 1 — S. 7
- Ein Ziel oder einen Zweck angeben: **para** + Infinitiv
- Nach der Aussprache, Schreibweise und Bedeutung eines Wortes fragen: **¿Cómo se dice/pronuncia/escribe?**, **¿Qué significa...?**
- Das Alphabet
- Buchstabieren
- Die Aussprache und Schreibweise
- Der Infinitiv der drei Konjugationsgruppen
- Phonetik: die Intonation in Fragesätzen

Unidad 2 — S. 17
- Über Sprachkenntnisse sprechen: **Hablo bastante bien...**
- Satzteile verbinden mit **y/pero/o**
- Fragen ohne Fragewort und Antworten mit **sí/no**
- Die Subjektpronomen
- Der bestimmte und der unbestimmte Artikel: **el/la/los/las**, **un/una/unos/unas**
- Die Zahlen
- Der Indikativ Präsens: regelmäßige und unregelmäßige Verben
- Phonetik: die Betonung

Unidad 3 — S. 27
- Über Verwandtschaftsbeziehungen sprechen
- Personen anhand von Namen, Beruf oder Nationalität identifizieren
- Dinge identifizieren und einordnen
- Das Substantiv
- Das Adjektiv
- Die Artikel, Possessiv- und Demonstrativbegleiter
- Relativsätze mit **que/donde**
- Die Präposition **de**
- **¿Qué/Quién/Quiénes?**
- Der Gebrauch von **ser**
- Phonetik: **r/rr**

Unidad 4 — S. 41
- Über Namen, Herkunft, Alter und Beruf sprechen
- Den Charakter von Personen beschreiben
- Über Personengruppen oder Teile von Gruppen sprechen: **todos / la mayoría / algunos...**
- Reflexive Verben
- Nationalitätsadjektive
- Berufsbezeichnungen und Artikel
- Berufe: weibliche Formen
- Zusammengesetzte Zahlen von 20 bis 100
- Der Gebrauch von **tú** und **usted**
- Phonetik: **c/z**

Unidad 5 — S. 53
- Geografische Hinweise geben
- Ortsangaben: **detrás (de)**, **delante (de)**, **enfrente (de)...**
- Nach der Anzahl fragen: **¿Cuánto(s)/Cuánta(s)...?**
- Nach dem Weg fragen: **¿Para ir a...?**, **¿Hay un/una... cerca?**
- **Hay** und **estar**
- Verben der Bewegung und Präpositionen: **ir a/hasta/por/de... a**
- Artikel, indefinite Begleiter und Pronomen: **un/uno, ningún/ninguno, algún/alguno...**
- Die Präpositionen **a** und **en**
- Das Gerundium: **estar** + Gerundium
- Indikativ Präsens: unregelmäßige Verben
- Phonetik: **b/v, d/g**

Unidad 6 — S. 67
- Vergleiche anstellen: **igual (que), lo mismo, más/menos... que, mejor/peor que**
- Über Vorlieben sprechen: **¿Cuál/cuáles prefieres?**
- Über Preise sprechen: **¿Cuánto cuesta/n...?**
- Über Material und Funktionsweisen von Produkten sprechen
- Informationen gegenüberstellen: **también**, **tampoco**
- Komplexe Zahlen
- Unregelmäßige Präsensformen: **e-ie, o-ue, e-i, u-ue**
- Fragen mit **¿qué?, ¿cuál?/¿cuáles?**
- Phonetik: die Intonation

Inhalt

Unidad 7 — S. 79
- Dinge nach Form, Farbe und Marke unterscheiden
- Aussehen, Charakter und Alter von Personen beschreiben und vergleichen
- Die Possessivbegleiter: **mi**, **tu**, **su**, **nuestro/a**, **vuestro/a**, **su**
- Die Possessivpronomen: **(el) mío**, **(el) tuyo**, **(el) suyo**, **(el) nuestro**, **(el) vuestro**, **(el) suyo**…
- Die Demonstrativpronomen: **éste**, **ése**, **aquél**…
- **Ser/estar**
- Adjektive mit der Endung **-ísimo**
- Unregelmäßige Präsensformen: **-acer**, **-ecer**, **-ocer**, **-ucir**
- Phonetik: **c/qu/k**

Unidad 8 — S. 91
- Über Erfahrungen sprechen und sie bewerten
- Über Pläne und Absichten sprechen: **ir a** + Infinitiv, **pensar** + Infinitiv
- Uhrzeit, Tageszeit und Grußformen
- Wochentage, Monate und Jahreszeiten
- Die unbetonten Personalpronomen (Dativ und Akkusativ)
- Zeitangaben: **hoy**, **últimamente**, **el… que viene**, **dentro de**…
- Häufigkeitsangaben: **muchas veces**, **alguna vez**, **nunca**…
- Das Perfekt: Bildung und Gebrauch
- Phonetik: **j/g**

Unidad 9 — S. 105
- Auf etwas reagieren: **¡Qué…!**, **¡Qué… tan…!**
- Über Vorlieben und Interessen sprechen: **gustar**, **interesar**, **encantar**, **apetecer**
- Die betonten Personalpronomen: **a mí**, **a ti**, **a él/ella/usted**…
- Etwas bewerten: **encontrar**
- Ein Element hervorheben (Superlativ): **el/la/lo/los/las que más/menos me gusta/n**…
- Vorschläge machen: **¿Quieres…?**, **¿Por qué no…?**
- Etwas anbieten, annehmen oder ablehnen
- Etwas im Restaurant bestellen: **Yo, de primero,**…
- Der Gebrauch von **pues**
- Phonetik: die Vokale

Unidad 10 — S. 119
- Über vergangene Ereignisse berichten
- Ein Datum angeben
- Einen Zeitpunkt rekonstruieren: **hace** + Zeitraum
- Zwei Augenblicke in der Vergangenheit verbinden: **al cabo de**, **… después**
- Den Beginn einer Handlung angeben: **desde**, **desde hace**
- Zeitangaben: **ayer**, **anteayer**, **anoche**, **el/la… pasado/a**, **en** + Monat/Jahr …
- Temporalsätze mit **cuando**
- Das Passiv
- Das Indefinido: Bildung und Gebrauch
- Der Gebrauch von Perfekt und Indefinido
- Phonetik: die Konsonanten

Unidad 11 — S. 133
- Meinungen äußern: **Me parece bien/mal/fantástico… que** + Subjuntivo / **Está muy bien/mal… que** + Subjuntivo
- Auf Meinungsäußerungen reagieren: **(No) Es cierto/evidente/verdad que…** / **¡Qué bien/horror/injusto…!**
- Informationen gegenüberstellen: **mientras que**
- Die Ursachen und Folgen von etwas nennen: **porque**, **como**, **lo que pasa es que**, **por eso**
- Gegensätze angeben: **pero**, **aunque**
- Das Präsens des Subjuntivo: regelmäßige und unregelmäßige Verben
- Phonetik: Intonation und Syntax

Unidad 12 — S. 147
- Anweisungen geben
- Um Erlaubnis bitten und sie erteilen
- Ratschläge geben
- Um etwas bitten oder etwas anbieten
- Eine Erklärung einleiten: **es que…**
- **Tener que** + Infinitiv
- **Hay que** + Infinitiv
- **Hasta/hasta que/cuando**
- Der bejahte und der verneinte Imperativ: regelmäßige und unregelmäßige Formen
- Der Gebrauch des Imperativs
- Phonetik: die Intonation des Imperativs

Inhalt

Unidad 13 — S. 161
- Situationen und Ereignisse in der Vergangenheit schildern
- Auf eine Erzählung reagieren: die Freude oder Trauer teilen, Erstaunen ausdrücken, interessiert nachfragen
- **Estar** + Gerundium
- Unterschiedlicher Gebrauch von Perfekt/Indefinido/Imperfekt
- Das Imperfekt: Bildung und Gebrauch
- Phonetik: **ñ/ch/ll/y**

Unidad 14 — S. 175
- Über Gewohnheiten sprechen
- Häufigkeitsangaben: **(casi) nunca, de vez en cuando, a veces, a menudo, siempre...**
- Über frühere Zeiten sprechen
- Sich auf eine vergangene Zeit beziehen: **antes, en aquella época, en aquel tiempo, entonces**
- Beginn, Wiederholung und Ende einer Handlung angeben: **empezar a / volver a / dejar de** + Infinitiv, **ya no** + konjugiertes Verb
- Sich auf nicht näher bestimmte Personen beziehen: **la gente / todo el mundo**
- Anrede und Grußformel im Brief
- Phonetik: **s**

Unidad 15 — S. 187
- Über zukünftige Handlungen und Ereignisse sprechen
- Vermutungen äußern: **quizá/s / tal vez** + Indikativ/Subjuntivo, **a lo mejor / seguro (que) / seguramente / igual** + Indikativ
- **Suponer que** + Indikativ, **Esperar que / No creer que** + Subjuntivo
- **Cuando** + Indikativ/Subjuntivo
- Futur I: Bildung und Gebrauch
- Futur II: Bildung und Gebrauch
- Phonetik: Verbindung von Vokalen

Unidad 16 — S. 199
- Bedingungen formulieren: **si** + Indikativ Präsens, **si** + Imperfekt des Subjuntivo
- Vorschläge machen und ablehnen: **¿Por qué no...?, ¿Y si...?** / **Me gustaría/encantaría, pero...**
- Wünsche äußern: **me gustaría** + Infinitiv, **me gustaría que** + Imperfekt des Subjuntivo
- Relativsätze mit Indikativ oder Subjuntivo
- Konditional: Bildung und Gebrauch
- Imperfekt des Subjuntivo: Bildung und Gebrauch
- Phonetik: die Intonation in Bedingungssätzen

Unidad 17 — S. 211
- Die Worte anderer wiedergeben: **comentar, explicar, preguntar si/qué/quién/cuándo/dónde..., proponer** + Subjuntivo, **responder, pedir/ordenar** + Subjuntivo, **aconsejar/recomendar** + Subjuntivo
- Auf eine Information reagieren: **Sí, ya lo sabía / No lo sabía / No tenía ni idea / No me acordaba / Creía/Pensaba que...** + Imperfekt/Plusquamperfekt
- Die Zeitenfolge in der indirekten Rede
- Das Plusquamperfekt: Bildung und Gebrauch
- Phonetik: die Intonation in der indirekten Rede

Unidad 18 — S. 225
- Ein Ziel oder einen Zweck angeben: **para** + Infinitiv, **para que** + Subjuntivo
- Andere nach ihrer Meinung fragen: **¿Qué opinas de...?, ¿Crees que...?**
- Einverständnis oder Widerspruch äußern
- Verständigungsprobleme ausräumen
- Der Gebrauch des Subjuntivo in substantivischen Nebensätzen
- **Aunque** + Indikativ/Subjuntivo
- **Sino (que)**
- Konstruktionen mit **lo**: **lo de** + Substantiv, **lo** + Adjektiv + **es que**
- Phonetik: Setzen von Pausen

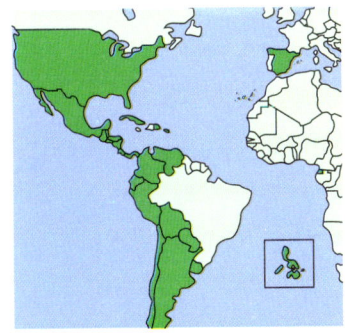

Unidad 1

In dieser Einheit lernen Sie ...

- wie man buchstabiert

- wie man nach der Bedeutung eines Wortes fragt

- die Aussprache und Schreibweise im Spanischen

- den Infinitiv der drei Konjugationsgruppen

- wie man ein Ziel oder einen Zweck ausdrückt

Unidad 1 Textos

1 Lesen Sie die folgenden Sätze und schreiben Sie in Ihr Heft, was Sie wohl in diesem Kurs lernen werden. Sprechen Sie dann mit den anderen Kursteilnehmern darüber nach dem angegebenen Muster.

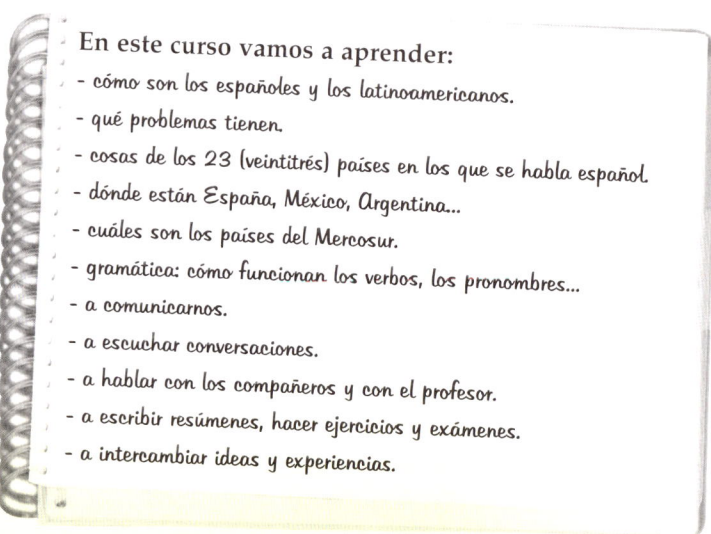

En este curso vamos a aprender:
- cómo son los españoles y los latinoamericanos.
- qué problemas tienen.
- cosas de los 23 (veintitrés) países en los que se habla español.
- dónde están España, México, Argentina...
- cuáles son los países del Mercosur.
- gramática: cómo funcionan los verbos, los pronombres...
- a comunicarnos.
- a escuchar conversaciones.
- a hablar con los compañeros y con el profesor.
- a escribir resúmenes, hacer ejercicios y exámenes.
- a intercambiar ideas y experiencias.

● **Vamos a aprender cómo son los españoles y los latinoamericanos.**

● ¿Cómo se llama esto en español?
○ Diccionario.

Schreiben Sie in Zweiergruppen mindestens drei spanische Wörter auf, die Sie schon kennen. Vergleichen Sie sie anschließend mit den anderen Kursteilnehmern.

Textos **Unidad 1**

 Hören Sie sich den Hörtext an. Mit den Ausdrücken, die darin vorkommen, können Sie nach unbekannten Wörtern fragen oder eine Vermutung über deren Bedeutung äußern.

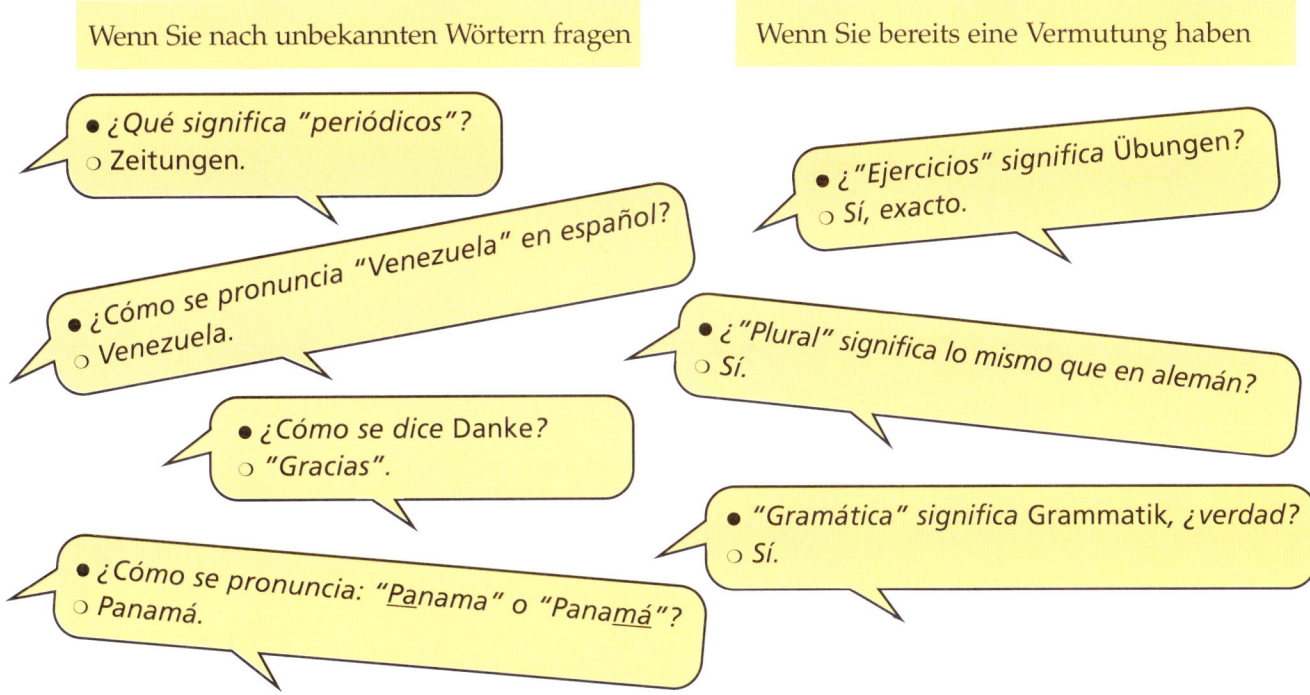

| Wenn Sie nach unbekannten Wörtern fragen | Wenn Sie bereits eine Vermutung haben |

- ● ¿Qué significa "periódicos"?
  ○ Zeitungen.
- ● ¿Cómo se pronuncia "Venezuela" en español?
  ○ Venezuela.
- ● ¿Cómo se dice Danke?
  ○ "Gracias".
- ● ¿Cómo se pronuncia: "Panama" o "Pana<u>má</u>"?
  ○ Panamá.

- ● ¿"Ejercicios" significa Übungen?
  ○ Sí, exacto.
- ● ¿"Plural" significa lo mismo que en alemán?
  ○ Sí.
- ● "Gramática" significa Grammatik, ¿verdad?
  ○ Sí.

Denken Sie nun an drei Dinge und drei Tätigkeiten, die für Sie von Bedeutung sind. Fragen Sie Ihre/n Lehrer/in, wie sie auf Spanisch heißen und wie man sie ausspricht.

- ● ¿Cómo se dice OK en español?
- ● ¿Cómo se pronuncia: "dor<u>mir</u>" o "dor<u>mir</u>"?

2 Lesen Sie diesen Text und sagen Sie, warum Sie Spanisch lernen.

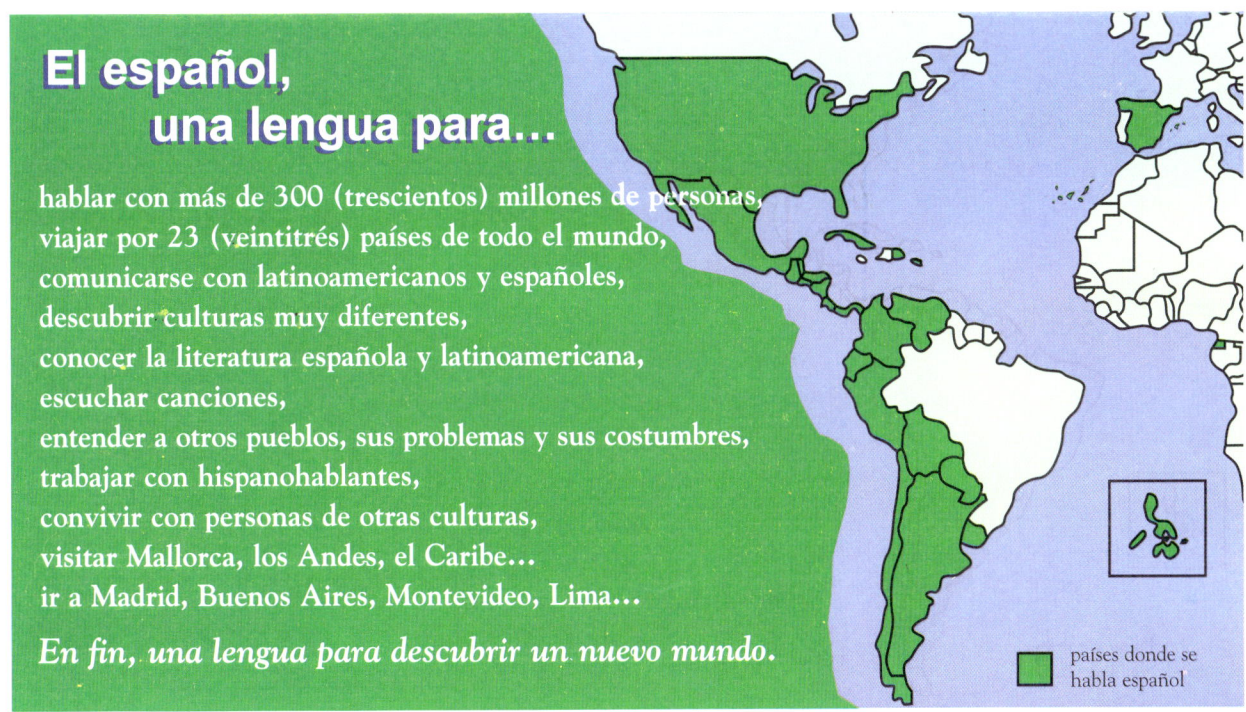

El español, una lengua para…

hablar con más de 300 (trescientos) millones de personas,
viajar por 23 (veintitrés) países de todo el mundo,
comunicarse con latinoamericanos y españoles,
descubrir culturas muy diferentes,
conocer la literatura española y latinoamericana,
escuchar canciones,
entender a otros pueblos, sus problemas y sus costumbres,
trabajar con hispanohablantes,
convivir con personas de otras culturas,
visitar Mallorca, los Andes, el Caribe…
ir a Madrid, Buenos Aires, Montevideo, Lima…

En fin, una lengua para descubrir un nuevo mundo.

países donde se habla español

nueve **9**

Unidad 1 Textos

 Finden Sie heraus, welche Wörter im vorausgehenden Text Verben sind. Achten Sie auf die Endung der Verben und versuchen Sie, sie in Gruppen einzuteilen.

Verben mit Endung auf ☐	Verben mit Endung auf ☐	Verben mit Endung auf ☐

3 Im Spanischen ist die Übereinstimmung zwischen Schreibweise und Aussprache sehr groß. Hören Sie einige Wörter und achten Sie darauf, wie sie geschrieben werden.

escribir   Nicaragua   política   literatura
problemas   plural   mundo   Panamá

 Hören Sie nun diese Wörter. Welche Unterschiede gibt es zwischen Schreibweise und Aussprache?

r rr	**R**oma pe**rr**o
r	Pa**r**aguay pe**r**iódico
ch	**Ch**ile escu**ch**ar
ll	Ma**ll**orca mi**ll**ones
c qu k	**C**olombia **c**ultura **qu**eso **Qu**ito **k**ilo

h	almo**h**ada **h**ablar **h**istoria
c z	can**c**iones cono**c**er Vene**z**uela
b v	Cu**b**a **B**olivia tele**v**isión **v**ivo
g j	Ar**g**entina **g**eografía traba**j**ar
g gu	**g**ato **Gu**ernica
ñ	compa**ñ**era espa**ñ**ol

4 Hören Sie diese Fragen und achten Sie auf die Intonationskurven.

¿Cómo se escribe?
¿Qué significa "diccionario"?
¿Cómo se llama esto en español?

¿Se escribe con be o con uve?
¿Se pronuncia Panama o Panamá?

"Ejercicios" significa *exercises*, ¿verdad?
"Hablar" significa *to speak*, ¿verdad?

10 diez

Gramática **Unidad 1**

■ Die drei Konjugationsgruppen (*Las tres conjugaciones*)
■ Im Spanischen werden die Verben je nach ihrer Endung in drei Konjugationsgruppen eingeteilt.

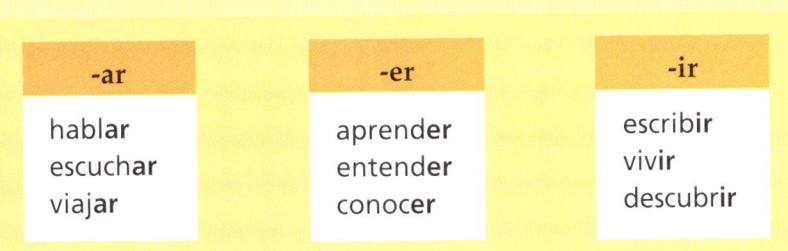

Die Formen des Präsens finden Sie in Unidad 2. Hier benötigen Sie sie noch nicht.

■ Die Verben der drei Gruppen werden unterschiedlich konjugiert. Die Verben auf **-er** und **-ir** haben jedoch in den meisten Zeiten beinahe dieselben Formen.

■ Die Präposition **para** (*La preposición para*)
■ Man benutzt **para** + Infinitiv, um das Ziel oder den Zweck einer Sache oder Handlung auszudrücken (dt.: *um zu* + Infinitiv).

Rápido es un libro para aprender español.

● Estudio **para conocer** culturas diferentes.

■ Wie man nach der Bedeutung, Aussprache und Schreibweise fragt

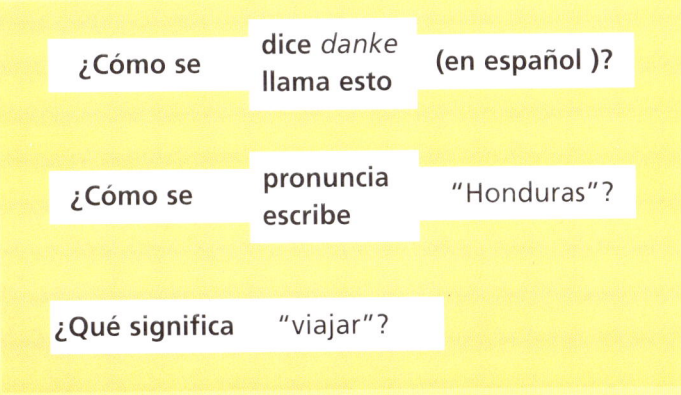

once ■ 11

Unidad 1 Gramática

■ **Alphabet und Buchstabieren** (*Abecedario y deletreo*)

a	A, a	**A**lemania
be / be larga*	B, b	**B**uenos Aires
ce	C, c	**c**ono**c**er, **C**olombia
ce hache / che	Ch, ch	**Ch**ile
de	D, d	**d**iccionario
e	E, e	**e**ntender
efe	F, f	**F**ilipinas
ge	G, g	**G**uatemala, Ar**g**entina
hache	H, h	**h**istoria
i	I, i	**i**dea
jota	J, j	via**j**ar
ca	K, k	**k**ilómetro
ele	L, l	**L**ima
elle	Ll, ll	Ma**ll**orca
eme	M, m	**m**undo
ene	N, n	**N**icaragua
eñe	Ñ, ñ	espa**ñ**ol
o	O, o	p**o**lítica
pe	P, p	**P**anamá
cu	Q, q	**q**ue
ere	r	Pe**r**ú, vivi**r**
erre	R, rr	**R**usia, sie**rr**a
ese	S, s	**s**ingular
te	T, t	**t**extos
u	U, u	**U**ruguay
uve / be corta*	V, v	**v**ivir
uve doble / doble be*	W, w	**W**ashington
equis	X, x	ta**x**i
i griega	Y, y	Paragua**y**
zeta	Z, z	**V**enezuela

* lateinamerikanische Variante

¿Cómo se escribe "vivir"?

Con uve. Uve, i, uve, i, ere.

¿"Entender" se escribe con hache?

No, sin hache.

12 ■ doce

Gramática Unidad 1

■ Aussprache und Schreibweise (*Pronunciación y escritura*)

B/V	werden gleich ausgesprochen, [b]: **Cu**b**a, v**i**vir**

C	spricht man	[k] vor	a: can**c**iones o: **c**omuni**c**ar u: **c**ultura Konsonanten: **c**ruz, **C**lara
		[θ]	vor e: **C**ecilia vor i: **c**ine

Im Süden Spaniens, auf den Kanarischen Inseln und in Lateinamerika spricht man ein stimmloses *s* [s] statt des Lispellautes.

CH	spricht man [tʃ], wie *ciao* im Italienischen: **Ch**ile

G	spricht man	[x]	vor e: **G**erona vor i: **G**inebra
		[g] vor	a: **g**anar o: **g**ol u: **g**ustar ue: **G**uernica (Das u spricht man nicht) ui: **g**uitarra (Das u spricht man nicht) Konsonanten: **g**racias

Die Laute [gwe], [gwi] schreibt man **güe, güi**: ci**güe**ña, pin**güi**no

H	wird nicht ausgesprochen: **H**onduras
J	steht nur vor Vokalen und wird wie [x] gesprochen: **j**amón, **j**efe
LL	wird in Spanien und weiten Teilen Lateinamerikas [ʎ] gesprochen: mi**ll**ones
Ñ	wird [ɲ] gesprochen wie französisch *gn* in *Cognac*: ni**ñ**o, Espa**ñ**a
QU	steht nur mit e/i und wird immer [k] gesprochen. Das u spricht man nicht: **qu**erer, **qu**izá
R	wird immer gerollt; am Wort- und Silbenanfang stark: **R**usia, Is**r**ael zwischen Vokalen schwächer: Pe**r**ú
RR	steht nur zwischen Vokalen und wird immer stark gerollt: sie**rr**a
Y	wird [y] gesprochen wie ein deutsches *j*: ma**y**o
Z	steht vor **a/o/u** und am Wort- oder Silbenende und wird [θ] gesprochen wie das englische *th*. Im Süden Spaniens und in Lateinamerika wird es wie ein stimmloses *s* [s] gesprochen: **z**oo, lu**z**

Unidad 1   Actividades

5 Andreas lernt Spanisch, um …

… ir a Barcelona.

… leer literatura latinoamericana.

Und Sie? Wofür brauchen Sie die spanische Sprache?

Para...

leer
- periódicos
- novelas
- páginas web
- revistas
- poesía
- comics
- folletos
- OTROS

comunicarme con hablantes de español
- en mi país
- en su país
- OTROS

ir a
- Cuba
- Chile
- España
- Uruguay
- Venezuela
- OTROS

escuchar
- música latina
- la radio en español
- conversaciones entre hablantes de español
- OTROS

ver
- películas españolas
- películas latinoamericanas
- la televisión
- OTROS

escribir
- correos electrónicos
- cartas
- poesía
- OTROS

trabajar en
- México
- Argentina
- Colombia
- España
- Paraguay
- OTROS

hablar con
- amigos
- conocidos
- familiares
- compañeros de trabajo
- OTROS

Actividades **Unidad 1**

Machen Sie eine Umfrage, warum die Mitglieder Ihres Kurses Spanisch lernen. Ein Kursmitglied hält die Ergebnisse an der Tafel fest.

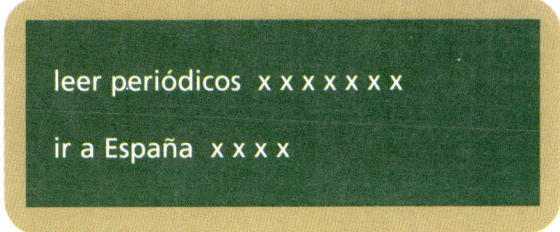

Besprechen Sie anschließend die Ergebnisse im Kurs.

| La mayoría quiere... |
| Muchos estudian español para... |
| Nadie quiere... |

6 Hören Sie einige Leute, die Ihnen Fragen stellen. Antworten Sie.

7 Wer von Ihnen kennt die meisten spanischen Wörter? Sie haben drei Minuten, um alle Wörter in Ihr Heft zu schreiben, die diese Eigenschaften haben:

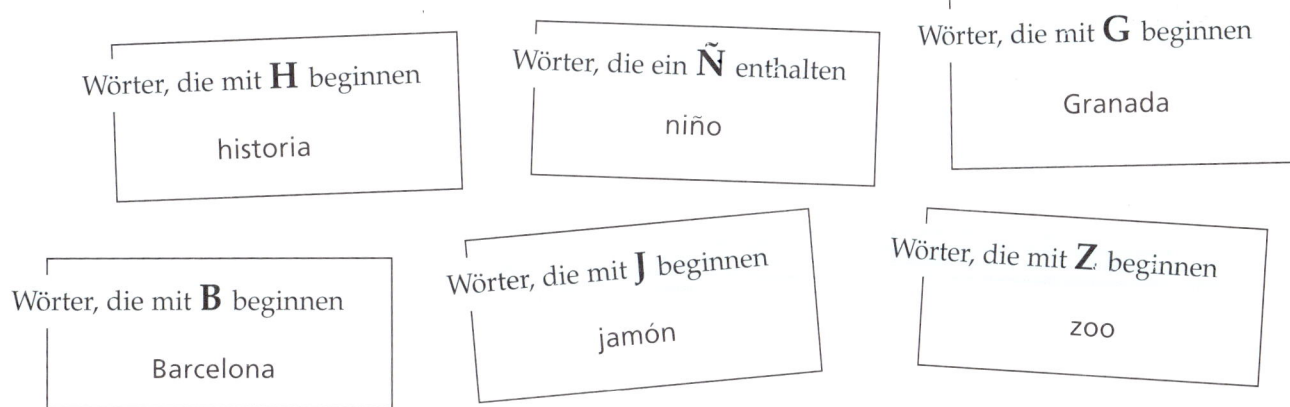

quince ■ 15

Unidad 1 Actividades

8 Sicherlich kennen Sie einige dieser typisch spanischen Dinge. Wissen Sie, wie sie auf Spanisch heißen? Fragen Sie Ihre/n Lehrer/in oder die anderen Kursteilnehmer nach den unbekannten Dingen.

Erstellen Sie nun eine Liste mit Wörtern, die Sie in dieser Unidad gelernt haben. Sie können die wichtigsten auf große Blätter schreiben und diese in Ihrem Unterrichtsraum aufhängen.

Para usar todo lo que hemos aprendido en esta unidad...

Um alles anzuwenden, was wir in dieser Einheit gelernt haben, werden wir einen spanischen Radiosender gründen und während der Arbeit mit Rápido Sendungen ausarbeiten und anschließend aufnehmen.

Überlegen Sie sich in Arbeitsgruppen: den Namen des Senders; eine Erkennungsmelodie; einen Slogan; Gäste, die Sie einladen möchten.

Zu Beginn können Sie in Ihrer Arbeitsgruppe noch Deutsch sprechen. Versuchen Sie aber, schon bald mehr und mehr Spanisch zu sprechen.

Die einzelnen Gruppen stellen ihre Vorschläge den anderen Kursteilnehmern vor und alle stimmen darüber ab, welches Konzept ihnen am besten gefällt und umgesetzt werden soll.

Unidad 2

In dieser Einheit lernen Sie ...

- wie man über vorhandene Sprachkenntnisse spricht

- wie man Fragen stellt und mit **sí** oder **no** antwortet

- wie man Satzteile mit **y/pero/o** verbindet

- die Zahlen

- den Indikativ Präsens

Unidad 2 Textos

1 Lesen Sie diesen Text und überprüfen Sie, ob er mit dem übereinstimmt, was Sie in Unidad 1, Aufgabe 1 notiert haben.

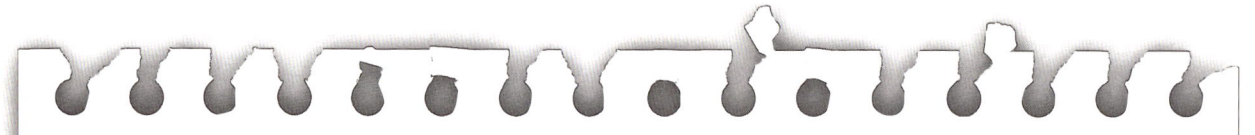

En este curso vamos a...

En este curso vamos a aprender cómo son los españoles y los latinoamericanos, cómo viven, qué costumbres y qué problemas tienen…; vamos a aprender cosas de los 23 (veintitrés) países en los que se habla español: España, Cuba, República Dominicana, Puerto Rico, México, Guatemala, El Salvador, Honduras, Nicaragua, Costa Rica, Panamá, Venezuela, Colombia, Ecuador, Perú, Bolivia, Chile, Paraguay, Argentina, Uruguay, Filipinas, Estados Unidos y Guinea Ecuatorial; también vamos a estudiar aspectos del folclore, de la historia, de la cultura, de la geografía, de la economía, de la política. Además, vamos a aprender gramática: cómo funcionan los verbos, los pronombres, los artículos, los sustantivos, el singular y el plural… Vamos a escuchar conversaciones, la radio, la televisión, canciones..., vamos a leer textos: artículos de periódicos, cartas, literatura… También vamos a hablar con los compañeros y con el profesor o profesora en español, escribir textos cortos, resúmenes, ensayos, tomar notas, intercambiar ideas y experiencias, y hacer ejercicios y exámenes.

Wenn es Wörter gibt, die Sie nicht verstehen, können Sie:
- versuchen, sie aus dem Kontext zu erschließen,
- ein anderes Kursmitglied danach fragen,
- im Wörterbuch nachschlagen,
- Ihre/n Lehrer/in danach fragen.

Das Wichtigste ist, dass Sie den Sinn eines Textes erfassen können, ohne jedes einzelne Wort zu verstehen.

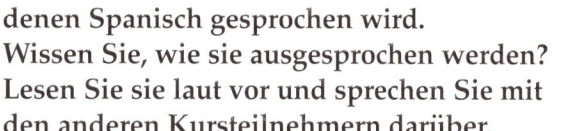

● ¿Cómo se pronuncia "Mé<u>x</u>ico"?

○ Como "jardín".

Im Text erscheinen die Namen aller Länder, in denen Spanisch gesprochen wird.
Wissen Sie, wie sie ausgesprochen werden? Lesen Sie sie laut vor und sprechen Sie mit den anderen Kursteilnehmern darüber.

Sehen Sie sich den Text noch einmal an und notieren Sie fünf Verben, fünf Substantive (aber keine Ländernamen) und die Wörter, die Ihrer Meinung nach Artikel sind. Welche stehen im Plural? Woran erkennen Sie das?
Markieren Sie auch, welche Substantive mit **el** bzw. mit **la** stehen. Was schließen Sie daraus?

Textos **Unidad 2**

2 An den Sommerkursen einer Universität nehmen Studierende aus den verschiedensten Ländern teil. Ein Fernsehsender macht eine Umfrage um herauszufinden, welche Sprachen sie sprechen.

- ¿Tú hablas alemán?
- No, español y francés. ¿Y tú?
- Yo estudio italiano.

- ¿Qué idiomas habláis?
- Nosotros hablamos español, francés y un poco de alemán.
- Yo solo hablo español.
- Yo hablo un poco de inglés, español y un poco de ruso.

- Yo hablo chino.
- ¿Chino?
- Sí, pero no muy bien.

- ¿Idiomas?
- Bueno, hablo inglés y francés y estudio español.

In den Dialogen kommen Verben im Präsens vor, deren Infinitiv auf -ar endet. Können Sie sie finden? Was fällt Ihnen auf? Welche Wörter stehen vor den Verben? Ist das bei allen Dialogen gleich? Untersuchen Sie, was passiert,
- wenn eine einzelne Person antwortet, wie bei dem Vorstellungsgespräch,
- wenn zwei oder mehr Personen antworten, wie die Leute am Pool.

Unidad 2 Textos

3 Lesen Sie den folgenden Text über die Beziehung der Spanier/innen zum Sprachenlernen.

Los españoles y los idiomas

Bastantes españoles tienen una necesidad urgente: hablar idiomas. Para leer, para trabajar, para estudiar en la Universidad o para viajar, necesitan hablar, leer o escribir en alemán, en francés y, especialmente, en inglés.

En las escuelas se estudia un idioma o dos. Aproximadamente el 75% (setenta y cinco por ciento) de los estudiantes escoge inglés. El 10% (diez por ciento) estudia alemán, y algunos francés, italiano u otras lenguas.

Por otra parte, en algunas regiones (Cataluña, Galicia, País Vasco…), el idioma extranjero es el tercer idioma: los estudiantes estudian español y catalán o gallego o euskera. En las clases de lengua extranjera se estudia gramática, se leen textos, se escuchan canciones, y cada vez se practica más la comunicación, pero llegar a usar bien un idioma en la vida real no es fácil.

Muchos españoles ven películas en inglés, navegan por Internet, compran libros, vídeos, CD-ROM, casetes, DVD, CD y diccionarios para estudiar en casa, pero no siempre funciona. Por eso, en vacaciones, algunos (con suerte o con dinero) estudian en Inglaterra, en Irlanda, Estados Unidos, Alemania, Francia… Pero en 15 días no se aprende un idioma, ¿verdad?

Wie ist das in Ihrem Land?
Welche Fremdsprachen spricht man dort?
Wie ist der Fremdsprachenunterricht in den Schulen?
Glauben Sie, dass es schwierig ist, eine Fremdsprache zu lernen?

Gramática **Unidad 2**

■ Die Konjugation der Verben (*Conjugación de verbos*)
- Die Endungen **-ar**, **-er** und **-ir** werden durch die der einzelnen Personen ersetzt.

■ Der Indikativ Präsens (*Presente de Indicativo*)
- Regelmäßige Verben

		habl**ar**	aprend**er**	viv**ir**
Singular	1. yo 2. tú 3. él, ella, usted	habl**o** habl**as** habl**a**	aprend**o** aprend**es** aprend**e**	viv**o** viv**es** viv**e**
Plural	1. nosotros/as 2. vosotros/as 3. ellos, ellas, ustedes	habl**amos** habl**áis** habl**an**	aprend**emos** aprend**éis** aprend**en**	viv**imos** viv**ís** viv**en**

In einigen Ländern Lateinamerikas verwendet man statt **vosotros/as** das Pronomen **ustedes**. In Argentinien, Uruguay und anderen Regionen Lateinamerikas verwendet man statt **tú** das Pronomen **vos** mit besonderen Verbformen: **hablás**, **aprendés**, **vivís** ...

- Einige unregelmäßige Verben

> *Unregelmäßige Verben wie **querer** und **tener** haben in der 1. und 2. Person Plural regelmäßige Formen.*

		ser	ir	quer**er**	ten**er**
Singular	1. yo 2. tú 3. él, ella, usted	s**oy** **eres** **es**	v**oy** v**as** v**a**	qu**ie**ro qu**ie**res qu**ie**re	t**en**go t**ie**nes t**ie**ne
Plural	1. nosotros/as 2. vosotros/as 3. ellos, ellas, ustedes	s**omos** s**ois** s**on**	v**amos** v**ais** v**an**	queremos queréis qu**ie**ren	tenemos tenéis t**ie**nen

■ Die Subjektpronomen (*Pronombres sujeto*)
- Im Gegensatz zum Deutschen werden die Subjektpronomen im Spanischen normalerweise nicht verwendet. Die Endung der Verben zeigt an, um welche Person es sich handelt.

• Viv**o** en Alcalá y trabaj**o** en Madrid.

- Die Subjektpronomen werden immer dann verwendet, wenn sie zur Unterscheidung verschiedener Personen oder für ihre Hervorhebung notwendig sind.

• Estudio español para ir a México. • ¿Qué idiomas habláis?
○ **Yo** para trabajar. ○ **Ella** habla francés y **yo** hablo alemán.

veintiuno **21**

Unidad 2 Gramática

■ Der Artikel *(El artículo)*

	unbestimmter Artikel		bestimmter Artikel	
	maskulin	feminin	maskulin	feminin
Singular	un	una	el	la
Plural	unos*	unas*	los	las

■ Man verwendet den unbestimmten Artikel, wenn man sich auf etwas Unbekanntes, noch nicht Erwähntes oder nicht näher Bestimmtes bezieht. (* **unos** / **unas** bedeutet *einige* / *ein paar*)

- Marta es **una** estudiante muy buena.
- ¿Tienes **un** diccionario?
- Estudian en **una** escuela.

■ Man verwendet den bestimmten Artikel, wenn man sich auf etwas Bekanntes, Bestimmtes oder bereits Erwähntes bezieht.

- Santiago es **la** capital de Chile.
- ¿Me pasas **el** diccionario?
- Estudian en **la** Universidad.

■ Fragen ohne Fragewort und Antworten mit **sí/no** *(Preguntas y respuestas)*

■ Die Wortstellung in Fragen ohne Fragewort ist dieselbe wie im Aussagesatz, allerdings verändert sich die Intonation.

- ¿Hablas español?
  ○ **Sí**, un poco.
  No, nada.
- ¿No hablas español?
  ○ **No, no** hablo español.
  Sí, un poco.

Achtung: **No** *kann* nein *oder* nicht/kein *heißen.*

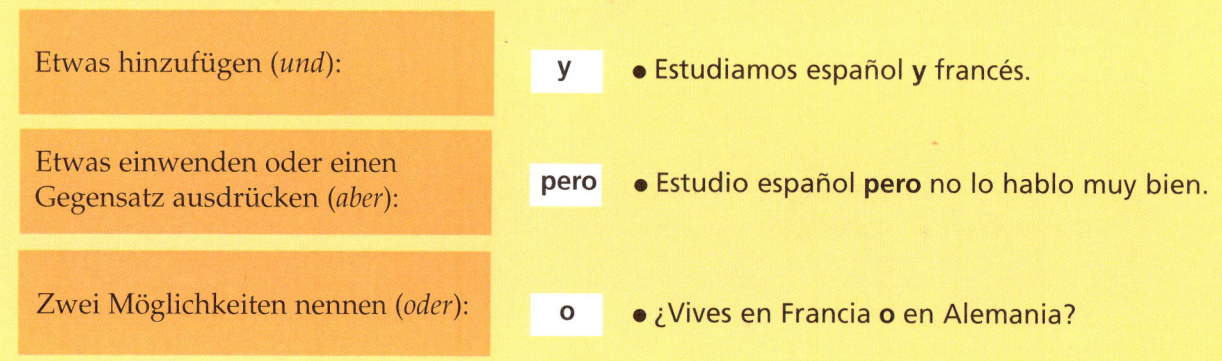

■ Wie man Satzteile mit **y/pero/o** verbindet

Etwas hinzufügen (*und*):	y	• Estudiamos español **y** francés.
Etwas einwenden oder einen Gegensatz ausdrücken (*aber*):	pero	• Estudio español **pero** no lo hablo muy bien.
Zwei Möglichkeiten nennen (*oder*):	o	• ¿Vives en Francia **o** en Alemania?

22 ■ veintidós

Gramática **Unidad** 2

Die Zahlen *(Los numerales)*

0	cero
1	uno
2	dos
3	tres
4	cuatro
5	cinco
6	seis
7	siete
8	ocho
9	nueve
10	diez

11	once
12	doce
13	trece
14	catorce
15	quince
16	dieciséis
17	diecisiete
18	dieciocho
19	diecinueve
20	veinte

30	treinta
40	cuarenta
50	cincuenta
60	sesenta
70	setenta
80	ochenta
90	noventa
100	cien

Aber: **ciento uno, ciento dos, ciento veinte, ciento treinta...**

200	doscientos/as
300	trescientos/as
400	cuatrocientos/as
500	**quinientos**/as
600	seiscientos/as
700	**sete**cientos/as
800	ochocientos/as
900	**nove**cientos/as

1000	mil
3000	tres mil
4000	cuatro mil
100 000	cien mil

1 000 000	un millón
2 000 000	dos millones
20 000 000	veinte millones

Die Hunderter ab 200 richten sich im Geschlecht nach dem zugehörigen Substantiv: doscientos euros, cuatrocientas personas ...

Treinta personas, trescientas personas, tres mil personas... Aber: tres millones **de** personas

Unidad 2 Actividades

4 Wie viele Sprachen sprechen Sie? Fragen Sie ein Kursmitglied nach seinen Sprachkenntnissen und berichten Sie dann im Kurs darüber. Hier finden Sie einige Ausdrücke, die Sie dafür benötigen.

• Marie estudia griego y habla bastante bien inglés.

¿Hablas…?
¿Estudias…?

Hablo bastante bien…
Sí, pero no muy bien.
Sí, hablo un poco de…
No, no hablo…

español árabe holandés portugués alemán
francés griego ruso italiano inglés OTROS

5 Sie haben bereits den bestimmten und den unbestimmten Artikel im Spanischen kennen gelernt. Anhand des Artikels kann man Geschlecht und Zahl des Substantivs erkennen. Lesen Sie erneut die Texte von Aufgabe 1 und 3 und fertigen Sie in Ihrem Heft eine Tabelle wie diese an. Wie viele Substantive jeder Kategorie können Sie in fünf Minuten finden?

maskulin Singular	feminin Singular	maskulin Plural	feminin Plural
idioma	geografía	españoles	costumbres

Tragen Sie nun weitere spanische Wörter, die Sie kennen, in die richtige Spalte der Tabelle ein. Versuchen Sie auch, den Plural zu bilden. Vergleichen Sie Ihre Tabellen anschließend.

6 Wissen Sie, wie viele …? Sagen Sie es auf Spanisch.

Más de ▬▬ (de) personas hablan mi lengua en el mundo.
Los estudiantes españoles estudian ▬▬ idioma extranjero o ▬▬.
Los estudiantes de mi país estudian ▬▬ o ▬▬ idiomas extranjeros.
El español se habla en ▬▬ países.
En España se hablan ▬▬ lenguas: español, catalán, euskera y gallego.
Mi lengua se habla en ▬▬ países.
En clase de español somos ▬▬ estudiantes.
Más de ▬▬ de personas hablan español en el mundo.

7 Hören Sie diese Wörter und achten Sie darauf, welche Silbe betont wird.

A R G E N T I N A

pronunciar   trabaja
películas   habláis
idiomas   millón
escuchamos   español

dieciséis   universidad
problema   periódico
gramática   exámenes
tienen   televisión

Bei vielen Wörtern liegt die Betonung auf der vorletzten Silbe. Trägt ein Vokal einen Akzent, so wird dieser betont.

Actividades **Unidad 2**

8 Mögen Sie Puzzles? Fügen Sie die richtigen Satzteile zusammen, um sinnvolle Sätze zu bilden.

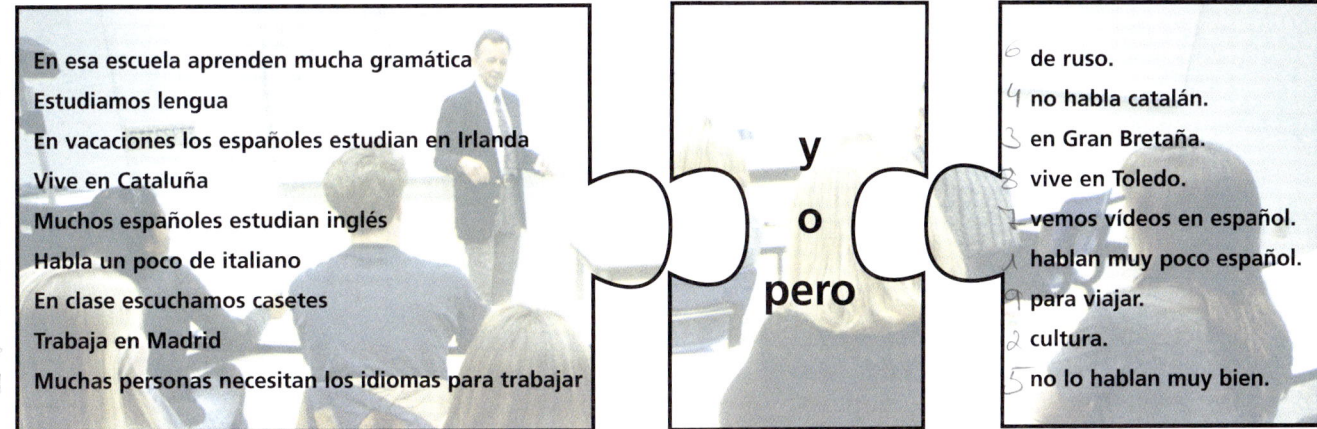

En esa escuela aprenden mucha gramática		de ruso.
Estudiamos lengua		no habla catalán.
En vacaciones los españoles estudian en Irlanda	**y**	en Gran Bretaña.
Vive en Cataluña	**o**	vive en Toledo.
Muchos españoles estudian inglés	**pero**	vemos vídeos en español.
Habla un poco de italiano		hablan muy poco español.
En clase escuchamos casetes		para viajar.
Trabaja en Madrid		cultura.
Muchas personas necesitan los idiomas para trabajar		no lo hablan muy bien.

9 Zeigen Sie auf die Zahlen, die Ihnen Ihr/e Lehrer/in vorliest.

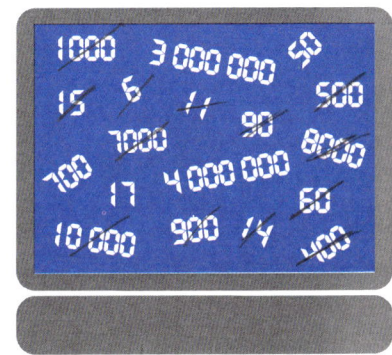

Schreiben Sie eine der Zahlen auf einen Zettel, Ihr/e Nachbar/in versucht sie herauszubekommen.

● ¿Quince?
○ No.
● ¿Quinientos?
○ No.

10 Antworten Sie auf die folgenden Fragen zu Ihrer Person, Ihrer Familie, Ihrem Kurs ... Wie Sie sehen, kann man **¿no?** oder **¿verdad?** an eine Aussage anhängen, wenn man eine Vermutung hat und diese bestätigt haben möchte.

1. ● Eres canadiense, ¿verdad?
2. ● Vives en Mallorca, ¿no?
3. ● En tu clase de español sois veinte, ¿no?
4. ● Hablas japonés, ¿no?
5. ● Tus padres viven en Argentina, ¿verdad?
6. ● Lees periódicos en español, ¿no?
7. ● Escribes muy bien en español...
8. ● ¿Vas de vacaciones a México?
9. ● Yo hablo español e italiano.
10. ● ¿Tienes hermanos?
11. ● Tú y tus compañeros ya habláis muy bien español, ¿no?
12. ● ¿Trabajáis con ordenador en clase?

veinticinco **25**

Unidad 2   Actividades

  Lesen Sie diesen kleinen Text über die verschiedenen Sprachen in Spanien.

En España hay cuatro lenguas oficiales: el español o castellano, que es la única que se habla en todo el territorio, el vasco o euskera, el catalán y el gallego. El español, el catalán y el gallego son lenguas románicas. No se conoce con seguridad el origen del vasco.

■ Galicia   ■ País Vasco   ■ Cataluña

 Hören Sie nun, was einige Spanier zu diesem Thema sagen. Welche weiteren Informationen erhalten Sie? Sprechen Sie mit den anderen Kursteilnehmern darüber.

 Führen Sie in Ihrem Kurs eine Umfrage über das Sprachenlernen in Ihrem Land durch und schreiben Sie einen kleinen Text darüber. Die dafür notwendigen Wörter und Strukturen finden Sie in den Aufgaben 3 und 11 dieser Unidad.

nombre:
país:
lenguas que se hablan:
lenguas que se estudian:
lenguas oficiales:

Para usar todo lo que hemos aprendido hasta ahora...

Eine Sprachenschule möchte in Ihrem Radiosender werben. Bilden Sie in Ihrem Kurs Gruppen und entwerfen Sie einen Werbespot. Dafür müssen Sie Folgendes festlegen:
- den Namen der Schule,
- die angebotenen Sprachen,
- die Teilnehmerzahl pro Kurs,
- die angebotenen Kursformen,
- die Preise,
- einen guten Slogan usw.
Stellen Sie dann den Werbespot den anderen Kursteilnehmern vor.

Sie möchten in Ihrem Radiosender außerdem einen Bericht über eine Sprache ausstrahlen. Erarbeiten Sie in Gruppen einen Bericht über eine Sprache Ihrer Wahl und recherchieren Sie:
- wo man die Sprache spricht,
- wie viele Menschen sie sprechen,
- wie viele sie lernen,
- welche Probleme es gibt ...
Lesen Sie Ihr Skript anschließend im Kurs vor und vergessen Sie nicht, die Sendung aufzunehmen.

Unidad 3

In dieser Einheit lernen Sie ...

- wie man Personen anhand von Namen, Beruf oder Nationalität identifiziert
- wie die Namensgebung in der spanischsprachigen Welt funktioniert
- wie man über Verwandtschaftsbeziehungen spricht
- wie man Dinge identifiziert und einordnet
- wie man Possessiv- und Demonstrativbegleiter und Artikel verwendet

Unidad 3 Textos

1 Liliana und Marcelo zeigen ihren Freunden Fotos von ihrer Spanienreise. Hören Sie, was sie sagen.

● Esto es la Giralda. Está en Sevilla, una ciudad preciosa. Es el edificio más conocido.

○ Esto es el puente de la Barqueta, en Sevilla también.

○ Esto es una paella. Es un plato típico español, que se come en toda España. Es arroz con pescado o marisco, carne y verduras...

● Éste es un amigo nuestro, Paco, un chico chileno que vive en Cádiz.

● Y éstos son los señores Peña, los padres de Paco.

○ Esto es una calle muy importante de Madrid, la Gran Vía.

● Éstos somos nosotros en Cadaqués, un pueblo muy bonito de la Costa Brava.

❑ ¿Y esto qué es?
● Un porrón. Es una cosa que sirve para beber vino.
○ Y cerveza, también.

○ Y esto es el Camp Nou, el estadio del Barça.
■ ¡Qué grande!

■ ¿Qué es un "tablao"?
○ Es un sitio donde se canta y se baila flamenco.

28 ■ veintiocho

Textos **Unidad 3**

Nachdem Sie den Dialog gehört haben, können Sie sicher die folgenden Fragen beantworten.

¿Qué es la Giralda? ¿Qué es Cadaqués? ¿Qué es el Camp Nou?
¿Qué es la paella? ¿Qué es un porrón? ¿Quién es Paco?
¿Qué es la Gran Vía? ¿Qué es un tablao? ¿Quiénes son los señores Peña?

Notieren Sie nun eine Speise Ihres Landes, ein Gebäude, einen Ort oder eine Person, die Sie kennen. Ihr/e Nachbar/in stellt Ihnen dazu Fragen.

Ponte Vecchio

● ¿Qué es el Ponte Vecchio?
○ Es un puente muy famoso de Florencia.

2 Lesen Sie diesen Text mit allgemeinen Informationen über Peru. Hören Sie danach, was Patricia, eine Peruanerin, über ihr Land erzählt.

El Perú

Geográfica y humanamente, el Perú es un país muy variado: la naturaleza y las costumbres son muy diferentes en la costa, en la sierra o en la selva.

Es un país muy rico en recursos naturales. La minería, la pesca, el cultivo del algodón y del azúcar son las principales fuentes de la economía peruana. Además, una nueva fuente importante de divisas es la artesanía, especialmente la artesanía textil y los trabajos con la plata.

La capital del Perú es Lima, una bonita ciudad que tiene más de siete millones de habitantes, aproximadamente un 30% de la población peruana.

Un 40% de los peruanos son indios, un 40% son mestizos y el 20% restante son blancos de origen europeo, orientales y negros. Como consecuencia de esta mezcla de razas y culturas, es muy difícil definir el carácter y las costumbres de los peruanos.

En la actualidad, los principales problemas de los peruanos son: la desigualdad social, el analfabetismo y la inflación.

Unidad 3 Textos

Nachdem Sie den Text gelesen und Patricia zugehört haben, schreiben Sie fünf oder sechs Informationen über Peru auf, an die Sie sich erinnern.

 Suchen Sie im Text über Peru vier bestimmte und vier unbestimmte Artikel, vier Substantive und vier Adjektive und schreiben Sie sie in eine Tabelle in Ihr Heft.

	bestimmter Artikel	unbestimmter Artikel	Substantiv	Adjektiv
maskulin Singular				
feminin Singular				
maskulin Plural				
feminin Plural				

 Ihr/e Lehrer/in gibt Ihnen die Transkription von dem Gespräch mit Patricia. Suchen Sie die Unterschiede zwischen gesprochener und geschriebener Sprache. Die folgenden Fragen helfen Ihnen dabei:
- Gliedert Patricia die Informationen so wie es der geschriebene Text tut?
- Benutzt sie mehr oder weniger Worte als der Text?
- Macht der Text einen anderen Eindruck auf Sie als Patricias Kommentar? Warum?

Gramática **Unidad 3**

■ Die Nominalphrase *(El grupo nominal)*

■ Die Nominalphrase kann im Spanischen aus folgenden Elementen zusammengesetzt sein:

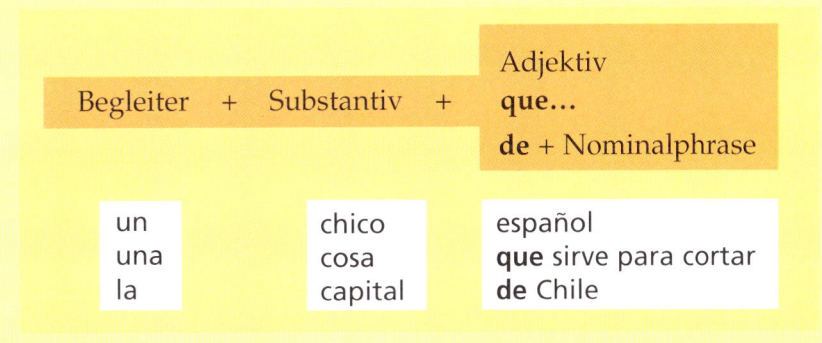

Begleiter	+	Substantiv	+	Adjektiv / **que**… / **de** + Nominalphrase
un / una / la		chico / cosa / capital		español / **que** sirve para cortar / **de** Chile

■ Das Substantiv *(El sustantivo)*

■ Die spanischen Substantive sind entweder männlich oder weiblich, es gibt kein Neutrum:

| **un** profesor | **el** gato | **unos** libros | **los** periódicos |
| **una** alumna | **la** vaca | **unas** libretas | **las** revistas |

Meist gibt die Endung des Substantivs das Geschlecht an:

Substantive auf **-o** sind in der Regel maskulin. Es gibt jedoch zahlreiche Ausnahmen, z. B.:	**un** edificio **un** diccionario **una** moto **una** mano
Substantive auf **-a** sind in der Regel feminin. Auch hier gibt es zahlreiche Ausnahmen, z. B.:	**una** casa **una** palabra **una** plaza **un** sofá **un** idioma
Einige Substantive auf **-a** können sowohl maskulin als auch feminin sein.	**un/una** economista **un/una** belga
Substantive auf **-dad**, **-tad**, **-ción** und **-sión** sind feminin.	**la** ciu**dad** **la** liber**tad** **una** can**ción** **una** expre**sión**
Substantive auf **-ema** sind maskulin.	**un** probl**ema** **el** sist**ema** **un** t**ema**

■ Der Plural wird folgendermaßen gebildet:

unbetonter Vokal betontes **-á, -é, -ó**	**+ s**	cama-cama**s** hombre-hombre**s** amigo-amigo**s** papá-papá**s**	Konsonant betontes **-í, -ú**	**+ es** **+ s/es**	país-país**es** canción-cancion**es** español-español**es** ciudad-ciudad**es** iraní-iraní**s**/iraní**es**

■ Es gibt zählbare Substantive (**ciudad**, **coche**…) und nicht zählbare (**arroz**, **dinero**…).

● Quito es **una ciudad** muy interesante.   ● No tenemos **dinero**.

Unidad 3 Gramática

■ Der Artikel (*El artículo*)

Artikel	+ Substantiv + Adjektiv/**que…**/**de** + Nominalphrase

un/una unos/unas	Man verwendet den unbestimmten Artikel, wenn man zum ersten Mal über etwas spricht.	• Tengo **un** amigo en Costa Rica.
el/la los/las	Man verwendet den bestimmten Artikel, wenn die Person oder Sache bekannt ist oder bereits erwähnt wurde.	• **El** amigo que tengo en Costa Rica se llama Mauricio. • **La** capital de Colombia es Bogotá.
Ø	Man verwendet keinen Artikel bei Kategorien und nicht zählbaren Substantiven.	• ¿Tienes coche? • Esto es arroz.

■ Die Demonstrativpronomen und -begleiter (*Los demostrativos*)

Demonstrativbegleiter	+ Substantiv + Adjektiv/**que…**/**de** + Nominalphrase

este/esta estos/estas	beziehen sich auf etwas, das sich in der Nähe des Sprechers befindet (dt.: *diese/r/s*).	• **Este** chico es un amigo mío. • **Éstos** son los Martínez.
esto	bezieht sich auf etwas Unbekanntes oder etwas, das man nicht nennen möchte (dt.: *das*)	• ¿Qué es **esto**?

Este/esta/estos/estas tragen meist einen Akzent, wenn sie Pronomen sind, d. h. wenn sie ein Substantiv ersetzen: *Éste es el mío*.

■ Die Possessivbegleiter (*Los posesivos*)

■ Man benutzt sie, um Besitz oder Zugehörigkeit auszudrücken.

Possessivbegleiter	+ Substantiv

mi	mis
tu	tus
su	sus
nuestro/a	nuestros/as
vuestro/a	vuestros/as
su	sus

Die unbetonten Formen entsprechen den deutschen Formen mein, dein, sein … Man verwendet sie für einzigartige Beziehungen, z. B. **mi padre, tu mujer** … oder für Beziehungen, die bekannt sind oder über die bereits gesprochen wurde: **Tengo dos primos. Mi primo Luis es…**

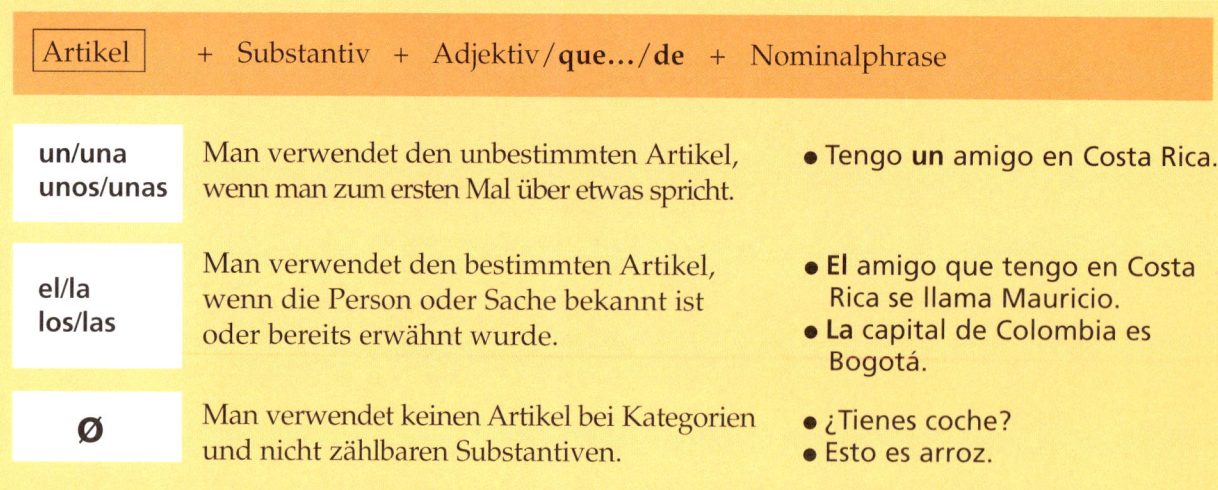

Unbestimmter Artikel + Substantiv + Possessivbegleiter		

un/una unos/unas	+ Substantiv +	mío/a nuestro/a	tuyo/a vuestro/a	suyo/a suyo/a
		míos/as nuestros/as	tuyos/as vuestros/as	suyos/as suyos/as

Diese Formen beziehen sich auf Elemente einer Gruppe: **un** amigo **mío** / **unos** conocidos **suyos**

Gramática Unidad 3

- Die dritte Person (**su/suyo**...) ist gleich für **él**, **ella**, **usted**, **ellos**, **ellas** und **ustedes**.

- Die Possessivbegleiter richten sich in Geschlecht und Zahl nach dem Substantiv, auf das sie sich beziehen, und nie nach dem Besitzer.

Éstos son nuestros libros.

Y éstos son los nuestros.

■ Das Adjektiv *(El adjetivo)*

- Adjektive stimmen in Geschlecht und Zahl mit dem Substantiv überein. Es gibt Adjektive mit einer maskulinen und einer femininen Form und solche, die im Geschlecht unveränderlich sind: diese enden auf **-e** oder Konsonant.

maskuline Form auf **-o**	feminine Form auf **-a**
bonit**o**, simpátic**o**, ric**o**	bonit**a**, simpátic**a**, ric**a**

unveränderliche Form auf **-e**/Konsonant (nur in der Zahl veränderlich)
interesant**e**, feli**z**, difíci**l**

- Nationalitätsadjektive folgen einigen besonderen Regeln.

Bei Adjektiven auf Konsonant wird für die weibliche Form ein **-a** angehängt
español – español**a**   inglés – ingles**a**   francés – frances**a**

Einige Nationalitätsadjektive sind im Geschlecht unveränderlich: **iraquí**, **iraní**, **belga**.

Ansonsten gelten die obigen Regeln:

maskuline Form auf **-o**	feminine Form auf **-a**
italian**o**, bolivian**o**, brasileñ**o**	italian**a**, bolivian**a**, brasileñ**a**

unveränderliche Form auf **-e**
nicaragüens**e**, estadounidens**e**

- Die Pluralbildung verläuft analog zu der des Substantivs.

- Im Gegensatz zum Deutschen steht das Adjektiv in der Regel hinter dem Substantiv:

Begleiter + Substantiv + Adjektiv
una persona feliz

Unidad 3 Gramática

■ Relativsätze (Las oraciones de relativo)

■ Will man ein Substantiv näher bestimmen, verwendet man:

| Substantiv + **que** + Satz | un amigo **que** vive en Montevideo
una bebida **que** se toma en toda España |

■ Wenn es sich bei dem Substantiv um einen Ort handelt, verwendet man:

| Substantiv + **donde** + Satz | la ciudad **donde** viven mis padres
la universidad **donde** estudio |

■ Die Präposition de (La preposición de)

■ Präpositionen verbinden zwei Elemente miteinander.

| Element A + Präposition + Element B |

■ **De** ist eine der meistgebrauchten Präpositionen im Spanischen. Sie spezifiziert das Element A nach:

Herkunft oder Ursprung	un edificio **de** Barcelona
Thema, Inhalt oder Zusammensetzung	un plato **de** arroz un libro **de** Matemáticas
Besitz oder Zugehörigkeit	un amigo **de** mis padres el diccionario **de** Carmen

■ ¿Qué? / ¿Quién? / ¿Quiénes?

¿Qué es esto?   ¿Quién es?   ¿Quiénes son?

■ Der Gebrauch von ser (El uso de ser)

| **ser** + | un/a + zählbares Substantiv
el/la + Substantiv
Eigenname
nicht zählbares Substantiv
Adjektiv | Clara **es una** amiga mía.
La Paz **es la** capital de Bolivia.
Éstos **son** Pedro y Laura.
Esto **es** arroz, ¿no?
Esto **es** (muy) fácil. |

Actividades **Unidad 3**

3 Sehen Sie sich die Fotos von Spanien und Lateinamerika an und versuchen Sie zu erschließen, was sie darstellen. Sprechen Sie zu zweit darüber. Wenn Sie sich nicht sicher sind, können Sie **Yo creo que…** verwenden.

- Yo creo que esto es Buenos Aires.
- ¿Buenos Aires? No, esto es Barcelona.

- La foto número 1 es Sevilla, creo.
- Sí, es Sevilla.

- Yo no sé qué es esto. ¿Y tú?
- Yo creo que es Cancún.

Sevilla   Tenerife
Quito   Barcelona
Madrid   Buenos Aires
La Paz   La Habana
Benidorm Cancún

Unidad 3   Actividades

4 Hier sehen Sie die Namen einiger wichtiger Firmen. Überlegen Sie mit einem anderen Kursmitglied, um was für Unternehmen es sich handeln könnte.

Iberia	una cadena española de establecimientos de comida rápida (bocadillos)
Zara	una cadena de televisión mexicana
Conaprole	una empresa uruguaya de productos lácteos
Terra	una compañía aérea española
Galavisión	una cadena española de tiendas de ropa
Pans&Company	un portal español de Internet

5 Das ist die spanische Familie Varela. Geben Sie mithilfe der unten stehenden Begriffe die Verwandtschaftsbeziehungen zwischen den einzelnen Personen an.

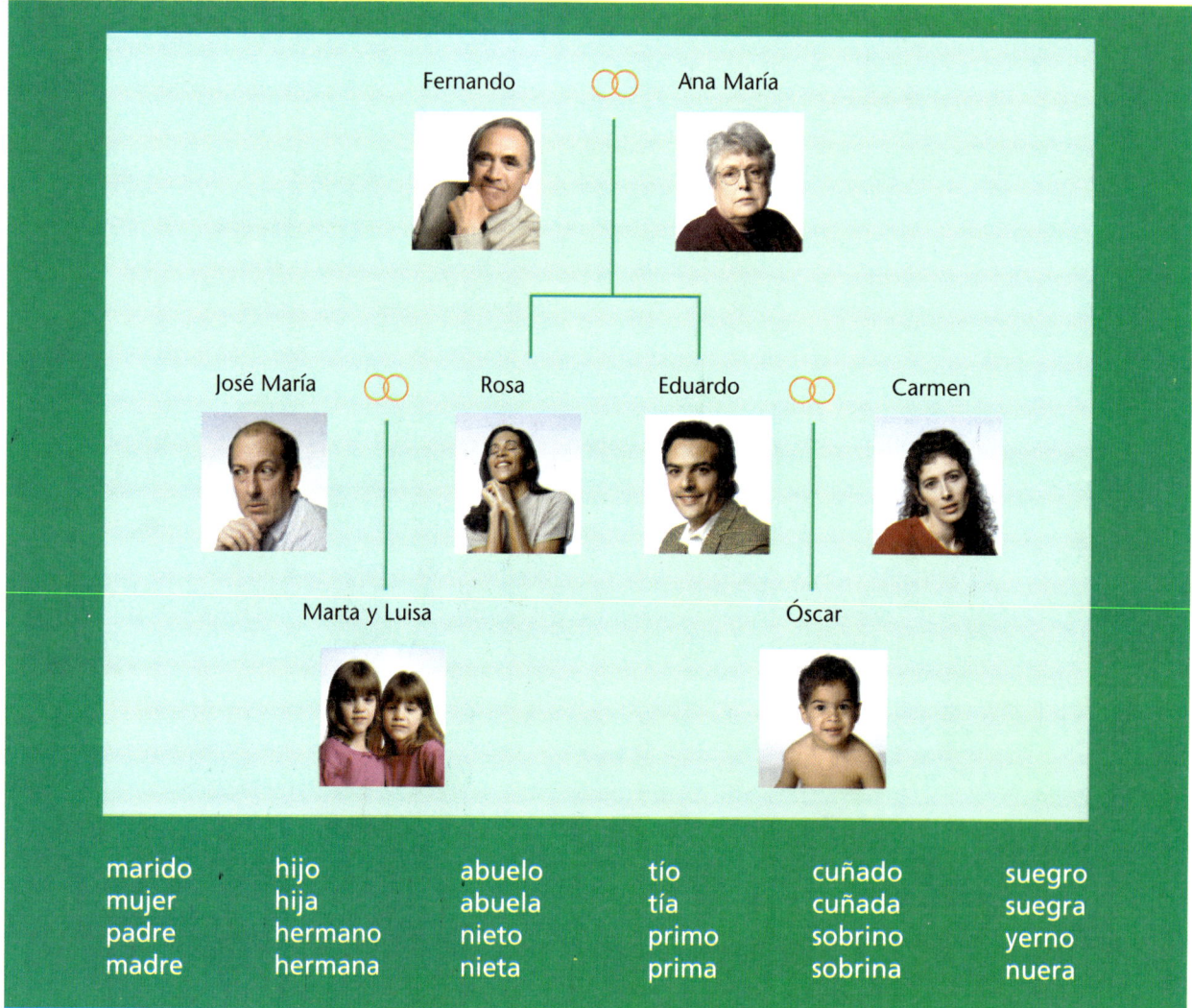

marido	hijo	abuelo	tío	cuñado	suegro
mujer	hija	abuela	tía	cuñada	suegra
padre	hermano	nieto	primo	sobrino	yerno
madre	hermana	nieta	prima	sobrina	nuera

● Ana María es la abuela de Óscar.
○ Y Carmen, la mujer de Eduardo, es la nuera de Ana María.

Actividades **Unidad 3**

6 Sehen Sie sich diese beiden Dokumente an.

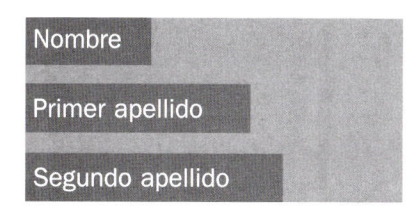

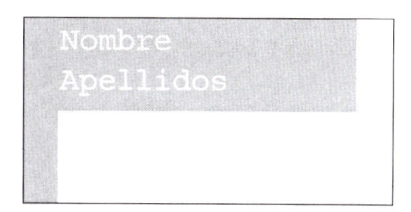

> Nombre
> Primer apellido
> Segundo apellido

> Nombre
> Apellidos

Fällt Ihnen etwas auf?
Versuchen Sie, mithilfe dieser Seiten aus dem Familienstammbuch herauszufinden, wie die Nachnamen in Spanien gebildet werden.

(Registro Civil de Santa Coloma de Cervelló, Tomo 13, Pág. 383 — Pueblo de Santa Coloma de Cervelló, Provincia de Barcelona)

MATRIMONIO

Celebrado el día ocho de Marzo de mil novecientos setenta y una
entre Antonio Blanco Márquez y María Villa Martínez
Nacido el día 29 de Enero de 1947
en Barcelona (provincia)
hijo de Antonio y de Josefa
domiciliado en Barcelona, c/. S. Acisclo n.º 34, 3.º
Estado civil (1) soltero

Nacida el día 9 de Diciembre de 1949
en Barcelona (provincia)
hija de Alfonso y de María
domiciliada en Barcelona, c/. Route Mignone n.º 117, 2.ª
Estado civil (1) soltera

Sello y fecha:
8 Marzo 1971

1 Hijo
Nombre Rocío
Apellidos Blanco Villa
Hijo de Antonio y de María
Nació el día 31 de Enero del año 1974
en Barcelona

Woher stammt der erste Nachname der Tochter? Woher der zweite?
Wie lautet der erste Nachname der Großväter von Rocío? Und der Großmütter?
Vor kurzem musste Rocíos Mutter ein Formular ausfüllen. Achten Sie besonders auf die Nachnamen.

> Nombre: María
> Apellidos: Villa Martínez

Was passiert mit den Nachnamen verheirateter Frauen in Spanien? Vergleichen Sie die Namensregelung mit Ihrem Land.

Unidad 3 Actividades

Lesen Sie den folgenden Text und vergleichen Sie die Informationen mit Ihrem Land.

Nombres y Apellidos en España

En España, cuando se habla de un matrimonio se dice: **los señores** + apellido del marido (**los señores Blanco**, por ejemplo) o **los** + apellido del marido (**los Blanco**). Pero las mujeres, en su trabajo y en todos los asuntos burocráticos, no pierden su propio apellido. Por ejemplo, María es siempre María Villa, y Rocío, Rocío Blanco. Sin embargo, las personas que conocen más al marido, cuando hablan del matrimonio, utilizan el apellido del marido y dicen: **la señora** + apellido del marido o **la señora** + **de** + apellido del marido. Pero las personas que conocen más a la mujer no utilizan nunca el apellido de ésta cuando hablan del matrimonio.

El día de nuestra boda

7 Schreiben Sie die Namen von sechs Personen (Verwandte, Freunde, Nachbarn, Klassenkameraden, Arbeitskollegen usw.) auf einen Zettel und geben Sie ihn einer anderen Person aus Ihrem Kurs. Diese stellt Ihnen Fragen um herauszufinden, um wen es sich handelt.

Irene
Pablo
Mar
Nicolás
Diego
Eva

● ¿Y Mar quién es?
○ Es una amiga mía colombiana que vive en Bilbao.

Actividades # Unidad 3

8 Zas Zas, S.L. ist eine spanische Firma, die T-Shirts herstellt. In diesem Organigramm finden Sie die Namen einiger Angestellter. Ihr/e Lehrer/in wird Sie nach Namen und Funktion der einzelnen Personen fragen. Antworten Sie mithilfe des Organigramms.

Pablo Pinto Valdemoro
Director General

ZAS ZAS
C/ Sigüenza, 9
08338 Barcelona

Rosa Abril Huerta
Subdirectora General

Raquel Vilches Carro **Enrique Cedor Sans** **Jaime Román Sierra** **Matilde Sastre Ureña**
Directora Financiera   Director Comercial   Director de Marketing   Directora de Producción

Nicolás Daza Valdés **Ana Sánchez Iglesias** **Pedro Yáñez Conde**
Jefe de Personal   Jefa de Ventas   Jefe de Publicidad

Pepe Laborda Cerezo **Óscar López Marqués** **Paula Toledo Sastre**
Vendedor   Vendedor   Vendedora

• ¿Quién es Pablo Pinto?
○ Es el Director General.
• ¿Y quién es la Jefa de Ventas?
○ Ana Sánchez.

9 Die Buchstaben **r** und **rr** werden gerollt, **r** leicht, **rr** dagegen stark. Hören Sie sich die Wörter an.

porrón   mariscos
arroz   peruano
sierra   padre

Am Wort- oder Silbenanfang wird das **r** ebenfalls stark gerollt.

rica   deporte
Roma   Enrique
bailar marketing

Die Aussprache von **r** und **rr** unterscheidet sich stark von der Aussprache im Deutschen. Es handelt sich um ein Zungenspitzen-**R**, bei dem die Zungenspitze im Mund einmal bzw. mehrmals vibriert.

Wie werden die Laute **r** und **rr** in den folgenden Wörtern ausgesprochen?

Madrid   variado   importante
usar   vendedor   director
Argentina riqueza   María
Berlín   hablar   azúcar
Perú   diferente verde
carretera Umberto   origen

treinta y nueve ■ 39

Unidad 3 Actividades

10 Ein kleines Ratespiel. Bilden Sie Dreiergruppen. Eine/r von Ihnen denkt sich eine Person oder Sache aus, die alle im Kurs kennen, und die anderen müssen durch Fragen herausfinden, um wen oder was es sich handelt. Es darf nur mit **sí** oder **no** geantwortet werden. Hören Sie aber zuvor, wie eine Gruppe dieses Ratespiel spielt.

- ¿Es una persona?
- ○ No.
- ¿Es una planta?
- ○ No.
- ¿Es una cosa que sirve para...?
- ○ ...

una persona
un hombre
una mujer
un animal
una planta
una ciudad
un país
un/a cantante
un/a escritor/a
un/a deportista
alemán/español/inglés/japonés...
un país de Europa/América...
un objeto de la clase
empieza con vocal/consonante/pe/ce...
tiene 4/5/7... letras

Para usar todo lo que hemos aprendido hasta ahora...

Heute nehmen Sie in Ihrem Radiosender ein Quiz auf, in dem es um berühmte Personen oder Sachen aus der ganzen Welt geht.

Bilden Sie in Ihrem Kurs drei Gruppen. Jede überlegt sich zwei Personen oder Sachen und legt jeweils drei Hinweise fest, z. B.:
- *Es un futbolista, es brasileño y vive en España.*

Eine Gruppe beginnt und gibt zuerst einen Hinweis zu einem ihrer Begriffe. Die anderen Gruppen versuchen, den Begriff durch Fragen herauszufinden.

1 richtige Antwort mit 1 Hinweis = 100 Euro
1 richtige Antwort mit 2 Hinweisen = 75 Euro
1 richtige Antwort mit 3 Hinweisen = 50 Euro
1 falsche Antwort = − 50 Euro

Die Gruppe, die zum Schluss die meisten Punkte hat, hat gewonnen.

Und vergessen Sie nicht, Ihre Sendung aufzunehmen.

Unidad 4

In dieser Einheit lernen Sie ...

- wie man nach Vor- und Nachnamen fragt und Auskunft gibt

- wie man über Herkunft, Alter und Beruf spricht

- wie man über den Charakter von Personen spricht

- die zusammengesetzten Zahlen von 20 bis 100

- die reflexiven Verben

Unidad 4 Textos

1 Hier sehen Sie einige spanische Prominente und Informationen über sie. Hören Sie dazu die Dialoge.

Manuel Vázquez Montalbán
Fecha de nacimiento: 1939
Lugar: Barcelona
Profesión: escritor y periodista
Aficiones: la gastronomía

Álex Crivillé
Fecha de nacimiento: 1970
Lugar: Seva (Barcelona)
Profesión: motociclista
Aficiones: el Barça y descansar

Joaquín Cortés
Fecha de nacimiento: 1969
Lugar: Córdoba
Profesión: bailarín
Aficiones: el cine

Penélope Cruz
Fecha de nacimiento: 1974
Lugar: Madrid
Profesión: actriz
Aficiones: el ballet

Lucía Etxebarría
Fecha de nacimiento: 1966
Lugar: Bermeo (Vizcaya)
Profesión: escritora y periodista
Aficiones: Internet

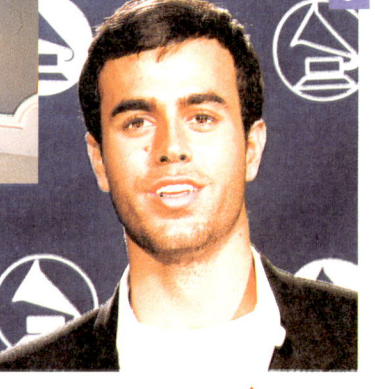

Enrique Iglesias
Fecha de nacimiento: 1975
Lugar: Madrid
Profesión: cantante
Aficiones: la comida cubana y conducir

Montserrat Caballé
Fecha de nacimiento: 1933
Lugar: Barcelona
Profesión: cantante de ópera
Aficiones: la pintura

Pedro Almodóvar
Fecha de nacimiento: 1949
Lugar: Calzada de Calatrava (Ciudad Real)
Profesión: director de cine
Aficiones: coleccionar discos antiguos

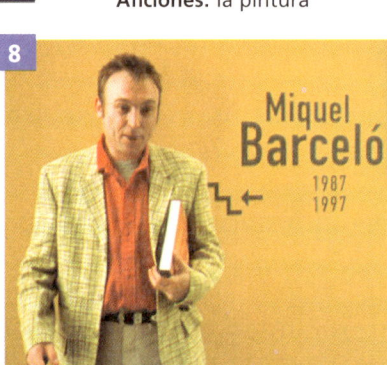

Miquel Barceló
Fecha de nacimiento: 1957
Lugar: Felanitx (Mallorca)
Profesión: pintor
Aficiones: el ajedrez

Antonio Banderas
Fecha de nacimiento: 1960
Lugar: Málaga
Profesión: actor
Aficiones: el fútbol y estar con la familia

Príncipe Felipe
Fecha de nacimiento: 1968
Lugar: Madrid
Licenciado en Derecho y Economía
Aficiones: la vela

Textos **Unidad 4**

Welche Themen behandeln die Dialoge?
Was sind Ihrer Meinung nach einige der Ziele dieser Einheit?

Stellen Sie einem anderen Kursmitglied Fragen, um Informationen über ihn/sie zu sammeln. Schlagen Sie Wörter, die Sie benötigen, im Wörterbuch nach oder fragen Sie Ihre/n Lehrer/in.

2 In diesem Artikel einer spanischen Zeitschrift äußern sich spanische Jugendliche über Politik, Wirtschaft und Menschenrechte, über die Freiheit, die Solidarität und das Schulsystem. Stellen Sie Vermutungen an, wie die spanischen Jugendlichen zu diesen Themen stehen, und lesen Sie anschließend den Artikel.

Los jóvenes en España

En primer lugar, hay° que señalar que para los 1500 jóvenes españoles encuestados, las relaciones personales (el amor, los amigos), la salud, la paz y el dinero son las cosas más importantes.

Los padres son, para la mayoría, importantes también **porque** significan bienestar y cariño. Solo algunos jóvenes (el 14%) dicen que tienen problemas sociales.

En cuanto a la injusticia social, piensan que es un mal inevitable del progreso. **Sin embargo**, consideran que la economía es lo más importante de un país.

En general, la política no es importante para los jóvenes. Muchos creen que los políticos solo quieren votos y poder personal.

Respecto a los siguientes temas, la mayoría opina que:
- La Monarquía española es importante para el país.
- El sistema educativo español es malo, **así como** la sanidad.

- El ejército tiene que ser profesional.
- La paz y los derechos humanos son más importantes que la libertad.
- El amor a la naturaleza es más importante que el amor a la patria o a la religión.
- La solidaridad es un valor muy importante **aunque** la sociedad actual es cada vez más individualista.
- La fidelidad sexual es fundamental, **sobre todo a causa del** SIDA.
- La sociedad no hace mucho por los jóvenes.

Por último, hay que señalar que casi todos los encuestados (el 85%) dicen que son felices y el 50% dice que su vida es bastante buena y cómoda.

Hatten Sie Recht mit Ihren Vermutungen?
Was wissen Sie nun über die spanische Jugend? Sprechen Sie im Kurs darüber.

In diesem Text finden Sie eine Reihe unbekannter Wörter. Wahrscheinlich können Sie einige aufgrund einer anderen Fremdsprache oder aus dem Kontext erschließen. Fertigen Sie eine Liste mit zehn Wörtern an, deren Bedeutung Sie erschlossen haben.

Sehen Sie sich die Wörterliste rechts an. Welches sind Substantive und welches Adjektive? Welches Geschlecht haben sie? Stehen sie im Singular oder Plural? Woran haben Sie das erkannt?

- importantes, educativo, sociedad, fidelidad, bienestar, ejército, felices, sociales, amor, solidaridad, cómoda, sistema

Sehen Sie sich die fett gedruckten Wörter im Text an. Wozu dienen sie Ihrer Meinung nach?

cuarenta y tres **43**

Unidad 4 Gramática

■ **Die reflexiven Verben** (*Los verbos reflexivos*)

■ Einige Verben werden mit den Reflexivpronomen **me/te/se/nos/os/se** verwendet, z. B. **llamarse**. Das Reflexivpronomen und die Verb-Endung beziehen sich auf dieselbe Person.

yo	me	llamo
tú	te	llamas
él, ella, usted	se	llama
nosotros/as	nos	llamamos
vosotros/as	os	llamáis
ellos, ellas, ustedes	se	llaman

● ¿Cómo **os llamáis**?
○ Yo, Rosa.
■ Yo, Juan.

Bei den reflexiven Verben wird im Infinitiv die Endung -se angehängt: llamarse, sentarse...

■ **Nationalitätsadjektive** (*Gentilicios*)

■ Nationalitätsadjektive lassen sich in folgende Gruppen einteilen:

-ano/-ana	-ense	-eño/-eña	-és/esa	-í
colombiano/a	nicaragüense	panameño/a	holandés/esa	iraquí
peruano/a	canadiense	salvadoreño/a	escocés/esa	iraní
venezolano/a	estadounidense	hondureño/a	danés/esa	marroquí
ecuatoriano/a	costarricense	brasileño/a	francés/esa	paquistaní
italiano/a				
guineano/a				
mexicano/a				

■ Es gibt einige, die man nicht klassifizieren kann:

sueco/a austríaco/a griego/a belga
alemán/ana suizo/a chino/a turco/a

■ **Berufsbezeichnungen und Artikel** (*Profesiones y artículos*)

■ Berufsbezeichnungen führen im Spanischen, wie im Deutschen, normalerweise keinen Artikel.

● ¿A qué se dedican?
○ Laura es cantante y Luis es mecánico.

■ Man verwendet den Artikel nur, wenn man jemanden aufgrund seines Berufes identifiziert.

● ¿Quién es Ángeles Mastretta?
○ Es **una** escritora mexicana muy buena.

■ **Berufe: weibliche Formen** (*Profesiones: formas femeninas*)

Bei manchen Berufsbezeichnungen wird noch die männliche Form für beide Geschlechter verwendet.

la médico
la abogado
la juez

Mehr und mehr werden jedoch für Berufsbezeichnungen, die auf **-o** enden, weibliche Formen auf **-a** gebildet.

médic**a**
arquitect**a**
abogad**a**

Außerdem setzt es sich immer mehr durch, für Berufsbezeichnungen, die auf **-e** oder Konsonant enden, die weibliche Form mit **-a** zu bilden.

jefe   jefa
juez   jueza
presidente   presidenta

Gramática **Unidad 4**

■ Wie man persönliche Auskunft erfragt und gibt

- **¿Cómo te llamas / se llama usted?**
  - Óscar Daza León.

- **¿A qué te dedicas / se dedica usted?**
  - **Soy** médico/estudiante/camarero…
    Trabajo en un banco / una tienda / una oficina…
    Estudio en la universidad / una escuela…

- **¿Cuántos años tienes / tiene usted?**
  - Veinte / Treinta y uno…

- **¿De dónde eres/es?**
  - **Soy** español/argentino…
    De Barcelona/Lima…

Nombre: Óscar
Apellidos: Daza León
Edad: … años
Lugar y año de nacimiento: Madrid, 1989
Nacionalidad: española
Profesión: estudiante
Domicilio: c/ Marsella, 24 - 4° C

*Im Spanischen gibt man das Alter mit dem Verb **tener** an.*

Bei allgemein bekannten Nationalitäten verwendet man Nationalitätsadjektive:

inglesa, alemán, francesa…

Bei Städten und Dörfern und bei weniger bekannten Ländern verwendet man **de** + Herkunftsort/Land:

de Guadalajara
de San Sebastián
de Sierra Leona

■ Wie man über Personengruppen oder Teile von Gruppen spricht

Todos/as los/las
La mayoría de los/las
Casi todos/as los/las
Muchos/as
Algunos/as
No muchos/as

peruanos/as
europeos/as
argentinos/as

- **La mayoría de los** jóvenes españoles está en contra de la globalización económica.

■ Die zusammengesetzten Zahlen von 20 bis 100 *(Los números compuestos)*

■ Nur die Zahlen von 20 bis 29 werden zu einem Wort zusammengefasst. Die Zahlen ab 30 werden mit der Konstruktion Zehner + **y** + Einer gebildet.

21	**veinti**uno/a	26	**veinti**séis	31	treinta **y** uno/a
22	**veinti**dós	27	**veinti**siete	42	cuarenta **y** dos
23	**veinti**trés	28	**veinti**ocho	53	cincuenta **y** tres
24	**veinti**cuatro	29	**veinti**nueve	64	sesenta **y** cuatro
25	**veinti**cinco			75	setenta **y** cinco
				87	ochenta **y** siete
				98	noventa **y** ocho

2 335 743 = dos millones **y** trescientos/as treinta **y** cinco mil **y** setecientos/as cuarenta **y** tres

Unidad 4   Actividades

3 Wen oder was stellen diese Fotos dar? Wer kennt die meisten Motive?

• Elíades Ochoa es un músico cubano.

Coliseo
La Sirenita
Elíades Ochoa
Corcovado
Notre-Dame

4 Ein Kursmitglied gibt Informationen über eine der Persönlichkeiten von Aufgabe 1, ohne ihren Namen zu nennen. Die anderen versuchen herauszufinden, um wen es sich handelt.

• Es actriz, tiene ... años y es de Madrid.

Denken Sie nun an drei Persönlichkeiten (es können auch Film- oder Comicfiguren sein) und notieren Sie Informationen über sie wie in Aufgabe 1. Die anderen werden Ihnen Fragen stellen um herauszufinden, um wen es sich handelt.

un hombre
una mujer
un/a señor/a mayor
un/a chico/a joven
un/a anciano/a
un/a niño/a

• ¿Es un personaje real?
• ¿Cuántos años tiene?
• ¿De dónde es?

○ No sé, ocho o nueve. Es una niña.
○ No...
○ Es argentina.

Actividades **Unidad 4**

5 Nachdem Sie den Text von Aufgabe 2 gelesen haben, besprechen Sie in Dreier- oder Vierergruppen die Themen des Artikels und überlegen Sie, wie die Ergebnisse einer solchen Umfrage in Ihrem Land sein könnten. Wären sie ähnlich? Was wäre anders?

○ *No, yo creo que no.*

■ *Yo estoy de acuerdo con Oliver.*

● *Yo creo que los alemanes...*

▼ *Exacto.*

▲ *Sí, eso es verdad.* □ *No, eso no es verdad.*

Nach Abschluss der Gruppenarbeit können Sie einen kleinen Text wie in Aufgabe 2 verfassen, aber im Hinblick auf die Jugend in Ihrem Land. Die fett gedruckten Ausdrücke werden Ihnen helfen, Ihren Text zu strukturieren und anschließend zu präsentieren.

6 Hören Sie, wie sich zwei Personen über die Namen in der spanischsprachigen Welt unterhalten. Versuchen Sie, möglichst viele Elemente der folgenden Kategorien mitzuschreiben.

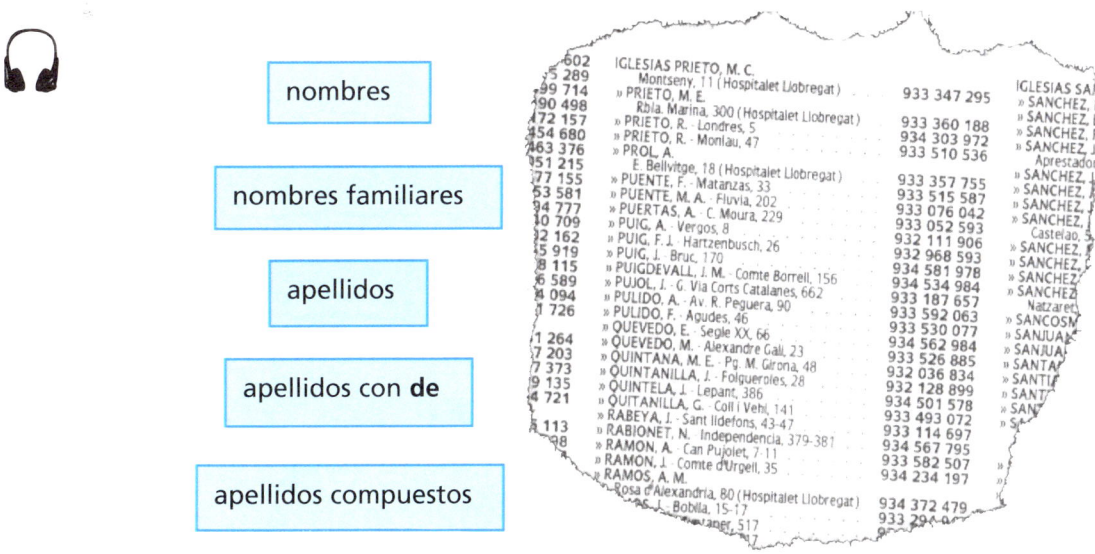

- nombres
- nombres familiares
- apellidos
- apellidos con **de**
- apellidos compuestos

cuarenta y siete ■ **47**

Unidad 4 Actividade

7 Lesen Sie diesen Text, in dem es um di... liche und die vertraute Anrede geht.

Tú y Usted

En español, como en otras lenguas, existen dos formas de tratamiento: **tú** y **usted**.

Usted se utiliza con los verbos y los pronombres en tercera persona del singular y **ustedes** con la tercera persona del plural. En español la forma de tratamiento **usted** se utiliza menos que en otras lenguas. El plural de **usted** es **ustedes** y el de **tú**, **vosotros**. Pero en Latinoamérica no se usa la forma **vosotros**: se usa **ustedes**. Además, en muchas regiones del Cono Sur y de Centroamérica, para la segunda persona del singular, se usa **vos**.

En España, en el mundo del trabajo, por ejemplo, entre colegas de igual o similar categoría, normalmente se utiliza **tú**. Entre personas jóvenes siempre se utiliza **tú** y muchas personas mayores se dirigen a los jóvenes hablándoles de **tú**, pero los jóvenes tienen que utilizar en muchos casos la forma **usted** (con médicos, policías, funcionarios, personas mayores…). En las escuelas y en las universidades, los profesores generalmente tutean a los estudiantes y la mayoría de profesores acepta el tuteo por parte de los estudiantes.

Stellen Sie sich vor, Sie wären in Spanien. Wie würden Sie diese Personen in einer Unterhaltung ansprechen, mit **tú** oder **usted**?

- Una amiga española de tu misma edad
- Un taxista
- Una compañera de trabajo
- La abuela de un amigo tuyo español
- Un médico en un hospital
- Un señor mayor (desconocido) en la calle
- Una profesora española de la universidad de 35 años

8 Lesen Sie diesen Artikel über die Spanier.

Nosotros somos..., ellos son

De todos los países y pueblos hay una imagen más o menos tópica, más o menos real. Se dice, por ejemplo, que los españoles son apasionados, un poco perezosos y bastante desorganizados. Se dice también que son simpáticos, amables, demasiado habladores y un poquito dramáticos.

El irlandés Ian Gibson (hispanista que vive en España y tiene nacionalidad española), en su libro *Fuego en la sangre: la nueva España*, dice, además, que los españoles son ruidosos, sensuales, vitalistas e incapaces de escuchar durante mucho tiempo al interlocutor.

Por otra parte, los estereotipos sobre España han cambiado bastante en el extranjero. España, sin embargo, significa todavía, para algunos, playas y sol, flamenco y toros. Para otros, España se asocia todavía a una imagen arcaica y rural, heredada de la Guerra Civil (1936-1939) y de la dictadura franquista. De todas formas, la verdad es que cada vez más personas conocen la España de hoy: un país contradictorio y variado, tradicional y moderno, un país turístico pero también un país europeo, industrial y dinámico.

Vielleicht kennen Sie eine/n Spanier/in oder waren schon einmal in Spanien. Sprechen Sie in Ihrem Kurs darüber, welche Aussagen des Textes Ihrer Meinung nach ganz oder nur teilweise richtig, ungenau oder übertrieben sind.

Unidad 4 Actividades

Allen Nationalitäten werden Eigenschaften zugeschrieben, die angeblich typisch für sie sind. Lesen Sie die folgende Liste mit Adjektiven und sprechen Sie im Kurs darüber, was man in Ihrem Land denkt über: **los franceses**, **los italianos**, **los argentinos**, **los españoles**, **los estadounidenses** …

trabajadores/vagos
disciplinados/indisciplinados
progresistas/conservadores
falsos/honestos

racistas/no racistas
simpáticos/antipáticos
organizados/desorganizados
apasionados/fríos

abiertos/cerrados
solidarios/insolidarios
serios/divertidos
formales/informales

Sie können folgende Ausdrücke für Ihre Aussagen verwenden:

Algunos…
No todos los…
Muchos…
La mayoría (de los)…
Casi todos los…
Todos (los)…

muy
bastante
un poco
demasiado

● Yo creo que la mayoría de los franceses son muy trabajadores.
○ Sí, es verdad.

*Achtung: **Un poco** verwendet man nur für negative Aussagen.*

Es un poco complicado…

Diskutieren Sie mit einem anderen Kursmitglied darüber, wie man die Deutschen im Ausland sieht.

50 cincuenta

Actividades **Unidad 4**

9 Diese sieben Personen gleichen sich ziemlich. Ein Kursmitglied sucht sich eine Person aus. Die anderen versuchen, mit möglichst wenig Fragen herauszufinden, wen er/sie ausgewählt hat.

- ¿Cómo te llamas?
- ◦ Raúl.
- ¿Y de apellido?

Raúl Fernández Sanz
24 años
fotógrafo
argentino
aficionado al tenis

Raúl Fernandes Sans
26 años
fotógrafo
argentino
aficionado al tenis

Raúl Fernández Sans
28 años
fotógrafo
chileno
aficionado al tenis

Raúl Fernandes Sanz
24 años
periodista
argentino
aficionado al fútbol

Raúl Fernandes Sanz
28 años
fotógrafo
chileno
aficionado al tenis

Raúl Fernandes Sanz
24 años
estudiante
chileno
aficionado al fútbol

Raúl Fernández Sans
24 años
fotógrafo
chileno
aficionado al tenis

10 Der Buchstabe **c** vor **e/i** und der Buchstabe **z** vor **a/o/u** und am Wort- oder Silbenende werden im Spanischen gleich ausgesprochen. Hören Sie die folgenden Wörter und achten Sie darauf.

príncipe	analizar	Sánchez
canciones	Venezuela	Vázquez
escocés	perezosos	arroz
policía	cabeza	paz

Dieser Laut existiert in der deutschen Sprache nicht. Die Zunge liegt dabei zwischen den Zähnen (vgl. das englische *th*). In einigen Gegenden Südspaniens, auf den Kanarischen Inseln und in Lateinamerika wird anstelle des Lispellauts allerdings ein stimmloses **s** gesprochen. Dieses Phänomen nennt man „seseo".

Unidad 4 Actividades

11 Sehen Sie sich dieses Plakat an. Kennen Sie alle Adjektive?

Educación sexista

fuerte
activo
agresivo
inteligente
independiente
seguro
egoísta
duro

♀♂
Igualdad entre los sexos
en la educación

débil
pasiva
sensible
intuitiva
dependiente
insegura
generosa
tierna

desarrollo parcial

Und wie sind Sie? Nennen Sie einige Adjektive, die auf Sie zutreffen.
Schreiben Sie nun einen kleinen Text darüber, wie man die Frauen und Männer im 21. Jahrhundert sieht. Sie können die Ausdrücke verwenden, die Sie bereits kennen, z. B. aus dem Text von Aufgabe 8. Lesen Sie dann Ihren Text vor und sprechen Sie in Ihrem Kurs darüber.

Para usar todo lo que hemos aprendido hasta ahora...

Für Ihren Radiosender bereiten Sie heute eine Sendung „Kontakte" vor.

Jede/r von Ihnen füllt ein Kärtchen wie das nebenstehende aus und gibt es den Moderatoren der Radiosendung. Diese lesen alle Kärtchen vor und die Kursteilnehmer achten darauf, welche Person sie gerne kennen lernen würden.

Wer hat die Person gefunden, die er/sie gesucht hat?

PSEUDÓNIMO...
EDAD...
AFICIONES...
PROFESIÓN SOÑADA...
CARÁCTER...

Busca ☐ hombre
☐ mujer

☐ para viajar a...
☐ para trabajar en...
☐ para mantener amistad.
☐ para relación seria.
☐ para...

Unidad 5

In dieser Einheit lernen Sie ...

- wie man darüber spricht, wo sich Dinge oder Personen befinden

- wie man nach dem Weg fragt und Auskunft gibt

- wie man geografische Hinweise versteht und gibt

- wie man über Mengen spricht

- wie man Möbel und Teile des Hauses benennt

Unidad 5 Textos

1 In diesem Text finden Sie Informationen über die geografische Lage Spaniens und einiger Regionen des Landes. Mithilfe der Karte können Sie die Regionen identifizieren.

PENÍNSULA IBÉRICA

Tema 5

España es una península que está situada al sur de Francia y al norte de África. Al este está el mar Mediterráneo y al oeste, Portugal y el océano Atlántico. Al norte, entre Francia y España, están los Pirineos y el mar Cantábrico. España comprende, además, las Islas Baleares, en el Mediterráneo, y las Islas Canarias, en el Atlántico.

(einschließen)

➡ El archipiélago canario está situado en el Atlántico Norte, a unos 1500 kilómetros al suroeste de la costa peninsular, enfrente de la costa sahariana, al borde del Trópico.
➡ Las Islas Baleares están situadas en el Mediterráneo, a unos 240 kilómetros al este de la Comunidad Valenciana. *(= Bundesland unterteilt in provincias)*
➡ La Comunidad Autónoma de Madrid está en el centro de la Península Ibérica. Limita al norte y al oeste con Castilla y León y, al sur y al este, con Castilla-La Mancha. En esta comunidad está la ciudad de Madrid, la capital de España, situada, aproximadamente, en el centro de la comunidad. En el centro de Madrid, en la Puerta del Sol, está el kilómetro cero de todas las carreteras españolas.
➡ Cataluña está situada al noreste de la Península Ibérica. Esta comunidad consta de cuatro provincias: Barcelona, Tarragona, Girona y Lleida. Esta última provincia es la única que no está en la costa.
➡ Andalucía está en el sur de España. Al norte limita con Castilla-La Mancha y Extremadura, al este con Murcia, al oeste con Portugal y al sur, en su parte oriental, con el Mediterráneo, y en su parte occidental, con el Atlántico.

-28-

🔍 Schreiben Sie alle Ausdrücke in Ihr Heft, mit denen man eine geografische Lage angeben kann.
Welches Verb wird in diesem Text am häufigsten verwendet? Wozu dient es?
Schreiben Sie alle geografischen Bezeichnungen des Textes in Ihr Heft.
Notieren Sie auch die Ausdrücke, mit denen man ungefähre Entfernungen angeben kann.

Können Sie erklären, wo sich folgende Regionen befinden: las Islas Baleares, las Islas Canarias, Madrid, Andalucía, Castilla-La Mancha und Castilla y León?

Versuchen Sie nun zu erklären, wo Ihr Land, Ihre Region oder Ihr Wohnort liegt.

Textos **Unidad 5**

2 Karl verbringt einige Zeit in Spanien und hat eine Arbeit als Pizzaauslieferer angenommen. Eine Reisegruppe, die zu den Picos de Europa unterwegs ist, hat eine Bestellung bei ihm aufgegeben. Er hat eine Karte und eine Wegbeschreibung erhalten. Wo muss er hinfahren: zu Lager 1, 2 oder 3? Lesen Sie die Wegbeschreibung vor, Ihr/e Nachbar/in verfolgt den Weg auf der Karte.

Sales de la pizzería y sigues **todo recto hasta** llegar al puente rojo. Cruzas el puente y, **pasado** el puente, sigues **todo recto**. Hay unos árboles. Pasas **entre** los árboles. **Después de** unas curvas, llegas a un lago. **A la derecha** hay una cascada. Cruzas el lago en barca. **Al otro lado** del lago hay dos caminos: uno **a la derecha** y otro **a la izquierda**. Tomas el camino de la izquierda y sigues **todo recto**. A un **kilómetro** aproximadamente, hay unas enormes rocas. Pasas **entre** las rocas y sigues **todo recto hasta** una cabina de teléfonos. **Pasada** la cabina, giras **a la izquierda**. Allí tienes dos posibilidades: 1) o tomas el primer camino **a la izquierda**, pasas **al lado de** un monasterio y, **pasado el** monasterio, sigues **todo recto hasta** la base de los helicópteros... 2) o **sigues recto** y vas directamente a la base de los helicópteros. Saliendo de la base, hay un camino que pasa por **delante de** una tienda de "souvenirs" que **enfrente** tiene unos lavabos. Pasas **entre** la tienda y los lavabos y sigues por ese camino **todo recto**. Llegas a un cajero automático. Allí hay tres caminos. Tienes que tomar el de **en medio**. Sigues por ese camino y **después de** la curva, a quinientos **metros**, hay una máquina de bebidas. **Pasada** la máquina, hay dos caminos: uno **a la izquierda** y uno **a la derecha**. Giras **a la izquierda** y, **al final**, a un **kilómetro** está el campamento.

🔍 Welche Verben kamen am häufigsten vor? In welcher Zeitform stehen sie? Wozu dienen sie? Wozu dient Ihrer Meinung nach das Präsens von haber? Und das von tener que? Fertigen Sie eine Liste mit allen Ausdrücken an, mit denen man Anweisungen geben kann.

Unidad 5 Gramática

■ Indikativ Präsens: unregelmäßige Verben (*Presente de Indicativo: irregulares*)

■ Bei Verben wie **poner**, **salir**, **saber** ist im Indikativ Präsens nur die 1. Person Singular unregelmäßig.

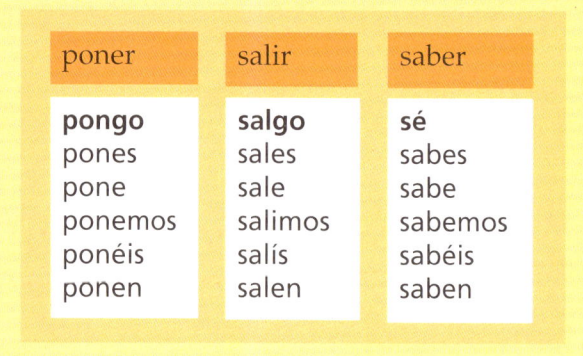

poner	salir	saber
pongo	**salgo**	**sé**
pones	sales	sabes
pone	sale	sabe
ponemos	salimos	sabemos
ponéis	salís	sabéis
ponen	salen	saben

■ Hay

■ **Hay** ist die unpersönliche Form von **haber**. Es gibt keinen Plural (vgl. dt.: *es gibt*). Man fragt mit **hay** nach etwas, das noch nicht erwähnt wurde oder von dem man nicht weiß, ob es existiert. **Hay** steht nur mit dem unbestimmten Artikel, ohne Artikel, mit Zahlen oder Mengenangaben.

- ¿Dónde **hay** una gasolinera?
- En casa **hay** tres dormitorios y un salón. También **hay** una cocina y dos baños.

■ Estar

■ Das Verb **estar** ist im Indikativ Präsens unregelmäßig.

estar
estoy
estás
está
estamos
estáis
están

¿Está lejos la calle Mayor?

No, no. Está muy cerca.

■ Man verwendet **estar**, um etwas örtlich zu beschreiben, das bekannt ist oder bereits erwähnt wurde oder von dem man annimmt, dass es existiert (vgl. dt.: *sein, sich befinden*).

- ¿Dónde **está** la Plaza Mayor?
- ¿Hay un banco por aquí?
  ○ Mire, el Banconesto **está** a unos doscientos metros.

■ Verben der Bewegung und Präpositionen (*Verbos de movimiento*)

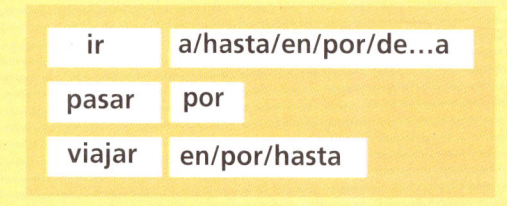

ir	a/hasta/en/por/de…a
pasar	por
viajar	en/por/hasta

- Para **ir de** Lisboa **a** Madrid, **pasas por** Badajoz.

Gramática **Unidad 5**

■ Artikel, indefinite Begleiter und Pronomen *(Artículos e indefinidos)*

Artikel	indefinite Begleiter
un, una, unos, unas + Substantiv	ningún / ninguna + Substantiv algún / alguna / algunos / algunas + Substantiv otro / otra / otros / otras + Substantiv

- Mira, allí hay **un** bar.
- No hay **ningún** colegio por aquí.
- ¿Hay **alguna** iglesia en este barrio?

■ Wenn das Substantiv bereits genannt wurde, wird es nicht mehr wiederholt, sondern das Pronomen verwendet.

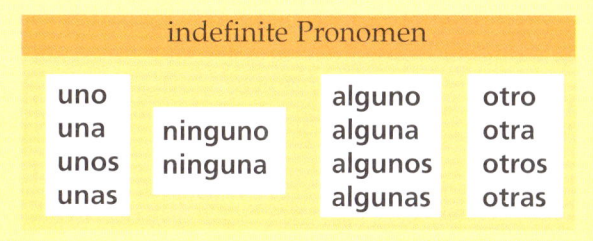

*Man verwendet **varios/as**, wenn man nicht die genaue Anzahl angeben möchte.*

indefinite Pronomen

| uno / una / unos / unas | ninguno / ninguna | alguno / alguna / algunos / algunas | otro / otra / otros / otras |

***Otro/a/os/as** wird nie mit dem unbestimmten Artikel verwendet: ~~un~~ otro*

- ¿Hay **algún** banco por aquí?
  ○ Sí, hay **varios**: **uno** en la esquina y **otro** cruzando la plaza.
- ¿Tienes un bolígrafo?
  ○ Pues no, no tengo **ninguno**.

■ Die Präposition **a** *(La preposición a)*

■ Mit dem bestimmten Artikel **el** wird **a** zu **al**:   a + el = al

■ Die Präposition **a** kann einen räumlichen Bezug ausdrücken.

- Francia está **al** norte de España.

■ Mit **a** kann man auch eine Entfernung ausdrücken.

- La panadería está **a** unos cien metros de aquí.

■ Außerdem drückt **a** eine Richtung oder ein Ziel aus.

- Quiero ir **a** la Plaza de Colón. ¿Está lejos?

■ Die Präposition **en** *(La preposición en)*

■ Mit der Präposition **en** gibt man an, wo sich etwas befindet.

- El diccionario está **en** mi habitación.
- El bolígrafo está **en** el cajón.
- Bilbao está **en** el norte de España.
- ¿Pones esto **en** el armario, por favor?

■ Außerdem verwendet man **en** für Transportmittel.

| **en** tren | **en** avión | **en** coche | **en** barco |
| **en** metro | **en** bicicleta | **en** autobús | **en** moto |

Aber Achtung: **a** pie   **a** caballo

Yo siempre voy a pie.

cincuenta y siete ■ **57**

Unidad 5 Gramática

■ Das Gerundium *(El Gerundio)*

■ Die Bildung des Gerundiums:

Verben auf **-ar**	Verben auf **-er/-ir**
-ando	**-iendo** Vokal + **-yendo**
llegar – lleg**ando** situar – situ**ando** dar – d**ando**	salir – sal**iendo** comer – com**iendo** leer – le**yendo**

> Es gibt einige Ausnahmen: dormir - d**u**rmiendo, decir - d**i**ciendo...

■ Man verwendet das Gerundium u. a. für Wegbeschreibungen mit Verben der Bewegung.

● **Subiendo** por aquí está la catedral.
○ ¿Y la Plaza Mayor?
● ¿La Plaza Mayor? **Bajando** esta calle, a la derecha.

■ Estar + Gerundium *(Estar + Gerundio)*

■ Man verwendet **estar** + Gerundium für Handlungen, die gerade stattfinden (Verlaufsform).

● ¿Y los niños?
○ Juan **está estudiando** y María **está bañándose**.

■ Wie man einen räumlichen oder zeitlichen Bezug angibt

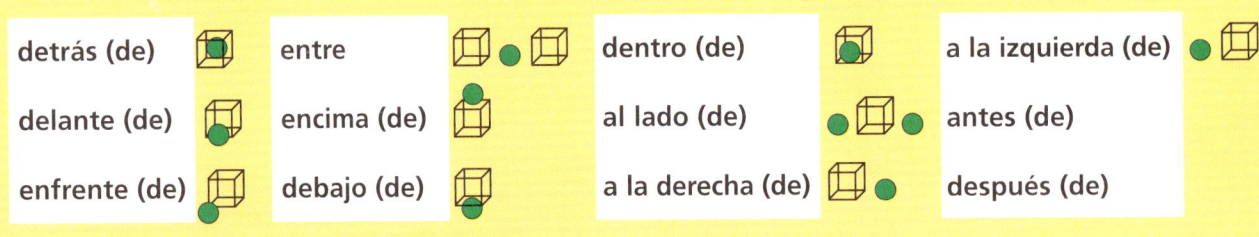

detrás (de)	entre	dentro (de)	a la izquierda (de)
delante (de)	encima (de)	al lado (de)	antes (de)
enfrente (de)	debajo (de)	a la derecha (de)	después (de)

■ Wie man nach der Anzahl fragt: ¿Cuántos/Cuántas…?

¿**Cuántas** cas**as** hay?

¿**Cuántos** árbol**es** hay?

> Für nicht zählbare Substantive benutzt man **cuánto/a**: ¿**Cuánto** café quieres?

■ Wie man um Auskunft bittet

Um jemanden anzusprechen:	Perdona/Perdone, Oye/Oiga	● **Perdona**, ¿el Banco BCN?
Um nach dem Weg oder einem Ort zu fragen:	¿Para ir a…?	● Perdone, ¿**para ir a**l centro?
Um zu fragen, ob etwas existiert:	¿Hay un/una… cerca?	● ¿**Hay una** farmacia **cerca**?
Um zu fragen, wo sich etwas befindet:	¿El/la…?	● ¿**El** Bar Paco, por favor?

Actividades **Unidad** 5

3 Sehen Sie sich die Karte von Mittelamerika und Teilen von Nord- und Südamerika an. Ihr/e Lehrer/in beschreibt Ihnen die Lage einer Stadt und Sie müssen herausfinden, welche gemeint ist.

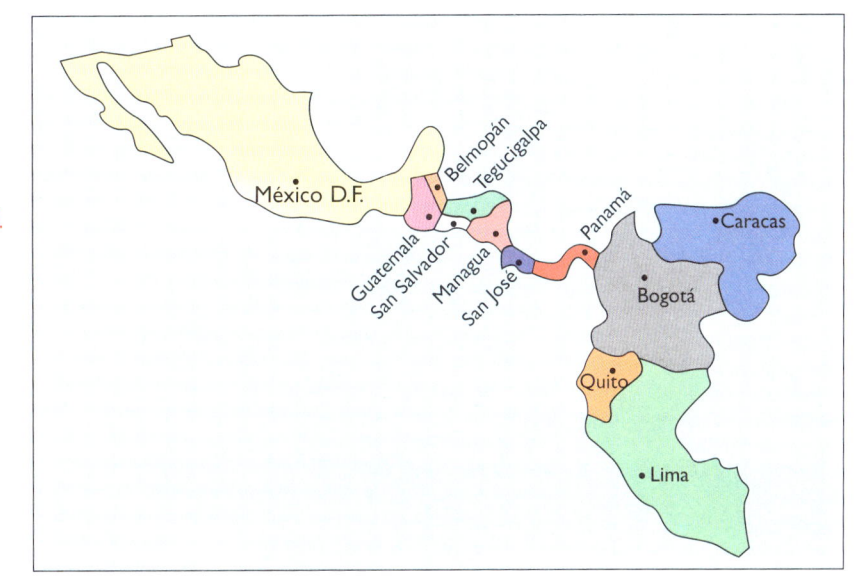

● Está entre Managua y Panamá.
○ San José.

Nun fragen Sie sich in Zweiergruppen nach der Lage einiger Städte.

● ¿Dónde está Bogotá?
○ Bogotá está al este de Panamá y al norte de Quito.

4 Hier sehen Sie eine fiktive Landkarte. Ein Kursmitglied wird nun versuchen, diese Landschaft an die Tafel zu zeichnen, ohne ins Buch zu schauen. Die anderen helfen und geben Hinweise.

● Debajo de la cordillera hay un lago. A la derecha del lago hay...

Machen Sie dasselbe in Zweiergruppen mit einer Region, die Sie gut kennen.

cincuenta y nueve ■ 59

Unidad 5 Actividades

5 Lesen Sie diesen Prospekt über Mexiko und finden Sie mit einem anderen Kursmitglied heraus, wo sich einige interessante Orte befinden und was es dort zu sehen gibt.
Ihr/e Lehrer/in stellt Ihnen anschließend Fragen: **¿Dónde está/n...?**
¿Qué hay en...?
¿Dónde hay un/una/Ø...?

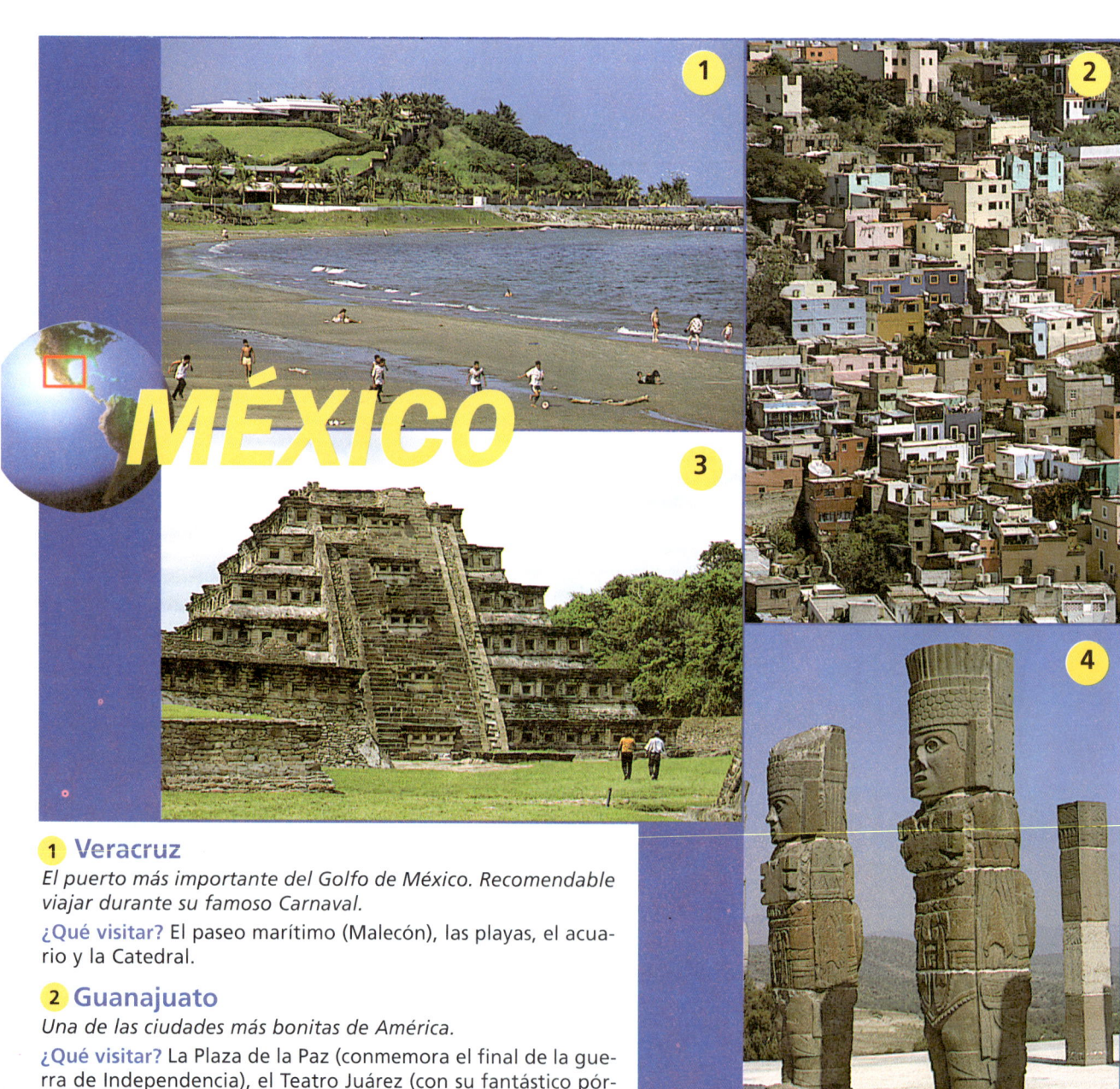

MÉXICO

1 Veracruz
El puerto más importante del Golfo de México. Recomendable viajar durante su famoso Carnaval.

¿Qué visitar? El paseo marítimo (Malecón), las playas, el acuario y la Catedral.

2 Guanajuato
Una de las ciudades más bonitas de América.

¿Qué visitar? La Plaza de la Paz (conmemora el final de la guerra de Independencia), el Teatro Juárez (con su fantástico pórtico neoclásico), el Templo de San Diego (con su fachada barroca del siglo XVII) y la Mansión del Conde de Rul (de estilo neoclásico).

3 El Tajín
Antigua ciudad prehispánica del estado de Veracruz.

¿Qué visitar? Pirámides y templos con relieves, tableros, frisos y pinturas murales. Destaca la Pirámide de los Nichos (foto) con 365 nichos, el número de días del año solar.

4 Tula
Zona arqueológica del estado de Hidalgo.

¿Qué visitar? Destaca la pirámide de cinco terrazas con columnas con forma de guerreros, conocidas como los "Atlantes de Tula" (foto).

Actividades **Unidad 5**

6 Können Sie gut kombinieren? In welchen Geschäften kann man diese Waren kaufen?

pan
perfumes y cosméticos
carne
pasteles y dulces
periódicos
papel y bolígrafos
medicamentos
gasolina
productos de limpieza
fruta
libros
tabaco

una droguería
una pastelería
una papelería
una carnicería
una panadería
una frutería
una perfumería
una gasolinera
una farmacia
una librería
un quiosco
un estanco

● El pan se compra en la panadería.

Wie heißen Ihrer Meinung nach Juwelierläden, Fischgeschäfte und Schuhgeschäfte?

Lesen Sie diesen Text über die Bezeichnung von Läden in verschiedenen spanischsprachigen Ländern.

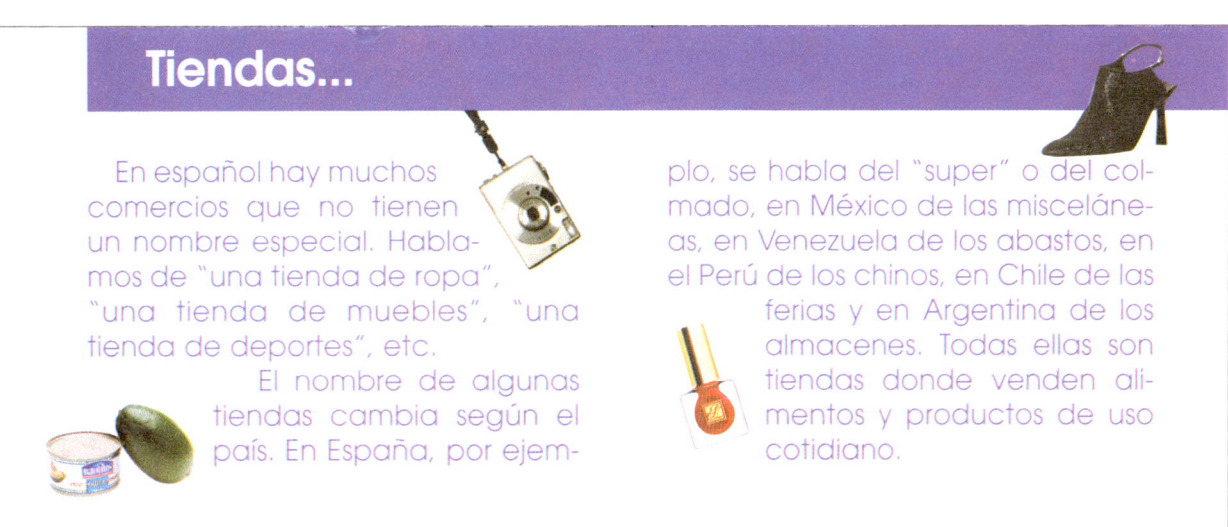

Tiendas...

En español hay muchos comercios que no tienen un nombre especial. Hablamos de "una tienda de ropa", "una tienda de muebles", "una tienda de deportes", etc.

El nombre de algunas tiendas cambia según el país. En España, por ejemplo, se habla del "super" o del colmado, en México de las misceláneas, en Venezuela de los abastos, en el Perú de los chinos, en Chile de las ferias y en Argentina de los almacenes. Todas ellas son tiendas donde venden alimentos y productos de uso cotidiano.

sesenta y uno ■ 61

Unidad 5 Actividades

7 Diese Dinge gibt es in fast jeder spanischen Stadt.

la Plaza de Toros
la Plaza de España
la Catedral (solo en grandes ciudades)
la iglesia de San... o de Santa...
el campo/estadio de fútbol
la calle Colón o la estatua de Colón
la Plaza Mayor o calle Mayor
el Ayuntamiento
la Gran Vía
Correos
el casco antiguo
la estación de trenes o de autobuses

↑ Correos
↑ Catedral
Ayuntamiento →
Plaza de Toros →

Wie fragen Sie nach diesen Gebäuden und Orten, von denen Sie wissen, dass sie existieren? Wie fragen Sie hingegen, wenn Sie eine Bank, einen Supermarkt oder einen Buchladen suchen? Formulieren Sie Fragen und stellen Sie sie den anderen.

Nombres de calles y direcciones

En España, las calles están numeradas del siguiente modo: a un lado los números pares y al otro, los impares. Cuando se da o se escribe una dirección, se dice primero el nombre de la calle y, después, el número: "Vivo en la Plaza del Alamillo, 48". Luego se dice el piso (primero, segundo, tercero, cuarto, quinto...) y luego la puerta (primera, segunda..., o derecha, izquierda, o A, B, C...). Por esa razón, los sobres se escriben así:

c/	calle
pl.	plaza
avda.	avenida
pº	paseo
nº	número
dcha.	derecha
izda.	izquierda
C.P.	código postal
1º/1ª	primero/a

Sra María Rodríguez Castillo
Pl. del Alamillo, 48 1º dcha
28004 MADRID

En España, los buzones de Correos son amarillos y, normalmente, están situados en las esquinas. En todas las ciudades hay unos cuantos buzones rojos para la correspondencia urgente.

A veces los nombres de las calles, las tiendas o los establecimientos tienen relación con sucesos o personajes históricos o literarios: Plaza Dos de Mayo, Calle Doctor Fleming, Mesón Don Quijote, Hostal Reyes Católicos, Bar Dulcinea, Hotel Alfonso X...

Fertigen Sie zu zweit eine Liste der Gebäude und Orte an, die es in fast jeder deutschen Stadt gibt. Was ist gleich, was anders?

Actividades **Unidad 5**

8 Diese Touristen haben sich in Sevilla verlaufen. Können Sie ihnen helfen, zur Plaza de Toros de la Maestranza zu gelangen? Und zur calle Velarde? Und zur calle Varflora?

Um Wegbeschreibungen zu strukturieren: **Primero...**   **Después...**   **Luego...**

Für Wegbeschreibungen können folgende Verben verwendet werden:

seguir (por)
tomar
cruzar
girar
ir

• Primero, tomáis la calle... y después,...

9 Stellen Sie sich vor, Sie verbringen Ihren Urlaub in Sevilla. Wie fragen Sie diese Leute, wie Sie zu den angegebenen Orten gelangen?

la Giralda   a un policía
la isla de la Cartuja   a un joven de 17 años
el Hotel Manolete   a una señora de 40 años
el barrio de Santa Cruz   a un camarero de unos 20 años

• Oiga, ¿para ir a La Giralda, por favor?

Fragen Sie nun eine andere Person aus Ihrem Kurs nach Geschäften und Gebäuden in der Nähe Ihres Unterrichtsortes. Diese beschreibt Ihnen den Weg.

una agencia de viajes   una oficina de Correos
un supermercado   un estadio de fútbol

• Perdona, ¿hay algún supermercado por aquí cerca?
○ Sí, mira, cruzas la calle y giras la primera a la derecha.

10 Hören Sie einige Jugendliche, die erklären, wo sie wohnen. Rekonstruieren Sie nach dem Hören die Informationen, indem Sie die Elemente der einzelnen Blöcke richtig zuordnen.

en Santa Fe de Bogotá	en Mirasierra	un pueblo cerca de Madrid
en la Moraleja	en la Colonia del Valle	cerca del barrio del Pilar
en Santiago de Chile	cerca del aeropuerto de Barajas	en el norte de Madrid
en la Ciudad de México	en Vitacura	un pueblo a los pies de la Cordillera, cerca del río Mapocho
en Madrid	en Pozuelo de Alarcón	cerca del Hotel de México
en Somosaguas	en un barrio	al norte de Bogotá

Unidad 5 Actividades

11 Das ist Davids Zimmer. Es ist in Unordnung geraten. Können Sie die Fragen beantworten?

póster, despertador, lámpara, mesilla, almohada, estantería, mesa, armario, cajón, silla, cama, papelera

Encima de la cama, ¿qué hay?
Al lado del armario, ¿qué hay?
Dentro del cajón de la mesilla, ¿qué hay?
Debajo de la silla, ¿qué hay?

En la estantería, ¿qué hay?
En la pared, ¿qué hay?
Entre la lámpara y la estantería, ¿qué hay?
En el suelo, ¿qué hay?

Erstellen Sie eine Liste mit allen Wörtern, die mit Möbeln und Einrichtungsgegenständen zu tun haben. Schreiben Sie auch den Artikel hinzu.

Erzählen Sie nun einem anderen Kursmitglied, was sich wo in Ihrem Zimmer befindet.

• Mi ordenador está encima de la mesa, al lado de la ventana. La cama está contra la pared, enfrente del armario.

12 Das ist Davids Schrank. Sehen Sie ihn sich gut an, damit Sie die Fragen beantworten können.

¿Cuántos / ¿Cuántas

guitarras
relojes
gafas de sol
faldas
libros
discos de vinilo
camisetas
televisores
raquetas de tenis

hay y dónde están?

Antworten Sie wie folgt:
Hay uno/una/dos/tres…
No hay ninguno/ninguna.
Hay uno/una… y otro/otra…

Erstellen Sie nun eine Liste mit allen Wörtern, die sich auf Kleidungsstücke beziehen, und schreiben Sie den Artikel dazu.

Actividades **Unidad 5**

13 In Zweiergruppen. Sie ziehen gerade um und Ihr/e Nachbar/in hilft Ihnen dabei. Er/sie fragt Sie, wo die einzelnen Dinge hingehören, und Sie erklären es.

- ¿Dónde pongo la lámpara?
- En el salón, al lado del sofá.

14 Wo befinden sich diese Personen und was machen sie gerade? Machen Sie sich Notizen und vergleichen Sie sie mit den anderen Kursteilnehmern.

Petra	cabina de teléfonos
Gabriel	cuarto de baño
Marcos y Cecilia	supermercado
Alfonso	biblioteca
los niños	oficina
Carlos	garaje
Bautista	su dormitorio

- Petra está en la oficina, trabajando.

Erzählen Sie im Kurs, wo sich im Augenblick Ihre Freunde oder Verwandten befinden. Was machen sie wohl gerade?

15 Hören Sie die folgenden Wörter. Die Aussprache von **d** und **g** ist jeweils verschieden in den beiden Spalten.

comprender	lado
directamente	panadería
Guinea	lago
jungla	Portugal

Bei den Wörtern in der linken Spalte ist die Aussprache von **d** und **g** ähnlich wie im Deutschen. In der rechten Spalte sind die Laute dagegen viel weicher. Dort stehen sie zwischen Vokalen.

Hören Sie nun Wörter, die ein **b** oder ein **v** enthalten.

Valencia   Barcelona   buzón   vídeo

Ist Ihnen aufgefallen, dass **b** und **v** im Spanischen gleich ausgesprochen werden? Welchem Laut entspricht dies im Deutschen?

Achten Sie darauf, dass auch dieser Laut weicher ausgesprochen wird, wenn er zwischen zwei Vokalen steht.

lavabo   nevera   avión   cabina

Unidad 5 Actividades

16 Lesen Sie diesen Text, um etwas über Buenos Aires zu erfahren.

24 horas

Un día en Buenos Aires

Un paseo por Buenos Aires es una experiencia inolvidable. Se puede empezar la visita por el centro histórico de la ciudad: la Plaza de Mayo. Aquí están la Casa Rosada, sede del poder ejecutivo nacional, la Catedral Metropolitana y el Banco Nación. Luego, siguiendo por la Avenida de Mayo, se puede entrar a tomar un café o a desayunar en uno de los lugares más tradicionales de la ciudad: el café Tortoni, el más antiguo de Buenos Aires. Caminando unas calles más adelante, la Avenida de Mayo se cruza con la Avenida 9 de julio. Al fondo a la derecha se puede ver el símbolo de la ciudad: el Obelisco. Allí se puede tomar la Avenida Corrientes, donde hay muchos cines y teatros, por eso se la conoce también como el "Broadway" de Buenos Aires. Aquí se pueden visitar todo tipo de librerías y disquerías. Bajando se llega a la calle peatonal Florida, donde hay todo tipo de comercios. Es casi obligatoria la visita a las Galerías Pacífico: además de comprar, se pueden contemplar los frescos pintados en su cúpula. Durante el paseo, en cualquier rincón hay quioscos donde comprar caramelos, chocolates o riquísimos alfajores.

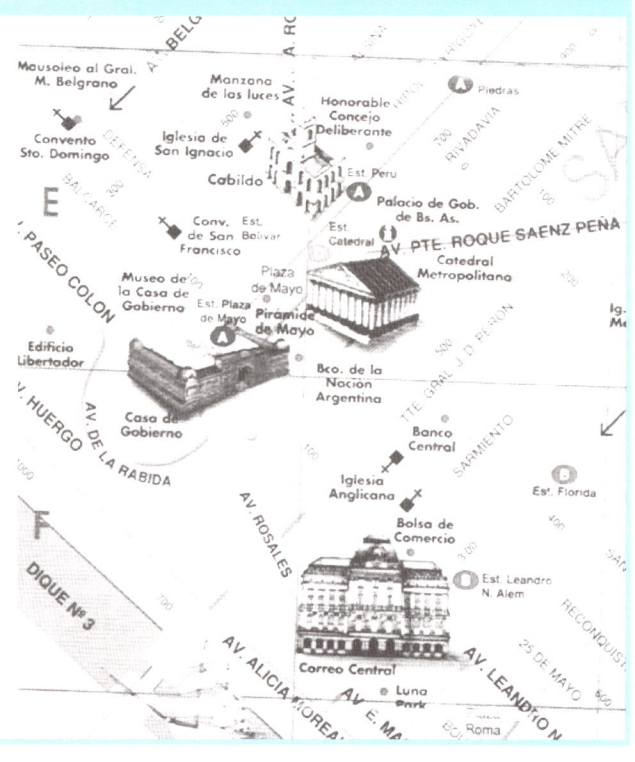

Stellen Sie sich vor, Sie sind in Buenos Aires und haben nur sehr wenig Zeit. Welche fünf Orte, die im Text erwähnt wurden, werden Sie sich ansehen?

Para usar todo lo que hemos aprendido hasta ahora...

Heute möchten Sie den spanischsprachigen Hörern Ihres Radiosenders einige Regionen Deutschlands vorstellen. Wählen Sie eine Region oder Stadt aus und erstellen Sie einen kleinen Text für ein Reisemagazin.

Erwähnen Sie darin:
- wo sich die Region oder Stadt befindet,
- welche Sehenswürdigkeiten es gibt,
- welche Reiseroute Sie empfehlen.

Außerdem möchten Sie in dieser Sendung auch Werbespots für einige Läden senden. Erfinden Sie passende Namen für die Läden und schreiben Sie kurze Werbetexte.

Und vergessen Sie nicht, Ihre Sendung aufzunehmen.

Unidad 6

In dieser Einheit lernen Sie ...

- wie man Vergleiche anstellt

- wie man über Material und Funktionsweisen von Produkten spricht

- wie man Preise erfragt und angibt

- einige sprachliche Unterschiede zwischen Spanien und Lateinamerika

- wichtige unregelmäßige Verben im Präsens

Unidad 6 Textos

1 Soeben sind zwei neue Roboter auf den Markt gebracht worden. Sehen Sie sich die beiden Anzeigen mit ihren Beschreibungen an.

ROBOTOMIC XXY

El nuevo robot que ayuda en casa y en la escuela

Material: plástico
Precio: 674 euros
Peso: 4 kilos

Funciona con energía eléctrica
Fabricado en Japón
Sabe hacer hamburguesas, tartas de fresa, helados y sabe solucionar problemas de química
Toca música clásica
Lleva un vídeo con películas de terror y un navegador de Internet
Ayuda en las discusiones entre padres e hijos

MAGICAMIGO 2

El nuevo robot alemán, el mejor amigo del estudiante y de la familia

- Material: aluminio y hierro
- Precio: 722 euros
- Peso: 6 kilos

- Funciona con energía solar
- Fabricado en Alemania
- Sabe hacer ejercicios de español, patatas fritas y traducciones de inglés
- Canta rap y hace de disc-jockey en las fiestas
- Lleva un lector de DVD con películas de ciencia ficción y policíacas y una consola de videojuegos
- Juega a ping-pong y al ajedrez
- Ayuda a despertarse por la mañana

Hören Sie einigen Personen zu, die ihre Vorliebe für einen der Roboter äußern. Wie viele bevorzugen Robotomic? Wie viele Magicamigo?

Vergleichen Sie die Roboter nun etwas systematischer.

¿Cuál de los dos es más ecológico?
¿Cuál de los dos es más barato?
¿Cuál de los dos pesa menos?
¿Dónde se fabrican?
¿Cuál sabe hacer más cosas?
¿Qué tipo de música saben tocar?
¿Qué tipo de películas llevan?

Welchen Roboter bevorzugen Sie? Weshalb? Diskutieren Sie mit einem anderen Kursmitglied.

• Yo prefiero el ROBOTOMIC XXY porque sabe hacer helados, toca música clásica y es más barato.
○ Yo no. Yo prefiero el MAGICAMIGO 2 porque sabe hacer ejercicios de español y es más ecológico.

Textos **Unidad 6**

2 Lesen Sie diesen Text über die spanische Sprache.

EL ESPAÑOL DE ESPAÑA Y EL ESPAÑOL DE AMÉRICA:
Una lengua, muchas lenguas

No se habla igual en Madrid, en Sevilla, en Buenos Aires o en México D.F. Tampoco se habla igual dentro de una misma ciudad, por ejemplo en el barrio de Salamanca o en Vallecas, en Madrid.

En un mismo país no hablan igual los campesinos, los obreros, los estudiantes o los escritores. Incluso tampoco hablan igual dos familias distintas de un mismo pueblo.

Lógicamente, una lengua como el español, hablada por muchas personas y en muchos países, presenta diferencias en las distintas regiones donde se habla.

Algunos sonidos no se pronuncian de la misma manera. Por ejemplo, las eses finales: en Andalucía, en la costa argentina o venezolana o en Chile, se aspiran o desaparecen. Una expresión como "los hombres", por ejemplo, se pronuncia en algunas regiones "loombre" o "lohobreh".

También hay diferencias en el léxico, sobre todo en las palabras de uso cotidiano. Veamos un ejemplo: un "plátano" español es una "banana" en Argentina, un "cambur" en Venezuela, y un "guineo" en otros lugares.

También existen algunas diferencias en la gramática. Un buen ejemplo es la segunda persona del plural de los verbos y de los pronombres ("vosotros"), que no se usa en la lengua hablada de muchos países. En su lugar se usa "ustedes".

Por otra parte, hay que señalar que las diferencias (fonéticas, léxicas o sintácticas) son más importantes en la lengua familiar y mucho más pequeñas en la lengua literaria o culta, que es muy parecida en todos los países hispanohablantes.

Cualquier hablante de español que viaja a otro país descubre enseguida que hay algunas diferencias, pero que lo entiende casi todo. Descubre también que no hay variantes mejores o peores, que no es mejor el español de Argentina, de España o de Cuba. Descubre que pueblos con culturas distintas, con una historia distinta, usan la misma lengua: el español.

Suchen Sie im Text alle Ausdrücke, um Vergleiche anzustellen. Schreiben Sie sie in Ihr Heft.

Spricht man im Norddeutschland gleich wie im Süden oder wie in der Schweiz oder in Österreich? Welche Unterschiede gibt es in der Aussprache, im Wortschatz …?
Spricht man in den verschiedenen Vierteln Ihrer Stadt bzw. in Ihrem Nachbarort genau gleich?

Hören Sie nun eine Mexikanerin, eine Kolumbianerin und eine Chilenin. Sie geben einige Beispiele für die im Text erwähnten Unterschiede. Schreiben Sie sie in Ihr Heft und vergleichen Sie anschließend mit einem Kursmitglied.

sesenta y nueve ■ **69**

Unidad 6 Gramática

■ Einige unregelmäßige Präsensformen (*Algunos Presentes irregulares*)

■ Einige häufig benutzte Verben haben im Präsens unregelmäßige Formen: Der letzte Vokal des Wortstamms verändert sich zu einem Diphthong, wenn der Stamm betont wird.

e - ie	o - ue	e - i	u - ue (beim Verb **jugar**)
pref**e**rir	p**o**der	s**e**guir	j**u**gar
pref**ie**ro	p**ue**do	s**i**go	j**ue**go
pref**ie**res	p**ue**des	s**i**gues	j**ue**gas
pref**ie**re	p**ue**de	s**i**gue	j**ue**ga
preferimos	podemos	seguimos	jugamos
preferís	podéis	seguís	jugáis
pref**ie**ren	p**ue**den	s**i**guen	j**ue**gan
empezar	costar	servir	
pensar	acostarse	pedir	
querer	mover	medir	
sentir	dormir		

Achtung: Die Formen der 1. und 2. Person Plural sind regelmäßig.

■ Fragen mit ¿qué?, ¿cuál?/¿cuáles?

¿**Qué** + Verb?	Man bezieht sich auf keine Auswahl aus einer Gruppe. (*Was?*)	• ¿**Qué** compramos?
¿**Qué** + Substantiv + Verb?	Man bezieht sich auf eine Auswahl aus einer Gruppe. (*Was für ein/e?*)	• ¿**Qué** disco compramos?
¿**Cuál/cuáles** + Verb?	Man bezieht sich auf eine Auswahl aus einer Gruppe, wobei das Substantiv schon genannt wurde. (*Welche/r/s?*)	• ¿**Cuál/cuáles** prefieres?

¿Cuáles prefieres?
Yo éstos.

■ Zahlen (*Numerales*)

■ Komplexe Zahlen werden folgendermaßen gebildet:

cien + mil/millones	**ciento** + Zehner und Einer
100 000 = cien mil	108 = ciento ocho
100 000 000 = cien millones	152 = ciento cincuenta y dos

■ Das **y** steht nur zwischen Zehnern und Einern.

845 634 952 = ochocientos cuarenta **y** cinco millones seiscientos treinta **y** cuatro mil novecientos cincuenta **y** dos

■ Wie man Preise erfragt und angibt

¿**Cuánto cuesta** éste / un billete / ir de Madrid a Roma…?
¿**Cuánto cuestan** estos pantalones / las gafas…?

Nach dem Preis von etwas, das man verzehrt hat oder kaufen will, fragt man: ¿Cuánto es?

Genaue Preisangabe	Ungefähre Preisangabe
Mil dólares	**Unos** mil dólares
Trescientos reales	**Unos** trescientos reales
Cien euros	**Unos** cien euros

Gramática **Unidad 6**

■ Wie man über das Material eines Gegenstandes spricht

- ¿De qué es/son?
- Es/son de plástico/madera/tela/hierro/aluminio/oro/plata/lana/algodón/cuero...

■ Wie man Vergleiche anstellt

En Sevilla hace más calor y llueve menos que en Londres.

¿Cuál es la diferencia entre | éste y el otro / estos dos | ?

Son | (casi) iguales
    | muy/bastante parecidos/as
    | muy / un poco / bastante / completamente diferentes/distintos

Sí, es verdad, en Londres hace más frío y llueve más.

Funcionan / Hablan | **igual**
Cuestan / Hacen | **lo mismo**
Es **igual que** el mío

Éste / Madrid | es | un poco / bastante / mucho | **más** / **menos** | grande / caro | **que** | el otro / Barcelona

Éste / Ésta | es | **mejor** / **peor** | (que el/la otro/a)

Éstos / Éstas | son | **mejores** / **peores** | (que los/las otros/as)

Éste | dura / gasta | **más** / **menos**
     | funciona / va | **mejor** / **peor**

■ Wie man Informationen gegenüberstellt

- La XX2 es japonesa.
- La YY7, **también**.

- La DD6 es alemana.
- La XX2, **no**.

- La DD6 no es japonesa.
- La XX2, **sí**.

- La DD6 no es japonesa.
- La CC8, **tampoco**.

Unidad 6   Actividades

3 Bei den regionalen Behörden herrscht gerade ein Chaos mit den Daten dieser drei Dörfer. Ihnen liegen folgende Informationen vor.

gr gobierno regional

Los pueblos se llaman: Arenales, Cabalet y Apila.
Dos de los pueblos tienen el mismo número de habitantes.
El más grande de los pueblos tiene 6000 habitantes.
El más grande de los tres pueblos tiene 3000 habitantes más que los otros.
Uno de los pueblos tiene 3 iglesias, 6 bares, 2 médicos y 1 escuela.
El más grande de los pueblos tiene 3 iglesias, 5 bares, 1 médico y 3 escuelas.
Uno de los pueblos tiene 4 iglesias, 8 bares, 1 médico y 2 escuelas.
Solamente uno de los pueblos está en la costa.
El pueblo que tiene más bares es Apila.
Uno de los pueblos está a 2000 metros y el otro a 470 metros.
El pueblo que está en la costa tiene 2 escuelas.
El pueblo más alto se llama Arenales.
El pueblo que tiene más escuelas se llama Cabalet.

Versuchen Sie herauszufinden, wie hoch jedes Dorf liegt und wie viele Einwohner, Ärzte, Schulen, Kirchen und Kneipen jedes hat.

Vergleichen Sie anschließend Ihre Ergebnisse im Kurs. Formulieren Sie dann in Gruppen vier Fragen, um die Dörfer zu vergleichen, und stellen Sie sie einer anderen Gruppe.

• ¿Cuál es el pueblo más grande?
○ Cabalet.

4 Ein Journalist schildert in dieser Zeitschrift seine Eindrücke von den Sitten und Gebräuchen der Argentinier sowie von den Gegebenheiten im Land. Lesen Sie.

Los argentinos

gente y lugares

- Los argentinos comen mucha carne.
- En Argentina la medicina pública no funciona muy bien.
- Los argentinos se acuestan tarde: a las once o a las doce de la noche.
- Los argentinos desayunan muy poco. Algunos toman solo un café o un café con leche.
- La mayoría de los jóvenes argentinos se encuentra con sus amigos en la calle.
- En las grandes ciudades el tráfico es bastante desordenado. Hay muchos atascos.

- En Argentina hay muchos climas distintos: en Iguazú hay un clima tropical y en la Patagonia, por ejemplo, hace mucho frío.
- Los argentinos van mucho al teatro y al cine.
- Los argentinos son fanáticos del fútbol.
- Los argentinos hablan todos al mismo tiempo y en voz muy alta.
- Los argentinos gesticulan mucho.
- Muchos jóvenes argentinos fuman.
- Muchos argentinos pasan sus vacaciones de verano en la costa.

Actividades **Unidad 6**

Vergleichen Sie nun die Angaben über Argentinien mit Ihrem Land. Dafür können Sie folgende Konstruktionen verwenden:

Eso	en mi país aquí allí	(no) es	**como** en Argentina **igual (que** en Argentina) **casi igual (que** en Argentina) **bastante diferente** **muy diferente** **completamente diferente**

La gente de mi país Aquí En mi país	sí no también tampoco

5 In der Fantasiestadt Madrilona in Spanien kosten diese Dinge ungefähr …

una zumo	1 euro
unos vaqueros	55 euros
una entrada de cine	4,20 euros
una hamburguesa	3 euros
unas zapatillas de deporte	48 euros
un café	0,8 euros
un billete de autobús	1 euro
un CD	18 euros
el alquiler de un piso de tres habitaciones	770 euros

Was ist in Ihrem Land teurer bzw. billiger? Diskutieren Sie mit den anderen Teilnehmern darüber.

● En mi país unos vaqueros cuestan unos… O sea que…

6 Fragen Sie eine/n andere/n Kursteilnehmer/in, welche dieser Dinge er/sie bevorzugt:
Wenn Sie auf sie zeigen: Wenn Sie sie benennen:

● ¿Cuál/cuáles prefieres?   ● ¿Qué … prefieres?
○ Éste/ésta/éstos/éstas.   ○ Éste/ésta/éstos/éstas.

● ¿Qué coche prefieres?
○ Éste, el negro.

setenta y tres **73**

Unidad 6 Actividades

7 Wer kann diese Rechenaufgaben am schnellsten lösen?

Doce + ocho – dos : tres x cien = **seiscientos**

Veinticinco x cuatro : diez + dieciséis = ?

Sesenta y tres – cincuenta + siete + ochenta = ?

Trescientos diez + cuarenta - uno = ?

Diez mil : dos – mil quinientos + doscientos cincuenta = ?

+ más
- menos
x (multiplicado) por
: dividido por
= son / es igual a

8 Hören Sie einige Kolumbianer, Mexikaner und Chilenen, die über die Jugendlichen ihres Landes diskutieren. Beantworten Sie anschließend die Fragen. Welches Land gleicht Ihrem am meisten?

¿Los jóvenes van a discotecas?
¿Los estudiantes viven con los padres?
¿Hay muchos problemas entre padres e hijos?
¿Hacen deporte los jóvenes? ¿Cuáles?

• En mi país eso es como en Colombia.

9 Antón und Martín sind Zwillinge, aber sie sind sich nicht sehr ähnlich. Sehen Sie sich ihre Zimmer an und suchen Sie Unterschiede zwischen den beiden Brüdern, was ihren Charakter, ihre Gewohnheiten, ihre Hobbies usw. angeht. Wer findet die meisten Unterschiede?

Antón   **Martín**

Um Informationen gegenüberzustellen, verwendet man häufig: **en cambio**

• Antón es muy desordenado, en cambio, Martín es bastante más ordenado, creo.

Actividades **Unidad 6**

10 Verhalten Sie sich umweltbewusst? Lesen Sie diesen Text und entscheiden Sie, welche der Alternativen jeweils die ökologischere ist. Diskutieren Sie in Zweiergruppen darüber.

> ***Reducir, reutilizar, reciclar.*** Es la llamada ley de las tres erres, una ley muy importante para el consumidor "verde". Dentro de este principio, hay que seguir el siguiente orden de prioridades: ***reducir*** el consumo es mejor que ***reutilizar***, y reutilizar es mejor que ***reciclar***... Reducir significa aquí "no consumir por consumir".

¿Qué es mejor?

En las tiendas...
¿Pedir bolsas de plástico o llevar una bolsa de tela de casa?
¿Comprar productos en lata o frescos?
¿Comprar bebidas en botellas de plástico o de cristal?

En casa...
¿Usar trapos de cocina o papel de cocina?
¿Usar gas o calefacción eléctrica?
¿Tirar las botellas en un contenedor de basura o llevarlas a la tienda?
¿Comer platos precocinados o cocinar uno mismo?
¿Usar *sprays* o botellas?

En la calle, en el país...
¿Ir en bicicleta o en coche?
¿Educar a la gente o prohibir cosas?

• Yo creo que, en general, es mejor educar a la gente que prohibir cosas.

11 Ihr Kurs hat sich entschlossen, im Sommer einen Intensivkurs in Spanien zu belegen. Lesen Sie die Informationen über diese drei Sprachschulen und besprechen Sie in Dreiergruppen, welche Ihnen am besten erscheint. Teilen Sie Ihren Entschluss anschließend den anderen mit und begründen Sie ihn.

ESF ESCUELA SIN FRONTERAS
Cursos de 2 semanas (60 horas) 
▸ Profesorado joven y especializado
▸ Situación: Cancún (México)
▸ Laboratorio de idiomas
▸ Objetivos: aprender a comunicarse en situaciones de la vida cotidiana
▸ Precio: 825,50 euros
▸ Actividades optativas: clases de cocina mexicana y de *windsurf*
▸ Proyección de películas en español
▸ Enseñanza complementaria con ordenadores
▸ Grupos de 7/8 alumnos por clase

CENTRO GRAMALEX
español para extranjeros
■ Cursos de 4 semanas (80 horas)
■ Situación: Córdoba (Argentina)
■ Objetivos: enseñar gramática y mucho vocabulario
■ Especial atención a la lengua escrita
■ Precio: 637,25 euros
■ Actividades complementarias: conferencias sobre temas de actualidad
■ Clases de historia y de literatura argentinas
■ Servicio de alojamiento con familias argentinas (no incluido en el precio)
■ Grupos reducidos: 5/6 alumnos por clase

ACADEMIA DE ESPAÑOL olé
– Cursos de 1 semana (35 horas)
– Situación: Sevilla (España)
– Objetivos: aprender español y pasar unas vacaciones divertidas
– Precio: 815 euros
– Actividades complementarias: clases de flamenco, equitación y tenis
– Visitas a Granada, Córdoba y Cádiz
– Biblioteca y laboratorio de idiomas
– Grupos de 12 alumnos por clase

¿Tú cuál prefieres?
Yo creo que es mejor ir a... porque...

setenta y cinco ■ **75**

Unidad 6   Actividades

12 Lesen Sie diese Angaben über Argentinien und Mexiko. Vergleichen Sie sie anschließend und beantworten Sie die unten stehenden Fragen.

Tiempo de
Economía

ARGENTINA

Datos básicos

Capital:	Buenos Aires
Moneda:	peso
Superficie:	3 761 274 km²
Población:	36 millones
Densidad:	13 h/km²
Crecimiento anual de la población:	0,3%
Esperanza de vida:	74,1
Analfabetismo:	4%

La población

Hombres:	49%
Mujeres:	51%
Rural:	11%
Urbana:	89%

Grupos de edad

Menos de 15	31%
De 15 a 65	60%
Más de 65	9%

La economía

PNB per cápita:	8100 US$

Empleo

Población activa:	14 millones
	38%

Estructura del empleo

Industria	24%
Agricultura	14%
Servicios	62%

MÉXICO

Datos básicos

Capital:	México D.F.
Moneda:	peso
Superficie:	1 972 183 km²
Población:	100 millones
Densidad:	43 h/km²
Crecimiento anual de la población:	1,5%
Esperanza de vida:	73,4%
Analfabetismo:	12,4%

La población

Hombres:	50%
Mujeres:	50%
Rural:	28%
Urbana:	72%

Grupos de edad

Menos de 15	37%
De 15 a 65	59%
Más de 65	4%

La economía

PNB per cápita:	8500 US$

Empleo

Población activa:	35 millones
	35%

Estructura del empleo

Industria	22%
Agricultura	26%
Servicios	52%

–5–

¿Cuál de los dos países es más grande?
¿Cuál tiene más habitantes?
¿Cuál tiene más actividad industrial?
¿Cuál tiene una población más joven?

Besprechen Sie weitere Unterschiede.

Actividades **Unidad 6**

13 Sehen Sie sich diese Studie über die Preise verschiedener Produkte und Dienstleistungen in sieben Städten an. Vergleichen Sie sie in Zweiergruppen und halten Sie die Ergebnisse fest. Wer notiert in drei Minuten die meisten Sätze?

De compras

	Madrid	Londres	París	Berlín	Río de Janeiro	Buenos Aires	Amsterdam
Alimentación:							
1 litro de leche	0,84	1,68	0,99	0,74	0,42	0,63	0,81
Una barra de pan	0,48	0,84	0,64	1,42	0,34	0,45	1,29
Transportes:							
Billete metro/bus	0,90	3,75	1,21	1,64	0,52	0,54	1,36
Vivienda (alquiler):							
Piso 100 m² (centro)	721,21	2409,63	1676,93	1073,71	522,58	375	909
Piso 100 m² (periferia)	480,80	1506,10	990,91	818,06	232,26	325	500
Entradas para:							
Teatro	15,02	16,86	16	22,45	17,41	15,65	12
Fútbol	20	28	22,86	33,23	14	9	25
Cine	4,20	10	7,16	5,62	4,06	7,25	6,81
Gastos sociales:							
Café en el centro	0,90	2,10	1,52	3,32	0,52	1,08	1,59
Copa en bar nocturno	4	6,02	7,62	9,71	2,61	6	3,36
Cerveza	1,20	3,31	1,98	2,42	1,04	3,67	1,25
Tabaco	2,04	5	3,20	2,85	0,92	2,58	2,95
Periódico	0,75	1,50	1,06	1,40	0,69	0,72	0,79
Gastos diversos:							
Novela	12,02	13,86	8,62	24,54	16,26	13,32	18,13
CD	16	20,50	18,29	19,42	13,93	18	18,15
Videojuego	42,07	50,44	38,11	25,05	34,84	54	22,72
Llamada (1 minuto)	0,07	0,14	0,10	0,12	0,11	0,22	0,08
Preservativos	7,21	9,63	7,62	6,20	1,04	1,87	2,04

Cifras en euros

● Una barra de pan es más cara en París que en Buenos Aires.
○ Sí, pero una entrada para el cine cuesta más o menos lo mismo.

setenta y siete

Unidad 6 Actividades

14 Wie Sie in dieser Unidad gesehen haben, gibt es unterschiedliche Varianten des Spanischen. In den verschiedenen spanischsprachigen Ländern bzw. Regionen gibt es zum einen Unterschiede in der Aussprache einzelner Laute; die größten Unterschiede bestehen allerdings in der Intonation. Hören Sie die folgenden Sätze und Fragen von Sprechern aus Spanien und Peru und achten Sie auf die Intonation.

España

En las grandes ciudades el tráfico es un caos.

¿Cuánto cuestan estos pantalones?

Perú

En las grandes ciudades el tráfico es un caos.

¿Cuánto cuestan estos pantalones?

Haben Sie die Unterschiede in der Intonation bemerkt?

Para usar todo lo que hemos aprendido hasta ahora...

In Ihrem Radiosender steht die Sendung „Pueblos y costumbres" auf dem Programm. Erarbeiten Sie in Gruppen das Skript, das sich an spanischsprachige Besucher Ihres Landes richtet. Erläutern Sie die wichtigsten Sitten und Gebräuche Ihres Landes oder Ihrer Region und vergleichen Sie sie mit dem, was Sie von Spanien und Lateinamerika wissen.
Sprechen Sie unter anderem folgende Themen an:

- das Klima,
- die Wirtschaft / die Preise,
- die Sprache(n), die man spricht,
- die Sitten und Gebräuche in Bezug auf Ernährung, Kommunikation, Freizeitverhalten ...

Sie können sich von den Aufgaben 4, 12 und 13 dieser Unidad oder den vorhergehenden Einheiten inspirieren lassen.
Und vergessen Sie nicht, Ihre Sendung aufzunehmen.

Unidad 7

In dieser Einheit lernen Sie ...

- wie man das Aussehen und den Charakter von Personen beschreibt

- wie man Aussehen, Charakter und Alter von Personen vergleicht

- wie man Dinge nach Form, Farbe und Marke unterscheidet

- wie man über Besitz oder Zugehörigkeit spricht

- weitere unregelmäßige Präsensformen

Unidad 7 Textos

1 Lee este texto. Es handelt sich um die erste Seite eines Kriminalromans.

Lola, detective

Me llamo Dolores, pero todo el mundo (tanto mis amigos como en el trabajo) me llama Lola. Vivo en Madrid y soy detective privada. Lo que es bastante raro porque, en España, no es como en las películas de la tele. En la tele o en el cine todo el mundo va a consultar a un detective. Aquí, en cambio, hay muy pocos detectives y menos, "detectivas". Cuando la gente tiene problemas, va a la policía, a casa de un amigo, al psiquiatra o a la iglesia. O sea, que no tenemos muchos clientes... Digo "no tenemos" porque tengo dos socios. La agencia es mía, y de Paco y de Miguel, mis socios. Los tres somos madrileños y tenemos la misma edad: treinta y cinco años.

Paco es gordito, bajito y calvo, pero, sin embargo, tiene un éxito enorme con las mujeres y cada semana tiene una novia diferente, casi siempre extranjera. Siempre está de muy buen humor y es muy buena persona. El único problema es que, cuando está muy enamorado, no viene a la oficina. Y lo que es peor: se enamora constantemente... Mi otro socio, Miguel, es completamente diferente, especialmente en el tema del amor. Es muy tímido y, cuando tiene que salir con una chica, se pone enfermo. Yo no lo entiendo: es un hombre atractivo, alto, moreno, inteligentísimo y también, como Paco, muy buena persona.

En mi oficina también trabajan Margarita y Feliciano. Margarita es la secretaria. Es una chica simpatiquísima, bastante despistada, y que, además, tiene un problema: su novio, Tony. Para ella, Tony es más guapo que Tom Cruise. Tony, en realidad, es bastante feo y solo mide 1´50. Pero no importa. Ella le llama por teléfono diez veces al día. Y el teléfono de nuestra oficina, naturalmente, siempre comunica. Feliciano es el chico de los recados, el mensajero. Tiene diecinueve años, es muy blanco, muy delgado y un poco bizco. Pero es un artista: escribe poemas de amor, que tiene escondidos en su mesa; poemas de amor para Margarita. Cuando habla con ella, se pone colorado como un tomate y se olvida de todo lo que tiene que hacer. Resumiendo: un equipo fantástico.

A veces, muy pocas veces, tenemos clientes y casos interesantes. La verdad es que trabajar en nuestra agencia es muy emocionante. Ahora, por ejemplo, trabajamos para Sabina Ríos de Monte, la mujer de Claudio Monte, un cantante muy famoso que, en estos momentos, nadie sabe dónde está. Su mujer y su casa discográfica lo buscan. Pero mis socios y yo ya sabemos dónde encontrarlo.

Textos **Unidad 7**

Escribe toda la información que tienes sobre cada personaje. Notieren Sie zu jeder Person Alter, Name, Beruf, Aussehen und Charakter.

Beantworten Sie anschließend folgende Fragen mithilfe des Textes und der Bilder.

¿Quién es el del bigote?
¿Quién es el que lleva un paquete?
¿Quién es la del teléfono?
¿Quién es el de la fotografía?
¿Quién es el del jersey blanco?
¿Quién es la morena del pelo corto?

Welche neuen Konstruktionen werden in diesen Fragen verwendet, um jemanden zu identifizieren? Wann werden sie Ihrer Meinung nach verwendet?

2 Rodrigo trabaja en el guardarropa de una discoteca. Wenn die Diskothek geschlossen wird, strömen alle Gäste in die Garderobe und verlangen nach ihren Jacken und Mänteln. Hören Sie die Dialoge und schreiben Sie die Kleidungsstücke und deren Farbe in der Reihenfolge auf, in der sie verlangt werden.

| azul | gris | marrón | rojo | amarillo | verde | negro |

Alle sprechen hier von chaquetas **und** abrigos**. Um sie zu identifizieren, verwenden die Gäste eine Reihe von Wörtern und Strukturen. Hören Sie noch einmal die Dialoge und schreiben Sie die Ausdrücke in Ihr Heft.**

ochenta y uno ■ 81

Unidad 7   Gramática

■ Unregelmäßige Präsensformen (*Presentes irregulares*)

■ Alle Verben, die auf **-acer**, **-ecer**, **-ocer** und **-ucir** enden (außer **hacer** und **cocer**), haben in der 1. Person Singular des Indikativs die unregelmäßige Form mit **-zc-**.

parecerse	conocer	traducir	otros verbos
me pare**zc**o	cono**zc**o	tradu**zc**o	parecer
te pareces	conoces	traduces	crecer
se parece	conoce	traduce	conducir
nos parecemos	conocemos	traducimos	producir
os parecéis	conocéis	traducís	reducir
se parecen	conocen	traducen	

■ Possessivbegleiter und -pronomen (*Los posesivos*)

■ Mit Possessivbegleitern gibt man den Besitz oder die Zugehörigkeit an.

mi clase	
tu abrigo	
su pueblo	
nuestro piso	**nuestra** casa
vuestro hotel	**vuestra** ciudad
su maleta	

su casa
- La casa de usted
- La casa de Ana
- La casa de Jaime
- La casa de Ana y Jaime

Die Possessivbegleiter stimmen im Spanischen in Geschlecht und Zahl mit den Besitztümern überein und nicht mit den Besitzern.

mis hermanos	
tus maletas	
sus libros	
nuestros papeles	**nuestras** notas
vuestros exámenes	**vuestras** chaquetas
sus pasaportes	

sus casas
- Las casas de ustedes
- Las casas de Ana
- Las casas de Jaime
- Las casas de Ana y Jaime

■ Wenn aus dem Kontext nicht hervorgeht, welche Person mit den Possessivbegleitern **su/sus** gemeint ist, verwendet man die Konstruktion **de** + Name.

el pueblo **de** Ana   los libros **de** Jaime   los pasaportes **de** Ana y Jaime

■ Wenn das Substantiv bekannt ist oder schon genannt wurde und man es nicht wiederholen möchte, verwendet man die Possessivpronomen mit Artikel.

el mío	la mía	los míos	las mías
el tuyo	la tuya	los tuyos	las tuyas
el suyo	la suya	los suyos	las suyas
el nuestro	la nuestra	los nuestros	las nuestras
el vuestro	la vuestra	los vuestros	las vuestras
el suyo	la suya	los suyos	las suyas

● ¿Tienes **mi** chaqueta?
○ No, **la tuya** no. Solo tengo **la mía**.

■ Man verwendet sie ohne Artikel, wenn man sagen möchte, wer der Besitzer ist.

¿De quién es/son...?

Mío/a/os/as
Tuyo/a/os/as
Suyo/a/os/as
...

● ¿**De quién son** estos discos?
○ **Nuestros**.

Gramática **Unidad 7**

■ Wie man Dinge identifiziert: Demonstrativbegleiter und -pronomen

■ Man unterscheidet die Demonstrativbegleiter und -pronomen nach der Entfernung der Person oder Sache.

Nahe beim Sprecher	Nahe beim Zuhörer	Entfernt von beiden
éste	ése	aquél
ésta	ésa	aquélla
éstos	ésos	aquéllos
éstas	ésas	aquéllas

Beachten Sie, dass die Demonstrativpronomen meist einen Akzent tragen, die Demonstrativbegleiter jedoch nicht.

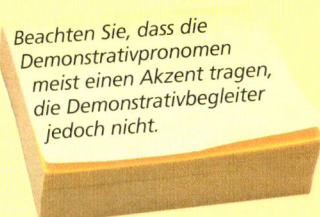

■ Will man etwas auf Grund von Farbe, Marke, Form oder anderen Merkmalen identifizieren, verwendet man den bestimmten Artikel.

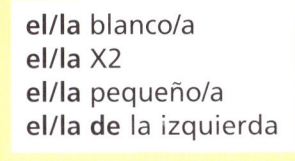

el/la blanco/a
el/la X2
el/la pequeño/a
el/la de la izquierda

el/la rojo/a
el/la R6
el/la grande
el/la de la derecha

el/la rubio/a
el/la alto/a
el/la del traje blanco

el/la moreno/a
el/la bajito/a
el/la del traje rojo

■ Man kann auch die Demonstrativpronomen verwenden.

éste/a blanco/a
ése/a grande
aquél/aquélla azul

■ In einigen Fällen kann man auch die Präposition **de** verwenden.

ése que está arriba = ése **de** arriba
aquél que lleva bigote = aquél **del** bigote

■ Wie man Personen beschreibt

¿Cómo es?

Dauerhafte und charakteristische Merkmale	
Es	alto/a, rubio/a, simpático/a, antipático/a, inteligente…
Tiene	**el** pelo blanco/negro/castaño/rubio/liso/rizado… **la** nariz muy grande… **los** ojos muy bonitos…

Vorübergehende oder veränderliche Merkmale	
Lleva	el pelo corto/largo… bigote/barba… gafas / vaqueros / una cazadora de cuero…
Está	guapísimo/a… muy moreno/a…

*Bei Körperteilen verwendet man im Spanischen Artikel, keine Possessivbegleiter: Tengo **la** nariz muy grande. (dt.: Meine Nase ist sehr groß.)*

Unidad 7 Gramática

■ Wie man Personen vergleicht

| Se parecen un poco / mucho / bastante
No se parecen nada | físicamente
en el carácter
en la manera de pensar/hablar/andar… |

| Yo me parezco a
Se parece a
… | mi padre / José… |

| Tengo/tiene… | el mismo pelo
los mismos ojos
la misma edad
las mismas ideas | que mi madre / él… |

■ Ser/Estar

■ Um Personen oder Dinge zu beschreiben oder zu identifizieren, benutzt man in der Regel **ser**.

- **Es** verde.
- **Es** muy guapa.
- **Son** bastante simpáticos.

■ Ist die Beschreibung aber subjektiv oder bezieht sie sich auf vorübergehende oder veränderliche Merkmale, verwendet man **estar**.

- **Está** frío el café, ¿verdad?
- Hoy **está** muy guapa.

■ Daher verwendet man einige Adjektive immer mit **estar**.

- ¿Cómo **estás**?
- **Estoy** contento/triste/enfadado/relajado/tranquilo/cansado / de buen/mal humor…

■ Adjektive mit der Endung -ísimo (*Adjetivos en -ísimo*)

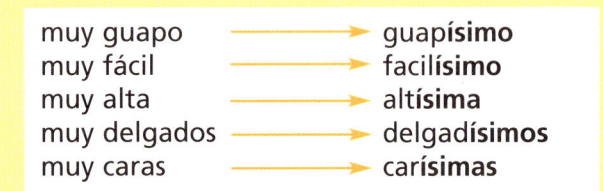

muy guapo	→	guap**ísimo**
muy fácil	→	facil**ísimo**
muy alta	→	alt**ísima**
muy delgados	→	delgad**ísimos**
muy caras	→	car**ísimas**

Es realmente bonito.

■ Einige Adjektive beschreiben schon Extreme und können daher keine Form auf **-ísimo** bilden. In diesen Fällen verwendet man **verdaderamente**, **realmente** … mit dem Adjektiv.

horrible	→	horribilísimo
fantástico	→	fantastiquísimo
enorme	→	enormísimo
bonito	→	bonitísimo

Actividades **Unidad 7**

3 ¿Cuáles prefieres? Sie haben in einem Fernsehquiz gewonnen und dürfen sich aus einer Reihe von Preisen etwas aussuchen. Entscheiden Sie sich für jeweils ein Modell aus jeder Gruppe und erläutern Sie zwei anderen Kursteilnehmern Ihre Wahl in Bezug auf die Farbe, Marke, Form usw.

- ¿Qué móvil prefieres?
- Yo prefiero el rojo, el pequeño.
- Yo también, el Nokia.
- Yo, no. Yo el azul.

cámaras de vídeo

móviles

equipos de música

cámaras fotográficas

televisores

sofás

ochenta y cinco ■ 85

Unidad 7 Actividades

4 ¿Se parecen físicamente? Compara también sus edades.

• Elisa y Silvia se parecen bastante físicamente. Las dos tienen el mismo color de pelo, pero Silvia es mayor que Elisa.

Elisa, 14   Silvia, 16

César, 22   Marcelo, 20

Paula, 27   Mario, 27

Sr. Laguna, 52   Sra. Laguna, 41

Laura, 15   Jorge, 9

5 Félix está enamorado de dos chicas y le cuenta su problema por teléfono a un amigo suyo, Gustavo. Escucha y toma notas de cómo es cada una. ¿Quién es la mejor novia para Félix y por qué? Coméntalo con tu compañero/a.

Actividades **Unidad 7**

6 La familia Estévez y la familia Cano se van de vacaciones a Colombia. Auf dem Flughafen haben sich die Familien aus den Augen verloren. Können Sie die einzelnen Familienmitglieder wiederfinden? Lesen Sie die Informationen und finden Sie heraus, wer wer ist und welche Verwandtschaftsbeziehungen zwischen ihnen bestehen. Vergleichen Sie Ihre Ergebnisse zu zweit.

- El hijo mayor de los Estévez es muy aficionado al deporte.
- La Sra. Cano es gordita y no muy alta.
- El Sr. Estévez lleva bigote.
- La hija de los Estévez se parece mucho a su madre.
- Los hijos de los Cano no se parecen nada.
- La hija de los Cano lleva el pelo corto.
- El hijo menor de los Estévez tiene dos años.
- La Sra. Estévez es alta y bastante delgada.
- El Sr. Cano lleva gafas y tiene el pelo blanco.
- El hijo de los Cano es muy aficionado a la lectura.
- La hija de los Cano siempre va vestida de negro.
- El novio de la hija de los Cano lleva barba y el pelo muy largo.

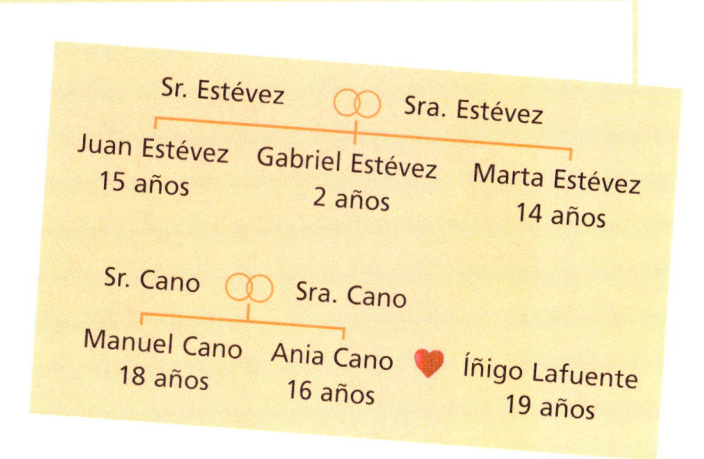

Sr. Estévez ⚭ Sra. Estévez
Juan Estévez 15 años   Gabriel Estévez 2 años   Marta Estévez 14 años

Sr. Cano ⚭ Sra. Cano
Manuel Cano 18 años   Ania Cano 16 años ❤ Íñigo Lafuente 19 años

● El chico de la pelota es Juan Estévez.
○ Sí, y el que está leyendo un libro es Manuel Cano.

ochenta y siete ■ 87

Unidad 7 Actividades

7 ¿Puedes ayudar a este cartero (Briefträger)? Auf diesen Briefen und Paketen sind alle Empfängeranschriften unleserlich. Können Sie diesem Briefträger helfen, die jeweiligen Empfänger ausfindig zu machen?

• Yo creo que este paquete gris es para Rita Gazapo.

1
Rita Gazapo
57 años
profesora de Latín
aficionada a la Historia

2
Roberta Hilario
83 años
jubilada (Rentner)
muy aficionada a los animales

3
Ernestina Galindo
35 años
ama de casa
muy aficionada a la cocina

4
Juan Roco
52 años
mafioso
aficionado a la pesca

5
Luis Sánchez
21 años
estudiante
aficionado al golf y al tenis

6
Ricky Ricardo
25 años
cantante
tiene muchos fans

Senden Sie nun Überraschungspakete an andere Kursteilnehmer. Zeichnen Sie etwas auf einen Zettel und geben Sie diesen einem anderen Kursmitglied. Dieses muss raten, für wen das Paket gedacht ist, und seine Vermutung begründen.

• Yo creo que esto es para Mary porque toma mucho café.

88 ochenta y ocho

Actividades **Unidad 7**

8 Der Laut /k/ kann auf verschiedene Weise geschrieben werden: **c**, **qu** und **k**.

Schreibweise: Aussprache:

c + a, o, u, r, l
qu + e, i   /k/

Der Buchstabe **k** erscheint nur in Wörtern anderer Sprachen, z. B.: **karate**, **kilo**, **kiwi**...

Sehen Sie sich diese Wörter an. Die Buchstaben **c**, **qu** und **k** werden jeweils gleich ausgesprochen.

| calvo *kahl, glatzköpfig* | cantante | cliente | kilo |
| chaqueta | equipo *Team* | psiquiatra | correo |

Der Laut /k/ wird etwas weicher ausgesprochen als in der deutschen Sprache. Versuchen Sie nun, die folgenden Wörter auszusprechen.

| cartero | color | cuello *Hals* | corto | química | aquel | vaqueros *Jeans* |
| loco | pesca | quince | Cuba | quizá | pequeña | curso |

9 Hören Sie, wie diese Jugendlichen den Mann / die Frau ihrer Träume beschreiben.

¿Y tú? ¿Puedes explicar cómo es tu "príncipe azul" o la mujer de tus sueños?

• Mi chica ideal es una chica guapa, inteligente y con mucho sentido del humor.

ochenta y nueve ■ 89

Unidad 7 Actividades

10 Aliénez es un extraterrestre con una misión difícil. Der Außerirdische Aliénez soll für seinen Chef in Alienilandia einen wissenschaftlichen Bericht über die Menschen erstellen: wie sie aussehen, wie sie denken, was für einen Charakter sie haben, wie sie sich verhalten usw. Helfen Sie Aliénez, beraten Sie sich in Dreiergruppen und verfassen Sie für ihn einen Bericht.

• En general, los humanos son simpáticos, abiertos...
◦ Pues yo creo que muchos son cerrados y egoístas.

Aliénez soll nun außerdem fünf Erdbewohner mit auf seinen Planeten nehmen, damit die dortigen Wissenschaftler sie untersuchen können. Zufälligerweise ist Aliénez in Ihrem Kurs gelandet. Besprechen Sie in Vierergruppen, welche fünf Personen aus Ihrem Kurs am geeignetsten sind. Teilen Sie anschließend im Kurs Ihre Entscheidung mit und begründen Sie sie.

Para usar todo lo que hemos aprendido hasta ahora...

In Ihrem Sender entsteht eine rührselige Unterhaltungsserie. Diese Seifenopern nennt man auf Spanisch „culebrón".

Denken Sie sich in Gruppen eine Geschichte aus und verfassen Sie ein Skript.

Sie können sich dabei von einer Unterhaltungsserie aus dem Radio oder Fernsehen inspirieren lassen.

Legen Sie Folgendes fest:
- eine Liste der handelnden Personen,
- ihren Charakter und ihr Aussehen,
- die Beziehungen, die sie zueinander haben ...

Und vergessen Sie nicht, Ihre Sendung aufzunehmen.

Unidad 8

In dieser Einheit lernen Sie ...

- wie man über Pläne und Absichten spricht

- wie man über Erfahrungen spricht und sie bewertet

- wie man die Tageszeit oder Uhrzeit, den Wochentag oder Monat angibt

- die unbetonten Personalpronomen

- das Perfekt

Unidad 8 Textos

1 ¿Quieres ser astronauta? Zur Zeit wird eine Expedition auf den Mars organisiert, um zu erforschen, ob es dort Spuren von Leben gibt. Auch Sie haben Interesse, an dieser Expedition teilzunehmen. Hier ist ein Fragebogen, den ein anderer Kandidat bereits ausgefüllt hat. Lesen Sie ihn und schreiben Sie Ihre Antworten in Ihr Heft. Zeigen Sie Ihre Notizen anschließend einem anderen Kursmitglied, das entscheidet, ob Sie an der Expedition teilnehmen können oder nicht.

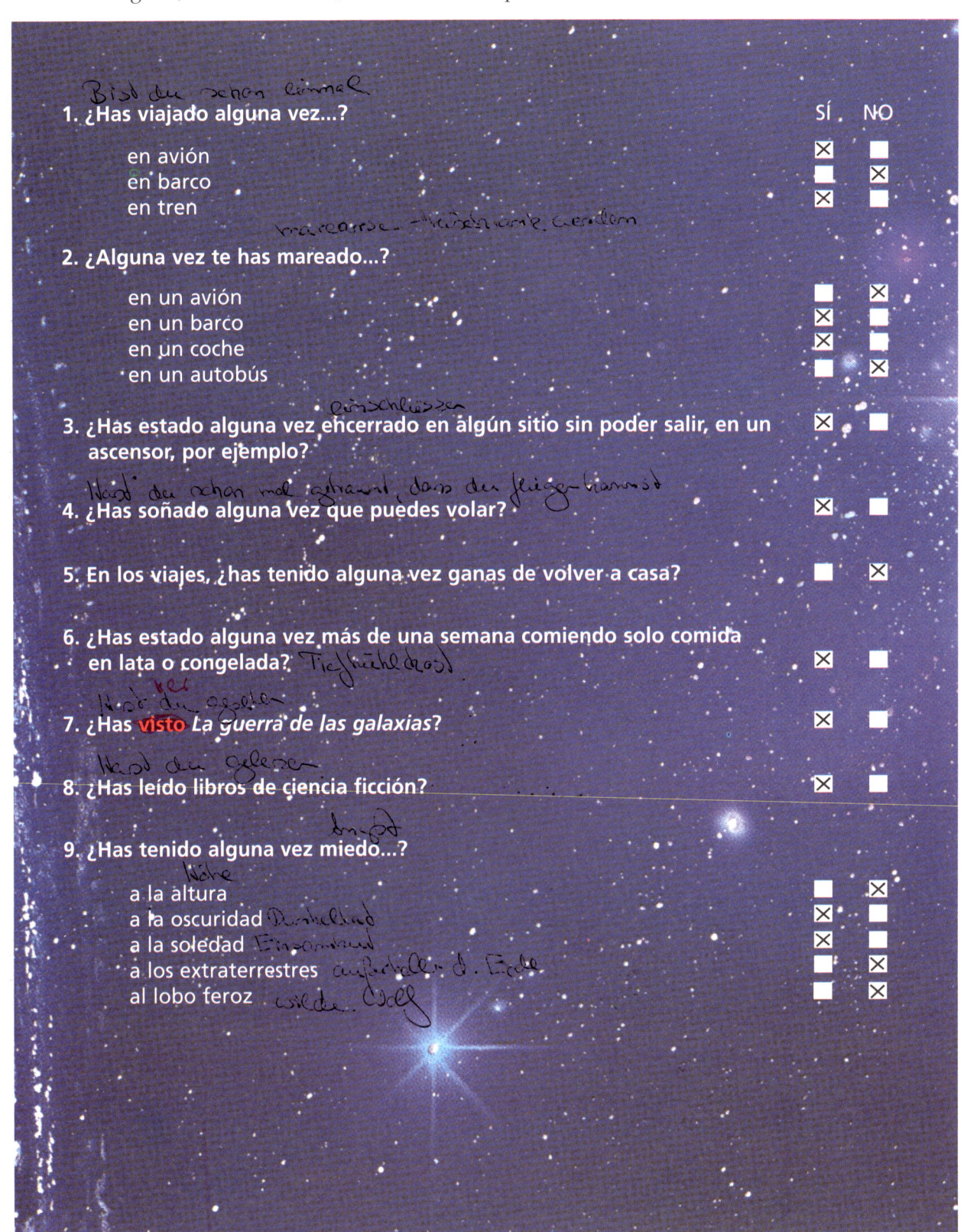

Bist du schon einmal

	SÍ	NO
1. ¿Has viajado alguna vez...?		
en avión	☒	☐
en barco	☐	☒
en tren	☒	☐

2. ¿Alguna vez te has mareado...? *marearse – Übelkeit werden*

	SÍ	NO
en un avión	☐	☒
en un barco	☒	☐
en un coche	☒	☐
en un autobús	☐	☒

3. ¿Has estado alguna vez encerrado en algún sitio sin poder salir, en un ascensor, por ejemplo? *einschließen* — ☒ ☐

Hast du schon mal geträumt, dass du fliegen kannst
4. ¿Has soñado alguna vez que puedes volar? — ☒ ☐

5. En los viajes, ¿has tenido alguna vez ganas de volver a casa? — ☐ ☒

6. ¿Has estado alguna vez más de una semana comiendo solo comida en lata o congelada? *Tiefkühlkost* — ☒ ☐

Hast du gesehen
7. ¿Has visto *La guerra de las galaxias*? — ☒ ☐

Hast du gelesen
8. ¿Has leído libros de ciencia ficción? — ☒ ☐

9. ¿Has tenido alguna vez miedo...? *Angst*

	SÍ	NO
a la altura *Höhe*	☐	☒
a la oscuridad *Dunkelheit*	☒	☐
a la soledad *Einsamkeit*	☒	☐
a los extraterrestres *außerirdische d. Erde*	☐	☒
al lobo feroz *wilder Wolf*	☐	☒

92 ■ noventa y dos

Textos **Unidad** 8

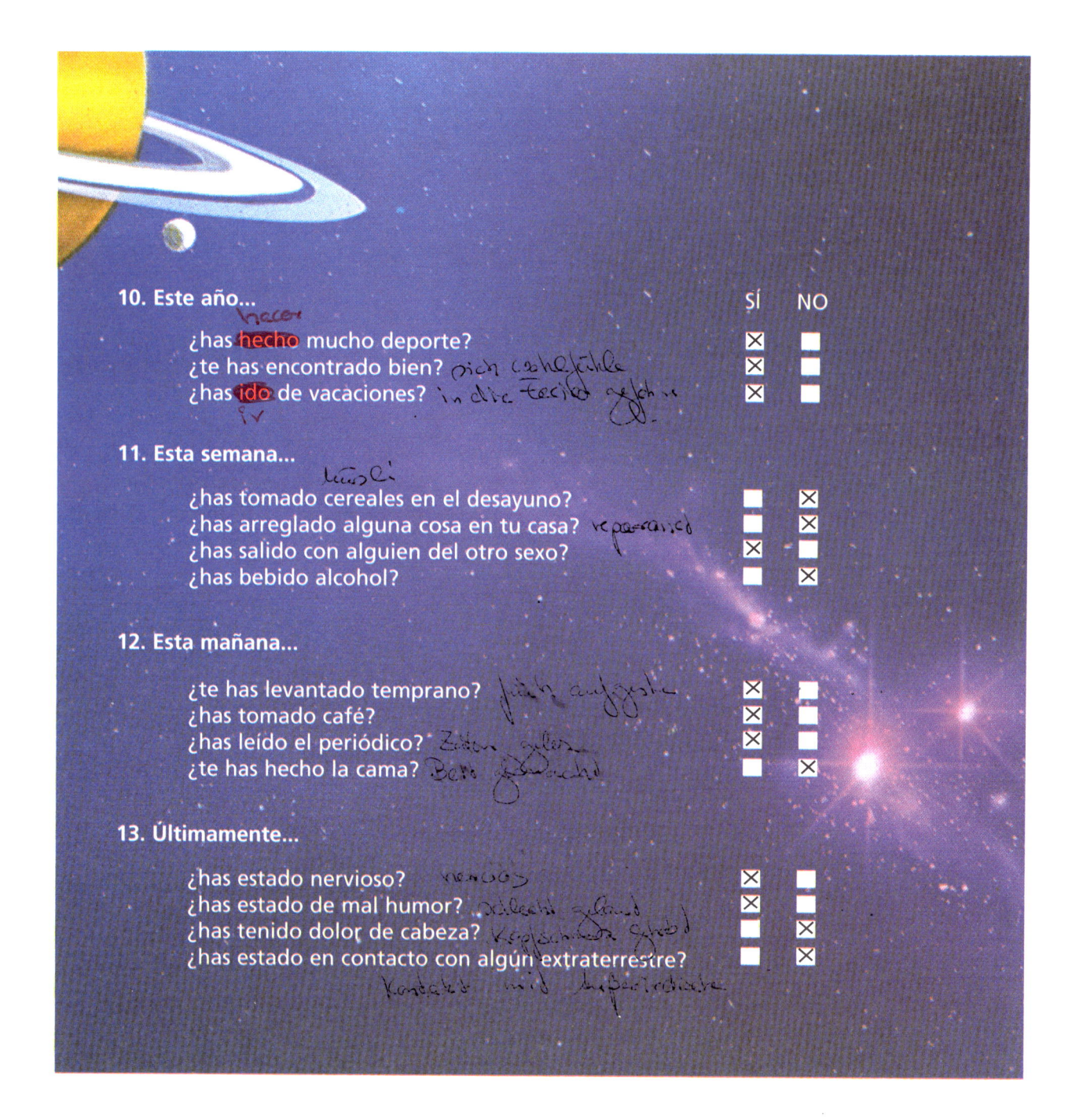

10. Este año...   SÍ   NO

¿has hecho mucho deporte?   ☒ ☐
¿te has encontrado bien?   ☒ ☐
¿has ido de vacaciones?   ☒ ☐

11. Esta semana...

¿has tomado cereales en el desayuno?   ☐ ☒
¿has arreglado alguna cosa en tu casa?   ☐ ☒
¿has salido con alguien del otro sexo?   ☒ ☐
¿has bebido alcohol?   ☐ ☒

12. Esta mañana...

¿te has levantado temprano?   ☒ ☐
¿has tomado café?   ☒ ☐
¿has leído el periódico?   ☒ ☐
¿te has hecho la cama?   ☐ ☒

13. Últimamente...

¿has estado nervioso?   ☒ ☐
¿has estado de mal humor?   ☒ ☐
¿has tenido dolor de cabeza?   ☐ ☒
¿has estado en contacto con algún extraterrestre?   ☐ ☒

🔍 Beziehen sich die Informationen, nach denen in diesem Fragebogen gefragt wird, auf die Gegenwart, auf die Zukunft oder auf die Vergangenheit?

🔍 Wird in diesem Fragebogen nach dem genauen Zeitpunkt gefragt, zu dem Sie etwas gemacht haben, oder geht es nur darum zu erfahren, ob Sie etwas gemacht haben oder nicht?

🔍 Die Zeitform, die in den Fragen verwendet wurde, ist das Perfekt. Es wird mit dem Präsens des Verbs haber (he, has, ha ...) und dem Partizip Perfekt gebildet. Wie sehen Ihrer Meinung nach die Partizipien der Verben auf -ar, -er und -ir aus?

🔍 Suchen Sie die Zeitangaben, die in diesem Fragebogen vorkommen, und schreiben Sie sie in Ihr Heft.

noventa y tres

Unidad 8 Textos

Ahora hablamos de tus planes y proyectos. Contesta a estas preguntas.

1. ¿Qué vas a hacer…?	Voy a…
esta noche	
mañana por la mañana	
el fin de semana que viene	
el próximo verano	
2. ¿Piensas hacer algún viaje en avión? Si tu respuesta es sí, ¿cuándo?	Sí / No
Dentro de poco tiempo	
Antes de los 40 años	
Después de este curso	
El mes que viene	
Algún día	
3. ¿Tienes ganas de comunicarte con seres de otros planetas?	Sí / No
4. ¿Piensas casarte y tener hijos?	Sí / No

🔍 **Beziehen sich die Informationen, nach denen hier gefragt wird, auf die Gegenwart, auf die Zukunft oder auf die Vergangenheit? Suchen Sie die Verbformen, die in den Fragen verwendet werden. Sind es immer dieselben?**

🔍 **Es werden einige Ausdrücke verwendet, die sich auf die Zukunft beziehen. Welche sind es?**

2 Tomás es muy despistado. Tomás ist sehr zerstreut und vergisst ständig, wo er seine Sachen hingelegt hat. Hören Sie den Dialog. Seine Mutter wiederholt nicht die Gegenstände, die er sucht, sondern benutzt andere Wörter. Schreiben Sie diese und die Gegenstände in Ihr Heft.

- ● ¿Has visto mis gafas, mamá?
- ○ No, no las he visto.
- ● ¿Y mi cartera? No sé dónde está mi cartera.
- ○ Pues tampoco la he visto.
- ● ¡Anda! Tampoco encuentro el reloj.
- ○ Me parece que lo has dejado encima de tu cama.
- ● Sí, sí, está aquí. Oye, ¿y mis libros?
- ○ No los he visto. ¿No se los has dejado a Daniel?
- ● No, no, a Daniel le he dejado solo el diccionario. Pero los libros los he dejado por aquí, pero no sé dónde… ¿Y mi cazadora de cuero? ¿Dónde he metido mi cazadora?
- ○ Ay, Tomás, yo no la he visto. ¿No te la ha pedido antes papá?
- ● Ah, sí, es verdad. Voy a ver si está en vuestro dormitorio. Sí, sí, la ha dejado aquí. Oye, mamá, ¿y el bolígrafo que…?
- ○ Mira, Tomás, no he visto tu bolígrafo, ni tu cazadora, ni tus libros, ni tu reloj, ni tu cartera… ¡Y tampoco sé dónde has metido tu cabeza!

🔍 **Was verwendet man, um Wörter, die schon genannt wurden, nicht zu wiederholen? Warum gibt es Ihrer Meinung nach verschiedene Formen?**

Gramática **Unidad** 8

■ Das Perfekt *(El Pretérito Perfecto)*

■ Das Perfekt wird mit dem Indikativ Präsens von **haber** und dem Partizip Perfekt gebildet.

yo	**he**	viaj**ado**
tú	**has**	estudi**ado**
él, ella, usted	**ha**	trabaj**ado**
nosotros/as	**hemos**	ten**ido**
vosotros/as	**habéis**	sal**ido**
ellos, ellas, ustedes	**han**	…

Das Partizip ist unveränderlich. Es wird folgendermaßen gebildet:

Verben auf **-ar**	Verben auf **-er/-ir**	unregelmäßige Partizipien	
viajar – viaj**ado**	tener – ten**ido**	volver	**vuelto**
estar – est**ado**	salir – sal**ido**	hacer	**hecho**
		ver	**visto**
		escribir	**escrito**
		ir	**ido**
		decir	**dicho**
		poner	**puesto**
		romper	**roto**

- Hoy no **hemos tenido** clase.
- No, nunca **he ido** a México.
- ¿Todavía no **habéis hecho** la traducción?
- ¿Y Natalia? ¿No **ha vuelto**?

■ Das Perfekt wird im Spanischen ausschließlich für vergangene Handlungen und Ereignisse verwendet, die einen Bezug zur Gegenwart haben, das heißt:

■ Wenn man über Vergangenes spricht, das einen Bezug zu dem Augenblick hat, in dem es gesagt wird.

Daher verwendet man das Perfekt in Spanien, um über Vergangenes desselben Tages zu sprechen.

- ¿Qué tal la clase?
- ○ ¡Uf! **Ha sido** aburridísima.

In diesen Fällen steht das Perfekt häufig mit folgenden Zeitangaben:

Hoy
Últimamente

Este mes/año/curso/verano…
Esta mañana/tarde/semana/primavera…
Estos días/meses/años…
Estas Navidades/vacaciones…

In einigen Regionen Spaniens und in vielen Ländern Lateinamerikas wird das Perfekt nicht verwendet. Stattdessen gebraucht man das Indefinido (siehe Unidad 10).

- **Hoy** ha sido un día horrible.
- ¿Qué has hecho **estas Navidades**?

Unidad 8 Gramática

■ Wenn man sich erkundigt, ob etwas stattgefunden hat oder nicht ...

● ¿**Has estado** alguna vez en Nueva York?

... und wenn man über etwas berichtet, bei dem es nicht auf den genauen Zeitpunkt der Realisierung ankommt.

○ Sí, **he ido** muchas veces.

In diesen Fällen steht das Perfekt oft mit folgenden Häufigkeitsangaben:

| nunca | una vez | tres veces | alguna vez | varias veces | muchas veces |

▲ Pues nosotros no hemos ido **nunca**.

■ Wenn wir uns vergewissern wollen, ob eine bestimmte Handlung schon stattgefunden hat. Diese Frage wird normalerweise mit dem Wort **ya** eingeleitet.

● ¿**Ya** has hablado con tus padres?

In der Antwort gibt man entweder den Zeitpunkt der Realisierung an oder man antwortet mit **todavía no** (dt.: *noch nicht*).

○ Sí, esta mañana.
No, **todavía no**.

Ya has entendido cómo funciona el Pretérito Perfecto, ¿verdad?

■ **Wie man eine Erfahrung bewertet**

¿Qué tal | el examen / las vacaciones / la clase / esta mañana | ?

Muy bien.
Bastante bien.
Regular.
No muy bien.
Bastante mal.
Muy mal.
Fatal.

+

Ha sido | un día fantástico. / una mañana muy aburrida. / un rollo.

Han sido | unas vacaciones muy aburridas. / unos días estupendos.

■ **Wie man über Pläne und Absichten spricht**

■ Wenn etwas schon entschieden oder sicher ist, verwendet man den Indikativ Präsens.

● Mañana **salgo** con unos amigos.

■ Wenn etwas geplant ist, verwendet man das Präsens von **ir** + **a** + Infinitiv.

● Mañana **voy a salir** con unos amigos.

■ Wenn etwas als bloße Absicht dargestellt wird, verwendet man **pensar** + Infinitiv.

● **Pienso terminar** la carrera el año que viene.

Gramática **U n i d a d** 8

■ In solchen Fällen werden häufig folgende Zeitangaben der Zukunft verwendet.

el/la ... que viene	dentro de ...	El/la/los/las próximo/a/os/as ...	mañana
el año que viene	dentro de un año	el próximo mes	pasado mañana
la semana que viene	dentro de tres días	las próximas vacaciones	el domingo
			este martes

■ Die Uhrzeit *(La hora)*

■ Wie man nach der Uhrzeit fragt und sie angibt: ● **¿Qué hora es?**
○ (Son) **las** doce. / (Es) **la** una.

■ Wie man nach dem Zeitpunkt eines Ereignisses fragt oder ihn angibt: ● **¿A qué hora** te has levantado?

■ Wie man die genaue Uhrzeit angibt: ○ **A las** nueve. / **A la** una.

y	menos	en punto
diez	veinte	
cuarto	cuarto	
veinte	diez	
media	cinco	

a las 10 **y** cuarto   a las 10 **y** media   a las 10 **menos** cuarto   a las 10 **en punto**

In Lateinamerika sagt man: **un cuarto para las ocho** (7.45h o 19.45h), **diez para la una** (12.50h)...

■ Tageszeiten und Grußformen

■ Im Spanischen spricht man von drei Tageszeiten: **mañana/tarde/noche**

*Bei der Uhrzeit kann man die Tageszeit mit **de** hinzufügen: Son las 7 de la mañana/tarde.*

■ Bis zum Mittagessen (ca. 13–15 Uhr) sagt man: **por la mañana**

■ Nach dem Mittagessen: **por la tarde**

■ Ab dem Abendessen oder ab Einbruch der Dunkelheit: **por la noche**

■ Die Begriffe **el mediodía** und **la medianoche** (dt.: *Mittag* und *Mitternacht*) werden im Spanischen nicht als genaue Zeitangaben gesehen. Der Begriff **el mediodía** bezieht sich auf die Mittagessenszeit, es sei denn, man sagt **Las 12 del mediodía** (*12 Uhr mittags*). Fragt man also **¿Quedamos al mediodía?**, kann man nur durch den Kontext herausfinden, welcher Zeitpunkt genau gemeint ist.

Buenos días   Buenos días   Buenas tardes   Buenas noches

Unidad 8 Gramática

■ Die Wochentage (*Los días de la semana*)

■ Bezieht man sich auf einen Wochentag oder ein Datum, verwendet man den Artikel **el**.

- **El** lunes empiezo las clases de piano.
- ¿**El** veintisiete?
- Sí, **el** día veintisiete.

Lunes	Martes	Miércoles	Jueves	Viernes	Sábado	Domingo
27	28	29	30	31	1	2

fin de semana

■ Monate und Jahreszeiten (*Meses y estaciones del año*)

■ Bezieht man sich auf einen Monat oder eine Jahreszeit, verwendet man die Präposition **en**.

- **En** octubre voy a empezar la Universidad y **en** verano pienso ir a Sudamérica.

Enero 1, Febrero 2, Marzo 3, Abril 4, Mayo 5, Junio 6, Julio 7, Agosto 8, Septiembre 9, Octubre 10, Noviembre 11, Diciembre 12

Primavera, Verano, Otoño, Invierno

■ Die unbetonten Personalpronomen (*Los pronombres átonos*)

■ Ein Substantiv, das bereits erwähnt wurde, wird normalerweise nicht wiederholt, sondern durch ein Pronomen ersetzt.

■ Die unbetonten Pronomen ersetzen ein Substantiv im Dativ (indirektes Objekt) oder Akkusativ (direktes Objekt).

■ Die Formen der 1. und 2. Person sind im Dativ und Akkusativ identisch; sie unterscheiden sich nur in der 3. Person.

	1. Person	2. Person
	Dativ und Akkusativ	
Singular	me	te
Plural	nos	os

	3. Person	
	Dativ	Akkusativ
Singular	le	lo / la
Plural	les	los / las

- ¿Ya has hablado con Alberto?
- Sí, **lo** he visto esta mañana.

- ¿Ya has visto a Alberto?
- Sí, y **le** he dado el diccionario.

■ Stehen ein Dativ- und ein Akkusativpronomen zusammen in einem Satz, so kommt jeweils Dativ vor Akkusativ. Dabei werden die Dativpronomen **le** und **les** zu **se**.

- ¿**Les** has hecho la cena a los niños?
- Sí, ya **se la** he hecho.

~~le lo~~ se lo
~~le la~~ se la
~~le los~~ se los
~~le las~~ se las

■ Die Pronomen stehen in der Regel vor dem konjugierten Verb.

- ¿Ya **le** has comprado el regalo a Silvia?
- Sí, **se lo** he dado esta mañana.

■ Beim Gerundium sowie in Infinitivkonstruktionen können sie vorangestellt oder angehängt werden.

- **Lo** estoy haciendo. / Estoy haciéndo**lo**.
- **Se lo** voy a comprar esta tarde. / Voy a comprár**selo** esta tarde.

98 ■ noventa y ocho

Actividades **Unidad 8**

3 Federico Dorado ha aparecido muerto. Vor dem Mittagessen wird der reiche Industrielle Federico Dorado in seinem Arbeitszimmer tot aufgefunden. Bilden Sie sechs Gruppen: eine übernimmt die Rolle des Detektivbüros und die anderen fünf die eines/einer Verdächtigen. Jede Gruppe fertigt eine Karte wie im Beispiel unten an und ergänzt die fehlenden Daten und Namen. Es ist nun 18 Uhr und die Detektive beginnen mit dem ersten Verhör. Nur Ihr/e Lehrer/in und die Detektive (und natürlich der Mörder) wissen, wann der Mord geschehen ist.

Grupo 1   Consuelo Bonilla: secretaria del muerto

He llegado a la oficina a las (?) h. (No) Me ha visto (?) .
A las 10h he ido a la oficina de (?) .
Entre las 10.30h y las 11h he estado con (?) .
Entre 11.30 y 12h (?) .
A las 13h me he reunido con (?) en (?) .
Hoy me he reunido con Federico Dorado a las (?) h.

Grupo 2   Martirio Mata: directora comercial de la empresa

He llegado a la oficina a las (?) h. (No) Me ha visto (?) .
A las 10h he ido a la oficina de (?) .
Entre las 10.30h y las 11h he estado con (?) .
Entre 11.30 y 12h.
A las 13h me he reunido con (?) en (?) .
Hoy me he reunido con Federico Dorado a las (?) h.

Grupo 3   Iñigo Dorado: hijo del muerto y heredero de su industria

He llegado a la oficina a las (?) h. (No) Me ha visto (?) .
A las 10h he ido a la oficina de (?) .
Entre las 10.30h y las 11h he estado con (?) .
Entre 11.30 y 12h (?) .
A las 13h me he reunido con (?) en (?) .
Hoy me he reunido con mi padre a las (?) h.

Grupo 4   Andrés Matalascallando: contable de la empresa

He llegado a la oficina a las (?) h. (No) Me ha visto (?) .
A las 10h he ido a la oficina de (?) .
Entre las 10.30h y las 11h he estado con (?) .
Entre 11.30 y 12h (?) .
A las 13h me he reunido con (?) en (?) .
Hoy me he reunido con Federico Dorado a las (?) h.

Grupo 5   Pepe Lacalle: conserje

He visto entrar en la oficina a (?) a las (?) h.
En el despacho del señor Dorado ha entrado (?) a las (?) h,
y también (?) a las (?) h.

¿Quién o quiénes son más sospechosos? Nach dem Verhör nennen die Detektive den oder die Hauptverdächtigen.

Unidad 8 Actividades

4 Escribe en un papel, en Infinitivo, cinco cosas sin decir si ya las has hecho o no. Luego, dale el papel a uno/a de tus compañeros, que te va a preguntar si las has hecho o no.

- ¿Ya has hecho los ejercicios de la unidad 7?
- Sí, los he hecho esta mañana.

(nota):
- hacer los ejercicios de la unidad 7
- comprar regalos para...

5 Esto es lo que dice el horóscopo para el día de hoy. Lee el tuyo y comenta al resto de la clase qué ha sucedido, qué no ha sucedido todavía, qué crees que va a suceder y qué no.

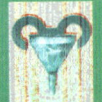

HORÓSCOPO *Zukunft*

ARIES (21 marzo-20 abril)
Va a pasar un buen día con sus amigos y su familia. Grandes gastos. Pequeños problemas de salud. En amor: una sorpresa.
gastos: Ausgaben   Überraschung

TAURO (21 abril-21 mayo)
Hoy, mejor no salir. Va a tener muchos problemas si no se queda en casa. Buen día para estudiar.
quedarse - bleiben

GÉMINIS (22 mayo-21 junio)
Una amistad va a convertirse hoy en un apasionado amor. ¿Un compañero o una compañera de clase? Va a tener muchos gastos: cuidado con el dinero.
cuidado, Achtung

CÁNCER (22 junio-22 julio)
Va a ser uno de sus mejores días. Su personalidad y su encanto personal van a convertirlo/la en una persona muy "sexy". Va a recibir regalos.

LEO (23 julio-22 agosto)
Buen día para no trabajar y disfrutar de la vida. Va a dormir mucho y va a descansar. Seguramente, después de comer, va a recibir una llamada del extranjero.

VIRGO (23 agosto-23 septiembre)
Hoy va a entrar una excitante y nueva amistad en su vida. Cuidado con su salud: para comer, frutas y verduras.

LIBRA (24 septiembre-23 octubre)
Este mediodía va a tener un susto. Después, una agradable sorpresa. La salud, bien. El amor, regular.

ESCORPIO (24 octubre-22 noviembre)
Su pareja va a estar de mal humor. Paciencia. Dolor de cabeza o de estómago por la mañana. Mucho dinero para usted, por la tarde.

SAGITARIO (23 noviembre-21 diciembre)
Va a organizar un viaje a un lugar lejano. Un viejo amor va a llamar por teléfono. Cuidado con el dinero.

CAPRICORNIO (22 diciembre-20 enero)
Va a discutir con su jefe y/o con sus compañeros de trabajo o de estudios. No pasa nada. Su vida amorosa va a ser una maravilla. Va a conseguir mucho dinero.

ACUARIO (21 enero-20 febrero)
Un día tranquilo, sin problemas ni de salud, ni amorosos, ni económicos. Lo mejor: ir a pasear por el campo o ir a nadar.

PISCIS (21 febrero-20 marzo)
Mal día: va a discutir con su familia y con sus amigos y va a tener problemas en el trabajo o en la escuela. ¿Por qué no se queda en casa durmiendo?

- Yo soy Acuario. El horóscopo no ha acertado porque esta mañana me ha dolido mucho la cabeza, he discutido con mi novio y creo que no voy a ir al campo.

Actividades **Unidad** 8

6 Vas a escuchar a unas personas que hablan de unas experiencias que han tenido. Relaciona los elementos para reconstruir en tu cuaderno lo que cuentan.

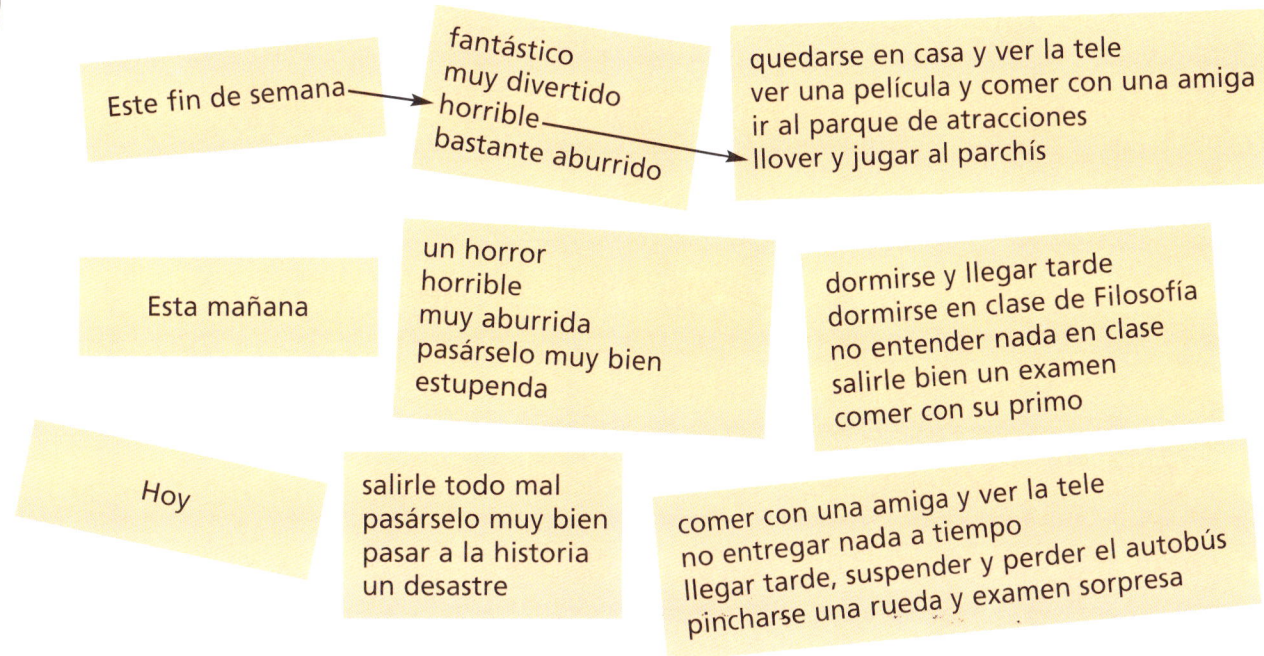

Este fin de semana
- fantástico
- muy divertido
- horrible
- bastante aburrido

- quedarse en casa y ver la tele
- ver una película y comer con una amiga
- ir al parque de atracciones
- llover y jugar al parchís

Esta mañana
- un horror
- horrible
- muy aburrida
- pasárselo muy bien
- estupenda

- dormirse y llegar tarde
- dormirse en clase de Filosofía
- no entender nada en clase
- salirle bien un examen
- comer con su primo

Hoy
- salirle todo mal
- pasárselo muy bien
- pasar a la historia
- un desastre

- comer con una amiga y ver la tele
- no entregar nada a tiempo
- llegar tarde, suspender y perder el autobús
- pincharse una rueda y examen sorpresa

En algunos casos han utilizado **estar** + Gerundio. ¿Por qué no lo utilizas tú ahora? Cuéntales a tus compañeros qué has estado haciendo este fin de semana.

● Este fin de semana he estado ordenando mi casa y descansando.

7 Mañana puede ser un gran día. Los gobiernos han decretado que mañana todo el mundo puede hacer lo que quiera. Lee la noticia.

9 de octubre ***El Diario***

Mañana, prohibido prohibir

Los presidentes de los gobiernos de todo el mundo han decidido este mediodía que mañana todos los ciudadanos pueden hacer todo lo que quieran. Mañana va a ser un día sin obligaciones, sin compromisos, sin prohibiciones. Un día único, excepcional.

Escucha lo que han dicho algunas personas al conocer la noticia.

1. una persona que duerme poco
2. una persona que nunca tiene tiempo para hacer deporte
3. una persona que tiene problemas con su jefe
4. un ama de casa
5. un estudiante

Ahora, piensa en tres o cuatro cosas que piensas hacer tú y coméntaselas al resto de la clase.

● Yo, mañana, voy a/pienso...

Unidad 8 Actividades

8 ¿De qué están hablando en estas frases? Achten Sie auf Geschlecht und Zahl der Pronomen, aber auch auf den Inhalt der Sätze.

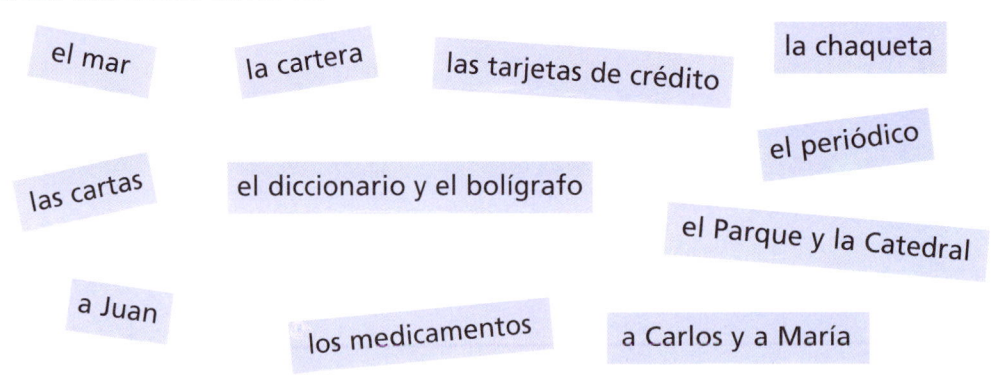

el mar   la cartera   las tarjetas de crédito   la chaqueta

el periódico

las cartas   el diccionario y el bolígrafo

el Parque y la Catedral

a Juan   los medicamentos   a Carlos y a María

1. Lo he visto desde el avión.
2. ¿Ya las ha escrito o todavía no ha podido?
3. Hoy no lo he leído.
4. Los he visto este mediodía.
5. Ana todavía no los ha ido a comprar.
6. La voy a comprar esta tarde.
7. ¿Lo vais a ver esta noche?
8. No sabe dónde los ha puesto.
9. Tomás la ha vuelto a perder.
10. Todavía no los hemos visto. Pero pensamos ir mañana.
11. Las he perdido, pero no sé dónde.

9 Los ordenadores no son lo que parecen… Éste se ha olvidado de utilizar los pronombres. ¿Puedes ayudarle? Escribe en tu cuaderno el texto con los pronombres correspondientes.

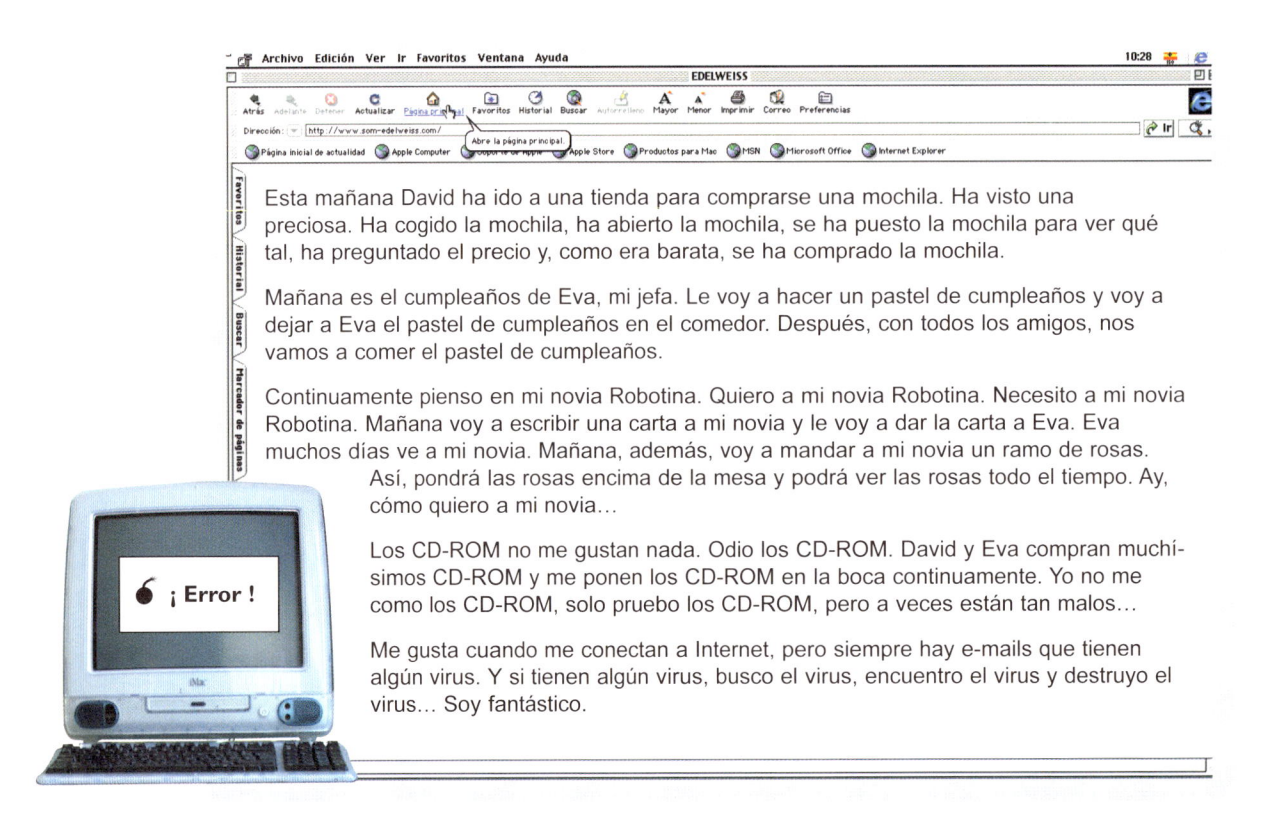

Esta mañana David ha ido a una tienda para comprarse una mochila. Ha visto una preciosa. Ha cogido la mochila, ha abierto la mochila, se ha puesto la mochila para ver qué tal, ha preguntado el precio y, como era barata, se ha comprado la mochila.

Mañana es el cumpleaños de Eva, mi jefa. Le voy a hacer un pastel de cumpleaños y voy a dejar a Eva el pastel de cumpleaños en el comedor. Después, con todos los amigos, nos vamos a comer el pastel de cumpleaños.

Continuamente pienso en mi novia Robotina. Quiero a mi novia Robotina. Necesito a mi novia Robotina. Mañana voy a escribir una carta a mi novia y le voy a dar la carta a Eva. Eva muchos días ve a mi novia. Mañana, además, voy a mandar a mi novia un ramo de rosas. Así, pondrá las rosas encima de la mesa y podrá ver las rosas todo el tiempo. Ay, cómo quiero a mi novia…

Los CD-ROM no me gustan nada. Odio los CD-ROM. David y Eva compran muchísimos CD-ROM y me ponen los CD-ROM en la boca continuamente. Yo no me como los CD-ROM, solo pruebo los CD-ROM, pero a veces están tan malos…

Me gusta cuando me conectan a Internet, pero siempre hay e-mails que tienen algún virus. Y si tienen algún virus, busco el virus, encuentro el virus y destruyo el virus… Soy fantástico.

Actividades **Unidad** 8

10 Has decidido cambiarte de casa y encuentras muchas cosas que ya no necesitas. ¿Qué vas a hacer con ellas? Explícaselo a tus compañeros. Algunas cosas se las puedes regalar a ellos, ¿no?

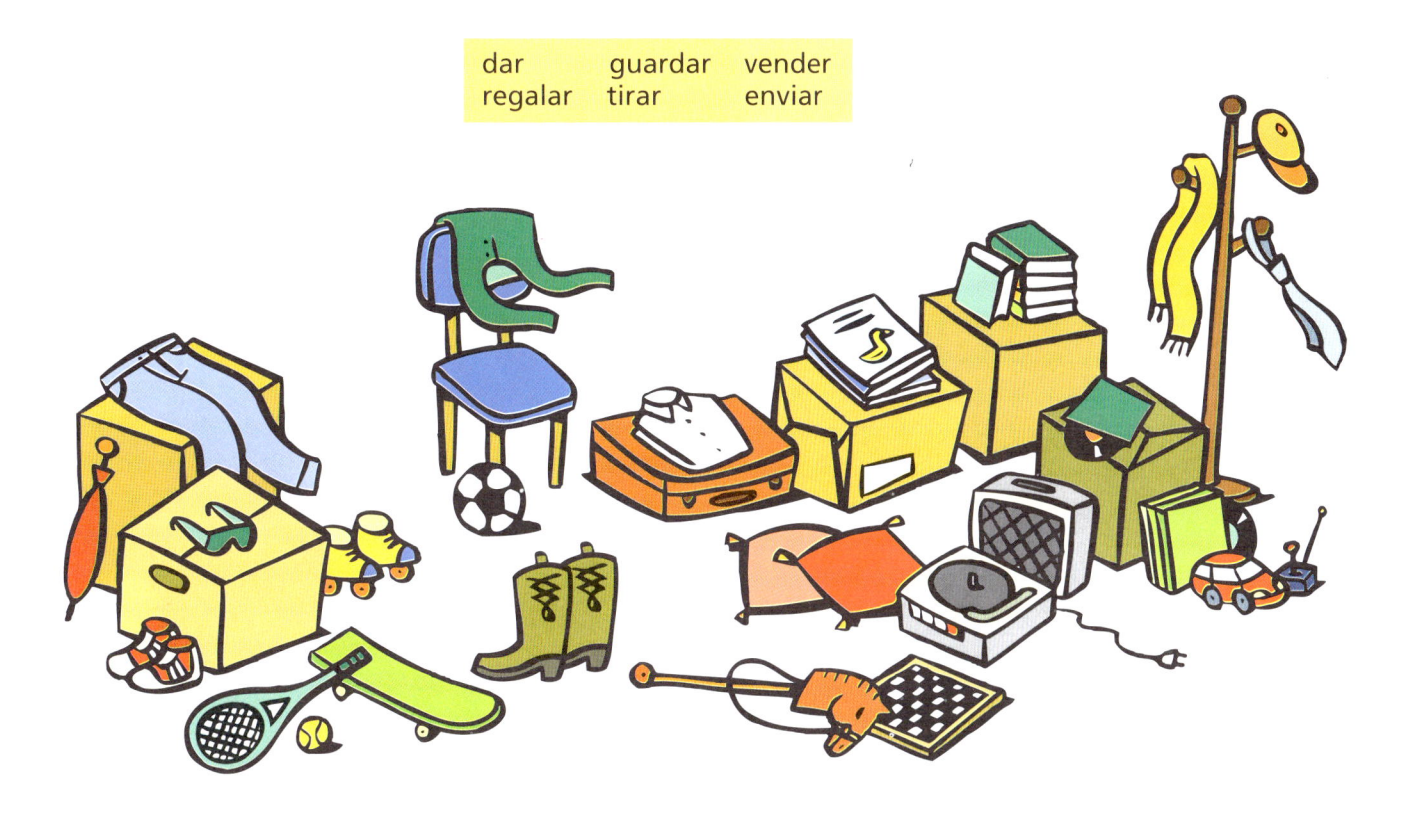

dar	guardar	vender
regalar	tirar	enviar

- ¿Qué vas a hacer con los libros?
- Voy a regalárselos a mis sobrinos.
- ¿Y qué vas a hacer con la raqueta de tenis?
- Creo que la voy a vender.

11 La "jota": **ja, je, ji, jo, ju, ge, gi**
Escucha las siguientes palabras.

| viajar | dejar | jugar | junio | geografía |
| Argentina | girar | hijo | jubilarse | jóvenes |

In all diesen Wörtern kommt derselbe Laut vor, aber zum Teil wird er mit **j** geschrieben und zum Teil mit **g** (nur vor **e** und **i**). Im Deutschen gibt es einen ähnlichen Laut, z. B. in *Sache* oder *Loch*. Beachten Sie, dass deutsche Wörter wie z. B. *ich* oder *Hecht* einen anderen Laut darstellen, den es im Spanischen nicht gibt.

Suchen Sie nun weitere Wörter mit dem oben beschriebenen Laut.

ciento tres ■ **103**

Unidad 8 Actividades

12 Lee este poema de Gloria Fuertes. Schreiben Sie danach ein ähnliches Gedicht. Verwenden Sie dieselbe Struktur und formulieren Sie die Gefühle, die die Wochentage bei Ihnen hervorrufen.

"Tengo, Tengo, Tengo...Tú no tienes nada..."
(popular)

Tengo siete amores
para la semana.

Lunes me da versos.
Martes me da ansias.
Miércoles, disgustos.
Jueves, añoranzas.
Viernes me da llanto.
Sábado, la playa.
Domingo, un amigo,
con esto me basta.

Tengo, tengo, tengo,
yo no tengo nada.

GLORIA FUERTES
Historia de Gloria

Para usar todo lo que hemos aprendido hasta ahora...

Für Ihren Radiosender bereiten Sie heute eine Sendung über Astrologie vor. Arbeiten Sie in Gruppen und teilen Sie die Tierkreiszeichen unter sich auf. Schreiben Sie ein kleines Horoskop zu ihren Zeichen und schildern Sie,
- was den Menschen dieser Sternzeichen in dieser Woche passiert ist,
- wie es ihnen heute geht,
- was ihnen in der nächsten Woche passieren wird.

Die Sprecher der einzelnen Gruppen lesen ihre Texte vor und diejenigen Kursteilnehmer, die dem betreffenden Sternzeichen angehören, sagen, ob die Aussagen zutreffen oder nicht.

Und vergessen Sie nicht, Ihre Sendung aufzunehmen.

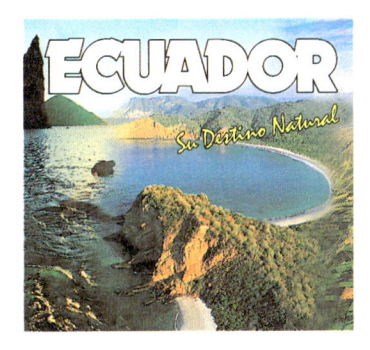

Unidad 9

In dieser Einheit lernen Sie ...

- wie man über Vorlieben und Interessen spricht

- wie man Vorschläge macht

- wie man etwas im Restaurant bestellt

- die Verben **gustar**, **interesar**, **encantar** und **apetecer**

- wie man etwas bewertet

Unidad 9 Textos

1 Éstas son seis posibilidades para pasar las vacaciones en un lugar de habla española. ¿Cuál te interesa más? Piensa por qué y anota las razones.

- Punta del Este – Uruguay
- Barcelona – España
- Isla Saona – República Dominicana
- México D.F. – México
- Bariloche – Argentina
- Asturias – España

Ahora escucha a estas personas. Cada una ha elegido uno de estos lugares para sus vacaciones y cuenta por qué. ¿Y tú? ¿Cuál has elegido? ¿Por qué? Coméntalo con tus compañeros.

¿Qué expresiones utilizan para hablar de sus gustos e intereses? Vuélvelo a escuchar fijándote **en los verbos** encantar, gustar **e** interesar.
¿Qué observas respecto a las terminaciones de estos verbos?
¿Hay algún verbo parecido en tu lengua?
Fíjate también en los pronombres que van delante de los verbos. ¿Cuáles son?

Textos **Unidad 9**

2 En un restaurante de Madrid, varias personas hablan de lo que están comiendo o de lo que van a comer. Escucha y lee las conversaciones.

- Perdone, ¿nos trae un poco más de pan?
- Y otra cerveza, por favor.

- Mmmm... Esto está riquísimo.
- ¿Qué es?
- Pescado al horno con patatas... ¿Quieres probarlo?
- No, gracias. No me gusta el pescado.

- No sé qué tomar...
- ¿Le gustan las truchas? Aquí las truchas a la navarra son muy buenas.
- Vale, pues trucha. Y, de primero, gazpacho.

- ¡Qué rica está la tarta de chocolate!
- Pues el helado también está buenísimo.

- Está riquísimo, delicioso. ¿Quieres un poco?
- No, gracias, no me apetece.

- Esta carne está salada, ¿no?
- ¿Salada? No, yo la encuentro buena...
- Pues para mí está un poco salada.

Vuelve a escuchar y a leer las conversaciones. Observa las formas que usan para:
- valorar un plato que ya han probado,
- preguntar y expresar gustos en general,
- pedir y ofrecer algo.

Fíjate, también, en el verbo *apetecer*. ¿Funciona como algún verbo español que ya conoces?

ciento siete ■ 107

Unidad 9 Gramática

■ Wie man etwas bewertet

¡Qué + Adjektiv!	¡Qué + Substantiv + tan + Adjektiv!
¡Qué bonito (es este cuadro)! ¡Qué rico (está el arroz)!	¡Qué cuadro tan bonito! ¡Qué arroz tan rico!

■ Um auf solche Aussagen zu reagieren, verwendet man nicht dieselbe Struktur.

- ¡Qué arroz tan rico!
- Sí, está riquísimo.

- ¡Qué cuadro tan bonito!
- Sí, es muy, muy bonito.

In diesen Ausrufen muss man nicht unbedingt ein Adjektiv verwenden, wenn der Sinn durch den Kontext und die Intonation klar ist: ¡Qué hamburguesa!

■ Wie man über Vorlieben und Interessen spricht

■ Mit den Verben **gustar**, **interesar**, **encantar** und **apetecer** kann man Vorlieben und Interessen ausdrücken. Sie stehen immer in der 3. Person (Singular oder Plural) und werden von den Dativpronomen **me/te/le/nos/os/les** begleitet.

	3. Person Singular	Infinitiv oder Substantiv im Singular (Subjekt)
Me Te Le	gusta	bailar la playa

	3. Person Plural	Substantiv im Plural (Subjekt)
Nos Os Les	gustan	las ciudades grandes las patatas

Sí, me encanta/n.
Sí, mucho.
Sí, bastante.

¿Te gusta/n? ¿Le gusta/n?
¿Os gusta/n? ¿Les gusta/n?

No, no mucho.
No, nada.
No, lo/la/los/las odio.
No, lo/la/los/las detesto.
No, no lo/la/los/las soporto.

Gramática **Unidad 9**

- Um seine Meinung zu äußern, verwendet man die betonten Pronomen mit der Präposition **a**.

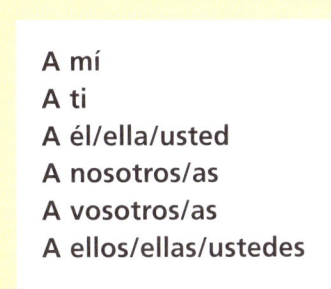

A mí
A ti
A él/ella/usted
A nosotros/as
A vosotros/as
A ellos/ellas/ustedes

¿A vosotras os interesa la Historia?
A mí, sí.
A mí, no.
A mí, tampoco.

- Diese Pronomen können auch mit anderen Präpositionen verwendet werden (**de ti**, **sin ella**, **para nosotros** …); bei **con** sind die ersten beiden Personen im Singular allerdings Ausnahmen und lauten **conmigo** und **contigo**.

- Äußert man seine Meinung zu einem schon bekannten Thema, so kann man auch das Verb **encontrar** mit der folgenden Struktur verwenden.

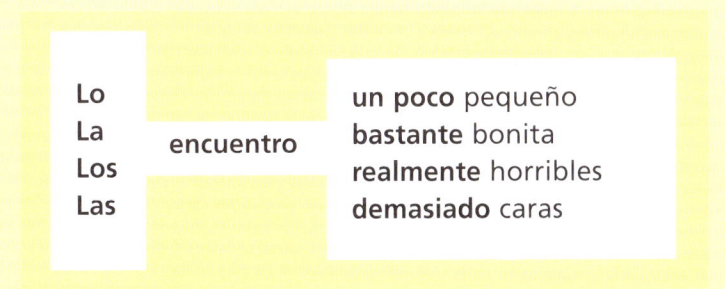

Lo
La   encuentro
Los
Las

un poco pequeño
bastante bonita
realmente horribles
demasiado caras

Un poco und demasiado verwendet man für negative Wertungen.

- Adjektive, die schon eine starke Wertung ausdrücken, kann man nicht mit **muy** kombinieren. Um sie zu steigern, verwendet man **realmente** oder **verdaderamente**.

~~muy~~ precioso ⟶ realmente precioso

Das betrifft unter anderem folgende Adjektive:

~~muy~~

| delicioso | fantástico | estupendo | genial | horrible |
| precioso | maravilloso | increíble | espantoso | horroroso |

■ Wie man ein Element oder einen Aspekt hervorhebt (Superlativ)

Elemente aus einer Kategorie:	Elemente ohne Bezug auf eine Kategorie:
el (chico) que más/menos me gusta la (chica) que más/menos me gusta los (chicos) que más/menos me gustan las (chicas) que más/menos me gustan	lo que más/menos me gusta (= la cosa que más/menos me gusta)
el más/menos + Adjektiv	**lo más/menos** + Adjektiv
el (cuadro) más bonito los (cuadros) más bonitos la (casa) más bonita las (casas) más bonitas	lo más bonito

ciento nueve **109**

Unidad 9 Gramática

■ Pues

■ Man verwendet **pues**, um mit einer gedanklichen Pause an das Gesagte anzuknüpfen und Vorlieben und Meinungen auszudrücken (dt.: *nun, also* …).

● ¡Me encanta!
○ **Pues** yo no lo encuentro tan bonito.

■ **Pues** benutzt man, um einen neuen Vorschlag zu machen, nachdem ein anderer abgelehnt wurde.

● ¿Vamos al cine?
○ ¿Al cine? No me apetece mucho…
● **Pues** damos un paseo.

■ Wie man Vorschläge macht

■ Bei Vorschlägen benutzt man oft das Verb **querer**. Man kann auch das Verb **apetecer** verwenden, das wie **gustar** (**me/te/le … apetece/apetecen**) funktioniert, oder **venir** (¿**Vienes al cine con nosotros?**).

| ¿Quieres | ir al cine?
cenar fuera?
dar un paseo? | | ¿Te apetece | ir al cine?
cenar fuera?
dar un paseo? |

■ Man kann auch die 1. Person Plural verwenden.

| ¿Vamos
¿Cenamos
¿Damos | al cine?
fuera?
un paseo? | | ¿Por qué no | vamos al cine?
cenamos fuera?
damos un paseo? |

■ Wie man etwas anbietet, annimmt oder ablehnt

| ¿Quiere/s
¿Te/Le apetece | un caramelo / tomar algo / un café / un poco de…? |

Sí, gracias.
Vale, gracias.
No, gracias, es que ahora no me apetece.

¿Un caramelo?

No, gracias, ahora no.

■ Wie man etwas im Restaurant bestellt

■ Wie man etwas bestellt:

(Yo,) de primero…
(Yo,) de segundo…
(Yo,) de postre…

■ Wie man etwas nachbestellt:

| Por favor, | **otra** botella de agua.
¿**me/nos trae un poco más de** pan?
una cerveza. |

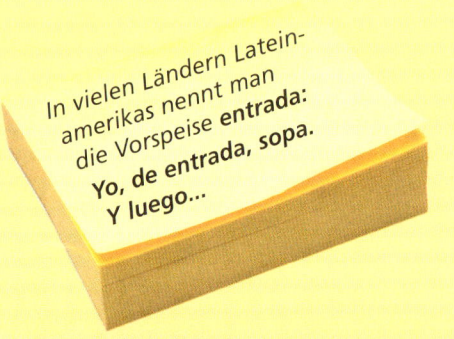

*In vielen Ländern Lateinamerikas nennt man die Vorspeise **entrada**: Yo, de entrada, sopa. Y luego…*

Actividades **Unidad 9**

3 Tienes que escoger un regalo de Navidad para uno/a de tus compañeros de clase, pero no sabes qué comprar. Tienes que preguntarle primero sobre sus gustos. A él/ella le pasa lo mismo contigo. Estas cosas os pueden dar algunas ideas.

• ¿Te gusta pintar?
○ No, no mucho, pero me interesa la pintura.

Ahora explica al resto de tus compañeros qué vas a regalarle, justificando tu decisión.

4 En grupos de tres, uno/a pregunta a otro/a qué cosas le gustan, qué cosas no le gustan, qué cosas le interesan... Después de leer las informaciones, el/la tercero/a va a aconsejarle un lugar para pasar sus próximas vacaciones teniendo en cuenta sus gustos y preferencias.

• ¿Qué cosas te interesan?
○ A mí me interesan los deportes náuticos y la naturaleza.
■ Entonces puedes ir a Venezuela, a La Guaira.

Chile: Parque Nacional Villarica
Paisaje selvático, volcanes activos... Ideal para hacer trekking.

Cuba: La Habana Guantánamo
La Habana: historia, música, gente afable.
Guantánamo: variedad de paisajes, zona montañosa y costa caribeña.

España: País Vasco
Mar y montaña, arte moderno en el Museo Guggenheim, exquisita gastronomía, tres equipos de fútbol de Primera División.

Venezuela: Caracas y La Guaira
La Guaira: hermosas playas caribeñas
Caracas: ciudad moderna con numerosos centros comerciales, casco antiguo con monumentos y edificios de la época colonial.

Ecuador: Amazonía
Selva húmeda, grandes ríos caudalosos, ecoturismo, contacto con fauna exótica.

Unidad 9 Actividades

5 Estos chicos quieren crear un chat para conocer gente y practicar tu lengua. ¿Con quién te sientes más identificado/a? ¿Por qué? ¿Con quién vas a conectarte?

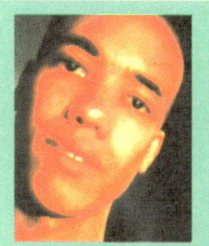

GUILLERMO FERRER
Hola. Soy cubano y me encanta jugar al ajedrez, pero no me gusta nada leer. Me interesa la astrología, la música y el fútbol. Espero tus noticias.

ROSA FERNÁNDEZ
Hola, soy Rosa, de Madrid. Me gusta nadar, conocer gente, y me encanta viajar. No me gusta nada estudiar y no soporto estar sola. Busco amigos en Alemania y en Italia.

MARIBEL VERÓN
Soy uruguaya. Vivo en Punta del Este y me gusta practicar todo tipo de deportes e ir en moto. No me interesa mucho la política. Me gustan mucho los idiomas. Hasta pronto. Besos.

HERNÁN BATISTA
Soy argentino. Me gusta mucho cocinar, pero odio el trabajo de la casa. Soy un fanático del fútbol y del arte en general.
¿Me escribís?

DELIO VALDÉS
Soy panameño. Me gusta leer, esquiar y hacer excursiones. No me gusta bailar ni ir a discotecas. Me interesa muchísimo la Historia. ¿Por qué no me escribes?

CRISTINA SALAS
Soy chilena y me encantan las grandes ciudades (Londres, Nueva York, Tokyo...), la literatura francesa y la comida japonesa. Ahora me interesa mucho todo lo relacionado con Internet.

● Yo voy a conectarme con Hernán Batista porque...

6 Toda la clase va a opinar en cadena sobre estos temas. Recuerda que cuando expresamos una opinión, tenemos en cuenta lo que dicen los demás y que usamos las formas **también**, **tampoco**, **sí** y **no**, que ya conoces. Podéis añadir o cambiar temas. Trabajad en grupos y, al final, redactad un informe sobre los gustos de los compañeros.

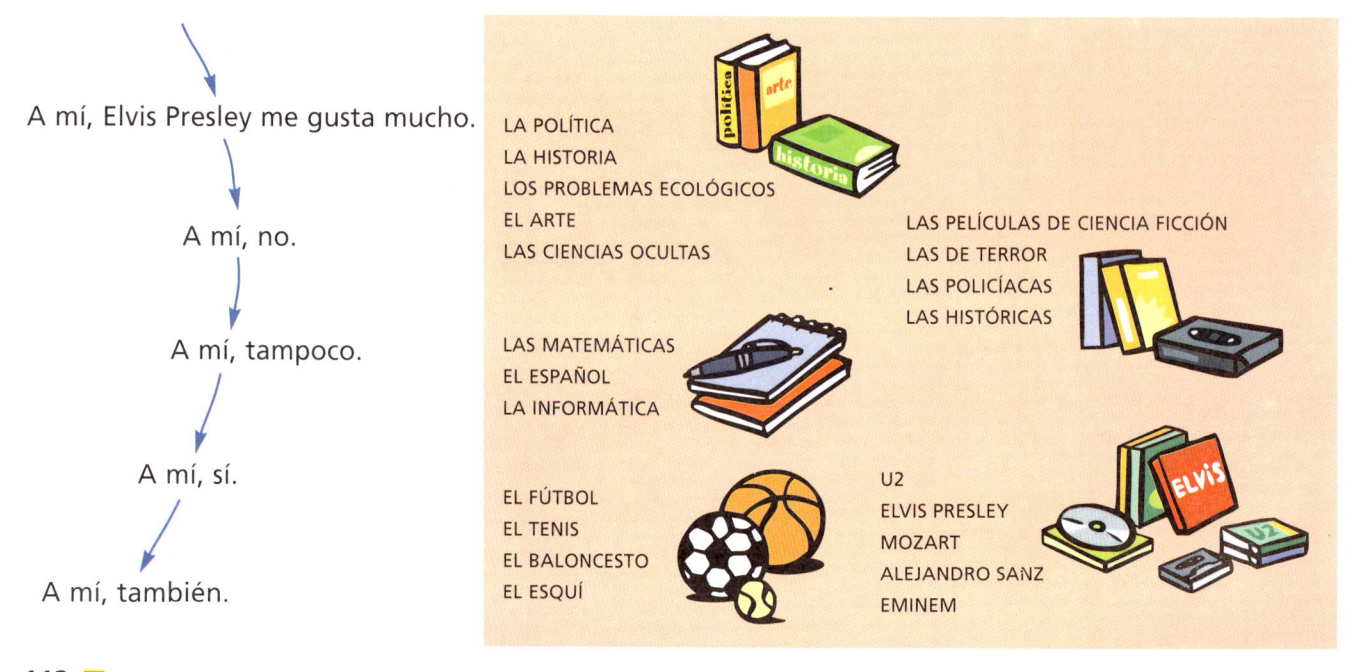

A mí, Elvis Presley me gusta mucho.

A mí, no.

A mí, tampoco.

A mí, sí.

A mí, también.

LA POLÍTICA
LA HISTORIA
LOS PROBLEMAS ECOLÓGICOS
EL ARTE
LAS CIENCIAS OCULTAS

LAS PELÍCULAS DE CIENCIA FICCIÓN
LAS DE TERROR
LAS POLICÍACAS
LAS HISTÓRICAS

LAS MATEMÁTICAS
EL ESPAÑOL
LA INFORMÁTICA

EL FÚTBOL
EL TENIS
EL BALONCESTO
EL ESQUÍ

U2
ELVIS PRESLEY
MOZART
ALEJANDRO SANZ
EMINEM

Actividades **Unidad 9**

7 ¿Cómo reaccionan estas personas ante estas cosas? Escucha y relaciona las fotos con las frases. La entonación te va ayudar. ¿Y tú? ¿Cómo reaccionas?

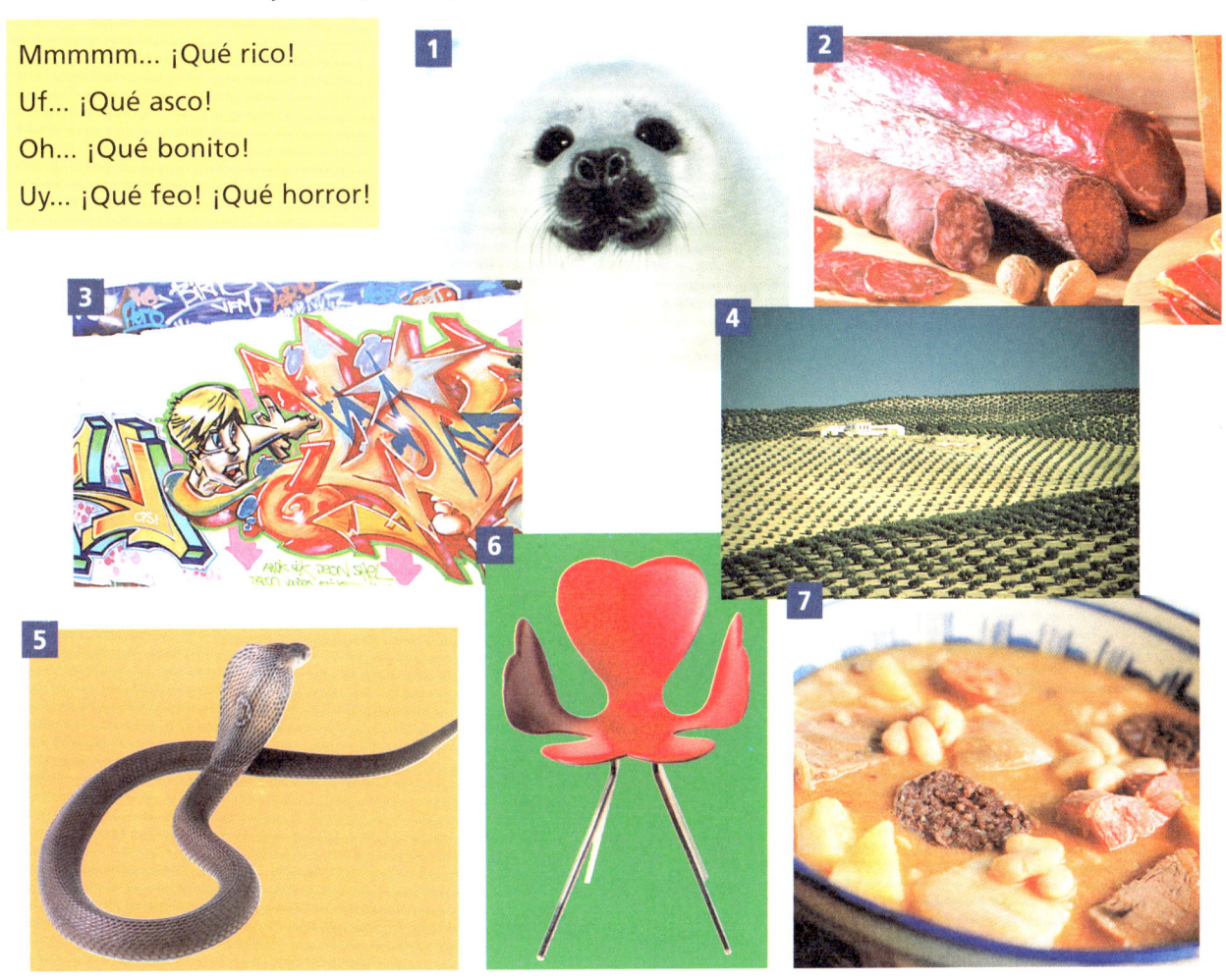

Mmmmm... ¡Qué rico!
Uf... ¡Qué asco!
Oh... ¡Qué bonito!
Uy... ¡Qué feo! ¡Qué horror!

8 Vas a escuchar una entrevista a unas personas de diferentes países de habla hispana sobre sus gustos e intereses. Toma notas y trata de sacar conclusiones generales de cada tema.

Ahora, en grupos, haced una encuesta entre todos los compañeros para determinar cuál es el tipo de literatura, de música y de cine preferidos de la clase.

ciento trece ■ 113

Unidad 9   Actividades

9 Tú y tu compañero/a habéis decidido hacer algo juntos el sábado por la tarde. Aquí hay algunas posibilidades. Poneos de acuerdo en qué os apetece hacer a los dos.

- ¿Te apetece ir a ver *El asesino está en la esquina*?
- Es que a mí las películas policíacas no me gustan mucho.
- Pues podemos ir al zoo...

CINE FLORIDA
- El asesino está en la esquina -
Dirigida por **Alfredo Jiscoc**
Sesión de tarde 16.30h
CINE FLORIDA

Concierto de música rock
El maestro siniestro
+
La mala vida
+
La loca Quintana

Zoo
abierto de 9h a 20h
Gran **exposición** de **pájaros** exóticos

MUSEO de la CIENCIA
Exposición:
"La medicina a través de la historia"
De la medicina prehistórica a la aspirina

Concierto de música española en el Centro Cultural Quevedo
- Manuel de Falla
- Isaac Albéniz
- Joaquín Rodrigo

GRAN FINAL FEMENINA DEL OPEN DE HISPANIA
Teresa Serralbo – Irina Babkova
16h
Retransmisión en directo por La 2

Nueva tienda de discos
ROCOPO
Descuento del 40% en todos los discos, CD y casetes por inauguración

discoteca Olé Olé
- La mejor música
- La mejor marcha
- Pantalla de vídeo gigante
- Actuaciones en vivo
- Jardín

Abierto todos los días a partir de las 22h

Ahora, podéis explicar al resto de la clase qué habéis decidido hacer y por qué.

Actividades **Unidad 9**

10 Éstos son los resultados de un estudio realizado por un periódico sobre las aficiones y los hábitos culturales de los españoles. ¿Qué conclusiones puedes sacar de estos datos? Piensa en:
- qué les gusta/interesa a los españoles,
- qué no les gusta/interesa mucho.

La Mañana

JUEVES, 30 DE ENERO

Los hábitos de consumo cultural de los españoles

Una encuesta realizada sobre un total de 12 072 personas revela los hábitos de consumo cultural de los españoles

MÚSICA
PREFERENCIAS EN ESTILO MODERNO

Pop/Rock	31%
Cantautores	17%
Flamenco	14%
Tecno	11%
Jazz/Soul	9%
Rock duro/Heavy	8%
New Age	6%
Hip-hop	4%

PREFERENCIAS EN EL IDIOMA

La letra tiene que ser en español	37%
Le interesa la música en otros idiomas	31%
Le da igual el idioma	29%
Prefiere otros idiomas	2%
No sabe/No contesta	1%

EQUIPAMIENTO
HOGARES QUE DISPONEN DE:

Televisión	99%
Vídeo	74%
Radio	98%
Reproductor de CD	64%
Reproductor de casetes	72%
Ordenador con Internet	17%
DVD	4%

LECTURA
FRECUENCIA DE LECTURA DE LIBROS

Casi todos los días	14%
1-2 veces por semana	27%
2-3 veces al mes	18%
Una vez al mes	12%
Menos de una vez al mes	7%
Casi nunca	16%
No sabe/No contesta	6%

FRECUENCIA DE LECTURA DE PERIÓDICOS

Casi diaria	31%
3-4 días a la semana	9%
1-2 días a la semana	25%
Menos de una vez a la semana	8%
Nunca	27%

TEATRO
FRECUENCIA DE ASISTENCIA AL TEATRO

6 veces o más al año	1%
4-5 veces al año	4%
2-3 veces al año	8%
Una vez al año	9%
Menos de una vez al año	75%
Nunca	1%
No sabe/No contesta	2%

CINE
FRECUENCIA DE ASISTENCIA AL CINE (Porcentaje de gente que va al cine más de 3 veces al mes)

Entre 14 y 20 años	28%
Entre 21 y 35 años	34%
Entre 36 y 50 años	25%
Más de 50 años	13%

TELEVISIÓN
CONSUMO DE TELEVISIÓN
(Minutos al día frente la pantalla)

Total (media)	210
Entre 13 y 24 años	153
Entre 25 y 45 años	190
Entre 46 y 64 años	239
Más de 65 años	304

¿Hay datos que te sorprenden? ¿Cuáles crees que son muy diferentes en tu país?
¿Por qué no haces una encuesta de este tipo entre tus compañeros de clase para ver si hay diferencias con ésta?

Unidad 9 Actividades

11 Aquí tienes la carta de un restaurante donde sirven platos de diferentes países del mundo hispano. Léela y elige lo que vas a comer.

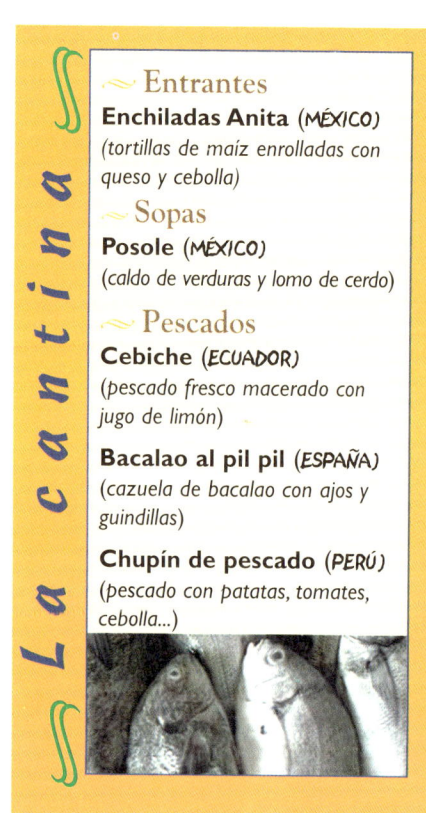

La cantina

Entrantes
Enchiladas Anita (MÉXICO)
(tortillas de maíz enrolladas con queso y cebolla)

Sopas
Posole (MÉXICO)
(caldo de verduras y lomo de cerdo)

Pescados
Cebiche (ECUADOR)
(pescado fresco macerado con jugo de limón)

Bacalao al pil pil (ESPAÑA)
(cazuela de bacalao con ajos y guindillas)

Chupín de pescado (PERÚ)
(pescado con patatas, tomates, cebolla...)

Carnes
Ají de gallina (PERÚ)
(pechuga de pollo deshilachada servida sobre patatas)

Empanadas chilenas (CHILE)
(masa de pan rellena de carne y cebolla)

Bifes a la criolla (ARGENTINA)
(bistecs con pimientos, patatas y ajos)

Cordero lechal (ESPAÑA)
(cordero al horno)

Chivitos (URUGUAY)
(pan uruguayo con jamón, mozzarella, panceta y otros ingredientes)

Postres
Jericalla (MÉXICO)
(dulce a base de huevos y mantequilla)

Chajá (URUGUAY)
(tarta a base de melocotón en almíbar)

Mazamorra morada (PERÚ)
(compota de frutas y maíz)

Cuajada (ESPAÑA)
(requesón con leche)

Rellenitos de plátano (GUATEMALA)
(croquetas de puré de plátano rellenas de crema de canela y espolvoreadas de azúcar)

• Yo, de primero, voy a tomar posole y, de segundo, cordero lechal. De postre, quiero chajá.
○ A mí me apetece...

12 En esta cocina hay muchas cosas. ¿Sabes cómo se llaman en español? Luego, en grupos de cuatro, vais a decidir qué queréis comer hoy. Pero antes tenéis que saber qué os gusta a cada uno/a de vosotros. Haz preguntas a tus compañeros para conocer sus gustos. Al final contad a la clase qué vais a preparar.

• ¿Te gusta el pescado?
○ Sí, pero hoy no me apetece mucho.
• Pues podemos hacer pasta...

Actividades **Unidad 9**

13 Estos cuatro cuadros son muy diferentes. ¿Te gustan? ¿Cuál te gusta más? ¿Por qué? Discútelo con un/a compañero/a. Puedes utilizar estas palabras.

una preciosidad	precioso	fantástico	muy bonito/bello
una maravilla	maravilloso	genial	muy feo
un horror	horrible	impresionante	muy extraño
una porquería	espantoso	horroroso	muy curioso

José Agustín Arrieta (Tlaxcala, 1874 - Puebla 1902)
El chinaco y la china

El Greco (Creta, 1541 - Toledo, 1614) *Vista de Toledo*

Darío de Regoyos (Ribadesella, 1857 - Barcelona, 1913)
El Baño en Rentería. Soir Eléctrique

Andreu Planas (Barcelona, 1953) *Sin título*

• A mí el que más me gusta es el de Darío de Regoyos. Lo encuentro muy bonito, muy relajante...
○ Pues, para mí, el más bonito es el de...

Unidad 9 Actividades

14 El sistema vocálico del español.

Das spanische Vokalsystem ist dem deutschen sehr ähnlich: es gibt ebenfalls die fünf Vokale **a**, **e**, **i**, **o**, **u**. Allerdings gibt es auch Unterschiede in der Aussprache dieser Laute:

1. Es gibt keine langen Vokale wie z. B. in *lieben*, *wehren* oder *loben*. Die spanischen Vokale werden alle eher kurz gesprochen wie in *wissen*, *wecken* oder *Glocke*.

2. Es gibt keine Vokale, die mit gerundeten Lippen gesprochen werden, wie z. B. in *lügen*, *lösen* oder *schön*.

Es ist wichtig, diese Unterschiede zu beachten, da man im Allgemeinen dazu tendiert, Wörter in der Fremdsprache wie in der eigenen Sprache auszusprechen.

Um dies zu vermeiden, bietet es sich an, die Aussprache der spanischen Vokale zwischen den Konsonanten **p**, **t**, **k** zu üben. Diese Konsonanten tragen dazu bei, dass die Vokale kurz gesprochen werden.

Versuchen Sie nun, folgende Wörter auszusprechen.

pato   copa   toca   poca   pico   taco   peca   Paco   tapo

Para usar todo lo que hemos aprendido hasta ahora...

Heute entwerfen Sie für Ihren Radiosender eine Gastronomie- und eine Kultursendung.

Für die Gastronomiesendung entscheiden Sie in Gruppen, welche Rezepte Sie Ihren Hörern vorstellen möchten, und schreiben sie auf.

Sie können auch Empfehlungen für die besten Restaurants Ihrer Stadt oder Region aussprechen und deren Spezialitäten hervorheben.

In der Kultursendung können Sie als Film- oder Literaturkritiker ein Buch oder einen Film besprechen.

Sie können auch ein aktuelles Konzert, ein Theaterstück oder eine Aufführung in Ihrer Umgebung empfehlen oder über eine Ausstellung oder ein Museum berichten.

Und vergessen Sie nicht, Ihre Sendung aufzunehmen.

Unidad 10

In dieser Einheit lernen Sie ...

- wie man über vergangene Ereignisse berichtet

- wie man sich auf einen Zeitpunkt in der Vergangenheit bezieht

- wie man Ereignisse in der Vergangenheit einordnet

- wie man über den Beginn einer Handlung spricht

- das Indefinido und das Passiv

Unidad 10 Textos

1 Aquí tienes la biografía de Rigoberta Menchú, Premio Nobel de la Paz en 1992. Antes de leerla, piensa un momento en qué esperas encontrar en una biografía.

En una biografía...
¿De qué datos se da información?
¿Se pone en relación la vida de la persona con los sucesos históricos?
¿Las informaciones remiten al pasado?
¿Se pone fecha a las informaciones?
¿En qué orden se suelen contar las cosas?

Ahora, ya puedes leerla.

Rigoberta Menchú

perfiles

Rigoberta Menchú nació el 9 de enero de 1959 en Chimel, una aldea del Quiché, en el altiplano indígena, al norte de Guatemala. Es una india maya-quiché, una más de los casi seis millones de indios que viven en Guatemala, un país de unos nueve millones de habitantes.

Desde su infancia, sufrió las consecuencias de la explotación de los indios por los terratenientes. Éstos representan un 22% de la población, pero, en cambio, poseen el 65 % de la tierra.

A los cinco años empezó a trabajar con sus padres en las grandes propiedades de la costa sur, donde los terratenientes cultivan café, algodón o caña de azúcar.

A los 14 años viajó a la ciudad de Guatemala para dedicarse, durante toda su adolescencia, al servicio doméstico, como muchas mujeres de las zonas rurales del país. En Guatemala aprendió español para poder defender mejor los derechos de su pueblo.

En uno de los múltiples intentos de los terratenientes para expulsar a los indígenas de sus tierras, asesinaron a un hermano de Rigoberta de 16 años. Ella fue testigo del asesinato.

Desde ese momento, su padre, Vicente Menchú, se dedicó por completo a la lucha por los derechos de los indios. En los años 70 y 80 aumentó en Guatemala la represión a gran escala de los pueblos indígenas, pero al mismo tiempo se crearon organizaciones populares de indios, mestizos y blancos pobres. Rigoberta, en 1979, a sus veinte años, ingresó en el Comité de Unidad Campesina (CUC) para dedicar su vida a la causa de los indios y de los oprimidos.

El 31 de enero de 1980, indios y campesinos decidieron asaltar pacíficamente la Embajada de España para protestar por la situación de los pobres de Guatemala, pero el gobierno guatemalteco envió al ejército y a la policía. En el asalto militar a la Embajada murió su padre.

Unas semanas después, el 19 de abril, como consecuencia de la caza de brujas contra el aumento de la protesta popular, la madre de Rigoberta, Juana Tum, fue secuestrada, torturada y asesinada por grupos paramilitares.

En ese momento, Rigoberta, amenazada de muerte, decidió exiliarse para poder luchar pacíficamente por los pueblos indios y mestizos pobres de Guatemala. Sus dos hermanas se incorporaron a un grupo guerrillero.

Desde 1981, Rigoberta Menchú vivió en México, como 50 000 exiliados más, pero participó activamente en todas las manifestaciones por la democracia, la libertad de los indios y en favor de la reconciliación étnica y cultural, y en 1993 volvió a su país.

A lo largo de su vida ha recibido muchos reconocimientos oficiales por su labor. A los 33 años, en octubre de 1992, la Academia Sueca le concedió el Premio Nobel de la Paz.

Textos **Unidad** 10

Ahora que ya has leído la biografía de Rigoberta Menchú, contesta a estas preguntas. Puedes mirar el texto para verificar los datos.

¿Dónde nació y cuándo?
¿A qué edad empezó a trabajar?
¿Cuándo aprendió español y por qué?
¿A qué se dedicó durante su adolescencia?
¿Cómo murió uno de sus hermanos?
¿Cuándo murió su padre?
¿Cuándo secuestraron y mataron a su madre?
¿Cuándo volvió Rigoberta a su país?
¿Cómo ha sido su vida? ¿Cuáles son los objetivos de su lucha?

¿Qué puedes deducir de la situación política y económica de Guatemala? Responde a estas preguntas.

¿Quiénes son los propietarios de más de la mitad de las tierras?
¿Dónde está el altiplano indígena y dónde las fincas
de los terratenientes?
¿Dónde van a trabajar los indios? ¿Y las indias jóvenes?
¿Cuántos habitantes tiene Guatemala aproximadamente?
¿Cuántos son indios?
¿Crees que los indios tienen los mismos derechos que los blancos?

En el texto sobre Rigoberta Menchú, se utiliza un nuevo tiempo para hacer referencia al pasado. Se trata del Pretérito Indefinido.

Subraya todos los verbos en Indefinido que encuentres en el texto.
¿Sabes cuál es el Infinitivo de estos verbos?
Clasifica, luego, los Indefinidos según las terminaciones: -ar, -er, -ir.
¿Has descubierto alguna regularidad en las terminaciones de la tercera persona del singular y de la tercera del plural? ¿Y alguna irregularidad?

Fíjate, ahora, en las expresiones que se utilizan para situar acontecimientos en el tiempo. Localízalas en el texto.
¿Crees que hay alguna relación entre esas expresiones temporales y el uso del Indefinido? Explica tu hipótesis. Luego, verificadla entre todos.

ciento veintiuno ■ 121

Unidad 10 Textos

2 Mira este documento. ¿Qué tipo de texto crees que es? Después de leer el titular y el subtitular, ¿tienes alguna hipótesis sobre el contenido del texto? ¿En qué palabras te has basado? Luego, lee todo el texto y comprueba tus hipótesis.

Serias complicaciones en el rescate del astronauta español olvidado en el espacio

El astronauta salió el verano pasado con la idea de volver seis meses después. Después de más de un año en el espacio, el regreso de Luis Gracia a la Tierra parece hoy imposible.

Casi quinientos días en el espacio. Durante ese tiempo en la Tierra han cambiado muchas cosas: han cambiado las fronteras europeas, se han modernizado los coches, ha mejorado la televisión, se ha prohibido comer tortilla de patatas y se ha descubierto que el colesterol ya no es un problema… Incluso se ha inventado una nueva generación de robots que pueden viajar solos al espacio. Pero Luis Gracia no sabe nada de todo esto.

Hace más de un año, Luis Gracia, el astronauta escogido para investigar la existencia de vida en Saturno, se despidió de su familia, subió a la nave espacial, se sentó delante de los mandos y escuchó las palabras típicas: "cuatro, tres, dos, uno…". Entonces oyó una fuerte explosión y la nave empezó a subir. El viaje fue muy bien y no hubo ningún problema. En el espacio: Gracia hizo todo el trabajo previsto, pero no encontró vida en Saturno ni en ninguno de los otros planetas que visitó. Seis meses después, el pasado junio, llegó el momento de volver a la Tierra. Entonces empezaron los problemas: Gracia intentó llegar a nuestro planeta, pero en lugar de acercarse, se alejó todavía más. El Centro de Vuelos de Tarazón le dijo: "Tenemos problemas para controlar su nave. Pronto le vamos a comunicar cuándo puede volver".

Luis Gracia se quedó horrorizado: solo en el espacio, a un millón de kilómetros de la Tierra, atrapado en el interior de la nave espacial. Pero, gracias a su espíritu aventurero, al cabo de unos días, ya estaba como en casa. En el espacio, tuvo tiempo para contemplar el paisaje y escribió cartas y grabó canciones para seres de otros planetas. "Quizá existen", pensó Luis.

Sin embargo, unas semanas después, cuando empezó el invierno, las cosas se complicaron: los sistemas eléctricos se estropearon por lo que ya no pudo ver más vídeos; se terminó la mejor comida –las hamburguesas, la tortilla de patatas y los pasteles de manzana– y, además, Gracia se puso enfermo y se tomó unas pastillas rarísimas.

A principios del mes pasado, Gracia envió un S.O.S. al Centro de Vuelos de Tarazón, pero el director del Centro le dijo: "Estamos intentándolo, pero esto todavía no funciona. Tranquilo. Vamos a encontrar una solución". Luis Gracia no se quedó nada tranquilo, pero siguió con sus expediciones espaciales.

La semana pasada, Luis Gracia recibió por fin una buena noticia. El Director del Centro de Vuelos lo llamó y le dijo: "Está todo arreglado. Lo esperamos en casa." Pero la respuesta de Luis fue contundente: "Demasiado tarde. Hace unos días conocí a una extraterrestre maravillosa y el jueves pasado nos casamos. Mi mujer y yo hemos decidido quedarnos por aquí. Somos muy felices. Saludos a todos."

Ahora que has leído el reportaje de la aventura de Luis Gracia, contesta a estas preguntas:

¿Cuánto tiempo ha pasado desde que empezó el viaje espacial?
¿Qué hizo Gracia el día que empezó el viaje?
¿Qué hizo en el espacio?
¿Cuándo empezaron sus problemas?
¿Qué hizo después?
¿Cuándo pidió socorro?
¿Cuándo recibió una buena noticia?
¿Cuándo conoció a una extraterrestre?

> Localiza en el texto fechas y expresiones temporales, y haz una lista de las que se usan con Perfecto y de las que se usan con Indefinido.
> ¿Puedes reconocer el Infinitivo de todos los verbos usados en este texto?
> ¿Hay algunos Indefinidos irregulares? ¿Cuáles?

Gramática **Unidad 10**

■ Das Indefinido *(El Pretérito Indefinido)*

■ Die Endungen bei den regelmäßigen Verben lauten:

> *Nach einem Vokal stehen in der 3. Person Singular und Plural **-yó** und **-yeron**: caer – **cayó**, leer – **leyeron**.*

	Verben auf **-ar**	Verben auf **-er/-ir**	
	habl**ar**	com**er**	viv**ir**
yo	habl**é**	com**í**	viv**í**
tú	habl**aste**	com**iste**	viv**iste**
él, ella, usted	habl**ó**	com**ió**	viv**ió**
nosotros/as	habl**amos**	com**imos**	viv**imos**
vosotros/as	habl**asteis**	com**isteis**	viv**isteis**
ellos, ellas, ustedes	habl**aron**	com**ieron**	viv**ieron**

■ Einige Verben auf **-ir**, wie z. B. **pedir**, **sentir** oder **dormir**, haben in der 3. Person Singular und Plural eine Vokaländerung: das **e** wird zu **i** und das **o** wird zu **u**.

p**e**dir	s**e**ntir	d**o**rmir
pedí	sentí	dormí
pediste	sentiste	dormiste
p**i**dió	s**i**ntió	d**u**rmió
pedimos	sentimos	dormimos
pedisteis	sentisteis	dormisteis
p**i**dieron	s**i**ntieron	d**u**rmieron

■ Einige Verben haben im Indefinido einen unregelmäßigen Wortstamm. Alle diese Verben haben jedoch dieselben Endungen:

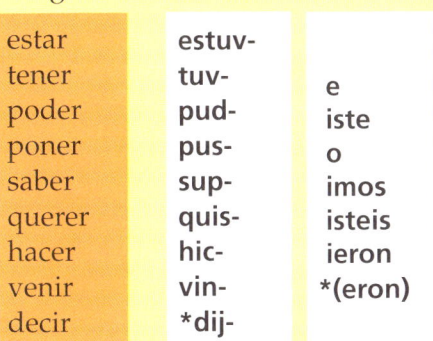

estar	estuv-	e
tener	tuv-	iste
poder	pud-	o
poner	pus-	imos
saber	sup-	isteis
querer	quis-	ieron
hacer	hic-	*(eron)
venir	vin-	
decir	*dij-	

> *Beachten Sie, dass man **hice** mit **c**, aber **hizo** mit **z** schreibt.*

■ Man verwendet das Indefinido, wenn man über Ereignisse in der Vergangenheit berichtet, die abgeschlossen sind und keinen Bezug zum Zeitpunkt des Sprechens haben. Das Indefinido steht häufig mit folgenden konkreten Zeitangaben:

ayer/anteayer/anoche	**la** semana/primavera… **pasada**
	el mes/año/invierno… **pasado**
el otro día	
el lunes/martes…	**en** noviembre/diciembre/1998/2001…
el día 3/4…	
el día de la boda / **del** examen…	**hace** unos días / un mes / un año…

ciento veintitrés ■ **123**

Unidad 10 Gramática

■ Es hängt von der Sichtweise des Sprechers ab, ob einer Handlung in der Vergangenheit ein Bezug zur Gegenwart beigemessen wird (Perfekt) oder ob man die vergangene Handlung als abgeschlossen betrachtet (Indefinido).

AGOSTO (Segovia)

Beachten Sie, dass man in einigen Regionen Spaniens und in den meisten Ländern Lateinamerikas das Perfekt nicht verwendet, sondern stets das Indefinido.

SEPTIEMBRE
*Este verano **he estado** unos días en Segovia.*

SEPTIEMBRE
*En agosto **estuve** unos días en Segovia.*

■ Wie man ein Datum angibt

■ Das Datum wird im Spanischen nicht mit Ordnungszahlen, sondern mit Kardinalzahlen angegeben. Ausnahme ist der Monatserste, den man mit **uno** oder **primero** angeben kann.

● ¿Qué día es hoy?
○ **Tres** de febrero.

● ¿Qué día llegaste a Caracas?
○ El **uno/primero** de febrero.

■ Bezieht man sich auf einen bestimmten Tag, verwendet man den Artikel **el**. Nennt man auch den Monat und das Jahr, schließt man diese mit der Präposition **de** an.

● Mi hijo nació **el** 1 **de** enero **de** 2001.

In Briefen lässt man den Artikel vor dem Tag weg:
Madrid, 5 de mayo de...

■ Wie man einen Zeitpunkt rekonstruiert

■ Wenn man nicht das genaue Datum angeben kann oder möchte, kann man die Zeit nennen, die seitdem verstrichen ist.

hace + Zeitraum	
hace	unos días
	cinco meses
	tres o cuatro semanas
	un rato

● ¿Cuándo viste a Julio?
○ **Hace** unos meses, en Valencia.

● Hombre, Cristina. ¡Qué casualidad! **Hace** un rato he preguntado por ti.

Gramática **Unidad 10**

■ Wie man zwei Augenblicke in der Vergangenheit verbindet
■ Um einen Augenblick in der Vergangenheit mit einem späteren zu verbinden, verwendet man:

al cabo de + Zeitraum
al cabo de — tres días / unas semanas / seis meses / cuatro años

● Se conocieron en 1998 y, **al cabo de** tres meses, se casaron.

Zeitraum + **después**
tres días / unas semanas / seis meses / cuatro años — **después**

● Se conocieron en 1998 y, tres meses **después**, se casaron.

■ Wie man den Beginn von etwas angibt

desde + Zeitpunkt

● Vivo aquí **desde** febrero / mi infancia / 1984…

desde hace + Zeitraum

● Vivo aquí **desde hace** dos meses / muchos años…

■ Temporalsätze mit **cuando** (*Oraciones temporales*)
■ Um zwei parallele oder aufeinander folgende Handlungen darzustellen, benutzt man **cuando**.

● **Cuando** empezó el invierno, las cosas se complicaron.

■ Das Passiv (*La voz pasiva*)
■ Das Passiv wird im Spanischen vorwiegend in der Schriftsprache (z. B. in historischen und juristischen Texten …) und in den Medien verwendet. Dort liest man häufig Sätze wie diesen:

Paco Matón y su mujer **fueron detenidos** por la policía. Su mujer **fue puesta** en libertad.

■ In der gesprochenen Sprache wird das Passiv kaum verwendet. Um das direkte Objekt zu betonen (und damit dem Subjekt Wichtigkeit zu nehmen), verwendet man folgende Konstruktion:

direktes Objekt	+	unbetontes Pronomen	+	Verb	+	Subjekt
A Paco Matón y a su mujer		los		detuvo		la policía.

ciento veinticinco ■ **125**

Unidad 10 Actividades

3 En parejas, preguntaos qué hicisteis ayer. Podéis contestar aunque todavía no sabéis todos los Indefinidos. Si no os acordáis de las formas, en muchos casos, podéis usar la construcción **estuve** + Gerundio.

● ¿Qué hiciste ayer?
○ Estuve paseando.

ayer por la noche
el fin de semana pasado
el verano pasado
el día de su cumpleaños
en Navidad
anteayer por la tarde
el lunes de la semana pasada
la Nochevieja de 1999
el 1 de enero de 2000

4 Escucha a estos dos chicos que hablan de su último verano y trata de construir frases con los elementos de las cajas sobre lo que hicieron uno y otro.

nada más terminar las clases	estuvo en la Costa Brava
al empezar el verano	fue a Benicásim a un festival de música
a mediados de septiembre	empezó a trabajar en una agencia de publicidad
a principios de agosto	fue a Holanda y a Bélgica de viaje
después	volvió a Madrid
a la vuelta	estuvo en la Sierra de Madrid
antes de empezar las clases	se puso a trabajar de mensajero
al terminar el mes de agosto	estuvo haciendo montañismo en Galicia
al volver	pasó un mes en Estados Unidos

¿Se parece lo que has hecho tú este verano a algo de lo que hicieron estos chicos? Explícaselo a tus compañeros.

5 Estas fechas son muy conocidas por todos los españoles. Formula frases usando el Indefinido.

Fechas y sucesos

- 12 de octubre de 1492
- 18 de julio de 1936
- 1 de abril de 1939
- 20 de noviembre de 1975
- 15 de junio de 1977
- 23 de febrero de 1981
- 1 de enero de 1986
- 1992

- 2002

- Colón descubre América.
- Empieza la Guerra Civil española.
- Termina la Guerra Civil española.
- Muere Franco.
- Se celebran las primeras elecciones democráticas.
- Intento de golpe de estado.
- España entra en la Comunidad Económica Europea.
- Se celebran los Juegos Olímpicos de Barcelona y la Exposición Universal de Sevilla.
- El euro sustituye a la peseta.

Explica, ahora, a tus compañeros cuáles son las fechas más importantes del pasado histórico de tu país, aquellas fechas que todo el mundo conoce.

Actividades **Unidad** 10

6 Aquí tienes una serie de hechos, desordenados, sobre la historia de Laura y Javier. ¿Cómo crees que fue? En grupos, podéis elaborar la historia y, luego, contáis vuestra versión.

- Laura conoció a Javier en un bar. Al cabo de unos días...

Unidad 10 Actividades

7 Pregunta a dos compañeros cuándo han hecho o les ha pasado alguna de estas cosas por última vez…

comer pescado
ir a una discoteca
ver una película en DVD
estar unos días en el campo o en la playa
venir a clase con pocas ganas de estudiar
comprar algo en Internet
tener dolor de cabeza
ir al dentista
dormirse en una clase
pedir dinero prestado
estar en un atasco

● ¿Cuándo fuisteis a una discoteca por última vez?
○ Uf, hace mucho tiempo.
■ Ah, pues, yo fui el viernes pasado.

Quizá tus compañeros han realizado alguna vez alguna de estas cosas. ¿Por qué no se lo preguntas?

hacer windsurf
ir a Nueva York
actuar en una obra de teatro
comer en un restaurante mexicano
pasar las vacaciones en España
ir al desierto
entrar en un chat de Internet
conocer a alguien interesante en un tren
estar en un país asiático
plantar un árbol
escribir un poema
comer caracoles

● ¿Has hecho windsurf alguna vez?
○ No, yo nunca.
■ Yo, una vez. Fue el verano pasado, en Canarias.

8 Vas a escuchar a unas personas que hablan de sus vidas. Luego, explícale la tuya a tu compañero/a, pero no vale hablar solo de viajes… De todos estos temas, piensa si alguno se adapta a tu vida.

cambios de ciudad / de escuela / de casa (**cambiarse de…**)
accidentes / problemas físicos (**tener un accidente / una hepatitis…**)
el día que conociste a un gran amor (**enamorarse**)
algún éxito deportivo/musical… (**ganar un premio / un concurso…**)
trabajos/estudios/aficiones (**ponerse a trabajar/estudiar…**)

Actividades **Unidad 10**

9 Aquí tienes dos currículum vitae. Un/a compañero/a va a leer uno y tú, otro. Luego, os explicaréis el contenido más relevante de lo que habéis leído. Tenéis que encontrar también cuatro cosas que tienen en común Ricardo y María del Carmen.

DATOS PERSONALES

Nombre y apellidos: Ricardo Belver Beloki
Dirección: C/Jerusalén, nº 4 entlo. 1ª, 08010 Barcelona
Teléfono: 93 565 68 83
Fecha de nacimiento: 22/06/76
Lugar de nacimiento: Avilés (Asturias)
D.N.I.: 40322450-W

DATOS ACADÉMICOS

1982-90 EGB en el *Colegio Público Bruno Menéndez* de Avilés.
1990-92 1º y 2º de BUP en la *University of Detroit Jessuit High School & Academy* en Estados Unidos.
1992-94 3º de BUP y COU/PAU en el *Colegio San Fernando* de Gijón (Asturias).
1994-98 Licenciatura en Traducción e Interpretación en la *Universidad Pompeu Fabra* de Barcelona.
1995 Semestre de intercambio en la *Rühr Universität* de Bochum (Alemania).
1996 Semestre de intercambio en la *Universidade Federal do Pará* (Brasil).
2000 Segundo ciclo (tercer curso) de Periodismo en la *Universidad Pompeu Fabra*.

EXPERIENCIA PROFESIONAL

1995 Teleoperador en el instituto de estadística *Forsa Institut* de Dortmund (Alemania).
1997-99 Traductor del inglés al español de folletos publicitarios para la ETT Alta Gestión.
2001 Redactor en la revista *Cinemanía*.

IDIOMAS

Español, catalán e inglés — Perfecto nivel oral y escrito
Alemán y portugués — Nivel alto oral y escrito

CURRÍCULUM VITAE
de Mª del Carmen Jiménez Blanco

Avda. del Mediterráneo, 15, 29007 Madrid
Tel. 91 356 97 88
17/09/1966
D.N.I.: 29212431-L

Estudios universitarios:
Licenciada en Derecho por la *Universidad Complutense* de Madrid (1989) (se adjunta certificado)
Semestre de intercambio en la *Universidad Central de Venezuela* y en la *Universität zu Köln* (Alemania) (1987)
Máster en Derecho Internacional en *La Sorbonne* (Francia) (1990) (se adjunta certificado)

Estudios no universitarios:
Cursos de alemán en el *Goethe-Institut* de Madrid (1984-88)
Cursos de francés en el *Institut Français* de Madrid (1988-90)
Cursos de inglés en la *Cornell University* de Nueva York (veranos de 1988, 89 y 90) (se adjuntan certificados)

Trabajo actual:
Abogada en la Cámara de Comercio Alemán de Madrid desde 1998 (se adjuntan referencias)

Trabajos anteriores:
Prácticas en el despacho del abogado Martín del Pozo Negro (1992) (se adjuntan referencias)
Prácticas en el despacho de la abogada Sánchez Miranda (1995) (se adjuntan referencias)

Idiomas:
Español, inglés, alemán y francés

• Ricardo nació en Avilés, estudió 1º y 2º de BUP en Estados Unidos.

¿Por qué no escribes ahora tu currículum?

Unidad 10 Actividades

10 Uno/a de vosotros/as va a simular ser uno/a de estos dos famosísimos personajes. Los demás sois unos periodistas que le vais a hacer una entrevista en un programa de televisión. Entre todos tenéis que reconstruir los datos que faltan.

Mandona

Nombre real: ▓▓▓▓▓▓▓▓▓▓▓▓
Nace en ▓▓▓▓.
1966-76: Estudia en ▓▓▓▓▓▓▓▓▓▓▓▓▓▓▓▓ (Madrid).
1976-77: Estudia Informática en la Academia Sol de Alcorcón (Madrid).
Noviembre 1977: Deja los estudios y entra a trabajar como ▓▓▓▓▓▓ en la casa ELEPE. Conoce al famoso productor Cecilio Cebollo, de 72 años.
▓▓▓▓▓▓: se casan en ▓▓▓▓▓▓▓.
Octubre 79: Tiene cuatrillizos que se llaman: John, Paul, Ringo y Julio José.
Navidad 83: Le toca la lotería (el gordo de Navidad).
▓▓▓▓▓▓▓▓: Se divorcia y monta un estudio de grabación con Montse Caballez.
Junio 1986: Graba su primer "single": *Buscando a mi primo segundo desesperadamente*. No tiene éxito y su primo, Director del Banco de España, pone, en otoño, una denuncia contra ella. El caso sale en la prensa y ocupa las portadas de periódicos y revistas. Empieza a ser famosa.
Junio 1990: Primera actuación en público, en la ▓▓▓▓▓▓▓▓▓▓▓▓▓▓▓▓▓▓▓▓, con su disco *Jamón, jamón*. Triunfo total.
▓▓▓▓: Óscar a la mejor actriz por *Señoronas*, su primera película.
Desde entonces: escándalos varios. Romances con ▓▓▓▓▓▓▓▓▓▓ y Harrison Cruise.
2001: Canta junto a ▓▓▓▓▓▓▓▓▓ el tema *Ten mucho cuidado*.

Ricardo Martín

Nombre real: ▓▓▓▓▓▓▓▓▓
Nace en ▓▓▓▓▓▓▓▓▓▓▓▓▓▓ en ▓▓▓▓.
▓▓▓▓-▓▓▓▓: Estudia en el Colegio Público *Steve Martin* de San Juan.
▓▓▓▓: Entra a formar parte del grupo musical Chiquillos.
▓▓▓▓: Rueda con todo el grupo la telenovela *A por todas*.
▓▓▓▓: Deja el grupo Chiquillos y comienza su carrera como solista.
1990: Se va a vivir a ▓▓▓▓▓▓▓▓.
1991: Graba su primer disco, ▓▓▓▓▓▓▓▓▓, que se convierte en un gran éxito internacional.
1992: Graba un disco en ▓▓▓▓▓▓▓▓ con Mariana Mercurio y realiza su primera gira por todo el continente americano. Además, le conceden 12 discos de platino.
▓▓▓▓: Se traslada a Caracas para grabar su segundo disco, *Me amas*.
1995: Publica el disco ▓▓▓▓▓▓▓▓▓, del que se venden 1 millón de copias en todo el mundo.
1998: Se casa en San Juan con ▓▓▓▓▓▓▓▓▓▓▓▓▓, una guapísima actriz y modelo venezolana.
1999: Gana el premio Grammy ▓▓▓▓▓▓▓▓▓▓▓▓▓▓▓▓▓▓▓▓▓▓▓▓.
2001: Canta junto a ▓▓▓▓▓▓▓ el tema *Ten mucho cuidado*.

Actividades **Unidad 10**

11 Las consonantes. Im Gegensatz zum Deutschen gibt es im Spanischen nur wenige Konsonanten am Wort- oder Silbenende. Dort werden sie anders ausgesprochen als sonst. Die einzigen Konsonanten, die immer gleich ausgesprochen werden, sind **m**, **n**, **l**, **s**.

m	n	l	s
hombre	cien	alma	indios
completo	función	guatemalteco	rurales
sombra	aventura	espacial	semanas
hambre	canción	control	después

Die anderen Konsonanten werden am Wort- oder Silbenende, anders als im Deutschen, viel weicher ausgesprochen. Einige wie z. B. das **d** oder das **j** werden oft sogar ganz weggelassen.

Madrid	"Madrí"
Valladolid	"Valladolí"
verdad	"verdá"
reloj	"reló"
sexto	"sesto"

12 Imagina que acabas de leer estos titulares en el periódico. ¿Cómo los explicarías a otra persona?

Los estudiantes de español de este curso han sido elegidos por la Academia Sueca para el Premio Nobel de la Rapidez en el Aprendizaje.

La famosa cantante ecuatoriana Jessica López fue secuestrada anoche por unos desconocidos.

Leo Lopis, estudiante de español, ha sido raptado por unas compañeras.

Ayer fue visto en París el famoso escritor Jaro acompañado de una joven.

Los conocidos mafiosos Kaput y Peleón fueron detenidos por la policía el sábado pasado.

Marco Pérez, profesor de español, fue sorprendido por sus alumnos buscando una palabra en el diccionario en el lavabo de la escuela.

• ¿Sabes? A Jaro lo vieron ayer en París acompañado de una joven.

Unidad 10 Actividades

13 Vais a imaginar que habéis hecho un viaje por Chile. Mirad el mapa de este país y, en grupos de tres, decidid cómo organizasteis el viaje, a cuáles de estos lugares fuisteis, cómo llegasteis a cada lugar, cuántos días estuvisteis en cada sitio, qué hicisteis, qué comprasteis, quiénes os acompañaron… Luego, contádselo a vuestros compañeros.

• Empezamos el viaje en Arica. Llegamos desde la frontera del Perú en un taxi "colectivo". Hicimos una excursión para ver unos géiseres impresionantes…

Chile

■ **ARICA E IQUIQUE**
- Se puede llegar desde la frontera del Perú en autobús o en taxi "colectivo". Zona árida con numerosas fuentes termales, géiseres y oasis.

■ **DESIERTO DE ATACAMA**
- Lugares de interés: colosal Mina de Chuquicamata, visible desde el espacio; San Pedro de Atacama, capital arqueológica de Chile.
- En la zona sur, el Parque Nacional Pan de Azúcar reúne gran variedad de cactus y sus islas están pobladas por pingüinos.

■ **COQUIMBO Y LA SERENA**
- En Coquimbo, destacan playas como La Herradura, Las Mostazas, Guanaqueros…
- En La Serena, paseo por las callejuelas para ver la arquitectura colonial y visita a los museos mineralógico, arqueológico y colonial de arte religioso.
- Viaje en barca desde Caleta Punta de Choros a la Isla Damas, donde se divisan delfines y pingüinos de Humboldt.
- En el pueblo de Pisco Elqui, planta productora de pisco.

■ **VALPARAÍSO**
- Importante ciudad portuaria y sede del Congreso Nacional.

- Subida en ascensor a la parte superior de los cerros para admirar la magnífica panorámica de la ciudad.
- Visita a la Casa-Museo del poeta Pablo Neruda.

■ **VIÑA DEL MAR**
- Conocida como "Ciudad Jardín" por sus jardines con plantas y arbustos, es una de las principales ciudades turísticas del país.
- Es típico el recorrido por la ciudad en carruajes tirados por caballos, llamados "victorias".
- Exquisita gastronomía: caldillo de congrio (sopa hecha con angula de mar), mariscal (mariscos macerados con limón y especias)…

■ **SANTIAGO**
- Paseo por la ciudad: Plaza de Armas, Alameda, modernos barrios comerciales.
- Aventura en los alrededores: *rafting* en los ríos Maipo o Biobio, vuelos en globo o ala delta, esquí en Portillo…

■ **ISLA DE PASCUA**
- Fascinante museo arqueológico con misterios sin resolver: a lo largo de la costa hay cientos de "Moais", estatuas enormes de piedra.
- Las dos mejores playas de Chile: Anakena y Ovahe.
- Fauna y flora únicas. Ideal para hacer submarinismo.

■ **TEMUCO**
- Interesantes mercados al aire libre.
- Indios mapuches. Para ver la cultura mapuche, es recomendable visitar Choi-Choi.
- Excursión al Parque Nacional de Villarica: visita a las cavernas volcánicas o ascenso hasta el cráter humeante del volcán Villarica.

■ **VALDIVIA**
- Excursión en barco hasta la desembocadura del río Valdivia: preciosa vista de varias fortalezas coloniales españolas.
- Desde la ciudad se puede ir a la región de los Lagos. Muy cerca, lagos Riñihue, Ranco y Maihue.

■ **ISLA DE CHILOÉ**
- En barco desde Puerto Montt.
- Paisaje de un verde intenso.
- En el poblado de Quemchi, se puede admirar la típica artesanía en miniatura.
- Cultura y mitología propias.

■ **PATAGONIA**
- Carretera austral: 1000 km de selva fría se extienden desde Puerto Montt hacia el sur: fiordos, lagos, espesos bosques y glaciares.
- Crucero en barco por la laguna de San Rafael. Vista espectacular del glaciar.
- Punta Arenas es la ciudad más austral del continente. Vale la pena ver una panorámica de la ciudad y sus característicos tejados de colores.
- Isla de Tierra del Fuego: paisaje sin horizonte con extensas pampas, cordilleras nevadas y lagos solitarios.

Para usar todo lo que hemos aprendido hasta ahora…

Heute steht in Ihrem Sender das Thema „Reisen und Abenteuer" auf dem Programm. Diejenigen Kursteilnehmer, die schon einmal interessante Reisen unternommen haben, werden von den Moderatoren interviewt und nach ihren Erlebnissen gefragt.

Sie können auch eine Sendung „Biografien" entwerfen. Dafür können Sie berühmte Persönlichkeiten aus Ihrem Kulturkreis auswählen, die für spanischsprachige Hörer interessant sein könnten. Recherchieren Sie wichtige Daten aus deren Leben und verfassen Sie ein Skript.

Und vergessen Sie nicht, Ihre Sendung aufzunehmen.

Unidad 11

In dieser Einheit lernen Sie ...

- wie man Meinungen äußert und darauf reagiert

- wie man über die Ursachen und Folgen von etwas spricht

- wie man Informationen gegenüberstellt

- wie man Vergleiche anstellt

- das Präsens des Subjuntivo

Unidad 11 Textos

1 Aquí tienes un texto que habla de las diferencias entre el Norte y el Sur. ¿Estás de acuerdo?

Norte y Sur

Uno de los mayores problemas de la Humanidad es, sin duda, la enorme diferencia entre el Norte y el Sur, entre los países ricos (industrializados), situados generalmente en el hemisferio Norte, y los países pobres (no industrializados), que se encuentran normalmente en el hemisferio Sur.

Además, hay que tener en cuenta que los países ricos son cada vez más ricos **mientras que** los países pobres son cada vez más pobres. Éste es el caso de muchos de los países de América Latina.

Esta desigualdad existe en todos los terrenos: los países ricos consumen el 70% de la energía mundial, el 75% de los metales, el 85% de la madera y el 60% de los alimentos y tienen el 95% de los ordenadores del mundo, **aunque** solo representan, aproximadamente, la cuarta parte de la población mundial. Además, el 37% de la población del Norte recibe enseñanza universitaria o equivalente, mientras que solo el 8% de los habitantes del Sur reciben estudios superiores.

Se trata, **por tanto**, de un círculo vicioso muy difícil de romper. Muchos opinan que esto es así porque los países no industrializados, que corresponden normalmente a antiguas colonias de los países ricos, son, en el fondo, colonias encubiertas de los países industrializados y dependen totalmente de ellos. **Por una parte**, los países ricos obtienen grandes beneficios exportando al Tercer Mundo, por medio de las multinacionales. **Y por otra parte**, pagan muy poco por las materias primas (los minerales, el algodón o el café, en América Latina, por ejemplo). Además, resulta evidente que las ayudas del mundo rico a los países pobres son claramente insuficientes.

Como las oportunidades económicas no van hacia la gente, la gente va hacia las oportunidades económicas. **Por eso**, unos 75 millones de personas de países en vías de desarrollo se trasladan al Norte y se convierten en refugiados o emigrantes legales o ilegales, que huyen del hambre o de la guerra. Miles y miles de latinoamericanos, **por ejemplo**, intentan entrar por todos los medios en Estados Unidos o en Europa.

Por todo ello, los expertos piensan que la emigración en el siglo XXI va a ser la más grande que ha vivido la Humanidad.

(Datos obtenidos del Informe sobre el Desarrollo del PNUD, Programa de las Naciones Unidas para el Desarrollo)

Textos **Unidad 11**

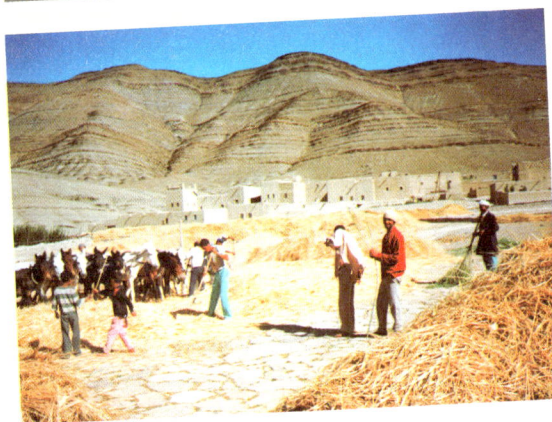

Éstas son algunas informaciones que aparecen. ¿Cómo lo dice el texto?

La mayoría de los países ricos está en el hemisferio Norte.
La desigualdad entre el Norte y el Sur es un problema muy grande.
El mundo rico ayuda muy poco al mundo pobre.
Los países pobres dependen económicamente de los países industrializados.
Los países industrializados obtienen grandes beneficios de los países pobres.
Mucha gente emigra porque hay guerra o hambre en su país.
En el siglo XXI la emigración va a ser muy importante.

Haz una lista de las palabras clave del texto, por ejemplo, **desigualdad**, y señala el género que tienen. ¿Tienen todas relación con la economía, la política o los problemas sociales?

Fíjate en las expresiones que están en negrita y en las relaciones de conceptos que establecen. Son expresiones que sirven para organizar y poner en relación las ideas en un texto. ¿Puedes, por el contexto, hacer una hipótesis de para qué sirve cada una (causa, consecuencia...)?

Unidad 11 Textos

2 En estas conversaciones hay opiniones sobre los mismos temas que en el texto del ejercicio 1. Observa que, en este caso, como se trata de conversaciones, se usan otros recursos. Fíjate en cómo se manifiesta acuerdo en los siguientes casos:
- con una persona que acaba de hablar,
- con algo que se considera conocido o que se ha dicho anteriormente (en un texto, por ejemplo, o en una conversación anterior).

● Es cierto que las ayudas del mundo rico a los países pobres son insuficientes.
○ Sí, es verdad.

● Lo que pasa es que los países industrializados también tienen muchos problemas: la falta de vivienda, las drogas, el SIDA, la delincuencia, el paro.
○ Sí, de acuerdo, pero los problemas del Tercer Mundo son mucho más graves.

● Yo creo que muchos países no se desarrollan porque los países ricos no quieren. Les interesa más mantenerlos como colonias. ¿No crees?
○ Sí, evidentemente.

● Me parece muy injusto que los países industrializados consuman el 60% de los alimentos.
○ Sí, es tremendo.
■ Y, además, es una vergüenza que se gaste tanto dinero en armas en lugar de dedicarlo a otras cosas...

● El producto nacional bruto per cápita del Perú, por ejemplo, es de 2110 dólares, el de Honduras es de 600, mientras que el de Estados Unidos es de 25 880 o el de Suiza, de 37 930.
○ Es increíble.

● Es horrible que haya tanta desigualdad. No lo entiendo.

¿Has observado que aparece un nuevo modo verbal? Es el Subjuntivo.
¿Qué verbos están en este modo en el texto?
¿Aparece en frases simples o en frases subordinadas?
¿Aparece cuando se da una información nueva o cuando se reacciona ante una información?

Fíjate en si estas construcciones van seguidas de Indicativo o de Subjuntivo.

Es cierto que...	Lo que pasa es que...
Me parece muy injusto que...	Yo creo que...
Es una vergüenza que...	Es horrible que...

Haz, ahora, una lista de los problemas más graves que crees que tiene actualmente tu país. Luego, discutidlo con toda la clase.

● Yo creo que el problema más grave que tenemos ahora es la desigualdad entre ricos y pobres.
○ Sí, es verdad.
■ Pues yo no estoy de acuerdo. Para mí...

Gramática **Unidad 11**

■ Das Präsens des Subjuntivo *(El Presente de Subjuntivo)*

■ Beim Subjuntivo verändern sich die für jede Verbgruppe charakteristischen Endungsvokale.

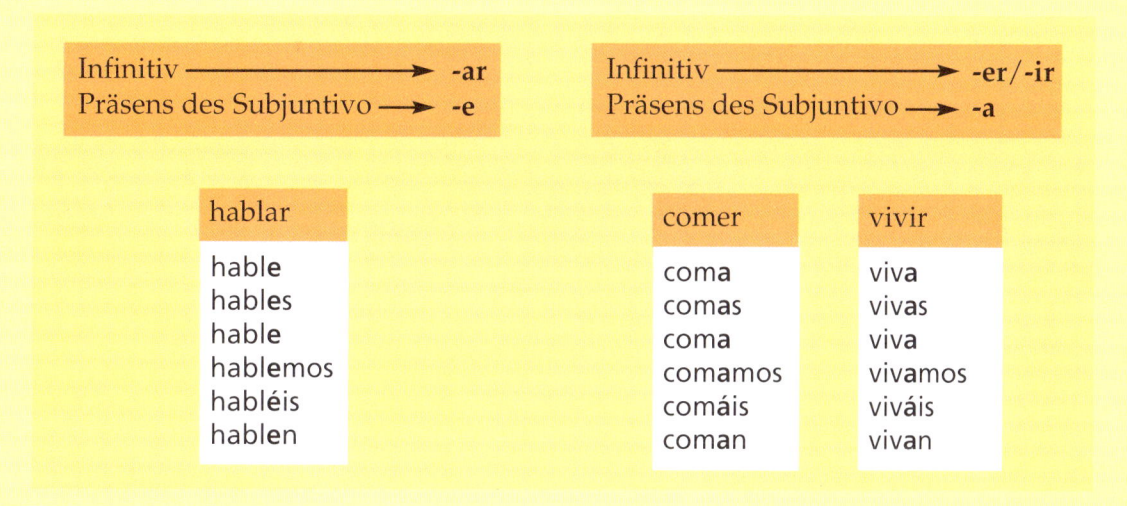

Infinitiv	→ -ar
Präsens des Subjuntivo	→ -e

Infinitiv	→ -er/-ir
Präsens des Subjuntivo	→ -a

hablar
hable
hables
hable
hablemos
habléis
hablen

comer	vivir
coma	viva
comas	vivas
coma	viva
comamos	vivamos
comáis	viváis
coman	vivan

■ Die Verben, die im Indikativ Präsens⁽¹⁾ den Stammvokal ändern (**e – ie**, **o – ue**, **i – ie** und **u – ue**), tun dies auch im Subjuntivo.

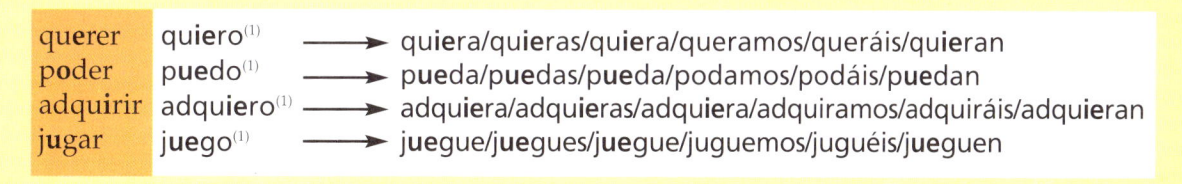

querer	quiero⁽¹⁾	→	quiera/quieras/quiera/queramos/queráis/quieran
poder	puedo⁽¹⁾	→	pueda/puedas/pueda/podamos/podáis/puedan
adquirir	adquiero⁽¹⁾	→	adquiera/adquieras/adquiera/adquiramos/adquiráis/adquieran
jugar	juego⁽¹⁾	→	juegue/juegues/juegue/juguemos/juguéis/jueguen

■ Die Verben, deren 1. Person Singular im Indikativ Präsens⁽¹⁾ unregelmäßig ist, bilden alle Personen des Subjuntivo ausgehend von dieser unregelmäßigen Form.

hacer	tener	salir	conocer	pedir (e – i)
hago⁽¹⁾	**tengo**⁽¹⁾	**salgo**⁽¹⁾	**conozco**⁽¹⁾	**pido**⁽¹⁾
haga	tenga	salga	conozca	pida
hagas	tengas	salgas	conozcas	pidas
haga	tenga	salga	conozca	pida
hagamos	tengamos	salgamos	conozcamos	pidamos
hagáis	tengáis	salgáis	conozcáis	pidáis
hagan	tengan	salgan	conozcan	pidan

■ Bei den Verben auf **-ir** mit dem Stammvokal **e** (**sentir**) wird in der 1. und 2. Person Plural das **e** zu **i**; bei Verben auf **-ir** mit Stammvokal **o** (**dormir**) wird das **o** zu **u**.

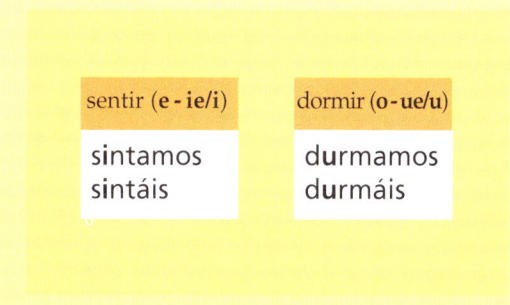

sentir (e - ie/i)	dormir (o - ue/u)
sintamos	durmamos
sintáis	durmáis

Einige unregelmäßige Verben	
saber	sepa/sepas/sepa/sepamos...
ir	vaya/vayas/vaya/vayamos...
haber	haya/hayas/haya/hayamos...
ver	vea/veas/vea/veamos...
ser	sea/seas/sea/seamos...
estar	esté/estés/esté/estemos...

Unidad 11 Gramática

■ Der Subjuntivo kommt meist nur in Nebensätzen vor. Mit dem Subjuntivo gibt man keine neuen Informationen, sondern reagiert auf etwas Bekanntes oder schon Genanntes. Deshalb steht bei den meisten Ausdrücken, mit denen man auf etwas reagiert, der Subjuntivo im darauf folgenden Nebensatz.

Me parece Es	(muy) (in)justo horrible estupendo fantástico una vergüenza una tontería normal (muy) importante (muy) necesario	**que** + Subjuntivo
Está	(muy) bien/mal	**que** + Subjuntivo

■ Man verwendet den Indikativ, um neue Informationen zu geben ...

● Algunos países **son** muy pobres y otros muy ricos.

... und wenn man im Hauptsatz unmittelbar auf eine Information reagiert:

○ **Eso me parece** muy injusto.

■ Werden jedoch mehrere Informationen gegeben und möchte man auf eine davon reagieren, so steht das Verb des Nebensatzes im Subjuntivo.

Information 1 ● Algunos países son muy pobres y otros muy ricos y, además,
Information 2   los países ricos no ayudan a los pobres.

○ Me parece muy injusto que los países ricos no **ayuden** a los pobres.

■ Wie man Meinungen austauscht

Eine Meinung äußern	Einverständnis oder Widerspruch äußern
Yo creo que... A mí me parece que... Yo pienso que...	Sí, es verdad. Sí, claro. Sí, de acuerdo, pero + neue Meinung No, eso no es cierto/verdad + neue Meinung

■ Mit **creo que** / **me parece que** / **pienso que** verwendet man den Indikativ, weil man damit neue Informationen gibt.

● **Creo que** me **voy** a casa.

■ Mit **es cierto que** / **es verdad que** / **es evidente que** verwendet man ebenfalls den Indikativ, weil man dadurch eine Information bestätigt.

● Sí, **es verdad que consumimos** demasiada energía.

■ Mit **no es cierto que** / **no es verdad que** / **no es evidente que** verwendet man allerdings den Subjuntivo, weil man damit auf Informationen reagiert, die als bekannt vorausgesetzt werden.

● **No es cierto que** la guerra **sea** necesaria.

Gramática **Unidad 11**

■ Mientras que

■ **Mientras que** (*während*) dient dazu, Personen, Dinge oder Informationen zu vergleichen und gegenüberzustellen.

• En el Perú hay muchos indios **mientras que** en Chile hay muy pocos.

■ Wie man etwas erklärt oder den Grund oder die Folgen nennt

porque   Wenn man neue Informationen gibt (dt. *weil*):

• ¿Por qué se han muerto?
○ **Porque** hay mucha contaminación.

como   Wenn die Information schon bekannt ist (dt. *da*):

• **Como** hay tanta contaminación…
○ Claro, se han muerto.

lo que pasa es que   Wenn man auf etwas hinweisen oder etwas rechtfertigen möchte (dt. *es ist Folgendes*):

• **Lo que pasa es que** hay mucha contaminación.
○ Sí, es verdad.

por eso   Wenn man die Folgen von etwas angeben möchte (dt. *deshalb*):

• Hay mucha contaminación y **por eso** se han muerto.

■ Pero/aunque

■ Zwei Sätze, die einen Gegensatz ausdrücken, kann man mit **pero** (*aber*) oder **aunque** (*obwohl*) verbinden.

A + **pero** + B	A und B sind neue und wichtige Informationen.	• Ha estado en España muchas veces, **pero** no habla español.
Aunque + A + B	B ist die wichtigere Information.	• **Aunque** ha estado en España muchas veces, no habla español.

ciento treinta y nueve ■ **139**

Unidad 11 Actividades

3 Elige una de las siguientes opiniones sobre cada tema y formúlala usando **Yo creo que...** o **A mí me parece que...** Si no te identificas con ninguna de ellas, expresa tu propia opinión. Quizá algún/a compañero/a tiene una opinión distinta.

Aprender un idioma extranjero

Hay gente que no sirve para aprender un idioma.
Todo el mundo puede aprender un idioma con un buen método.
Solo se aprende bien un idioma cuando lo necesitas.

Para aprender un idioma lo mejor es...

ir al país, no es necesario estudiar.
leer mucho y estudiar gramática.
traducir y hacer ejercicios de gramática.
practicar en clase, leer mucho y también ir al país.

Los hombres...

son más débiles que las mujeres.
son más fuertes que las mujeres.
son iguales que las mujeres.

El mundo...

es más justo ahora que hace doscientos años.
es más injusto ahora que hace doscientos años.
es igual ahora que hace doscientos años.

Lo más importante en la vida es...

el amor y la amistad.
el trabajo y el dinero.
tener un ideal y luchar por él.
viajar y pasarlo bien.

El español es una lengua...

muy bonita.
muy difícil.
bastante fácil.

Lo mejor para luchar contra las drogas es...

legalizar su venta.
prohibirlas.
controlarlas en los hospitales y en las farmacias.

● Yo creo que el español es una lengua muy bonita.
○ Sí, estoy de acuerdo, pero también pienso que es muy difícil.

Actividades **Unidad 11**

4 ¿Qué les pasa a Álvaro, a Clara y a Manolo? Explica sus problemas relacionando los diferentes hechos como causas y consecuencias. Usa **porque**, **como** y **por eso**.

Álvaro
- no gana mucho dinero.
- siempre va mal de dinero.
- gasta demasiado.
- le gusta mucho comprar ropa.

Clara
- no se lleva bien con su padre.
- no habla con él.
- no le explica sus problemas.
- su padre no la comprende.

Manolo
- hace poco tiempo que vive aquí.
- no tiene amigos.
- está triste.
- no sale.

• Como gasta demasiado, Álvaro siempre va mal de dinero.

5 ¿Cuáles crees que son las razones de estos hechos? Contesta usando **Yo creo que eso es porque…**

- Los Estados Unidos tienen el mayor porcentaje de homicidios de los países industrializados (9 de cada 100 000 habitantes).
- Normalmente el crecimiento económico no implica una mayor protección del medio ambiente.
- Hay miles de especies animales y vegetales en peligro de extinción.
- Las mujeres tienen una esperanza de vida mayor que los hombres.
- En algunos países las mujeres ganan por el mismo trabajo solo el 50% de lo que ganan los hombres.
- En España, actualmente, las familias tienen muy pocos hijos, uno o dos.
- Más del 50% de los estudiantes españoles que empiezan una carrera no la terminan.
- El Perú es un país muy rico en recursos naturales y, sin embargo, su deuda externa es enorme.
- Las preocupaciones ecológicas no son las mismas en los países ricos que en los países no industrializados.
- En algunos países europeos está aumentando el racismo.
- Italia es uno de los países más bonitos del mundo.

Unidad 11 Actividades

6 Vas a oír una serie de informaciones. Reacciona con una o varias de estas expresiones. Anota para cada expresión el número de la intervención a la que puede responder.

¡Qué bien!
¡Qué horror!
¡Qué interesante!
¡Qué injusto!

Es horrible.
¡Estupendo, fantástico!
¡Es increíble!
¡Es espantoso!

¿De verdad?
Sí, es verdad.
Es normal.

7 Compara las dos poblaciones, los dos teléfonos y los dos chicos y haz una lista con todas las diferencias. Utiliza **mientras que**…

TORTUECA

APPLEX

ENRIQUE

VALLEJAR

H.A.L

LEO

• Enrique lleva el pelo corto mientras que Leo lo lleva largo.

Actividades **Unidad 11**

8 Ñalandia es un país imaginario con leyes y costumbres también imaginarias: hay cosas prohibidas, cosas obligatorias, cosas autorizadas y costumbres probablemente muy diferentes a las de tu país.

Normas y costumbres en Ñalandia

- Es obligatorio casarse a los veinte años, pero uno se puede divorciar muchas veces. Normalmente los ñalandeses se casan entre 5 y 7 veces en la vida.
- Para los ñalandeses es un gran honor casarse con un extranjero.
- El alcohol y el tabaco están totalmente prohibidos.
- Los ñalandeses solo comen dos veces al día: comida y cena. Por la mañana solo beben agua.
- No se puede ir en coche por las ciudades. Solo en metro y en bicicleta.
- Los ñalandeses no comen patatas fritas; se lo prohíbe su religión.
- Casi todos los altos cargos directivos son ñalandesas. La Presidenta y el 80% de los ministros también son mujeres.
- Los jóvenes van a la escuela hasta los quince años, después trabajan dos años y, luego, los que quieren, siguen estudiando.
- No existe la propiedad privada de la tierra.
- Los ancianos viven con sus hijos.
- El delito más grave en Ñalandia es decir mentiras. Las penas de cárcel llegan hasta veinte años si la mentira es muy gorda. Cortar árboles es también un grave delito.
- El deporte más popular en Ñalandia es el ajedrez.
- En Ñalandia no hay ejército y nunca hay guerras.
- En Ñalandia no hay televisión ni Internet.
- Ñalandia no es un país muy rico. No hay dinero para invertir en tecnología y, por eso, sus productos no son competitivos.

¿Qué te parece...? Da ahora tu opinión sobre cuatro aspectos de la sociedad ñalandesa. Coméntalo con tus compañeros.

sorprendente	peligroso	muy bien
fantástico	extraño	muy mal
terrible	ridículo	justo
estupendo	lógico	injusto
horrible	normal	una tontería

• A mí me parece fantástico que no haya guerras...

Después, podéis comparar Ñalandia con vuestro país.

• El deporte más popular en Ñalandia es el ajedrez mientras que en mi país es el fútbol.

Unidad 11 Actividades

9 Aquí tienes una serie de informaciones que debes relacionar. ¿Cómo puedes expresarlo en una sola frase? Puedes usar **aunque**, **pero**, **como** y **por eso**.

- 1. Luis es simpático.
- 2. Luis no tiene muchos amigos.

- 1. En Madrid hay muchos problemas de tráfico.
- 2. En Madrid mucha gente utiliza el coche.

- 1. Sus padres son de origen español.
- 2. No habla nada de español.

- 1. Daniel estudia muy poco.
- 2. Daniel saca muy buenas notas.

- 1. Colombia es un país muy rico.
- 2. Colombia tiene bastantes problemas.

- 1. Muchas personas son racistas.
- 2. No conocen culturas diferentes a la suya.

- 1. Muchas personas usan el coche.
- 2. Hay muchos problemas de tráfico en las ciudades.

- 1. España no es un país muy caro.
- 2. Alrededor de 50 millones de turistas visitan España cada año.

10 In dieser Unidad haben Sie gesehen, wie man zwei Informationen in einem Satz mit **aunque**, **pero**, **como** und **por eso** verbinden kann. Auch die Intonation hilft dabei, zwei Gedanken miteinander zu verbinden. Sehen Sie sich diese Sätze an:

1. Luis es simpático.

2. Luis no tiene muchos amigos.

Will man die Information des zweiten Satzes betonen, sagt man:

Aunque Luis es simpático, no tiene muchos amigos.

Will man zeigen, dass beide Informationen gleichwertig sind, sagt man:

Luis es español, pero es muy poco comunicativo.

Dasselbe gilt auch für diese Sätze:

1. Aunque Daniel estudia muy poco, saca buenas notas.

2. Daniel estudia muy poco, pero saca buenas notas.

Ebenso wie die grammatischen Strukturen sind auch die Intonationsmuster in jeder Sprache anders. Konzentrieren Sie sich auf die Satzmelodie und versuchen Sie, sie nachzuahmen. Das hilft Ihnen auch, die richtige Satzkonstruktion zu verwenden.

144 ciento cuarenta y cuatro

11 Lee este texto. Es una descripción de la vida de una pequeña comunidad muy especial del Perú.

La isla de Taquile

En los Andes, a 3812 metros sobre el nivel del mar, entre Perú y Bolivia, está el lago Titicaca. En el lado peruano del lago, a unos 35 kilómetros de la ciudad de Puno, se encuentra una pequeña isla quechua de 5 kilómetros de largo por 1,5 de ancho: la isla de Taquile. En la isla viven unas dos mil personas, 318 familias, una comunidad sin agua corriente ni electricidad. Los métodos de trabajo y la forma de vida de sus habitantes son muy parecidos a los de los antiguos incas. Los taquileños han mantenido las tradiciones de sus antepasados. Sin embargo, también han tomado de la sociedad moderna lo que más les ha interesado.

Los taquileños viven de la pesca, de la agricultura, de la artesanía y del transporte de turistas que desean conocer la isla. Sin embargo, lamentablemente la empresa privada foránea pretende desplazarlos de esta actividad utilizando modernas lanchas, lo que les privará de tener ingresos económicos como lancheros. En Taquile no hay hoteles para los turistas, que se alojan en casa de las familias. Y por supuesto, en la isla no hay ni un solo coche.

Como la isla es muy pequeña y el clima muy duro, la agricultura tiene que estar totalmente controlada para que haya comida para todos. Cada domingo, después de la misa, la gente se reúne y discute los acontecimientos de la semana y los planes para el futuro inmediato. A veces, hombres de fuera de la isla van a Taquile para "organizar" al pueblo. Hablan de cosas como inflación, insurrección y corrupción policial. Pero eso no tiene mucho que ver con Taquile: en la isla no hay policía. La gente no quiere policías.

La isla tiene su propio sistema de justicia. Por ejemplo, si un hombre roba una oveja, es presentado ante la comunidad durante la reunión del domingo y obligado a dar seis vueltas a la plaza mayor llevando la oveja a sus espaldas. Si alguien mata una oveja, es conducido al continente y no se le permite regresar nunca más a la isla.

La ropa que llevan la tejen en la isla con la lana de las ovejas. Los colores también los hacen en la isla con las mismas técnicas que los pueblos precolombinos: el amarillo lo obtienen de la hojas de un árbol, el rojo de un escarabajo del cactus, etc. Nadie se casa con alguien de fuera de la isla y los extranjeros no pueden comprar tierras.

Todos los jóvenes taquileños quieren visitar Lima. Para ellos, la capital es una especie de Disneylandia, llena de peligros y de magia, y creen que hay que conocerla. Por eso, de vez en cuando, alguien vuelve de Lima con alguna idea extraña y con ropas de la ciudad (vaqueros, camisetas de algodón, zapatos en lugar de sandalias de piel). Pero recibe muchas críticas y muy pronto tiene que adaptarse de nuevo a la normas familiares de la isla.

En la isla no hay sacerdotes ni médicos. Los taquileños creen que el *pag'o*, una especie de hechicero del lugar, es suficiente. Quizá es verdad porque en Taquile la gente tiene muy buena salud y se muere muy mayor.

¿Qué aspectos de la sociedad taquileña te gustan, cuáles no te gustan, cuáles te parecen justos o injustos, etc.?

¿Qué cosas son diferentes en tu país? ¿Dónde crees que la gente es más feliz, en Taquile o en tu país? ¿Por qué? Escribe un pequeño texto con tus ideas. Recuerda que en el texto del ejercicio 1 tienes unas expresiones muy útiles para organizar tus opiniones por escrito.

Unidad 11 Actividades

12. Aliénez, el extraterrestre, regresa a su planeta. Ha decidido llevarse algunas cosas representativas de la Tierra, pero tiene dudas. Con dos compañeros vais a hacer una lista de doce cosas indispensables para que los habitantes de Alienilandia se hagan una idea de cómo vivimos en la Tierra. Antes, os tenéis que poner de acuerdo. Luego, con toda la clase, intentad confeccionar una lista única.

• Yo creo que un ordenador es muy importante porque representa cómo funciona el mundo actual.

Para usar todo lo que hemos aprendido hasta ahora...

Heute bereiten Sie für Ihr Programm eine Diskussionsrunde vor, mit einem/r Moderator/in und verschiedenen Gästen.

Wählen Sie ein Thema aus, das alle interessiert, und fertigen Sie eine Liste der geladenen Personen an (Personen mit unterschiedlichem Alter, unterschiedlicher Biografie, besonderen Interessen und Kenntnissen ...). Jede/r von Ihnen übernimmt die Rolle einer Person.

Der/die Moderator/in und einige Helfer bereiten eine kleine Einführung der Gäste und eine Liste mit Fragen vor, die als Leitfaden durch die Sendung dienen soll.

Und vergessen Sie nicht, Ihre Sendung aufzunehmen ...

Unidad 12

In dieser Einheit lernen Sie ...

- wie man Anweisungen gibt

- wie man um Erlaubnis bittet und sie erteilt

- wie man Ratschläge gibt

- wie man um etwas bittet oder etwas anbietet

- den Imperativ

Unidad 12 Textos

1 Paola, una chica italiana que estudia español, y Marta, una chica española, han encontrado en Internet una página muy interesante. Mira las imágenes y escucha lo que dicen. Trata de seguir por las páginas aquellos enlaces que abren.

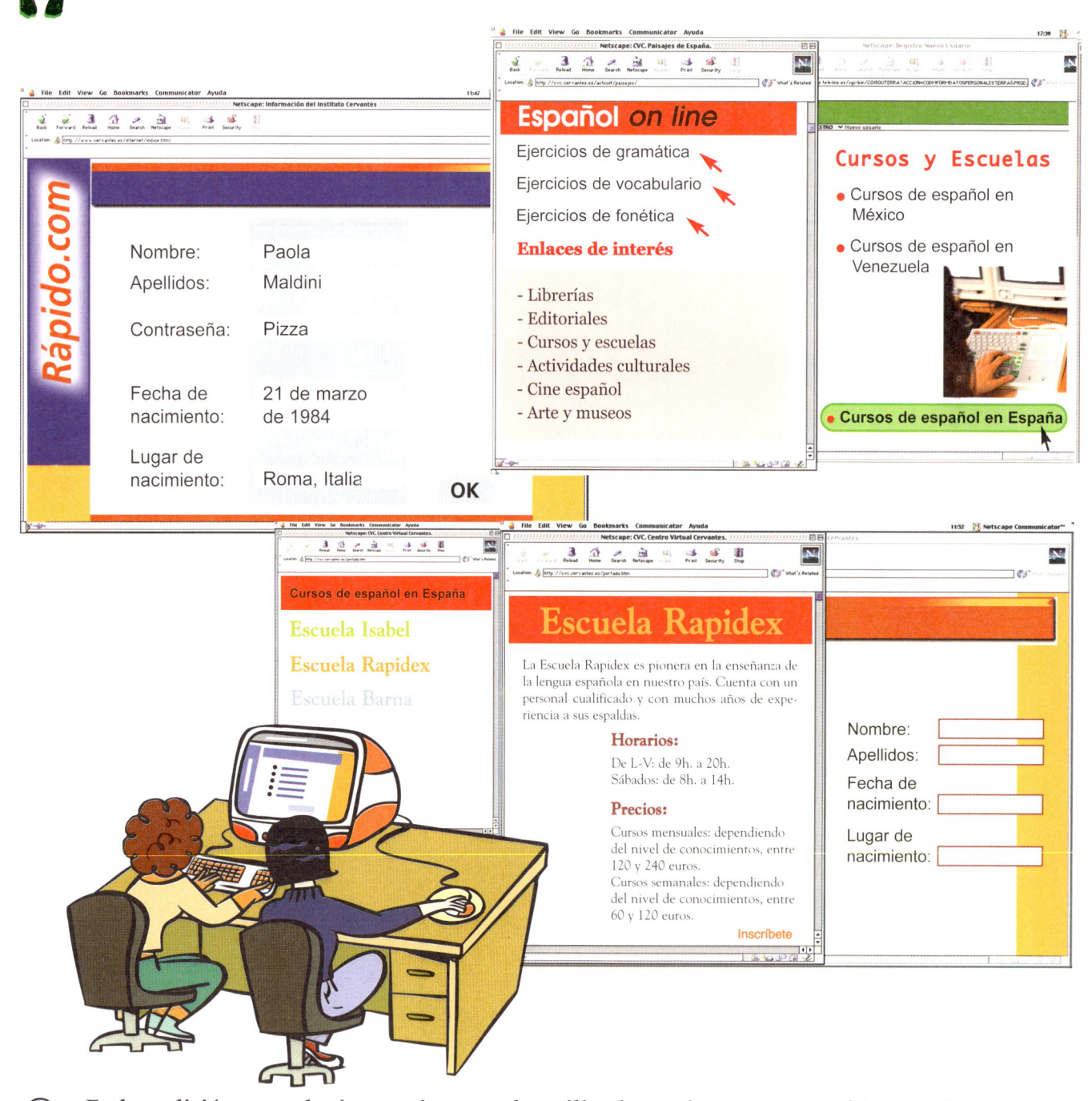

Rápido.com

Nombre: Paola
Apellidos: Maldini
Contraseña: Pizza
Fecha de nacimiento: 21 de marzo de 1984
Lugar de nacimiento: Roma, Italia

OK

Español *on line*

Ejercicios de gramática
Ejercicios de vocabulario
Ejercicios de fonética

Enlaces de interés

- Librerías
- Editoriales
- Cursos y escuelas
- Actividades culturales
- Cine español
- Arte y museos

Cursos y Escuelas

- Cursos de español en México
- Cursos de español en Venezuela

● Cursos de español en España

Cursos de español en España
Escuela Isabel
Escuela Rapidex
Escuela Barna

Escuela Rapidex

La Escuela Rapidex es pionera en la enseñanza de la lengua española en nuestro país. Cuenta con un personal cualificado y con muchos años de experiencia a sus espaldas.

Horarios:
De L-V: de 9h. a 20h.
Sábados: de 8h. a 14h.

Precios:
Cursos mensuales: dependiendo del nivel de conocimientos, entre 120 y 240 euros.
Cursos semanales: dependiendo del nivel de conocimientos, entre 60 y 120 euros.

Inscríbete

Nombre:
Apellidos:
Fecha de nacimiento:
Lugar de nacimiento:

🔍 En la audición, para dar instrucciones, se ha utilizado un tiempo nuevo: el Imperativo.
Fíjate en las formas de la segunda persona del singular (tú): mira, inventa, rellena, escribe, abre.
Compáralas con las del Presente de Indicativo. ¿Con qué persona coinciden?
Y fíjate en éstas: haz, pon. ¿A qué persona se refieren? ¿Crees que son regulares?

🔍 ¿Qué pasa con los pronombres en el Imperativo? Observa estas formas: invéntate, ponlo.

🔍 También usan tienes que... y hay que... ¿Para qué crees que sirven?

Textos **Unidad** 12

2 ¿Te gusta cocinar? ¿Quieres saber cómo se hacen empanadas chilenas? Fíjate en los ingredientes que se necesitan y en los verbos que se van a utilizar.

Recetas del Mundo

Empanadas chilenas

Ingredientes

Para la masa:

1 kg de harina
1/4 kg de margarina
35 cl de agua
1 cucharada de sal

Para el "pino" (relleno):

300 gr de carne picada
800 gr de cebolla
un puñado de pasas
sal
comino
pimienta
pimentón
4 huevos duros
aceitunas

hervir	extender
calentar	cortar
añadir	poner
freír	doblar

Dos personas están preparando unas empanadas. Escucha el diálogo para saber cómo se hacen. Puedes tomar notas.

Fíjate también en el tiempo que se utiliza para explicar esta receta. ¿Puedes sacar alguna conclusión más general sobre el uso del Imperativo?

ciento cuarenta y nueve ■149

Unidad 12 Gramática

■ Der bejahte Imperativ *(El Imperativo afirmativo)*

■ Der bejahte Imperativ hat nur eigene Formen für die 2. Person Singular (**tú**) und für die 2. Person Plural (**vosotros/as**).

Die Imperativform von **tú** stimmt mit der 3. Person Singular des Indikativ Präsens überein.

- **Pasa**, por favor.

Corre, corre, que llegamos tarde.

Es gibt Ausnahmen:

poner	pon	ser	sé
decir	di	ir	ve
hacer	haz	tener	ten
salir	sal	venir	ven

Für die Imperativform von **vosotros/as** wird das **-r** des Infinitivs durch ein **-d** ersetzt. Hier gibt es keine Ausnahmen.

salir → salid

- **Pasad**, por favor.
- **Corred, corred**, que llegamos tarde.

■ Für **usted**, **ustedes** und **nosotros/as** verwendet man die Formen des Subjuntivo (siehe Unidad 11).

- **Pase**, por favor.
- **Corran, corran**, que llegamos tarde.
- **Pensemos** todo esto un poco más.

■ Beim bejahten Imperativ werden die Pronomen an das Verb angehängt.

- **Tráigan**la mañana, por favor.
- **Déja**lo ahí encima.

■ Bei den reflexiven Verben lässt man das **-d** der 2. Person Plural und das **-s** der 1. Person Plural weg. In der Umgangssprache wird für die 2. Person Plural häufig das **-d** durch ein **-r** ersetzt: **iros**, **veniros** ...

callad + os → callaos
vayamos + nos → vayámonos

- **Callaos**, por favor.
- **Vayámonos** ya, que es muy tarde.

■ Gibt es zwei Pronomen im Satz, so steht zuerst das Dativ- und dann das Akkusativpronomen.

- **Tráemelo**, por favor.
- **Cómpreselo**. Es muy bueno.

■ Der verneinte Imperativ *(El Imperativo negativo)*

■ Beim verneinten Imperativ verwendet man für alle Personen die Formen des Subjuntivo.

- **No lleguéis** tarde.
- **No coma** grasas **ni beba** alcohol.

■ Die Pronomen stehen vor dem Verb. Denken Sie daran, dass das Dativpronomen **le/les** zu **se** wird, wenn es mit einem Akkusativpronomen in der 3. Person zusammen steht.

- No **lo** hagas así.
- No **se lo** digan todavía.

Gramática Unidad 12

■ Der Gebrauch des Imperativs *(El uso del Imperativo)*

■ Um eine Erlaubnis zu erteilen:

● ¿Puedo abrir la ventana?
○ Sí, claro, **ábrela.**

Normalerweise wiederholt man im Spanischen eines der Wörter, wenn man eine Erlaubnis gibt. Häufig gebraucht man dabei den Imperativ.

¿Puedo abrir la ventana?

Sí, ábrela, ábrela.

■ Um Anweisungen zu geben:

● **Seguid** recto por esta calle y, al final, **girad** a la izquierda.
● **Ponga** el agua a hervir, **eche** las patatas…

■ Um Ratschläge zu geben:

● **No vayan** por esa carretera, que está muy mal.
● **Tómese** estas pastillas y **descanse** mucho.

■ Um etwas anzubieten:

● **Tome** un poco más de té, señora Hernández.
● **Siéntense**, por favor.

■ Um Befehle und Anordnungen zu geben (z. B. Vorgesetzte/r – Untergebene/r oder Eltern – Kinder):

● Niños, **apagad** la tele de una vez.
● **Mande** este fax inmediatamente. Es muy urgente.

■ Tener que + Infinitiv und hay que + Infinitiv

■ Man verwendet **tener que** + Infinitiv (*müssen*), um eine Verpflichtung oder Notwendigkeit auszudrücken oder um Anweisungen zu geben.

● Primero **tienes que** enchufarlo y luego **tienes que** apretar este botón.
● Mañana **tengo que** ir al médico.

■ Man verwendet **hay que** + Infinitiv (*man muss*), um eine unpersönliche Verpflichtung oder Notwendigkeit auszudrücken.

● Primero **hay que** enchufarlo y luego **hay que** apretar este botón.

Unidad 12 Gramática

■ Hasta/hasta que/cuando

■ Mit der Präposition **hasta** (*bis*) gibt man den Augenblick oder den Ort an, an dem etwas endet.

- Pensamos ir **hasta** Sevilla.
- Vamos a quedarnos **hasta** la hora de cenar.

■ Folgt ein konjugiertes Verb, so verwendet man **hasta que** (*bis*).

- Vivió en Madrid **hasta que** terminó sus estudios.

■ In Temporalsätzen, die sich auf etwas Zukünftiges beziehen, verwendet man den Subjuntivo. Das gilt auch für die Konjunktion **cuando** (*wenn/sobald*).

- Caliente la margarina **hasta que** hierva.
- **Cuando** hierva, añada el azúcar.
- **Cuando** tenga dinero, me compraré un coche.

■ Wie man eine Erklärung einleitet: es que

■ Eine Erklärung oder Entschuldigung leitet man mit **es que** ein.

- ¡Es tardísimo!
- Lo siento. **Es que** he tenido muchísimo trabajo.

■ Wie man jemanden um etwas bittet

■ Um jemanden um etwas zu bitten, benutzt man ¿**Puede/s** + Infinitiv?

- ¿**Puedes pasar**me la sal, por favor?

■ Man kann auch den Indikativ Präsens in einer Frage verwenden.

- ¿Me **traes** un vaso de agua, por favor?
- ¿Nos **pasa** la sal, por favor?

¿Me **pasas** el aceite?
Sí, toma.

■ Wie man um Erlaubnis bittet

■ Normalerweise verwendet man hierfür ¿**Puedo** + Infinitiv? Es ist üblich, eine Begründung mit **es que**... anzugeben.

- ¿**Puedo** abrir la ventana? **Es que** tengo mucho calor…

■ Wie man anbietet, etwas zu tun, und darauf reagiert

■ Man kann seine Hilfe mit ¿**Quiere/s/n / Queréis** + **que** + Subjuntivo? anbieten.

- ¿**Queréis que vaya** a la farmacia un momento?

■ Um das Angebot abzulehnen, verwendet man:

- **No, no hace falta, gracias.**
  No, no se preocupe / no te preocupes.

■ Wenn man das Angebot annimmt, gibt man normalerweise eine Begründung an.

- Ah, pues sí, **muchas gracias. Muy amable. Es que yo ahora no puedo ir.**

152 ■ ciento cincuenta y dos

Actividades **Unidad** 12

3 Aquí tienes los ingredientes de una receta para ponerse triste. Léela. Luego, mira los otros temas. En parejas, tu compañero/a va a escoger el que más le gusta y tú tienes que explicarle qué tiene que hacer para conseguirlo. Las ilustraciones te pueden ayudar. Dale las instrucciones en Imperativo o usando **tienes que** + Infinitivo. Antes de empezar, podéis hacer una lista de las palabras que vais a necesitar y buscar en el diccionario las que no sepáis.

Para ponerse triste

- Leer las noticias del periódico.
- Mirar la televisión, especialmente los informativos y los documentales.
- Recordar algún amor imposible.
- Quedarse en casa el domingo por la tarde.

Para no mojarse cuando llueve
Para ponerse contento por la mañana
Para conseguir el amor de tu vida
Para leer el periódico sin ponerse de mal humor
Para convertirse en un buen cocinero
Para no gastar tanto
Para ser un buen estudiante de español
Para ser una persona elegante

● Para no mojarte cuando llueve, coge el paraguas antes de salir de casa, o no salgas...

Unidad 12 Actividades

4 Un amigo te ha escrito este e-mail en el que aparece la siguiente petición. ¿Por qué no le contestas?

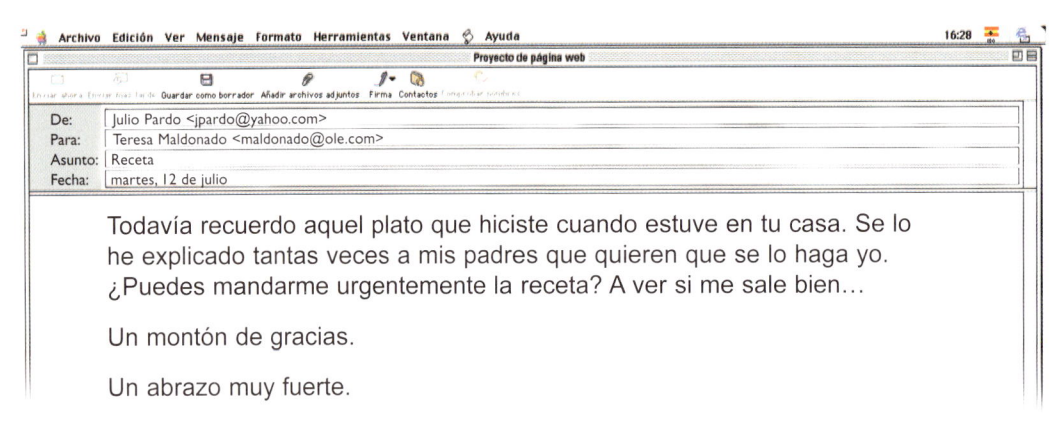

De: Julio Pardo <jpardo@yahoo.com>
Para: Teresa Maldonado <maldonado@ole.com>
Asunto: Receta
Fecha: martes, 12 de julio

Todavía recuerdo aquel plato que hiciste cuando estuve en tu casa. Se lo he explicado tantas veces a mis padres que quieren que se lo haga yo. ¿Puedes mandarme urgentemente la receta? A ver si me sale bien…

Un montón de gracias.

Un abrazo muy fuerte.

5 Tus compañeros y tú trabajáis en una agencia de publicidad. La empresa "Vivieco" os ha encargado una campaña publicitaria sobre cómo vivir ecológicamente y habéis realizado este anuncio.

VIVIECO

TODO LO QUE QUIERES SABER PARA VIVIR ECOLÓGICAMENTE Y NUNCA TE HAS ATREVIDO A PREGUNTAR…

Vivimos en un mundo de locos, un mundo de consumo que crea el espejismo de la "felicidad por el consumo". En realidad, cada día tenemos menos tiempo libre porque vivimos preocupados por conseguir más dinero para consumir más. Tenemos que llevar una vida sana y gratificante, y podemos conseguirlo viviendo con simplicidad y ecológicamente.

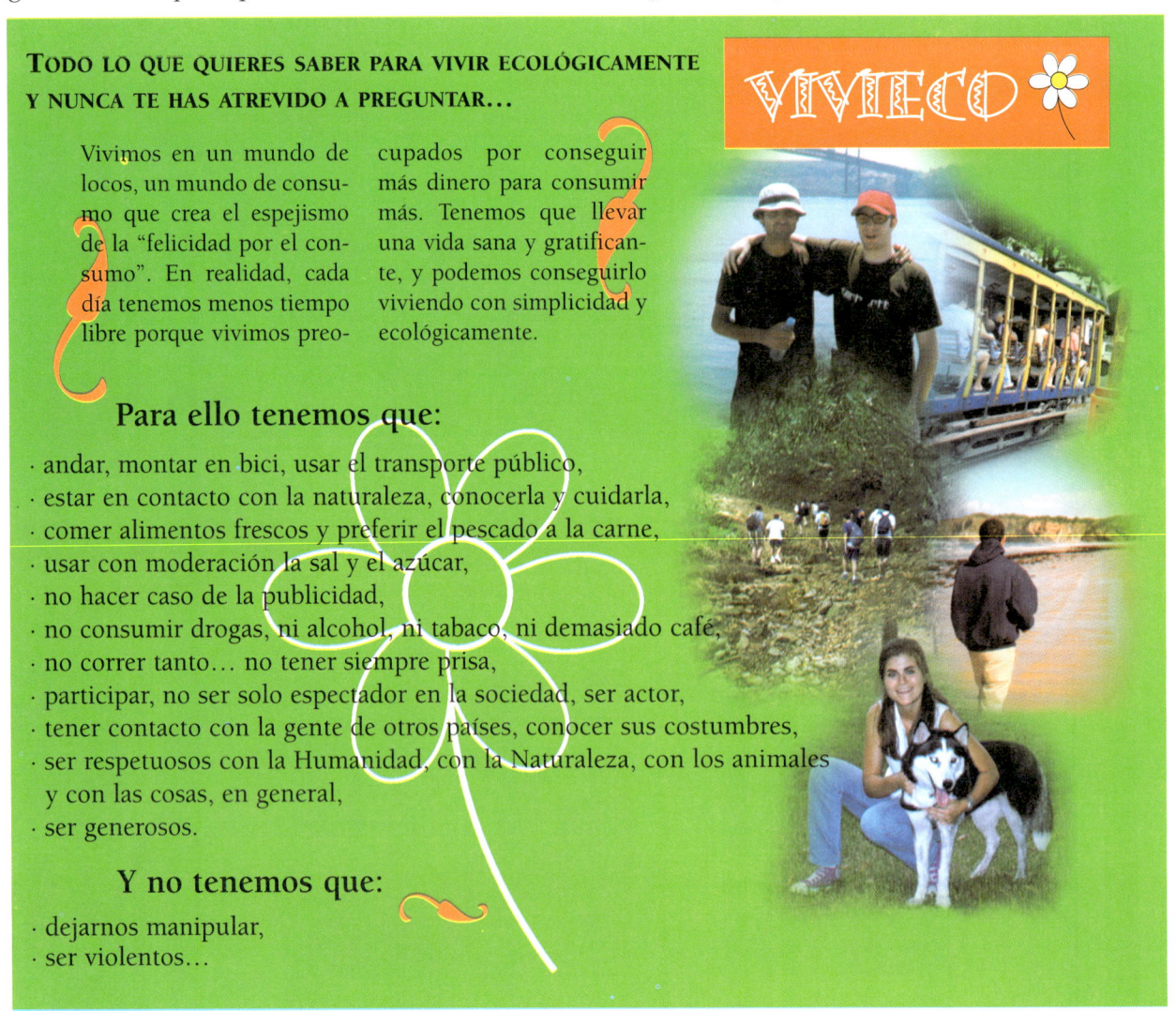

Para ello tenemos que:

- andar, montar en bici, usar el transporte público,
- estar en contacto con la naturaleza, conocerla y cuidarla,
- comer alimentos frescos y preferir el pescado a la carne,
- usar con moderación la sal y el azúcar,
- no hacer caso de la publicidad,
- no consumir drogas, ni alcohol, ni tabaco, ni demasiado café,
- no correr tanto… no tener siempre prisa,
- participar, no ser solo espectador en la sociedad, ser actor,
- tener contacto con la gente de otros países, conocer sus costumbres,
- ser respetuosos con la Humanidad, con la Naturaleza, con los animales y con las cosas, en general,
- ser generosos.

Y no tenemos que:

- dejarnos manipular,
- ser violentos…

Ahora os han encargado otra campaña para que los ciudadanos se alimenten de forma sana. Primero, subrayad del texto anterior los temas y los recursos que podáis volver a utilizar. En lugar de **tener que** + Infinitivo, para ser más directos, usad Imperativos.

Actividades **Unidad** 12

6 La tecnología avanza una barbaridad. Mira todo lo que hacen estos robots. Pero hay un pequeño problema: las instrucciones de uso están desordenadas. Intenta ordenarlas. Luego, en grupos de tres, cada uno/a explica a sus compañeros cómo funciona uno de los robots. Así podéis comprobar si habéis ordenado las secuencias de la misma manera.

Máquina para cambiar de canal de televisión sin mando a distancia

- sentarse en el sofá
- bostezar cada vez que un programa no te gusta; automáticamente la máquina cambia de canal
- seleccionar un programa de televisión
- encender el televisor
- encender la máquina con el botón que pone *start*
- apagar la máquina con el botón que pone *stop*

Máquina para hacer croissants por las mañanas

- volver a apretar el botón rojo hasta oír la canción *Frère Jacques...*
- esperar unos minutos
- apretar el botón rojo
- desenchufar
- escribir con un bolígrafo en la pantalla el número de croissants
- enchufar
- recoger los croissants con cuidado porque están calientes

Máquina que te sustituye en el trabajo o en la escuela

- cerrar
- apretar el botón que pone *start*
- abrir la parte superior
- cuando la pantalla se ha encendido, escribir en el teclado:
    - la hora de llegada al trabajo o a la escuela
    - las cosas que tiene que hacer
    - la hora de salida
- comprobar si hay pilas
- meterse de nuevo en la cama
- apretar la tecla que pone *OK*
- abrir la puerta de casa
- decirle adiós a la máquina

● ¿Cómo funciona la máquina para hacer croissants?
○ Mira, primero tienes que enchufarla. Luego, hay que apretar el botón rojo...

ciento cincuenta y cinco ■ **155**

Unidad 12 Actividades

7 Tu compañero/a y tú estáis en estas situaciones. Uno de los dos pide permiso al otro y éste se lo concede. Piensa, en cada caso, si tienes que usar **tú** o **usted**. Recuerda que, en relaciones formales, hay que justificar la petición. El ejemplo os puede servir de ayuda.

→ Sie reisen mit dem Zug. Es ist sehr warm und Sie möchten das Fenster öffnen.

• Perdone, ¿puedo abrir un momento la ventanilla, por favor? Es que tengo mucho calor.
○ Sí, ábrala, ábrala.

1. Sie sind in einer Arbeitssitzung und müssen ein Telefonat führen.

2. Sie sind bei einem Freund zu Hause und erblicken Fotos auf dem Tisch, die Sie sich gerne ansehen möchten.

3. Sie sind bei einer Freundin zu Hause und sehen einige CDs, die Sie gerne ausleihen würden.

4. Sie haben Ihr Zimmer im Hotel Marisol schon aufgegeben, möchten aber Ihre Koffer an der Rezeption deponieren.

5. Der Mitreisende neben Ihnen im Flugzeug hat seine Zeitung ausgelesen. Sie haben Langeweile und möchten sie gerne lesen.

6. Sie sind bei einem Freund zu Hause und unterhalten sich. Der Fernseher läuft mit voller Lautstärke.

8 Estas personas tienen una serie de problemas. ¿Cuántas maneras diferentes de ofrecerles ayuda se te ocurren?

• ¿Quieres que vaya a la farmacia?

Actividades **Unidad 12**

9 En parejas, uno/a va a hacer de médico y el/la otro/a de enfermo/a. Aquí tenéis unas fichas: escoge una de ellas, cuéntale al médico lo que te pasa o lo que te ha pasado y éste te va a aconsejar lo que tienes que hacer. Luego, cada pareja representará el diálogo ante la clase.

ENFERMO

tener fiebre
estar un poco resfriado
tener dolor de garganta
toser
tener dolor de cabeza

tener dolor de estómago
vomitar después de comer
estar mareado

doler mucho los riñones
tener un pequeño dolor en la barriga
tener problemas al hacer pis

caerse por la escalera esta mañana
hinchársele el pie
doler mucho al moverlo

MÉDICO

gripe: tomar aspirinas / vitamina C / jarabe para la tos
fiebre: tomar antibióticos

indigestión: comer poco durante unos días, no comer grasas, tomar manzanilla después de las comidas y no beber alcohol

problemas de riñón: beber mucha agua, guardar reposo (quedarse en cama uno o dos días), tomar analgésicos para el dolor, hacerse un análisis

traumatismo: hielo en el pie, *spray* analgésico, descanso con el pie levantado, no moverse en unos días

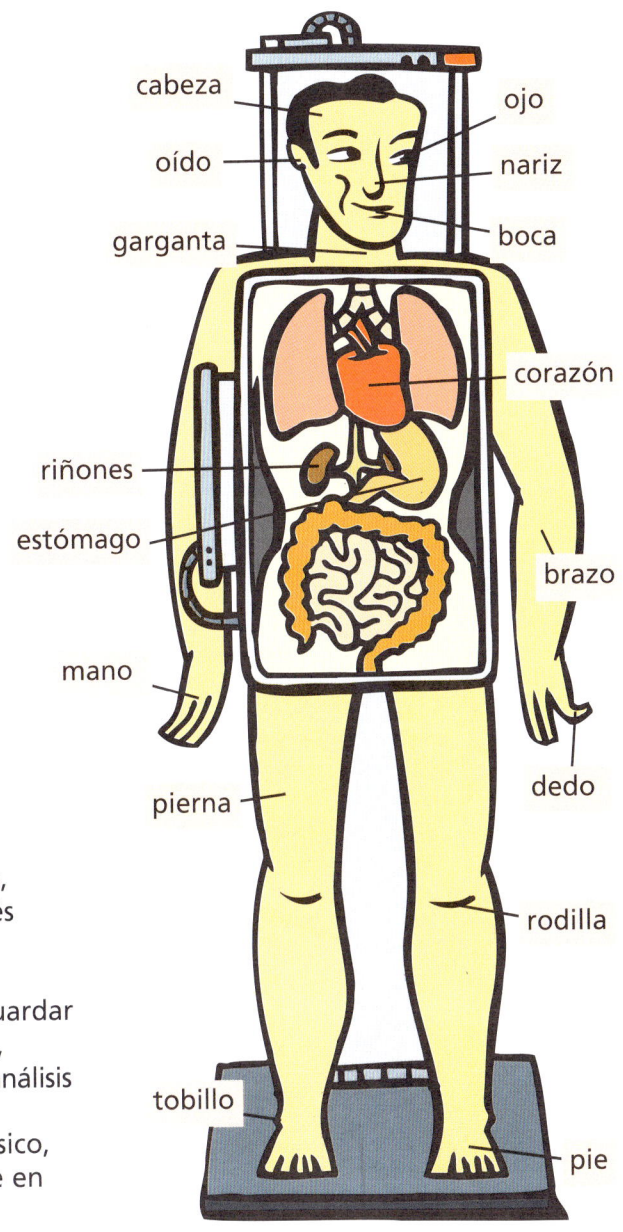

Etiquetas del cuerpo: cabeza, ojo, oído, nariz, garganta, boca, corazón, riñones, estómago, brazo, mano, pierna, dedo, rodilla, tobillo, pie

• Mire, doctor, no me encuentro muy bien. Tengo dolor de estómago y estoy mareado.
○ ¿Tiene fiebre?

Mira estas dos conversaciones para fijarte en cómo funciona el verbo doler.

• ¿Qué le pasa?
○ Pues, mire, no me encuentro bien. Me duele mucho la garganta.

• ¿Qué le pasa?
○ Me duelen muchísimo los riñones.

¿Crees que es como aprender, como irse o como gustar? Fíjate en las terminaciones del verbo y en los pronombres. Fíjate también en qué hay detrás del verbo.

Ahora escribe tres frases con el verbo **doler** de acuerdo con tus hipótesis.

Unidad 12 Actividades

10 Imagina que tu compañero/a y tú estáis en estas situaciones. En parejas, uno/a pide el favor al otro/a la otra y éste/a se lo concede o no. El ejemplo os puede servir de ayuda.

➡ Sie möchten nach der Arbeit einige Einkäufe machen, bemerken aber, dass Sie Geld und Kreditkarte zu Hause vergessen haben. Sie sprechen eine Kollegin an und bitten sie, Ihnen etwas Geld zu leihen.

- Oye, ¿puedes hacerme un favor? Es que me he quedado sin dinero y tengo que hacer unas compras. ¿Puedes prestarme treinta euros?
- Claro, toma.
- Mañana mismo te los devuelvo.
- Tranquilo, no te preocupes.

1. Sie haben Kopfschmerzen und kein Schmerzmittel im Haus. Eine Freundin ist zu Besuch und Sie bitten sie, in die Apotheke zu gehen.

2. Sie sind bei Bekannten eingeladen. Es ist schon spät und Sie müssen ein Ferngespräch führen.

3. Sie müssen dringend in den Nachbarort fahren, aber Ihr Auto hat eine Panne. Fragen Sie Ihren Arbeitskollegen, ob er Sie dorthin bringen kann.

4. Sie benötigen die Übersetzung eines russischen Briefes. Da Sie kein Russisch sprechen, bitten Sie eine Kollegin, die Russisch gelernt hat, Ihnen zu helfen.

5. Sie haben die Wohnungstür hinter sich zugezogen, aber Schlüssel und Geld in der Wohnung liegen lassen. Sie fragen einen Nachbarn, ob Sie kurz telefonieren dürfen.

6. Sie fühlen sich nicht wohl und trauen sich nicht, alleine nach Hause zu fahren. Sie rufen eine Freundin an und bitten sie, Sie abzuholen und nach Hause zu bringen.

7. Sie möchten aus einer Telefonzelle anrufen, haben aber nur einen Zehneuroschein. Sie fragen den nächsten Passanten, ob er Ihnen das Geld wechseln kann.

11 Vas a escuchar a unas personas que te piden permiso, que te piden un favor o que se ofrecen para ayudarte… ¿Qué les dices en cada caso? Escribe tus reacciones.

Actividades **Unidad 12**

12 Aquí tienes un anuncio de la Dirección General de Tráfico de España. En él se dan unas instrucciones para los conductores. Léelo.

TIENE 12 MESES PARA CELEBRAR EL AÑO NUEVO

Después de las 12 campanadas comienza un nuevo año lleno de fiestas que celebrar. Si va a conducir en Nochevieja, una sola copa de más puede arruinar la celebración de todas las demás fiestas de su vida. Puede evitarlo siguiendo nuestros consejos.

En los largos desplazamientos:

- Revise los puntos vitales de su vehículo.
- Abróchese siempre el cinturón.
- Respete los límites de velocidad.
- Mantenga la distancia de seguridad.
- No adelante si no hay visibilidad.
- Al mínimo síntoma de cansancio, no conduzca.
- Póngase el casco si viaja en moto o ciclomotor.

LA VIDA ES EL VIAJE MÁS HERMOSO

Dirección General de Tráfico
Ministerio del Interior

¿Dice esto el texto? ¿Sí o no?

- haga siempre la revisión del coche (frenos, aceite, neumáticos…),
- lleve siempre puesto el cinturón de seguridad,
- corra si tiene un coche potente,
- acérquese al coche de delante,
- no pase a otro coche si no ve claramente que puede hacerlo,
- no conduzca cuando está cansado,
- no vaya en moto sin casco.

Pero, además de estas recomendaciones, este documento es especialmente interesante porque refleja algunas costumbres de los españoles. Puedes descubrirlas respondiendo a estas preguntas.

¿En qué momento exacto empieza el Año Nuevo?
¿Qué crees que significa "campanada"?
¿Cómo llaman los españoles a la noche del 31 de diciembre?
¿Sabías que los españoles, para celebrar el Año Nuevo, toman doce uvas, una en cada campanada?
¿Qué crees que suelen beber los españoles esa noche?

Sabías que...

Según la tradición, las personas que consiguen tomar una uva en cada campanada van a tener un año feliz. En el dibujo hay un reloj. Es el reloj de la Puerta del Sol de Madrid, el lugar más tradicional para celebrar el Año Nuevo.

Unidad 12 Actividades

13 In den Unidades 1 und 11 haben Sie gesehen, dass die Intonation eng mit der Syntax verbunden ist. Hier geht es nun um die Intonation des Imperativs. Sehen Sie sich die Intonationskurven an.

Aprieta el botón.

Ponga el agua a hervir.

Apagad la tele de una vez.

Beachten Sie, dass die Stimme am Ende des Satzes stark absinkt. Dasselbe passiert auch in den folgenden Sätzen.

Tienes que enchufar.

Hay que apretar este botón.

Man verwendet andere Intonationsmuster, wenn man um etwas bittet.

¿Me traes un vaso de agua, por favor?

¿Nos pasa la sal, por favor?

Wenn die Syntax des Satzes verändert wird, ändert sich auch die Satzmelodie. Wenn Sie eine neue Struktur lernen, beachten Sie immer auch die Intonation.

Para usar todo lo que hemos aprendido hasta ahora...

Heute beschäftigen Sie sich in Ihrer Sendung mit der Gesundheit. Viele Menschen möchten mit dem Rauchen oder Trinken aufhören, abnehmen oder Krankheiten vorbeugen. Sie können ihnen Ratschläge geben, was sie tun oder nicht tun sollen.

Sie können sich auch mit einer bestimmten Krankheit befassen und eine Kampagne zu ihrer Bekämpfung starten.

Sie können auch eine Sendung vorbereiten, in der Sie spanischsprachigen Hörern erklären, wie man in Deutschland Silvester feiert. Erklären Sie, wie die deutschen Sitten und Gebräuche sind.

Und vergessen Sie nicht, Ihre Sendung aufzunehmen ...

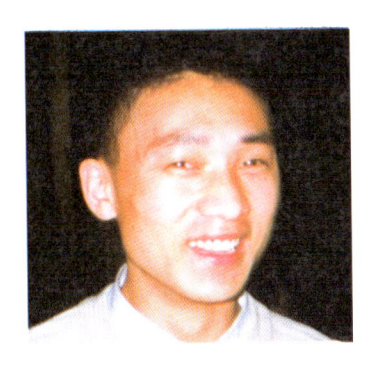

Unidad 13

In dieser Einheit lernen Sie ...

- wie man Situationen und Ereignisse in der Vergangenheit schildert

- wie man Geschichten erzählt

- wie man auf eine Erzählung reagiert

- das Imperfekt

Unidad 13 Textos

1 Aquí tienes una extraña historia que le sucedió a Manuel hace algún tiempo. Léela.

Llegué pronto al aeropuerto de Barajas, a las diez y media. Facturé mis maletas y recogí la tarjeta de embarque. Me dirigí a Salidas Internacionales. Allí entré en el "duty-free" para comprar una botella de jerez para mi amigo Pablo, que vive en Paraguay. Y entonces la vi por primera vez. Me puse a su lado. La miré. Ella a mí no me miró y siguió hojeando una revista. Por los altavoces llamaron a los pasajeros con destino a Asunción. Embarcamos enseguida. Yo me senté en el asiento 21C y ella (¡qué casualidad!) en el 21D. Antes de sentarse, puso su abrigo y una bolsa en el maletero. El avión despegó a las 12.54h.

Las azafatas explicaron el funcionamiento de las máscaras de oxígeno, sirvieron un desayuno muy malo y nos dieron periódicos y caramelos. En un momento determinado, ella se levantó y se fue al servicio. Estoy seguro. La vi entrar. Pasó una hora. Antes de aterrizar, avisé a una azafata.

– Hay una pasajera en el servicio, la pasajera del 21D – le dije.

Ella fue a mirar y volvió.

– Perdone, señor, en el servicio no hay nadie. Y el 21D ha estado libre en este viaje.

Después de aterrizar, miré en el maletero. Allí encontré un abrigo verde y una bolsa de piel negra. Y en la bolsa encontré un extraño mensaje: "Manuel, le espero esta noche en el Hotel Buenos Aires". Yo me llamo Manuel.

Observa el texto. ¿Qué tiempo del pasado se utiliza?
Haz un esquema de los sucesos que se narran en esta historia: llegar al aeropuerto, facturar las maletas... **Guarda este esquema para más adelante.**

Textos **Unidad 13**

2 Lee, ahora, esta nueva versión del texto y compárala con la anterior. Observa que aparece un nuevo tiempo para relatar acciones pasadas. ¿Crees que estas acciones son informaciones "clave" o informaciones que dependen de otras?

Llegué pronto al aeropuerto de Barajas, a las diez y media. No había mucha gente, facturé mis maletas y recogí la tarjeta de embarque. Me dirigí a Salidas Internacionales. Allí entré en el "duty-free" para comprar una botella de jerez para mi amigo Pablo, que vive en Paraguay. En la tienda había mucha gente. Estaba yo mirando unas corbatas cuando la vi por primera vez. Ella llevaba un abrigo verde y una bolsa de piel negra. Era muy guapa. Me puse a su lado. La miré. Ella a mí no me miró y siguió hojeando una revista que estaba llena de fotos de princesas y famosos. Por los altavoces llamaron a los pasajeros con destino a Asunción. Embarcamos enseguida. El avión era grande y éramos pocos pasajeros. Yo me senté en el asiento 21C y ella (¡qué casualidad!) en el 21D. Antes de sentarse, puso su abrigo y una bolsa en el maletero. El avión despegó a las 12.54h.

Las azafatas explicaron el funcionamiento de las máscaras de oxígeno, sirvieron un desayuno muy malo (el café sabía fatal, el zumo de naranja no era natural y el pan estaba durísimo) y nos dieron periódicos y caramelos. Ella seguía leyendo sin hacerme caso. En un momento determinado, ella se levantó y se fue al servicio. Estoy seguro. La vi entrar. Pasó una hora. Yo estaba extrañado y preocupado porque ella no volvía a su asiento. Antes de aterrizar avisé a una azafata. Me parecía rarísimo. Eran las 14h.

– Hay una pasajera en el servicio, la pasajera del 21D – le dije.
Ella fue a mirar y volvió.
– Perdone, señor, en el servicio no hay nadie. Y el 21D ha estado libre en este viaje. Esta plaza no estaba reservada.

Después de aterrizar, miré en el maletero. Allí encontré un abrigo verde y una bolsa de piel negra. Eran de la mujer desaparecida. Y en la bolsa encontré un extraño mensaje que decía: "Manuel, le espero esta noche en el Hotel Buenos Aires". Yo me llamo Manuel y antes creía que estas cosas solo sucedían en las películas.

Aquí tienes una serie de informaciones. Busca en el texto las frases que describen las circunstancias en las que ocurrieron.

Antes de aterrizar, avisé a una azafata.
La vi por primera vez.
Yo me senté en el asiento 21C.
Facturé mis maletas y recogí la tarjeta de embarque.
Sirvieron un desayuno muy malo.

Ahora toma el esquema que has hecho en el ejercicio 1. ¿Ha cambiado la historia o es la misma? ¿Cuál es el tiempo verbal que hace avanzar la historia?
¿Qué hace el Imperfecto: hace avanzar la historia o describe las circunstancias de cada momento de la historia?

ciento sesenta y tres ■ 163

Unidad 13 Textos

3 En la estación de esquí de Sierra Nevada (Granada) hay mucha gente pasando sus vacaciones. Unos acaban de llegar y otros ya llevan algunos días. ¿Qué tiempos usan y qué reacciones tienen las personas que escuchan un relato?

- ¿Y cómo fue?
- Pues bajaba yo muy rápido por ahí y un chico se puso en medio y...
- ¡Qué mala suerte!

- ¿Y ayer dónde estuvisteis?
- Nos quedamos en el apartamento. Es que hacía un tiempo horrible...
- ¡Qué pena!

- ¿Y Luisa?
- Tenía exámenes y se ha quedado en casa.
- ¡Qué lástima!

- Anteayer hizo un tiempo maravilloso. Esquiamos todo el día.
- ¡Qué bien! A ver qué tal hoy...

- ¿No tenías que volver a Madrid?
- Sí, pero he decidido quedarme unos días más.
- Ah, perfecto...

- ¿Sabes a quién vimos el domingo?
- No, ¿a quién?
- A María.
- No me digas... ¿No estaba en Alemania estudiando?
- No, ya ha vuelto. ¿No lo sabías?

- Y entonces nos invitó a todos a cenar a un restaurante andaluz buenísimo porque era su cumpleaños...
- ¿Y cuántos erais?
- Doce.
- ¡Anda!

Gramática Unidad 13

■ Das Imperfekt *(El Pretérito Imperfecto)*

■ Das Imperfekt ist eine der Vergangenheitszeiten der spanischen Sprache. Sein Gebrauch unterscheidet sich aber vom Deutschen.
Das Imperfekt wird folgendermaßen gebildet:

	estudi**ar**	com**er**	viv**ir**
yo	estudi**aba**	com**ía**	viv**ía**
tú	estudi**abas**	com**ías**	viv**ías**
él, ella, usted	estudi**aba**	com**ía**	viv**ía**
nosotros/as	estudi**ábamos**	com**íamos**	viv**íamos**
vosotros/as	estudi**abais**	com**íais**	viv**íais**
ellos, ellas, ustedes	estudi**aban**	com**ían**	viv**ían**

Es gibt drei unregelmäßige Verben:

	ser	ver	ir
yo	era	veía	iba
tú	eras	veías	ibas
él, ella, usted	era	veía	iba
nosotros/as	éramos	veíamos	íbamos
vosotros/as	erais	veíais	ibais
ellos, ellas, ustedes	eran	veían	iban

■ Mit dem Imperfekt beschreibt man Situationen in der Vergangenheit, in denen andere Handlungen stattfanden, die für die Sprecher wichtig sind.

llovía

ponían una película muy buena en la tele

estaba esperando una llamada

Me quedé en casa

● ¿Qué **hiciste** el sábado?
○ Nada. **Llovía, ponían** una película muy buena en la tele, **estaba esperando** una llamada y **me quedé** en casa toda la tarde.

Unidad 13 Gramática

■ Das Imperfekt gibt immer eine Information über die Begleitumstände, in denen sich andere Handlungen vollziehen, die im Indefinido oder Perfekt stehen.

● Ayer **llovía** y **me quedé** en casa.

Das Perfekt und das Indefinido hingegen können alleine stehen und treiben die Erzählung voran.

● Ayer **llovió** mucho.
● Esta mañana **ha llovido** mucho.

Häufig werden die Zeiten miteinander kombiniert:

Situation/Umstände	+	Handlung
Imperfekt		Indefinido/Perfekt

● **Estaba** muy cansado y no **fui** a clase.

● ¿Por qué no **fuiste** a clase?
○ Es que **estaba** muy cansado.

● No **fui** a clase.
○ **Estabas** muy cansado, ¿no?

Pues ayer estaba paseando por el parque, hacía sol, no había nadie...

¿Y qué?

■ Wie man auf eine Erzählung reagiert

■ Spanische Gesprächspartner zeigen ihr Interesse an den Erzählungen anderer, indem sie bestimmte Ausdrücke in das Gespräch einwerfen, mit denen sie ...

die Freude teilen
¡Qué bien!
¡Qué suerte!
¡Qué bueno!

die Trauer oder Enttäuschung teilen
¡Qué pena!
¡Qué lástima!
¡Qué mala suerte!

Erstaunen ausdrücken
¡Anda!
No me diga/s.
¿Sí?
¿De verdad?

interessiert nachfragen
¿Y cómo fue?
¿Y qué pasó (entonces)?
¿Y entonces?
¿Y (qué)?

¿Y cómo fue?

Actividades **Unidad** 13

4 ¿Cómo se conocieron estas personas? Entre todos vais a describir y completar las circunstancias en las que estas parejas se encontraron por primera vez.

1
(ser) domingo
(hacer) sol
(haber) —
(ser) otoño
(estar, ella) —
(estar, él) sentado en el mismo banco

→ … y se pusieron a hablar.

2
(ser) un sábado por la noche
(ella, ir) en moto hacia su casa
El semáforo (estar) rojo para él
(ella, venir) —
(ser) una moto muy grande
(ella, no llevar) casco
(él, ir) —
(él, estar) muy cansado y medio dormido

→ Estuvieron a punto de chocar, pero no pasó nada. Y luego se fueron a tomar algo para tranquilizarse.

3
(ella, ser) alemana
(ella, vivir) —
(ella, dar) clases de alemán
(él, trabajar) en una empresa hispanoalemana
(él, necesitar) perfeccionar su alemán
(él, ser) —

→ Un día salieron juntos de clase y decidieron ir al cine a ver una película.

¿Y tú? ¿Cómo conociste a tu pareja, a tu mejor amigo/a o a alguien importante? ¿Por qué no se lo cuentas a tus compañeros?

• Iba en autobús y en el asiento de delante se sentó un chico que parecía extranjero…

Unidad 13 Actividades

5 Muchas veces tenemos que justificar lo que hemos hecho en el pasado o preguntar a otros por qué han hecho o no han hecho algo. En parejas vais a simular estas conversaciones.

	A	B

1. **A** tenía que ir a casa de **B** y no fue.

2. **B** quería ir al Perú de vacaciones y fue a México.

3. **A** salía con Laura y ya no salen juntos.

4. **B** quería jugar al tenis el sábado y no jugó.

5. **A** se ha comprado un ordenador nuevo.

6. **B** tenía una casa muy bonita, pero se mudó.

- ¿Por qué no viniste a casa?
- Es que no me encontraba muy bien. Tenía fiebre.
- ¡Qué pena!

6 Estas personas han tenido pequeños accidentes. Imagínate que te han sucedido a ti y responde a las preguntas con Gerundio o **estaba** + Gerundio.

¿Qué te ha pasado?

¿Qué tienes en el pelo?

¿Qué te has hecho en la mano?

¿Qué tienes en el brazo?

¿Cómo fue?

- Iba andando por la calle y...

168 ◼ ciento sesenta y ocho

Actividades Unidad 13

7 A veces algo muy simple se convierte en una cosa muy complicada. Esto le ha pasado a Manuela, que solo quería un huevo para hacer un pastel. Entre todos reconstruid la historia con los verbos en los tiempos adecuados. A veces tendréis que añadir algunas palabras para organizar la historia (**porque**, **pero**, **y**, **como**…).

1. Manuela (*estar*) haciendo un pastel de naranja
2. no (*tener*) ningún huevo
3. (*necesitar*) uno
4. (*ser*) domingo y las tiendas (*estar*) cerradas
5. (*ir*) a casa del vecino del 5º A, José Luis
6. el vecino del 5º A no (*estar*)
7. entonces
8. (*decidir*) bajar al 3º B
9. (*tomar*) el ascensor 
10. (*estropearse*) el ascensor entre el 5º y el 4º
11. (*empezar*) a gritar
12. no (*haber*) nadie
13. al cabo de un rato
14. (*llegar*) la portera y (*sacarla*) del ascensor
15. (*ir*) al 3º B a pie
16. allí (*vivir*) la Sra. Montera
17. la Sra. Montera tampoco (*tener*) huevos
18. así que 
19. (*subir*) al 6º C
20. allí (*vivir*) la Sra. Pueyo
21. no (*estar*) en casa
22. o sea que
23. (*tener que*) llamar al 6º B
24. allí (*vivir*) un señor muy antipático, el Sr. Fernández
25. por suerte
26. el Sr. Fernández (*dejarle*) un huevo
27. al bajar al 5º (*caerse*) por las escaleras y…  
28. (*romperse*) el huevo
29. total que
30. (*hacer*) un pastel de naranja buenísimo, pero sin huevo

ciento sesenta y nueve ■ **169**

Unidad 13 Actividades

8 Aquí tienes un pequeño cuento al que le puedes añadir una serie de circunstancias que rodean los hechos. Prepáralo, primero, individualmente y, luego, discútelo con tus compañeros para llegar a una única versión.

Una vez había una bruja que se llamaba Pirulina. Pirulina era una bruja malísima, como todas las brujas. Pero tenía un problema: …

Un día todos los brujos y brujas hicieron una fiesta **porque…** Allí Pirulina conoció al brujo Lucianus. El brujo Lucianus…

Bailaron todos con sus escobas, tomaron varias pócimas mágicas, comieron murciélagos asados y lo pasaron muy bien. Pirulina se enamoró locamente del brujo Lucianus **porque él…** Pero él no le hizo ningún caso durante toda la fiesta.

Al cabo de unos días, Pirulina fue a visitar a Tarantulina, una bruja amiga suya **porque…** Ésta le dio una pócima mágica para solucionar su problema. La pócima…

Algunos minutos después, Pirulina se convirtió en la más fea de todas las brujas. Fue a visitar a Lucianus y éste, al verla, **como…**, también se enamoró.

Desde entonces, volaron juntos con su escoba, especialmente **cuando…** Prepararon brujerías terribles y fueron muy felices.

Observa cómo se pasa de una viñeta a otra. ¿Qué expresiones se usan para relacionar los distintos momentos temporales?

170 ciento setenta

Actividades Unidad 13

9 Éstas son las historias de tres jóvenes que llegaron a España por diferentes razones. Léelas y trata de escribir los motivos por los que se fueron de sus países.

◀ *Sociedad*

Liam Cunningham
Un irlandés con acento andaluz

Liam Cunningham. 36 años. Soltero. Cork (Irlanda). Llegó a España hace seis años. Habla español e inglés. Actualmente trabaja como director de producción en cine y televisión.

Liam es un apasionado de la cultura española y por eso decidió irse a vivir a España. Cuando llegó a Málaga, empezó a trabajar como camarero en un bar. Le gustaba bastante, pero sentía que esa no era su vocación: quería trabajar en el campo audiovisual. Hace dos años, finalmente, lo consiguió. Gracias a un amigo suyo, encontró un trabajo como auxiliar de producción en una productora de televisión. El año pasado firmó el contrato de alquiler de un piso en el barrio de Pedregalejo y encontró novia: su primera novia española. En los poquísimos ratos libres que le quedan, le gusta leer a Machado y escuchar flamenco, jazz y merengues.

Zhang Lee
Un chino aventurero

Zhang Lee. 28 años. Soltero. Guilin (China). En España desde hace cinco años. Habla chino, alemán y español. Actualmente, trabaja de mediador social en Valencia.

Zhang Lee nació en una familia pobre de China para la cual la emigración a Europa y a Estados Unidos es casi una tradición: tiene parientes en Nueva York y en casi toda Europa. En 1992, un pariente suyo que vivía en Alemania le ofreció un trabajo en una fábrica metalúrgica de Frankfurt y Zhang no lo dudó ni un instante. En Alemania tenía que trabajar muchas horas y disponía de poquísimo tiempo libre. A finales de los 90, decidió irse a Valencia. Al principio, trabajaba más de 12 horas al día en la cocina de un restaurante hasta que decidió proponerse al Ayuntamiento como mediador con las comunidades de extranjeros. Le dieron el trabajo y ahora es un hombre feliz. Zhang está convencido de que ninguna cultura es superior a otra y de que la vida armónica en una sociedad multicultural se consigue eliminando todos los prejuicios.

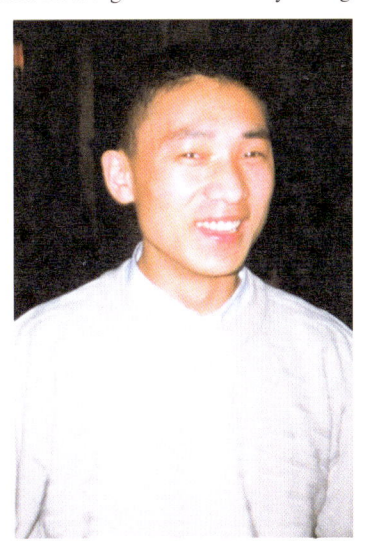

Indira Niang
Una senegalesa en Valladolid

Indira Niang. 26 años. Soltera. Dakar (Senegal). Llegó a España hace tres años. Habla wolof, francés y español. Trabaja en una ONG.

La vida en Senegal era muy dura. Vivía con sus padres, sus 8 hermanos pequeños y con otra familia en una casa de 70 m², sin luz eléctrica ni agua corriente. Indira decidió estudiar Filología Hispánica en la Universidad de Dakar. El último año de carrera se murió su padre y pocos días después le concedieron una beca de posgrado de un año en Valladolid. Decidió aceptarla y vino a España. Al principio le fue fatal. Además de estudiar, trabajaba de asistenta en una casa y nunca tenía un duro. Luego, las cosas mejoraron: empezó a trabajar en una academia y más tarde en una ONG. Su sueño es quedarse en España y encontrar un trabajo interesante en alguna ciudad costera, ya que para Indira es vital vivir cerca del mar.

¿Y tú? ¿Conoces la historia de algún/a extranjero/a que llegó a tu país y las razones y circunstancias que le hicieron emigrar? Explícaselo a tu compañero/a.

ciento setenta y uno ■ **171**

Unidad 13 Actividades

10 ¿Qué les dirías a estas personas? Escúchalas y reacciona. Mientras lo escuchas, puedes escribir tus reacciones.

11 Una revista ha publicado este test para conocerse mejor uno mismo. ¿Por qué no lo haces?

Conócete mejor a ti mismo

1 *Últimamente, ¿te has enfadado con alguien? ¿Por qué?*
  a Teníamos un problema y estábamos nerviosos.
  b Yo tenía razón. El otro era un estúpido.
  c Porque tenía ganas de pelearme con alguien.

2 *Esta semana, ¿te has puesto nervioso en algún momento? ¿Por qué?*
  a Llegaba tarde a una cita.
  b Mi jefe estaba de mal humor.
  c Siempre me pongo muy nervioso cuando algo no sale bien.

3 *La semana pasada, ¿le regalaste algo a alguien? ¿Por qué?*
  a Porque me apetecía.
  b Porque era el cumpleaños de...
  c Porque no tenía otra opción.

4 *¿Conociste a alguien el mes pasado? ¿Cómo?*
  a Estábamos en el metro (o en el autobús).
  b Fui a una fiesta.
  c Me presentaron a alguien muy antipático.

5 *El fin de semana pasado, ¿dijiste alguna mentira a alguien? ¿Por qué?*
  a Porque no quería poner triste a alguien.
  b Dije una mentira, pero no era nada importante.
  c Porque era más práctico.

6 *¿Tuviste la semana pasada algún problema en el trabajo o en la escuela? ¿Por qué?*
  a Quería trabajar más y mejor, pero no pude.
  b Siempre hay algún problema con los compañeros.
  c Mis compañeros estaban insoportables.

a 30 puntos
b 20 puntos
c 0 puntos

■ Si has sacado más de 120 puntos, eres maravilloso, tienes un carácter fantástico.

■ Entre 60 y 120, tienes un carácter normal. A veces, bueno y, a veces, malo.

■ Si estás por debajo de 60, tienes que cambiar. No se puede ser tan negativo.

Actividades **Unidad 13**

12 Así empiezan las páginas del diario de Mario Cruz. ¿Cómo crees que podría seguir? Inventa la continuación con uno/a o varios/as compañeros/as.

"Hacia las 7 de la tarde del martes 24 de abril de 1997, estaba leyendo una novela policíaca en el salón de mi apartamento de la calle Serrano de Madrid, cuando recibí la visita de mi hermana Claudia. Hacía más de 12 años que no la veía, desde que se fue a vivir a la India con Gabriel, su novio. En todos esos años, ni una carta, ni una llamada. Nada. Me sorprendió mucho su aspecto: al contrario de cuando se marchó, vestía de forma muy elegante."

¿Qué quería Claudia? ¿Por qué regresaba después de 12 años?
¿Tenía problemas o se trataba de una simple visita?
¿Iba bien vestida por alguna razón especial?

13 Die Laute /ñ/, /ch/, /ll/ und /y/.

Im Spanischen existieren einige Laute, die es im Deutschen nicht gibt: /ñ/, /ch/, /ll/ und /y/. Man spricht sie aus, indem man den Zungenrücken an den Gaumen drückt.

Beim **ñ** wird die Luft z. T. auch durch die Nase ausgestoßen. Hören Sie die folgenden Wörter:

| **ñ** | niño | caña | piña | eñe | año | montaña |

Das **ch** entspricht dem deutschen Laut „tsch" wie in „Lutscher". Hören Sie:

| **ch** | coche | chocolate | chino | chica | mucho |

Die Laute /ll/ und /y/ werden ähnlich ausgesprochen. Beim /ll/ wird die Luft an den Seiten der Zunge ausgestoßen, beim /y/ hingegen drücken die Seiten der Zunge an den Gaumen und die Luft entweicht durch die Öffnung in der Mitte. Hören Sie:

| **ll** | llueve | pollo | paella | ella | silla |

| **y** | mayoría | tuyo | yo | hielo | hierba | yeso |

Die Ähnlichkeit der beiden Laute hat dazu geführt, dass sie in einigen spanischsprachigen Ländern oder Regionen gleich ausgesprochen werden, nämlich wie das **y**; d. h. dass z. B. die Laute in **playa** und **pollo** gleich ausgesprochen werden.

Unidad 13 Actividades

14 Escucha esta leyenda chilena. Intenta entender lo esencial de la historia.

¿Quién?
¿Dónde?
¿Qué pasó?

Chile

¿Conoces alguna leyenda de tu país o de tu región? Escríbela y léesela, después, al resto de la clase.

Para usar todo lo que hemos aprendido hasta ahora...

Heute stellen Sie Ihren spanischsprachigen Hörern einige deutsche Märchen vor. Bilden Sie Gruppen und entscheiden Sie sich jeweils für ein Märchen.

Überlegen Sie sich zuerst die Schlüsselwörter Ihres Märchens (Namen der Personen und Orte, Dinge und Tiere, die darin auftauchen ...).

Zum Beispiel:
Caperucita, abuelita, lobo, cazador, bosque, camino, merienda, cesta, escopeta...

Besprechen Sie dann die Handlung und schreiben Sie sie auf.

Überlegen Sie sich zum Schluss auch Geräusche und Spezialeffekte, die das Märchen untermalen können.

Und vergessen Sie nicht, Ihr Märchen aufzunehmen ...

Unidad 14

In dieser Einheit lernen Sie ...

- wie man über Gewohnheiten spricht

- wie man über frühere Gewohnheiten spricht

- wie man Beginn, Wiederholung und Ende einer Handlung angibt

- wie man frühere und heutige Zeiten vergleicht

- wie man sich auf nicht näher bestimmte Personen bezieht

Unidad 14 Textos

1 Aquí tienes la traducción al español de un fragmento de una carta que ha escrito una chica extranjera que está pasando unos meses en Madrid. En ella cuenta algunas de las cosas que le sorprenden de la vida en España. Lee el texto y mira las fotos que le envía a una amiga.

Y cómo hablan los españoles… Hablan muchísimo y son muy directos. Si tienen algo que decir, lo dicen y ya está. No se andan con rodeos. En los restaurantes la gente habla muy alto y es bastante difícil oír lo que te dicen las personas que hablan contigo. Además, cuando hablan, gesticulan mucho, y hacen algunos gestos diferentes a los nuestros. Es muy complicado conseguir hablar en una discusión. No sé cómo lo hacen, pero la persona que está hablando nunca puede terminar de hablar. Cuando alguien quiere decir algo, lo dice, o, al menos, eso me parece a mí. Quizá hay algunas reglas para tomar la palabra, pero yo todavía no las he descubierto. O sea, que casi nunca puedo decir nada en las discusiones porque no sé cuándo puedo hablar.

Otra cosa que me sorprende mucho son los horarios. En Madrid, por ejemplo, todo pasa muy tarde. Los días laborables casi todos empiezan a trabajar a las nueve –bueno, todo el mundo no, pero sí la mayoría–, comen a las tres, cenan a las diez y se acuestan a las doce o más tarde. Y al mediodía comen mucho: dos platos y postre. Siempre igual, siempre son dos platos y un postre. Los sábados y domingos se levantan aún mucho más tarde. Yo, a veces, salgo a las diez de la mañana a comprar el periódico y casi no hay nadie por la calle. Eso sí: las noches de los sábados son una locura y la gente normalmente se acuesta tardísimo, a las cuatro o a las cinco de la mañana.

Otra cosa que me choca es que la hora de la comida es intocable. Casi todas las tiendas cierran y no puedes comprar nada. Además, en España casi no hay servicios de 24h. Y, en verano, las tiendas cierran todo un mes. Es increíble. Incluso los programas de televisión dejan de emitir en verano. De la televisión, también me ha sorprendido mucho que en algunos canales las pausas para la publicidad son muy largas; ¡a veces duran 10 minutos o más!

¿Y los bares? En las ciudades y en los pueblos hay bares por todas partes. Bares, bancos y cajas de ahorros. Aquí en Madrid hay gente que se pasa la vida en el bar: primero desayunan café con leche y churros o un croissant. Después, a media mañana, vuelven a tomar un "cafecito". Luego, hacia la una, toman el aperitivo (patatas fritas, canapés, aceitunas o cosas así con vino o cerveza…). Después de comer, se toman otro café en el bar y mucha gente merienda a media tarde. A mí me impresiona mucho la importancia de los bares en la vida española. Pero me estoy acostumbrando porque es divertido.

La verdad es que lo estoy pasando muy bien. En general, los españoles son simpáticos y amables, fuman demasiado, para mí, y siempre están pegados al móvil, pero, son muy divertidos. Venir a estudiar unos meses aquí es muy agradable. ¿Vas a venir a verme? Por cierto, estos días no está haciendo mucho calor así que podemos aprovechar para hacer excursiones por los pueblos de la sierra.

Haz una lista de los temas que le han sorprendido a esta chica. ¿Qué le ha sorprendido de cada tema? ¿Y a ti? ¿Te ha chocado lo que ha explicado? ¿Por qué?

Textos **Unidad** 14

Cuando nos acercamos a otra cultura, siempre hay cosas que no entendemos, reglas que desconocemos, o comportamientos que valoramos desde nuestra cultura o desde los estereotipos. Es lo que le pasa a esta chica. Lo mejor, sin embargo, es tratar de buscar explicaciones. Entre todos, tratad de plantearos preguntas como éstas:
¿Los españoles siempre hablan mucho o solo en algunas situaciones?
¿Crees realmente que se pasan el día en el bar?

Observa, ahora, qué tiempo verbal se utiliza en esta carta para hablar de los hábitos, las rutinas y las costumbres. Luego, haz una lista con las expresiones temporales que va utilizando. Por ejemplo: nunca… **¿Puedes formular una regla?** "En español para hablar de hábitos y costumbres se utiliza…"

2 Los hijos ya no son lo que eran. Escucha a este padre que explica cómo son los jóvenes de ahora y cómo era él cuando era joven. Toma notas para poder reconstruir, luego, la información.

Que no, que no, que los jóvenes de ahora no son como éramos nosotros… En mi época, cuando yo tenía dieciséis o diecisiete años, salíamos por la tarde con los amigos y llegábamos a casa a las diez de la noche. A las diez en punto. Y ahora… ahora es que nunca sabes cuándo van a llegar…

¿Qué tiempo verbal usa cada vez que se refiere a su juventud, a la época en la que él era joven? ¿Por qué crees que utiliza este tiempo?
¿Y qué tiempo utiliza para referirse a la juventud actual?

¿Crees que los padres de tu país opinan lo mismo? ¿Qué otras cosas dicen?

ciento setenta y siete ■ **177**

Unidad 14 Gramática

■ **Wie man über Gewohnheiten spricht**

■ Berichtet man über Geschehnisse, die gewohnheitsmäßig oder mit einer gewissen Regelmäßigkeit stattfinden, so verwendet man das Präsens. Damit einher gehen meist Ausdrücke wie die folgenden:

> siempre
> todos los días/meses/años
> los lunes/martes…
> normalmente/generalmente
> muchas veces
> a menudo
> de vez en cuando
> dos/tres… veces al año / al mes / a la semana
> a veces
> alguna vez
> algún día / alguna tarde / alguna noche
> muy pocas veces
> casi nunca
> nunca

¿Tú vas mucho al campo?

No, muy pocas veces. Alguna vez en verano.

- ¿Qué **hacéis** vosotros los fines de semana?
- Normalmente **vamos** al pueblo de nuestros abuelos.

■ Beschreibt man Gewohnheiten in der Vergangenheit, so verwendet man das Imperfekt, meist mit denselben Ausdrücken wie beim Präsens.

- Cuando eras joven, ¿qué **hacías** los domingos por la tarde?
- Pues a veces **iba** al cine y otras veces **me quedaba** en casa.

- En 1990 estuve viviendo en Ecuador.
- ¿Ah, sí? ¿Y qué **hacías**?
- **Trabajaba** en una empresa petrolífera y los fines de semana **recorría** el país en coche.

■ Bezieht man sich auf eine bereits genannte Zeit, so verwendet man Ausdrücke wie **antes**, **en aquella época**, **en aquel tiempo**, **entonces** usw.

- **En 1993** fui a estudiar un curso de posgrado en Estados Unidos.
- Pues yo **en aquella época** estudiaba en la Universidad.

Gramática Unidad 14

■ Empezar a + Infinitiv
■ Mit **empezar a** + Infinitiv (*anfangen zu*) gibt man den Beginn einer Handlung an.

| empezar a | + Infinitiv |

● ¿Cuándo **empezaste a** estudiar español?
○ Hace un año.

¿Cuándo vas a empezar a hacer régimen?

Ya he empezado.

■ Volver a + Infinitiv
■ Mit **volver a** + Infinitiv (*etwas wieder tun*) gibt man die Wiederholung einer Handlung an. Diese Periphrase wird häufiger verwendet als der Ausdruck **otra vez**.

| volver a | + Infinitiv |

● ¿Has **vuelto a** ver a Manolo?
○ Sí, lo he visto esta mañana.

■ Dejar de + Infinitiv, ya no + konjugiertes Verb
■ Mit **dejar de** + Infinitiv (*aufhören, etwas zu tun*) und **ya no** (*nicht mehr*) drückt man aus, dass etwas nicht mehr geschieht.

| dejar de | + Infinitiv |

● He **dejado de** fumar.
○ ¡Ya era hora!

| ya no | + konjugiertes Verb |

● ¿**Ya no** estudias alemán?
○ No. Lo dejé el año pasado.

■ Wie man sich auf nicht näher bestimmte Personen bezieht
■ Wenn man sich auf Menschen bezieht, ohne dass bestimmte Personen gemeint sind, verwendet man **la gente** (*die Leute*) oder **todo el mundo** (*alle*). Beide Ausdrücke existieren im Spanischen nur im Singular.

● En España **la gente** come bastante tarde. A las dos y media o a las tres.
○ Sí, pero no **todo el mundo**. En el campo, por ejemplo, **todo el mundo** come más temprano.

Unidad 14 Actividades

3 La empresa "Rutinalem" está interesada en conocer las costumbres de los estudiantes de español. Hazle esta encuesta a un/a compañero/a.

RUTINALEM S.A.	nunca	casi nunca	alguna vez	a veces / de vez en cuando	bastantes veces	muchas veces	una vez / X veces por semana	una vez / X veces al mes	todos los días/meses...
bailar									
viajar al extranjero									
cantar en la ducha									
pasear por el campo									
ir a la montaña									
ir a la playa									
conducir									
leer el periódico									
ver la tele									
cocinar									
tocar la guitarra									
leer poesía									
ir a un museo									
tomar el desayuno en la cama									
navegar por Internet									
viajar en barco									
enfadarse									
enamorarse									

● ¿Tú vas mucho a bailar?
○ Sí, todos los fines de semana voy a la discoteca.

Ahora, os reunís con otras dos parejas para buscar las cinco cosas que la clase hace más a menudo.

4 Vamos a participar en un concurso. Tienes que encontrar a dos compañeros que se vistan en el mismo orden. Para ello, tendrás que hacerles una serie de preguntas.

● ¿Qué te pones primero?
○ Yo, primero, me pongo...

corbata, americana, gabardina, jersey, camiseta, calzoncillos, camisa, abrigo, calcetines, medias, pijama, chaqueta, bragas, sujetador, camisón, cinturón, zapatos, pantalones, falda

Ahora tienes que encontrar a dos compañeros que hagan lo mismo, desde que llegan a casa hasta que se van a dormir.

Actividades **Unidad** **14**

5 Lee estas frases que explican manías que tiene la gente.

- Hay gente que siempre suma los números de la matrícula de los coches que ve.
- Hay gente que no puede dormir con la puerta cerrada.
- Hay gente que tiene que poner todas las cosas simétricas.
- Hay gente que, para empezar a trabajar, tiene que hacer las mismas cosas cada día.
- García Márquez solo puede escribir con un ramo de flores amarillas cerca del ordenador.

¿Y tú? ¿Tienes alguna manía? Explícale al resto de la clase qué manías tienes tú o alguna persona que conoces. Después, pregunta a tus compañeros.

• Yo, siempre que cruzo la calle por un paso de cebra,
intento pisar solo las rayas blancas.

6 El domingo es un día excepcional. Explica a tus compañeros las cosas que sueles hacer. Aquí tienes una lista de algunas cosas habituales.

levantarse tarde
navegar por Internet
descansar
hacer una sobremesa
dormir la siesta
practicar algún deporte
pasear
ir a la playa
ir al campo
hacer una barbacoa
ver la tele
escuchar música
hacer crucigramas
leer el suplemento dominical de los periódicos
ir a casa de los abuelos o de familiares
salir con los amigos
ir al fútbol

• Yo, los domingos, normalmente me levanto tarde, a las once o a las doce,
y por la tarde casi siempre voy al fútbol con mis amigos.

Y los lunes, ¿qué haces? ¿Y los sábados por la noche?

ciento ochenta y uno ■ **181**

Unidad 14 Actividades

7 Aliénez, el extraterrestre, lleva ya bastantes días en tu país. Tiene que escribir una carta explicando las costumbres que, como extranjero, más le han sorprendido, y te pide ayuda. Escríbele tú la carta y, luego, entre todos, elaborad la versión definitiva con las ideas más interesantes de cada uno/a.

Si escribes a una persona importante de Alienilandia, al empezar debes poner:

> Muy señor/a mío/a:
> Distinguido/a señor/a:
> Estimado/a señor/a:

Y para despedirte:

> Un cordial saludo,
> Atentamente,

Si escribes a un amigo, al empezar debes poner:

> Querido/a X:

Y para despedirte:

> Besos,
> Abrazos,
> Un abrazo,
> Un fuerte abrazo,

Observa que siempre se ponen dos puntos (:) después de los encabezamientos y una coma (,) después de las despedidas.

8 Aquí tienes a María Vanessa hace quince años y ahora. ¿Puedes reconstruir con tus compañeros los cambios que ha sufrido?

- Antes iba en bicicleta y ahora va en coche.
- Y ya no escucha a Supertramp. Ahora escucha jazz.

¿Qué hacías tú hace diez años? ¿Por qué no se lo cuentas a tus compañeros?

- Yo vivía en Portugal hace diez años.
- Ah, ¿sí? ¿Y qué hacías en Portugal?
- Trabajaba en una empresa textil holandesa.

Actividades **Unidad** 14

9 Vamos a jugar al juego de las diferencias. Aquí tienes una serie de fotografías. En todas ellas el tiempo ha producido una serie de cambios. ¿Por qué no los comentas? A ver quién encuentra más cambios en menos tiempo.

• Antes no había árboles...

Unidad 14   Actividades

10 Escucha a este chico que explica cómo eran los viajes que hacía antes con sus padres y cómo son los viajes que hace ahora solo. Toma notas de lo que cuenta.

¿Estás de acuerdo con él? Cuéntales a tus compañeros tus experiencias en este aspecto.

• Yo casi siempre viajo con amigos. Normalmente dormimos en albergues y nos desplazamos en tren o en autobús.

11 Un/a compañero/a te va a preguntar una serie de cosas: qué cambios has vivido en los últimos diez años, qué sigues haciendo, qué hábitos tenías antes que no tienes ahora, etc. Tú le respondes y, luego, lo hacéis al revés. Os podéis preguntar, por ejemplo:

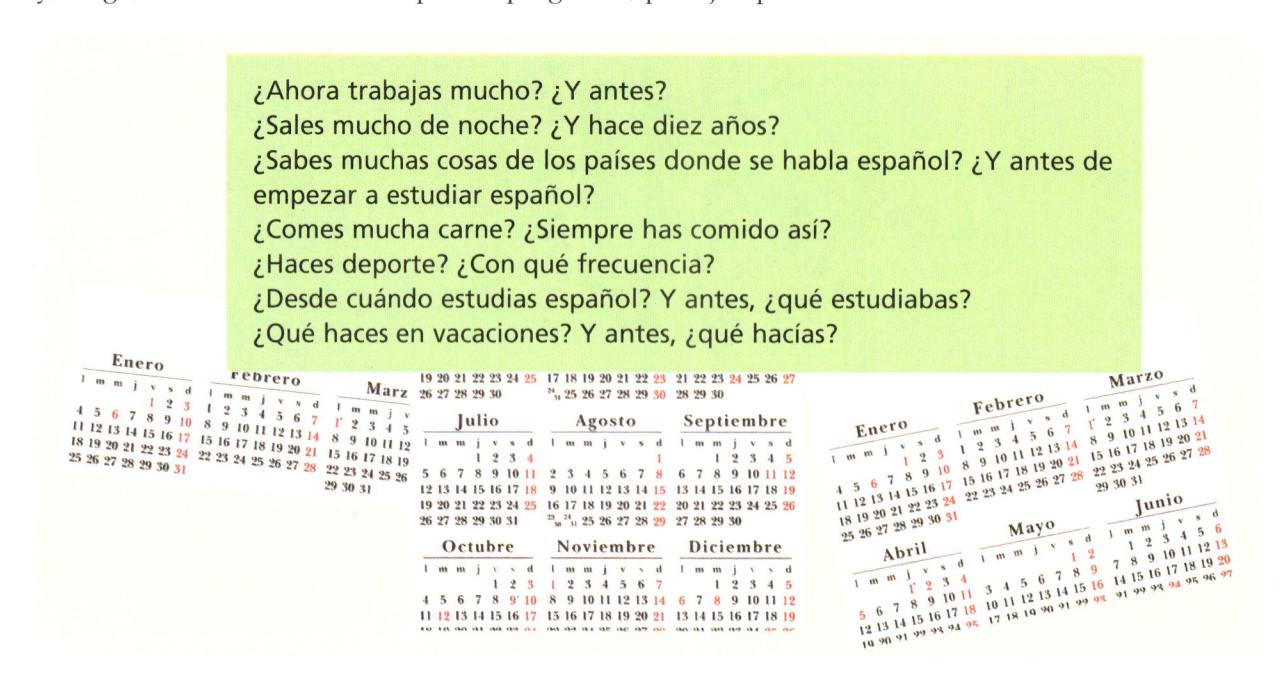

¿Ahora trabajas mucho? ¿Y antes?
¿Sales mucho de noche? ¿Y hace diez años?
¿Sabes muchas cosas de los países donde se habla español? ¿Y antes de empezar a estudiar español?
¿Comes mucha carne? ¿Siempre has comido así?
¿Haces deporte? ¿Con qué frecuencia?
¿Desde cuándo estudias español? Y antes, ¿qué estudiabas?
¿Qué haces en vacaciones? Y antes, ¿qué hacías?

Actividades **Unidad** **14**

12 Una persona te va a explicar cómo se celebra la Navidad en la mayor parte de España. Luego, vas a escuchar a una mexicana, una colombiana y un chileno que explican cómo se celebra la Navidad en sus países. ¿Qué diferencias hay? Mientras escuchas, puedes tomar notas en tu cuaderno.

24 DICIEMBRE
Nochebuena

25 DICIEMBRE
Navidad

31 DICIEMBRE
Nochevieja

28 DICIEMBRE
Día de los Inocentes

6 ENERO
Reyes

13 Für den Buchstaben **s** gibt es im Spanischen, ebenso wie im Deutschen, zwei verschiedene Ausspracheformen. Hören Sie sich die folgenden Wörter und Sätze an:

jóvene**s**   Ha**s** vuelto
e**s**tudiar   ¿Trabaja**s** mucho?
sobreme**s**a   ¿Hace**s** deporte?
salir   ¿No bebe**s** nunca agua?

In der linken Spalte befindet sich das **s** am Wortanfang oder -ende, zwischen zwei Vokalen oder vor einem stimmlosen Konsonanten (**p**, **t**, **qu**, **f**, **c**, **j**, **ch**). In all diesen Fällen wird das **s** stimmlos gesprochen wie in den deutschen Wörtern *Hals* oder *Kasper*.

In der rechten Spalte steht das **s** immer vor einem stimmhaften Konsonanten (**b**, **d**, **g**, **m**, **n**, **ñ**, **l**, **ll**, **rr**, **y**). In diesen Fällen wird das **s** stimmhaft gesprochen wie in den deutschen Wörtern *Sohn* oder *reisen*.

Suchen Sie weitere Wörter mit **s** und überlegen Sie, wie sie ausgesprochen werden.

Unidad 14 Actividades

14 Aquí tienes una entrevista a Ismael Urquiaga, fundador del mítico grupo Mar adentro. Léela y luego intenta contestar a las preguntas.

¿Cómo se conocieron Ismael y Julián?
¿Cuándo se formó el grupo?
¿Cuándo publicaron su primer disco?
¿Por qué se separaron?
¿Por qué han decidido volver?

¿Cómo fueron los inicios de Mar adentro?
A ver… El grupo se formó en 1991, en el mes de mayo. En aquella época yo trabajaba en una tienda de instrumentos musicales y estaba en contacto con muchos músicos. Un día entró en la tienda un chico, se acercó a mí, y me preguntó si quería formar un grupo con él. Yo entonces tenía 20 años y la verdad es que tenía muchísimas ganas de montar una banda, así que no lo dudé ni un instante.

El chico en cuestión supongo que era Julián Figueroa.
Sí, exactamente, era Julián Figueroa. La verdad es que todavía no sé por qué se fijó en mí, pero bueno… Empezamos a tocar juntos todas las tardes después del trabajo. Y la verdad es que nos entendíamos muy, muy bien. Al cabo de unos meses ya se unieron Pedro Bermúdez y David Cardoso y fue entonces cuando nos pusimos el nombre Mar adentro.

¿Cómo fueron los primeros conciertos?
Empezamos a tocar en bares de la ciudad por poquísimo dinero. De hecho, me acuerdo que muchas veces tocábamos gratis. Hasta que un día una compañía discográfica nos fichó y publicamos nuestro primer disco: "Ya no te quiero". Eso fue a finales de 1993, en noviembre. Y fue un éxito total. Vendimos 200 000 copias en solo 2 meses.

Sí, pero a pesar de este inicio fulgurante, las cosas no acabaron de funcionar. Hubo peleas internas, Pedro Bermúdez dejó el grupo y finalmente en el verano de 1994 saltó la noticia: Mar adentro se separa. Pero, ¿qué pasó realmente?
Es difícil hablar de los motivos. Supongo que no éramos lo suficientemente maduros como para saber llevar todo ese éxito repentino. Éramos muy jóvenes y nos peleábamos mucho, tuvimos problemas también con nuestro manager, que nos presionaba… Fueron muchas cosas y al final explotamos y lo dejamos.

Pero ahora volvéis.
Sí. Durante todos estos años, he pensado muchas veces en volver a reunir el grupo, porque tenía muchas ganas de volver a tocar. El problema es que no me atrevía a llamarlos. Un día, sin embargo, hace un año más o menos, decidí hacerlo. Llamé, primero, a Julián, y luego, a Pedro y a David. Quería saber si les apetecía volver a intentarlo. Y todos me dijeron que sí. Resulta que ellos también tenían muchas ganas de volver a tocar.

"Volver a empezar" es un disco grabado en directo, y en él recuperáis temas viejos e incluís algunos nuevos. ¿Cómo pensáis que va a responder el público?
No sé cómo va a responder el público, espero que bien, por supuesto. De todas formas, lo más importante es que este disco sea el principio de una nueva etapa del grupo, una etapa más productiva y sobre todo más duradera que la anterior.

Nosotros también lo esperamos.

Ahora imagina que eres un/a periodista musical y que tienes que entrevistar a tu cantante o grupo preferido. Escribe las preguntas que le harías.

Para usar todo lo que hemos aprendido hasta ahora...

Heute geht es in Ihrem Programm um das Thema „Vor 10 Jahren …". Sie bereiten eine Sendung vor, in der es um die Veränderungen in Deutschland im letzten Jahrzehnt geht.

Bilden Sie Gruppen, die sich für dasselbe Thema interessieren, und erstellen Sie ein Skript.

Sie können z. B. über folgende Themen sprechen:

- la moda,
- la música,
- el deporte,
- vuestra ciudad o vuestro país,
- los niños,
- la televisión,
- la vida cotidiana,
- la vivienda,
- la escuela,
- la informática...

Lesen Sie Ihr Skript den anderen Kursteilnehmern vor und vergessen Sie nicht, die Berichte aller Gruppen aufzunehmen.

Unidad 15

In dieser Einheit lernen Sie ...

- wie man über zukünftige Handlungen und Ereignisse spricht

- wie man Informationen mit verschiedenen Graden von Sicherheit gibt

- wie man über Reisen spricht

- wie man Vermutungen äußert

- das Futur I und Futur II

Unidad 15 Textos

1 A veces no tenemos información sobre las cosas que ocurren, pero tratamos de encontrar una explicación. Mira la ilustración y escucha los diálogos.

- A lo mejor se ha mareado alguien y se ha caído al suelo.
- O igual es alguien famoso. No sé, un actor o un cantante...

- Quizá estén rodando una película o un programa de televisión.
- Sí, tal vez.

- No veo ambulancias, ni policía... Seguramente no es nada grave.
- Ojalá.

- ¿Qué habrá pasado?
- Habrá habido un accidente de tráfico o algo así.

- ¿Y no será un atraco?
- Sí, puede ser, porque por aquí hay muchos bancos.

- Seguro que es un accidente de moto. Es que los jóvenes van como locos...
- No, mujer, no será nada importante. Ya verás. La gente parece tranquila.

- ¿Qué estará haciendo toda esa gente?
- No sé. Voy a ver.

Ninguna de estas personas sabe lo que ha ocurrido realmente, pero todas intentan encontrar una explicación. Fíjate en qué tiempos verbales y en qué expresiones utilizan para formular hipótesis. Anótalos. ¿Crees que todas las expresiones expresan el mismo grado de seguridad? ¿Con qué formas crees que se manifiesta más seguridad y con cuáles menos?

¿Y tú? ¿Tienes alguna hipótesis sobre lo que ha pasado? Cuéntasela al resto de la clase usando alguno de los recursos que acabas de observar.

Textos **Unidad 15**

2 Tina va a hacer un viaje por Venezuela. Lee el folleto de la agencia de viajes y luego escucha cómo se lo comenta a su amigo Valentín.

VENEZUELA

Salidas: lunes, viernes, sábados y domingos. Estancia mínima en Venezuela: 4 noches.

Primer día:
MADRID/CARACAS
Salida en vuelo de línea regular con destino Caracas. Llegada y traslado al hotel. Recorrido en autocar por la ciudad y cena en un restaurante típico en Sabana Grande (centro).

Segundo día:
CARACAS / ISLA MARGARITA
Traslado al aeropuerto y vuelo con destino Porlamar. Llegada, recepción y traslado al hotel.

Tercer y cuarto días:
ISLA MARGARITA
Días libres para descansar y disfrutar de la playa.

Penúltimo día:
ISLA MARGARITA / MADRID
Traslado al aeropuerto para tomar vuelo de regreso, vía Caracas. Noche a bordo.

5 DÍAS DESDE 1000 DÓLARES

EXCURSIÓN OPTATIVA A CANAIMA

Primer día: **ISLA MARGARITA / PARQUE NACIONAL DE CANAIMA**
Este Parque Nacional, de 3 000 000 de hectáreas, es el más grande de Venezuela y el sexto del mundo. En él se encuentran las dos caídas de agua más altas del mundo: el salto del Ángel (1002 metros) y el salto Kukenán (760 metros). El Parque Nacional Canaima, con su enorme variedad de fauna y flora, constituye una de las áreas naturales más importantes de América. El alojamiento es en cabañas distribuidas junto a la Playa de la Laguna. Paseo en lancha por la Laguna.

Segundo día: **CANAIMA**
Día libre. Recomendamos excursiones opcionales como la Isla Orquídea, navegando entre la selva por el Río Carrao, o la de Kavac, con visita a las Cuevas en la Gran Sabana.

Tercer día: **CANAIMA / CARACAS** o **ISLA MARGARITA**
Por la mañana sobrevuelo en bimotor DC 3 del Salto del Ángel. Traslado al aeropuerto para salir con destino Caracas o Porlamar.

3 DÍAS DESDE 600 DÓLARES

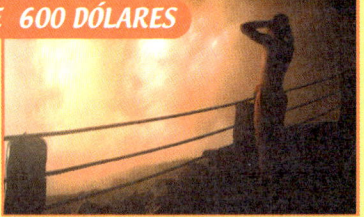

EXCURSIÓN AL DELTA DEL ORINOCO
(CAMPAMENTO BOCA DE TIGRE)

Primer día: **CARACAS / MATURÍN / CAMPAMENTO BOCA DE TIGRE (DELTA DEL ORINOCO)**
Vuelo regular con destino a Maturín. Llegada, recepción y traslado a San José de Buja para, desde allí, viaje en lancha típica por los Caños hasta llegar al campamento Boca de Tigre, ubicado en un islote del Delta del Orinoco. Después, excursión a pie para observar la abundante flora y fauna de la zona.

Segundo día: **CAMPAMENTO BOCA DE TIGRE (DELTA DEL ORINOCO)**
Si lo desea, puede realizar un paseo en lancha al amanecer para observar la naturaleza en todo su esplendor. Salida a la pesca de la piraña. Por la tarde, visita en lancha a una comunidad de indios warao.

Tercer día: **CAMPAMENTO BOCA DE TIGRE / MATURÍN / CARACAS**
Salida en lancha hasta San José de Buja. Llegada y traslado al aeropuerto de Maturín. Vuelo y traslado al hotel.

3 DÍAS DESDE 700 DÓLARES

Hay cosas sobre las que Tina no está completamente segura o no tiene información. En la conversación usa una serie de expresiones para marcar diferentes grados de seguridad.
Vuelve a escucharla y trata de utilizar esas expresiones para responder a estas preguntas.

¿Con quién irá? ¿Cuándo?
¿Con qué compañía viajarán?
¿Irán a Isla Margarita?
¿Visitarán los Andes?
¿Verán cosas interesantes? ¿Cuáles?

¿A dónde irán primero desde Isla Margarita?
¿Qué ciudades visitarán?
¿Dónde se alojarán?
¿Cuántos días durará el viaje?
¿Tina cree que lo pasarán bien?

ciento ochenta y nueve ■ 189

Unidad 15 Gramática

■ Das Futur (*El Futuro*)

■ Beim Futur werden die Endungen an den Infinitiv des Verbs angehängt. Sie sind für alle Konjugationsgruppen gleich.

	estar	ser	ir
-é	estaré	seré	iré
-ás	estarás	serás	irás
-á	estará	será	irá
-emos	estaremos	seremos	iremos
-éis	estaréis	seréis	iréis
-án	estarán	serán	irán

Einige Verben haben im Futur einen unregelmäßigen Stamm, an den jedoch die regelmäßigen Endungen angehängt werden.

querer	querr-
decir	dir-
hacer	har-
haber	habr-
saber	sabr-
poder	podr-
poner	pondr-
venir	vendr-
tener	tendr-
salir	saldr-
caber	cabr-

salir	venir
saldré	vendré
saldrás	vendrás
saldrá	vendrá
saldremos	vendremos
saldréis	vendréis
saldrán	vendrán

Abgeleitete Verben werden genauso konjugiert wie das Basisverb: **rehacer** ⟶ **rehar-**.

■ Wie man über Zukünftiges spricht

■ Im Spanischen gibt es verschiedene Arten, über zukünftige Handlungen oder Ereignisse zu sprechen. Dabei kommt es jeweils auf den Standpunkt des Sprechers an.

Futur I	• En enero **iré** a Roma.
Präsens von **ir a** + Infinitiv	• En enero **voy a ir** a Roma.
Indikativ Präsens	• En enero **voy** a Roma.

■ Man verwendet das Futur, um über zukünftige Handlungen oder Ereignisse zu sprechen, die keinen Bezug zu dem Augenblick haben, in dem man spricht.

• Mañana **lloverá** y **bajarán** las temperaturas.

■ Man verwendet **ir a** + Infinitiv, um über Pläne zu sprechen.

• El año que viene **voy a estudiar** en el extranjero.

■ Man verwendet den Indikativ Präsens in den folgenden Fällen:
Wenn die Zukunft bereits durch eine Zeitbestimmung ausgedrückt wird.

• El día 13 **es** martes.   • El día 13 ~~será~~ martes.

Wenn man betonen will, dass es sich um einen Entschluss handelt.

• Este mes **me tomo** unos días de vacaciones.

Wenn man etwas versichern oder versprechen möchte.

• No se preocupe, ahora mismo **llamo** al médico.

In einigen Gegenden Lateinamerikas wird das Futur nur in formellen Kontexten verwendet.

Gramática **Unidad 15**

■ Wie man Vermutungen äußert

■ Für Vermutungen über gegenwärtige Ereignisse kann man das Futur benutzen.

- ¿Qué **estará** haciendo esa gente?
- **Estarán** esperando para entrar.

¿Quién será?

Será mi hermano.

■ Für Vermutungen und Spekulationen über Gegenwärtiges, Vergangenes oder Zukünftiges kann man folgende Konstruktionen verwenden:

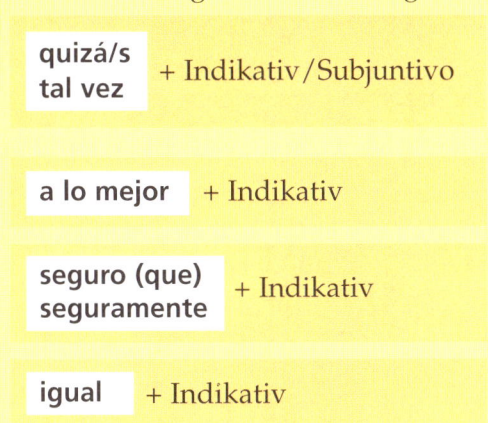

quizá/s, tal vez	+ Indikativ/Subjuntivo

- **Quizá** llegará más tarde.
- **Tal vez** llamó y no estábamos.
- **Quizá** venga a vernos.
- **Tal vez** venga a cenar.

a lo mejor	+ Indikativ

- No ha venido.
- **A lo mejor** se ha olvidado.

seguro (que), seguramente	+ Indikativ

- **Seguro que** ha tenido algún problema.
- **Seguramente** ha tenido algún problema.

igual	+ Indikativ

- ¡Qué raro! Ya son las diez…
- **Igual** no encuentra la casa. ¿Seguro que tenía la dirección?

■ Für Annahmen verwendet man:

Suponer que	+ Indikativ

- ¿Ana? **Supongo que** está en casa.

¿Va a venir Diego?

No sé. Espero que sí.

■ Für Hoffnungen und Wünsche:

Esperar que	+ Subjuntivo

- **Espero que** venga Luis hoy.

■ Wenn man etwas für unwahrscheinlich hält:

No creer que	+ Subjuntivo

- ¿Vendrá Óscar esta tarde?
- No, **no creo que** venga.

■ Das Futur II (*El Futuro Perfecto*)

■ Bezieht sich eine Vermutung auf etwas Vergangenes, so verwendet man das Futur II.

	Futur von **haber**	+ Partizip Perfekt
yo	habré	bail**ado**
tú	habrás	habl**ado**
él, ella, usted	habrá	com**ido**
nosotros/as	habremos	beb**ido**
vosotros/as	habréis	viv**ido**
ellos, ellas, ustedes	habrán	…

- ¿Qué **habrá pasado**?
- **Habrá habido** un accidente.

■ Cuando + Indikativ/Subjuntivo

*In Fragen mit **cuándo** kann das Futur verwendet werden:*
*¿**Cuándo irás** a ver a Miguel?*

■ Man benutzt **cuando** + Indikativ, wenn sich der Nebensatz auf etwas Gegenwärtiges (dt. *immer wenn*) oder Vergangenes bezieht (dt. *als*).

- **Cuando** me levanto, estoy de mal humor.
- Se fue **cuando** llegó Ana.

■ Man benutzt **cuando** + Subjuntivo (dt. *sobald*), wenn sich der Nebensatz auf etwas Zukünftiges bezieht (das Ereignis ist also noch ungewiss).

- **Cuando** tenga tiempo, iré a visitar a mis padres.

ciento noventa y uno ■ 191

Unidad 15 Actividades

3 Imagina que estás con uno/a de tus compañeros en estas situaciones. En parejas, especulad sobre lo que ha pasado o sobre lo que está pasando en estas seis situaciones y discutid las diferentes hipótesis. Intentad formular el máximo número de hipótesis para cada situación.

- ¿Qué estará pasando?
- Seguro que ha habido un atraco.
- Igual han secuestrado a alguien.

Actividades **Unidad 15**

4 Imaginad que os encontráis en estas situaciones. Ninguno de vosotros sabe qué pasa exactamente, pero intentáis buscar explicaciones. En cada caso, podéis formular hipótesis con las propuestas del recuadro o inventar otras. El ejemplo os puede ayudar.

1. Ana, una amiga vuestra, tenía que llegar a tu casa a las siete de la tarde. Son las ocho y todavía no ha llegado.

   tiene problemas de tráfico
   se ha olvidado
   le ha pasado algo
   se ha perdido
   …

   → ● Seguro que Ana se ha olvidado.
   ○ No hombre, no. Habrá tenido problemas de tráfico. Como viene en coche…
   ■ ¿Y no le habrá pasado algo? A lo mejor está enferma.

2. Subís al autobús para iros de excursión, pero no se pone en marcha.

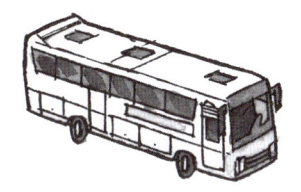

   no hay gasolina
   ha hecho mucho frío por la noche y está frío
   alguien ha desconectado algún cable
   lo ha cogido alguien y lo ha estropeado
   …

3. Estáis invitados en casa de Igor porque es su cumpleaños. Hace un rato que estáis llamando a la puerta, pero no contesta nadie.

   está comprando algo para la fiesta
   os habéis equivocado de día
   está duchándose y no oye el timbre
   os habéis equivocado de puerta
   …

4. Estáis en clase de español. Vais a escuchar una canción, pero el CD no funciona.

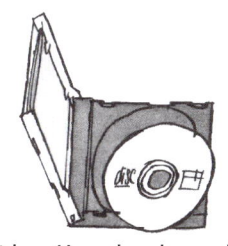

   el profesor ha colocado el CD en el vídeo
   no está enchufado
   alguien lo ha estropeado y no ha dicho nada
   el profesor no ha apretado el botón correcto
   …

5. Llegáis a la clase de español a la hora en punto, pero no hay nadie.

   es una broma
   es fiesta
   el profesor está enfermo
   la clase es hoy en otra aula
   …

6. Has comprado un kilo de patatas, pero, cuando llegas a tu casa, en la bolsa hay plátanos.

   has cogido una bolsa equivocada
   te han entendido mal
   los del supermercado son muy despistados
   tienes que mejorar tu pronunciación
   …

ciento noventa y tres ■ 193

Unidad 15 Actividades

5 Vamos a hacer un poco de "futurología". ¿Crees que en este siglo sucederán estas cosas?

- ¿Habrá grandes problemas con la falta de agua en el planeta?
- ¿Nos comunicaremos con seres de otros planetas?
- ¿Desaparecerán los libros en soporte de papel?
- ¿Usaremos más energías alternativas?
- ¿Las mujeres lograrán la igualdad?
- ¿Se curarán todas las enfermedades?
- ¿Habrá más justicia social?
- ¿Desaparecerá el racismo?
- ¿Utilizaremos robots en el trabajo y en casa?
- ¿Los seres humanos respetaremos más la naturaleza?
- ¿Tu país ganará más de tres mundiales de fútbol?
- ¿El número de habitantes de la Tierra seguirá creciendo?
- ¿Mejorará la situación económica de tu país?
- ¿Desaparecerán algunas religiones?
- ¿Viajaremos a otras galaxias?

• Yo creo que en este siglo habrá grandes problemas con el agua.
○ Hombre, seguramente pronto podremos utilizar el agua de mar.
• Sí, quizá.

Reuníos, ahora, en pequeños grupos e inventad cinco preguntas más de este tipo. Luego, haced una encuesta a los compañeros de clase para ver qué piensa la mayoría.

¿Qué crees que debe ocurrir para que sucedan algunas de las cosas anteriores? Coméntalo con tu compañero/a.

Nos comunicaremos con seres de otros planetas **cuando**...
Los libros desaparecerán **cuando**...
Usaremos más energías alternativas **cuando**...
...

• Usaremos más energías alternativas cuando se termine el petróleo.

Actividades **Unidad** 15

6 Entrevista a tu compañero/a sobre cómo imagina su futuro. Para responder a las preguntas de la entrevista, podéis marcar los diferentes grados de seguridad con: **quizá, tal vez, a lo mejor, seguro que, seguramente, igual, supongo que, espero que, (no) creo que...** ¿Crees que tu compañero/a es una persona optimista o pesimista? Razónalo ante el resto de la clase.

casarse / no casarse
tener hijos / no tener hijos
vivir en el mismo país / vivir en países diferentes
vivir en la ciudad / vivir en el campo
hablar muy bien español algún día / no hablar bien español nunca
aprender otro idioma / no aprender otro idioma
ser famoso / no ser famoso
encontrar el amor de tu vida / no encontrar el amor de tu vida

● ¿Te casarás?
○ No, no creo que me case nunca.

7 ¿Conoces el cuento de la lechera? Osvaldo es un joven informático muy soñador y muy optimista. Hoy se presenta a una entrevista de trabajo. Con un/a compañero/a, intenta continuar la historia.

> Me entrevistarán y seguro que me darán el trabajo. Seguramente cuando empiece a trabajar, verán que soy un informático muy bueno. Probablemente cuando vean que soy un muy buen informático, me subirán de categoría y me nombrarán jefe… Cuando me nombren jefe… Cuando… Cuando… Cuando…

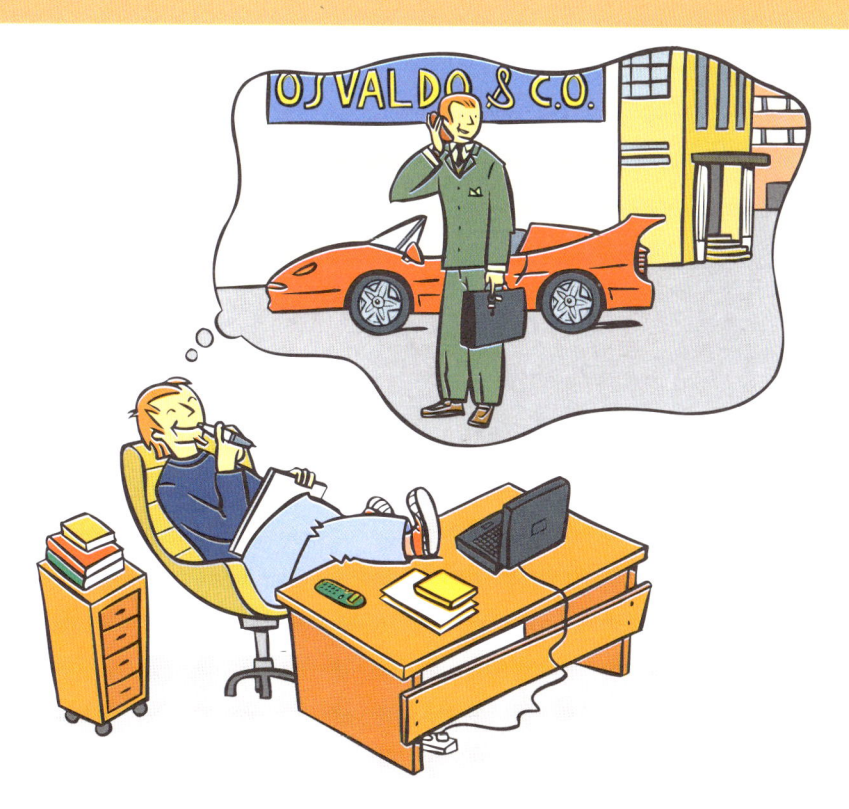

Ahora, leed en voz alta algunas de vuestras historias. Seguro que habéis imaginado cosas diferentes.

Unidad 15 Actividades

8 Uno/a de vosotros/as no sabe cuándo van a hacer estas cosas estas personas. En parejas, una persona pregunta y la otra responde.

¿Cuándo...?

Alfredo / casarse
Rita / marcharse a Panamá
Víctor / venir a cenar
Jorge / vivir en el Caribe
Los Pérez / tener hijos
Carmen y Paco / ir a esquiar
Vosotros / tener vacaciones
Usted / poder comprar el piso

Fechas:

la semana que viene
el año que viene
tener menos trabajo
terminar la carrera
encontrar piso
salir de la escuela
dentro de un rato
jubilarse
poder cambiarse de casa
el próximo fin de semana
tener un fin de semana libre
estar arreglados los esquís
dentro de quince días
conseguir un crédito en el banco

● ¿Cuándo se casará Alfredo?
○ Cuando encuentre piso y consiga un crédito en el banco.

9 Haz preguntas a un/a compañero/a para saber qué va a hacer en al menos cinco de las siguientes fechas. Al contestar, tendrá que pensar si lo tiene decidido o si tiene dudas, así como explicar las condiciones que pueden afectar su decisión.

esta noche
el próximo fin de semana
dentro de tres meses
cuando (*terminar*) el curso
cuando (*saber*) mucho español
las próximas Navidades
el domingo que viene por la tarde
cuando le (*tocar*) la lotería

el próximo sábado por la noche
cuando (*ser*) abuelo
el día 15
el día de su cumpleaños
cuando (*conocer*) el amor de su vida
el día que (*cumplir*) 50 años
el día que (*comprar*) una casa
cuando (*jubilarse*)

● ¿Qué vas a hacer esta noche?
○ Seguramente voy a ir al cine.
● ¿Al cine? ¡Qué bien!
○ Bueno, sí... Iré si no estoy muy cansado.

10 Vas a oír una conversación entre una empleada de Iberia y una persona que quiere información sobre un viaje. Escúchala y trata de contestar a las siguientes preguntas.

¿Sobre qué vuelos quiere información?
¿De dónde salen los vuelos?
¿Cuántos vuelos directos hay y cuál es la hora de salida?
¿Cuánto dura el viaje? ¿A qué hora llegan?
¿Hay algún vuelo que no sea directo? ¿Cuándo? ¿Dónde hace escala?
¿Cuánto vale un billete de ida y vuelta?
¿Se puede enlazar desde Frankfurt?

Escribe en tu cuaderno todas las palabras que sirven para hablar de viajes.

Actividades **Unidad** 15

11 Vas a escuchar una canción del grupo de rock peruano NoSeQuien y los NoSeCuantos. Para prepararte, primero lee las preguntas a las que, luego, deberás responder.

-los patos y las patas-

El día empieza, iremos hacia el Sur,
qué caro está el peaje,
qué caro está el Perú,
Kilómetro 40, doblando a la derecha
un camino de tierra,
el cielo azul anuncia un día de luz.
La arena quema, no hay sitio alrededor,
primer problema: buscar ubicación
junto a un grupo de chicas
que presten atención a estos guapos
muchachos y que presten
también su bronceador.
Los Quispe gozan también del vacilón
cebiche en bolsa y sopa en botellón,
mientras que a cuatro metros
los Müller sin hablar vigilan la parrilla,
mientras esperan que encienda el carbón.
Pero si tú no llegas, ya no hay sol,
si tú no llegas, pierdo la ilusión,
me escondo en mi toalla,
espero a que se vayan
si no llegas, ya no hay calor.
El sol avanza, mi piel ya se quemó
tengo la panza color de un camarón,
pero a mi lado un gringo,
se ha quedado dormido
y ahora está encendido.
¡Que vengan los bomberos, por favor!
Llegó el momento del rico chapuzón,
no vengas Pablo porque eres un meón,
el hijo de los Quispe,
que no sabe nadar,
lleva tres litros de agua,
entró flaquito y sale barrigón.
El sol se marcha, la gente se quitó
unos en lancha, los otros en camión,
pero en el fondo todos
regresan a sus casas muy agradecidos,
pues todos son iguales bajo el sol.

Letra: Coque Romero - Música: V. Lago

¿Hacia dónde van?
¿Por dónde van?
¿Dónde está el lugar exacto al que van?
¿Qué día hace?
¿Dónde han llegado?
¿Hay mucha o poca gente?
¿Dónde quieren instalarse?
¿Qué han llevado los Quispe para comer?
¿Y los Müller?
¿Cuál es la diferencia entre ambas familias?

¿A quién espera el protagonista?
¿Qué pasa si no llega?
¿Ha pasado bastante rato?
¿Qué le ha pasado con el sol a él y al americano?
¿Es lo mismo o hay alguna diferencia?
¿Qué le ha pasado al hijo de los Quispe?
¿Cuándo se van?
¿Quiénes crees que se van en lancha y quiénes en camión?

En la canción hay elementos que reflejan irónicamente la cultura peruana. ¿Puedes señalarlos? ¿Cuál crees que es el mensaje de esta canción?

12 Hören Sie diese Sätze und beachten Sie, was mit den Vokalen geschieht. Einige werden verbunden wie in dem Beispiel.

Yo no iré al cine hoy.

Ana va a ir a un concierto
¿Vendrá esta noche Alberto?

Visitaré España en verano.
¿Qué día hace hoy?

In der spanischen Sprache werden aufeinander folgende Vokale zu einer Silbe verbunden, auch wenn sie zu verschiedenen Wörtern gehören. Manchmal kann es sogar passieren, dass drei Silben von drei verschiedenen Wörtern miteinander verbunden werden.

Wenn zwei oder drei gleiche Vokale aufeinander folgen, werden sie wie einer ausgesprochen, allerdings ein wenig länger. Hören Sie zu:

Ana va a Ávila.

ciento noventa y siete ■ 197

Unidad 15 Actividades

13 Aquí tienes unos fragmentos de algunos poemas del célebre poeta sevillano Antonio Machado. Lee primero la biografía y, luego, los poemas. ¿Cómo los interpretas? ¿Te gustan? Coméntalo con un/a compañero/a.

Antonio Machado (Sevilla 1875 - Colliure 1939) es, junto a Unamuno, Azorín y Baroja, uno de los mejores representantes de la llamada "Generación del 98". Autor de algunos de los más conocidos versos escritos en lengua española, la obra de Machado estuvo enormemente influenciada por el paisaje castellano y por la prematura muerte de su mujer Leonor. Obras como *Soledades*, *Proverbios y Cantares* o *Campos de Castilla* le han colocado en un lugar de privilegio en la historia de la poesía española.

Cuando recordar no pueda
¿dónde mi recuerdo irá?
Una cosa es el recuerdo
y otra cosa es recordar.

(de *Proverbios y Cantares*)

Si me tengo que morir
poco me importa aprender.
Y si no puedo saber,
poco me importa vivir.

(de *Apuntes Parábolas*, *Proverbios y Cantares*)

- Nuestro español bosteza.
¿Es hambre? ¿Sueño? ¿Hastío?
Doctor, ¿tendrá el estómago vacío?
- El vacío es más bien en la cabeza.

(de *Proverbios y Cantares*)

Escribiré en tu abanico:
te quiero para olvidarte,
para quererte te olvido.

(de *Canciones a Guiomar*)

Para usar todo lo que hemos aprendido hasta ahora...

Heute bereiten Sie für Ihr Programm eine Sendung mit dem Titel „Unsere Welt von morgen" vor. Sprechen Sie darüber, wie der Alltag, die persönlichen und familiären Beziehungen, die Umwelt, der Fortschritt und die Beziehungen zwischen den Ländern in der Zukunft sein werden.

Besprechen Sie in Gruppen, wen Sie interviewen möchten (eine/n Wissenschaftler/in, eine/n Ökologen/in, eine/n Geistliche/n ...).

Verfassen Sie ein Skript mit den Fragen des Moderatoren / der Moderatorin und den Antworten des/der Interviewten.

Führen Sie dann das Interview und vergessen Sie nicht, es aufzunehmen ...

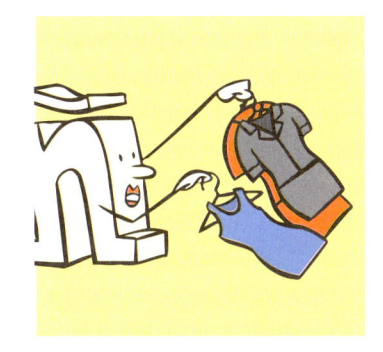

Unidad 16

In dieser Einheit lernen Sie ...

- wie man Bedingungen formuliert

- wie man Vorschläge macht und ablehnt

- wie man Wünsche äußert

- die Bedingungssätze

- das Konditional und das Imperfekt des Subjuntivo

Unidad 16 Textos

1 Lupe, Javier y Carla, tres amigos que estudian en Madrid, están preparando un viaje de estudios de tres meses de duración, en primavera, a otra ciudad española. Tienen que discutir diferentes posibilidades para alojarse. Lee los anuncios y piensa en qué ventajas y en qué inconvenientes tiene cada una de las posibilidades.

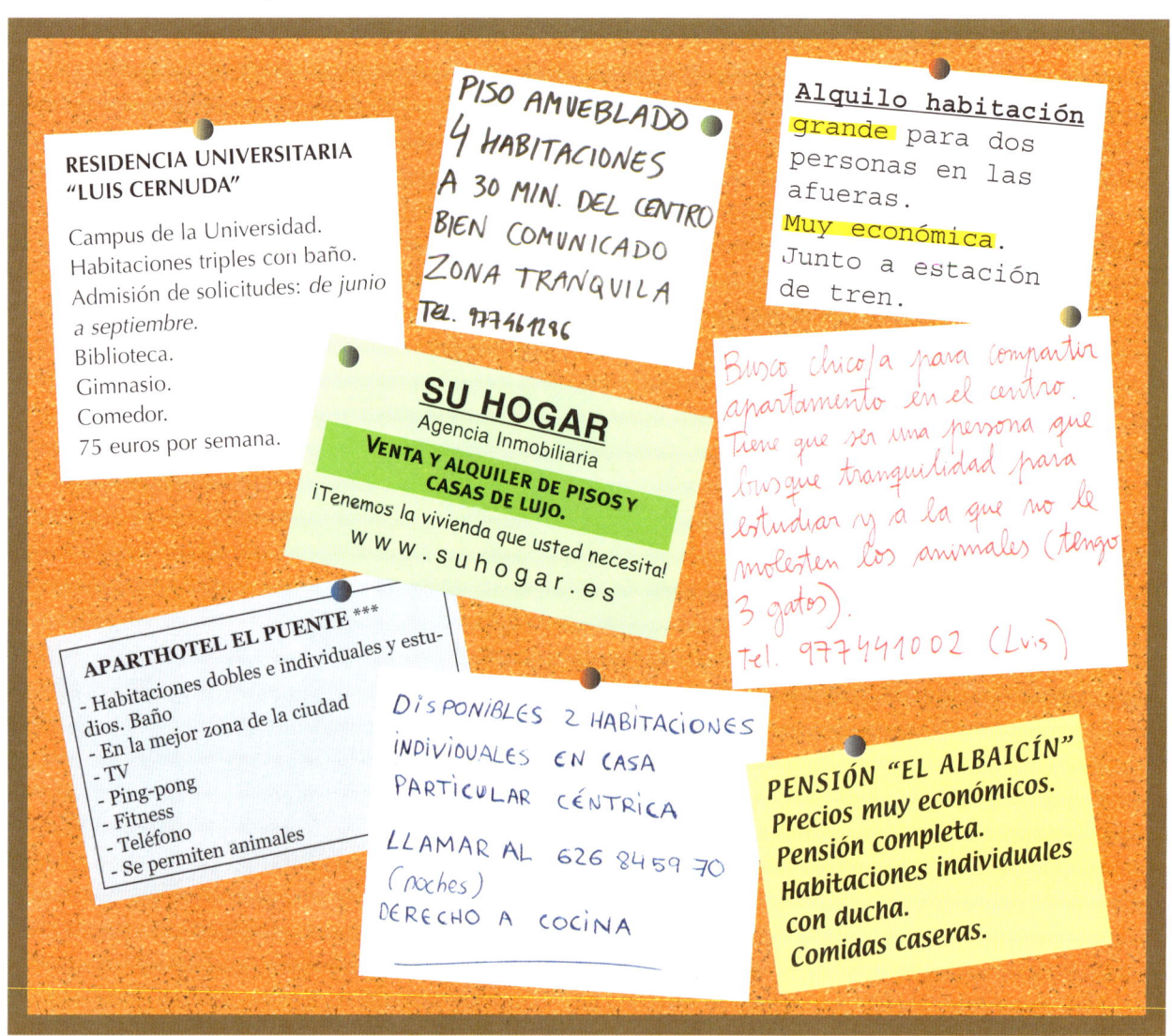

RESIDENCIA UNIVERSITARIA "LUIS CERNUDA"

Campus de la Universidad.
Habitaciones triples con baño.
Admisión de solicitudes: *de junio a septiembre*.
Biblioteca.
Gimnasio.
Comedor.
75 euros por semana.

PISO AMUEBLADO
4 HABITACIONES
A 30 MIN. DEL CENTRO
BIEN COMUNICADO
ZONA TRANQUILA
Tel. 977461296

Alquilo habitación <mark>grande</mark> para dos personas en las afueras. <mark>Muy económica</mark>. Junto a estación de tren.

SU HOGAR
Agencia Inmobiliaria
VENTA Y ALQUILER DE PISOS Y CASAS DE LUJO.
¡Tenemos la vivienda que usted necesita!
www.suhogar.es

Busco chico/a para compartir apartamento en el centro. Tiene que ser una persona que busque tranquilidad para estudiar y a la que no le molesten los animales (tengo 3 gatos).
Tel. 977441002 (Luis)

APARTHOTEL EL PUENTE *
- Habitaciones dobles e individuales y estudios. Baño
- En la mejor zona de la ciudad
- TV
- Ping-pong
- Fitness
- Teléfono
- Se permiten animales

DISPONIBLES 2 HABITACIONES INDIVIDUALES EN CASA PARTICULAR CÉNTRICA
LLAMAR AL 626 845970 (noches)
DERECHO A COCINA

PENSIÓN "EL ALBAICÍN"
Precios muy económicos.
Pensión completa.
Habitaciones individuales con ducha.
Comidas caseras.

¿Cuál crees que deben elegir en las siguientes condiciones?

Si quieren cocinar en casa, ...
Si no quieren gastar mucho dinero, ...
Si quieren vivir en el centro, ...
Si quieren vivir los tres juntos, ...
Si quieren invitar a amigos o hacer fiestas, ...
Si quieren tener habitaciones individuales, ...
Si quieren elegir entre muchos pisos, ...
Si quieren tener una mascota, ...
Si quieren tener mucho contacto con otros estudiantes de la ciudad, ...

Si estuvieras en la misma situación que Lupe, Javier y Carla, ¿dónde te gustaría alojarte? Pregúntaselo también a un/a compañero/a.

• A mí me gustaría alojarme en...

Textos **Unidad** **16**

🎧 Escucha, ahora, cómo hablan del tema con Nacho, otro compañero que conoce la ciudad a la que van. Luego, lee la transcripción.

JAVIER: ¿Y si buscáramos un hotel?
LUPE: Anda, ¡un hotel saldría muy caro!
NACHO: Depende… Tengo la dirección de una pensión que no es muy cara… Así podríais estar los tres juntos.
CARLA: A mí, la verdad, me gustaría alquilar un piso.
LUPE: ¿Y si habláramos con mi amiga Marisa? Ella vive en un piso muy grande y tiene una habitación libre…
JAVIER: ¿Los tres en una habitación?
LUPE: Hombre, solo los primeros días…
CARLA: Sí, porque, luego, lo mejor será buscar un piso que tenga tres habitaciones.
LUPE: Y que no sea muy caro.
JAVIER: ¿Y si preguntáramos en las residencias universitarias?
NACHO: Es que en esta época del año no hay habitaciones libres.
LUPE: Claro... También hay familias que alquilan habitaciones. Yo he encontrado una. Mira…
JAVIER: Sí, pero entonces no podríamos estar juntos. Es difícil encontrar familias que alquilen tres habitaciones, ¿no crees? Y, además, a mí me gustaría tener más independencia… Ya sabes, los horarios...
CARLA: ¿Y si llamásemos a una agencia?
NACHO: Yo, la verdad, me instalaría en una pensión los primeros días y, cuando estéis allí, buscáis un piso para los tres.
LUPE: Sí, sería más fácil. Podríamos buscar en el periódico o ir a una agencia.
CARLA : No es mala idea… Quizá, cuando estemos allí, conozcamos a alguien que quiera compartir piso.
LUPE: Tú, Nacho, tienes la dirección de una pensión, ¿no?
NACHO: Sí, aquí está. A ver… Pensión "El Albaicín".
CARLA: ¿Por qué no llamamos para preguntar si tienen habitaciones libres en marzo?
JAVIER: Vale.

🔍 **En la conversación cada uno/a hace propuestas para resolver el tema. Señala en el texto las formas que utilizan para hacerlo.**

🔍 **En el texto aparecen dos tiempos nuevos: el Condicional y el Imperfecto de Subjuntivo. ¿Cómo crees que se forman? ¿Puedes formular alguna hipótesis sobre su uso?**

Unidad 16 Gramática

■ Das Konditional (*El Condicional*)

■ Beim Konditional werden, wie beim Futur, die Endungen an den Infinitiv des Verbs angehängt. Sie gelten für alle Verben, auch für die unregelmäßigen.

	estar	ser	ir
-ía	estaría	sería	iría
-ías	estarías	serías	irías
-ía	estaría	sería	iría
-íamos	estaríamos	seríamos	iríamos
-íais	estaríais	seríais	iríais
-ían	estarían	serían	irían

■ Die unregelmäßigen Verben sind dieselben wie beim Futur: **podr-, tendr-**...

• **Podríamos** ir a Guatemala este verano, ¿no te parece?

■ Man verwendet das Konditional für Dinge, die realisiert werden könnten oder die man gerne realisieren würde.

• **Podríamos** ir en avión en lugar de en coche.
• Ahora mismo **me tomaría** un zumo de naranja.

■ Das Konditional wird auch verwendet, wenn man höflich um einen Gefallen bittet oder einen Wunsch äußert.

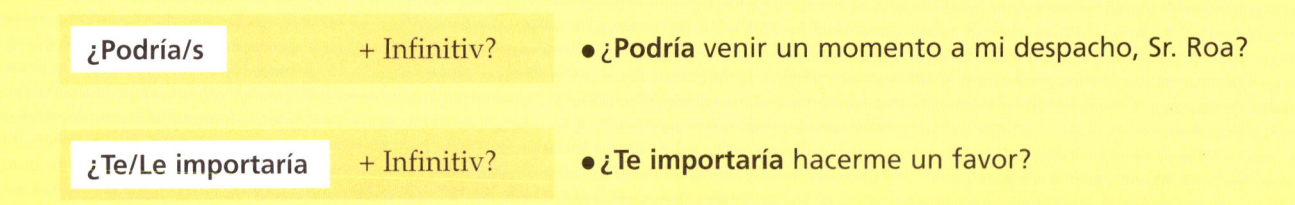

| ¿Podría/s | + Infinitiv? |

• ¿**Podría** venir un momento a mi despacho, Sr. Roa?

| ¿Te/Le importaría | + Infinitiv? |

• ¿**Te importaría** hacerme un favor?

■ Das Konditional steht weiterhin, wenn man Ratschläge gibt oder erbittet.

• **Podrías** hablar con el jefe, a ver si te sube el sueldo.
• **Tendrías que** dormir más.
• ¿Crees que **debería** ir a trabajar?
• Yo **iría** al médico.

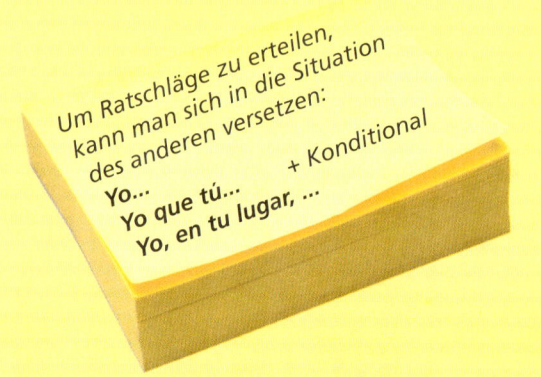

Tengo que ir a una entrevista de trabajo. ¿Tú cómo irías vestida?

Yo, en tu lugar, me pondría el traje gris.

Um Ratschläge zu erteilen, kann man sich in die Situation des anderen versetzen:
Yo...
Yo que tú...   + Konditional
Yo, en tu lugar, ...

202 doscientos dos

Gramática **Unidad 16**

■ Das Imperfekt des Subjuntivo (*El Pretérito Imperfecto de Subjuntivo*)

■ Das Imperfekt des Subjuntivo wird von der 3. Person Plural des Indefinido abgeleitet. Dabei wird die Endung **-ron** gegen die Endungen des Imperfekts des Subjuntivo ausgetauscht. Es existieren zwei Formen: **-ra** und **-se**. Beide Formen sind gleichwertig. Achten Sie auf den Akzent bei der 1. Person Plural[1].

	-ra	-se
vinie~~ron~~	-ra	-se
traje~~ron~~ +	-ras	-ses
tuvie~~ron~~	-ra	-se
	-ramos	-semos
	-rais	-seis
	-ran	-sen

estar	escribir	ser
estuvie**ra/se**	escribie**ra/se**	fue**ra/se**
estuvie**ras/ses**	escribie**ras/ses**	fue**ras/ses**
estuvie**ra/se**	escribie**ra/se**	fue**ra/se**
estuvié**ramos/semos**[1]	escribié**ramos/semos**[1]	fué**ramos/semos**[1]
estuvie**rais/seis**	escribie**rais/seis**	fue**rais/seis**
estuvie**ran/sen**	escribie**ran/sen**	fue**ran/sen**

■ Man verwendet das Imperfekt des Subjuntivo, um irreale oder unwahrscheinliche Bedingungen auszudrücken.

si + Imperfekt des Subjuntivo, Konditional

- Si **tuviese** más tiempo, aprendería a bailar el tango.
- Si **supiera** más español, me iría a vivir a México.

■ Relativsätze mit Indikativ oder Subjuntivo (*Oraciones de relativo*)

■ Relativsätze dienen dazu, ein vorhergehendes Substantiv (Person, Sache oder Ort) näher zu bestimmen. Wenn es sich dabei um etwas Konkretes oder Bekanntes handelt, verwendet man den Indikativ.

He encontrado un piso que **tiene** cuatro habitaciones.

Conozco un hotel donde Arturo **puede** ir en agosto.

Hay mucha gente que **ve** este programa.

■ Wenn man sich auf etwas bezieht, von dem man nicht weiß, ob es existiert, verwendet man im Relativsatz den Subjuntivo.

Busco un piso que **tenga** cuatro habitaciones.

No encuentro un hotel donde Ana **pueda** ir en agosto.

No hay mucha gente que **vea** este programa.

> Wenn ein Verb eine Präposition mit sich führt, wird diese beibehalten und der Artikel hinzugefügt.
> **hablar con**: una persona **con la que** se puede/a hablar
> **ir a**: un lugar **al que** se puede/a ir (en coche)

Unidad 16 Gramática

■ Wie man Bedingungen formuliert

■ Wenn die Bedingung als erfüllbar oder möglicherweise zutreffend erscheint, verwendet man diese Strukturen:

Bedingungssatz	Hauptsatz
si + Indikativ Präsens	Indikativ Präsens Futur Imperativ

- **Si tenemos** tiempo, **vamos** a la fiesta.
- **Si llueve**, **nos quedaremos** en casa.
- **Si te encuentras** mal, **tómate** una aspirina.

■ Wenn die Bedingung als unwahrscheinlich oder irreal angesehen wird, verwendet man diese Strukturen:

Bedingungssatz	Hauptsatz
si + Imperfekt des Subjuntivo	Konditional Imperativ

- **Si tuviera** dinero, **me compraría** un coche. *(Wenn ich Geld hätte, ...)*
- **Si** no **pudieras** ir, **llámame**. *(Falls du nicht gehen kannst, ...)*

■ Wie man Vorschläge macht und ablehnt

■ Eine der häufigsten Arten, einen Vorschlag zu machen, ist:

| ¿Por qué no + 1. Person Plural des Indikativ Präsens? |

- ¿**Por qué no vamos** al cine hoy?
- Es que hoy estoy ocupadísima...

■ Wenn man jemanden einlädt, bei etwas mitzumachen, verwendet man:

| ¿Por qué no vienes/venís...? |

- Esta tarde vamos a dar un paseo en bici. ¿**Por qué no venís**?

■ Wenn man einen Gegenvorschlag machen möchte, verwendet man:

| ¿Y si + Imperfekt des Subjuntivo? |

- ¿**Y si** en lugar de ir a casa **fuéramos** a dar una vuelta?

■ Um einen Vorschlag abzulehnen, verwendet man:

| Me gustaría/encantaría pero + Erklärung |

- **Me gustaría pero** hoy no puedo.

■ Wie man Wünsche äußert

| Me gustaría + Infinitiv |

- **Me gustaría visitar** a Julia.
  a mí   yo   (dasselbe Subjekt)

| Me gustaría que + Imperfekt des Subjuntivo |

- **Me gustaría que** Julia me **visitara**.
  a mí   ella (verschiedene Subjekte)

*Wünsche kann man auch mit **ojalá** + Subjuntivo (hoffentlich) ausdrücken:*
***Ojalá** haga sol mañana.*

A mí, la verdad, me gustaría ir al cine.

Sí, podríamos ir a ver "En busca de la tilde perdida".

¿Os gustaría ir a dar un paseo?

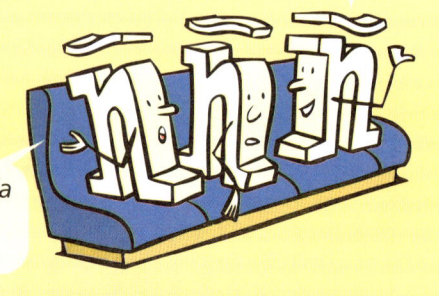

Actividades **Unidad 16**

2 Imagina que tienes que ayudar a un/a estudiante español/a o latinoamericano/a a instalarse una temporada en tu país o en tu ciudad. Con un/a compañero/a trata de completar estos consejos. Para ello, puedes utilizar el Condicional, el Imperativo o las construcciones: **Tienes que** + Infinitivo o **Te aconsejo/recomiendo que** + Presente de Subjuntivo.

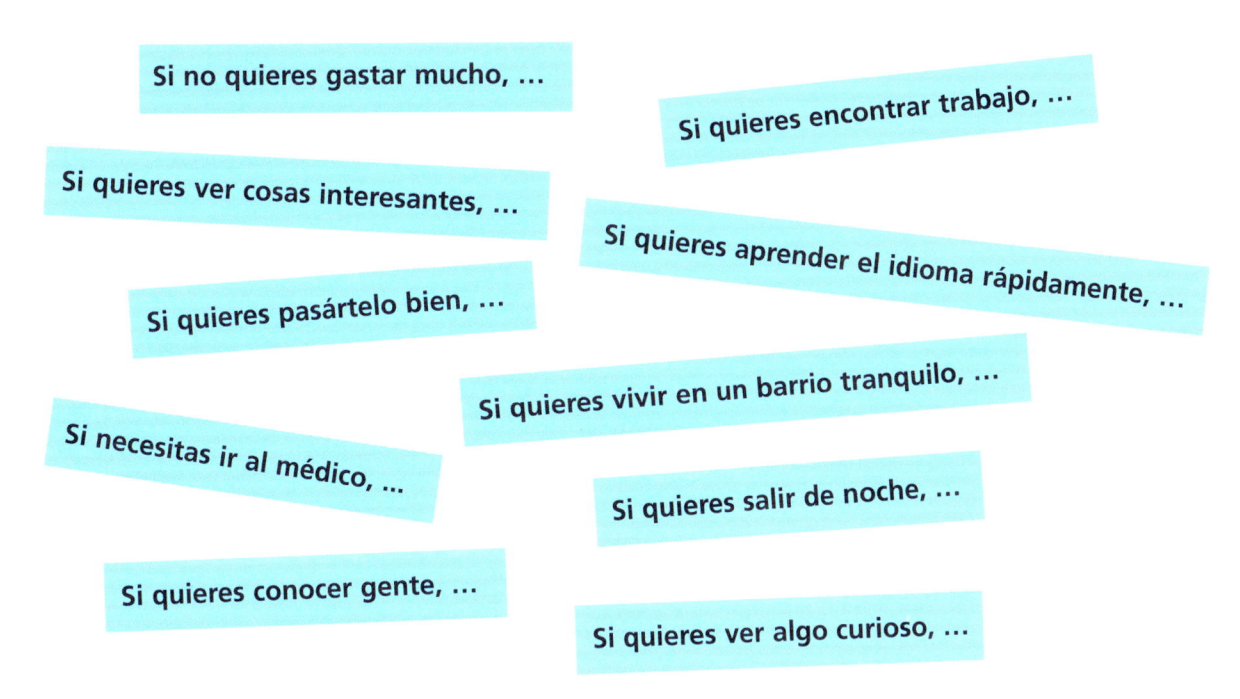

- Si no quieres gastar mucho, …
- Si quieres encontrar trabajo, …
- Si quieres ver cosas interesantes, …
- Si quieres aprender el idioma rápidamente, …
- Si quieres pasártelo bien, …
- Si quieres vivir en un barrio tranquilo, …
- Si necesitas ir al médico, …
- Si quieres salir de noche, …
- Si quieres conocer gente, …
- Si quieres ver algo curioso, …

3 Vamos a jugar al "Si fuera…". Uno/a de tus compañeros/as piensa en alguna persona famosa o en alguien de clase. Vosotros le tenéis que preguntar qué sería si fuera…

un país	un animal	una comida	una película	una profesión
una lengua	un coche	un electrodoméstico	un cantante	un libro

Gana el primero que adivine quién es la persona en la que está pensando el/la compañero/a.

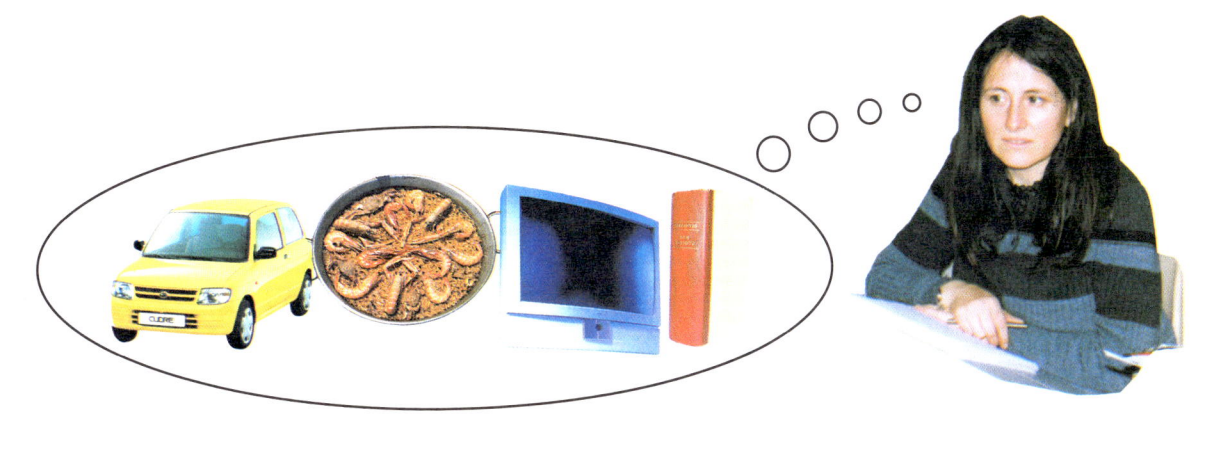

● Si fuera un país, ¿qué país sería?
› Francia.
● Si fuera…

doscientos cinco ■ **205**

Unidad 16 Actividades

4 Entre tus compañeros/as de clase quizá hay alguien que...

escribe poemas monta a caballo lee las manos predice el futuro	compra en las subastas de Internet diseña páginas web arregla ordenadores sabe preparar algún plato peruano	no tiene móvil es vegetariano baila el tango habla griego

Uno/a de vosotros/as hará las preguntas en voz alta a toda la clase y el resto responderá.

• ¿Hay alguien que escriba poemas?

Luego, podéis hacer una estadística.

¿Cuántas personas...?

En nuestra clase hay ... personas que ...
No hay nadie que ...

5 Vamos a trabajar en grupos de cuatro. Imaginad que dos buscan casa y que los otros dos trabajan en una agencia inmobiliaria. Los de la agencia escriben dos fichas como ésta, con dos casas o pisos imaginarios. Los que buscan casa anotan las características que desean formulándolas con adjetivos o con frases relativas.

Apartamento
Piso
Loft
Vivienda unifamiliar
Casa adosada

m²: 170
Situación: en las afueras, cerca de la estación de ferrocarril
Nº habitaciones: 4
Baños: un baño y un aseo
Características: recién rehabilitada. Mucha luz. Vistas.
Servicios: piscina comunitaria y jardines

amueblado   sin muebles
    compra   alquiler

Precio: 1000 euros/mes

Los que buscan casa explicarán qué condiciones piden y los demás deben ver si alguna de sus "ofertas" es adecuada, proponérsela al posible cliente y tratar de convencerle.

• Busco un piso de dos habitaciones, que esté en el centro y que tenga mucha luz.
○ Mira, tengo uno que se acerca a lo que necesitas. Tiene dos habitaciones y mucha luz. Está en las afueras, pero...

Actividades **Unidad 16**

6 En esta página web hay anuncios de todo tipo. Pensad en cosas que os gustaría encontrar, intercambiar, comprar... Cada uno/a escribe tres anuncios. Luego, los leéis en voz alta a toda la clase para ver si alguien está interesado en alguno de ellos o si tiene lo que pedís.

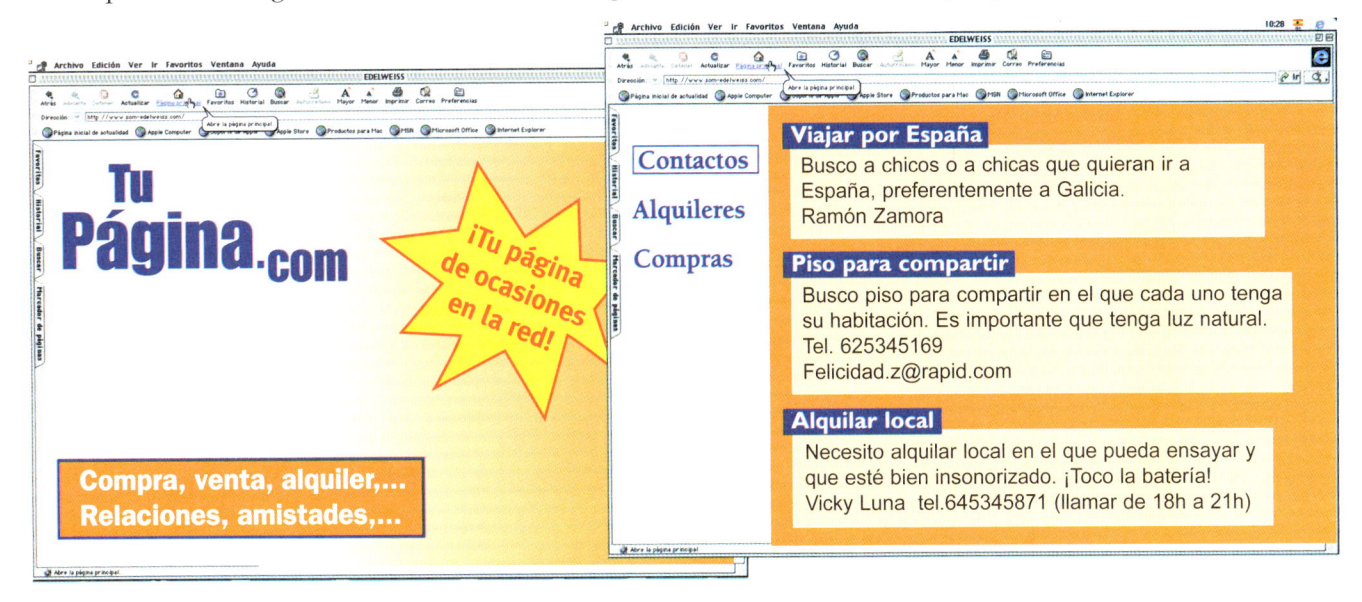

Tu Página.com

¡Tu página de ocasiones en la red!

Compra, venta, alquiler,...
Relaciones, amistades,...

Contactos
Alquileres
Compras

Viajar por España
Busco a chicos o a chicas que quieran ir a España, preferentemente a Galicia.
Ramón Zamora

Piso para compartir
Busco piso para compartir en el que cada uno tenga su habitación. Es importante que tenga luz natural.
Tel. 625345169
Felicidad.z@rapid.com

Alquilar local
Necesito alquilar local en el que pueda ensayar y que esté bien insonorizado. ¡Toco la batería!
Vicky Luna tel.645345871 (llamar de 18h a 21h)

7 En una revista habéis encontrado este análisis comparativo entre Cartagena de Indias y Mallorca. En grupos de tres, elegid, después de calcular muy bien las ventajas y los inconvenientes, uno de estos dos destinos, y explicad el porqué. Los que no han elegido el mismo destino, deberán criticar vuestros planes, poniendo de relieve los inconvenientes. Os será útil formular frases con **si**.

Cartagena de Indias (Colombia)

Tú eliges...

Mallorca (España)

ventajas:
- buen tiempo
- barato
- una parte turística y otra histórica
- comida exquisita
- zumos y ron
- artesanía y oro
- muchos monumentos: murallas, catedral y arquitectura colonial
- el Caribe
- mucha vida nocturna
- gente muy abierta

posibles inconvenientes:
- clima muy húmedo
- playas llenas de turistas

ventajas:
- viaje más barato
- comida mediterránea
- dulces buenísimos (ensaimadas)
- catedral interesante en Palma
- Sóller, pueblo muy típico
- clima agradable
- playas preciosas
- ver a gente famosa
- artesanía interesante

posibles inconvenientes:
- muy turístico
- lluvias en primavera y en otoño
- es una isla
- mucha gente habla mallorquín

● Si fuerais a Mallorca, no veríais nada auténtico, es todo muy turístico.
○ No es verdad. Nosotros iríamos a un pueblo del interior.

doscientos siete

Unidad 16 Actividades

8 Vamos a dejar volar la imaginación. En parejas, pensad sobre estos temas.

Si ahora mismo estuviéramos en una playa del Caribe…
Si yo fuera un personaje famoso…
Si habláramos perfectamente español….
Si pudiéramos viajar en el tiempo…
Si de pronto se presentara aquí un extraterrestre…
Si gobernáramos el mundo por un día…
Si me regalaran un millón de dólares…
Si supiéramos que el mundo se acaba…
Si me tocara, en un concurso, un viaje a cualquier lugar del mundo…
Si pudiera elegir una nacionalidad…

● Si estuviéramos en una playa del Caribe, tomaríamos el sol todo el día.
○ Sí, y nos bañaríamos en aguas cristalinas.

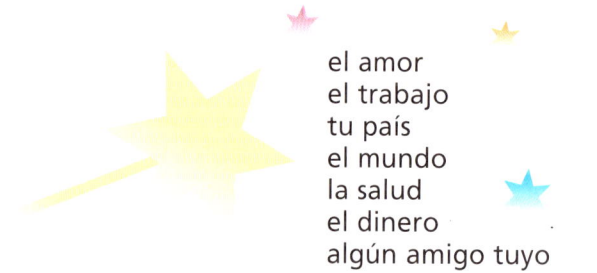

9 ¿Qué te gustaría pedir si tuvieras una varita mágica respecto a estos temas? Prepáralo y, luego, coméntalo con tus compañeros.

el amor
el trabajo
tu país
el mundo
la salud
el dinero
algún amigo tuyo
…

● Me encantaría estar siempre enamorado y, respecto a la salud, me gustaría no tener problemas.
○ Pues a mí me gustaría que se terminara el hambre en el mundo y que no hubiera guerras.

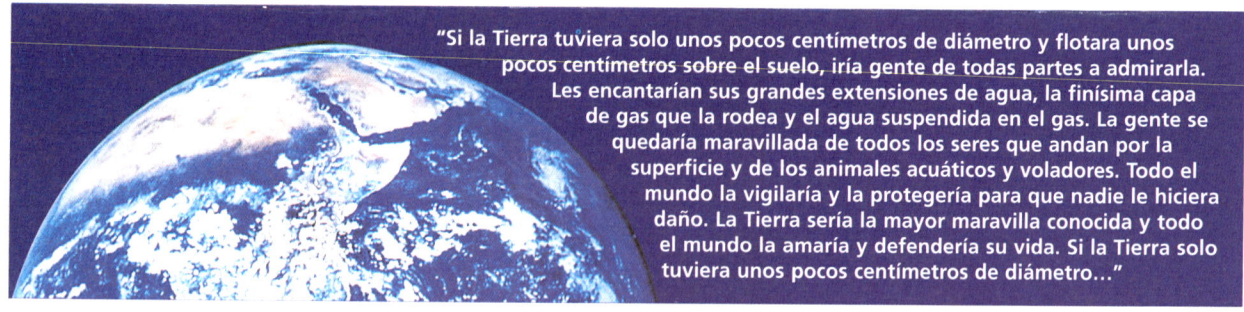

10 Aquí tienes un texto sobre la Tierra. Léelo y escúchalo.

"Si la Tierra tuviera solo unos pocos centímetros de diámetro y flotara unos pocos centímetros sobre el suelo, iría gente de todas partes a admirarla. Les encantarían sus grandes extensiones de agua, la finísima capa de gas que la rodea y el agua suspendida en el gas. La gente se quedaría maravillada de todos los seres que andan por la superficie y de los animales acuáticos y voladores. Todo el mundo la vigilaría y la protegería para que nadie le hiciera daño. La Tierra sería la mayor maravilla conocida y todo el mundo la amaría y defendería su vida. Si la Tierra solo tuviera unos pocos centímetros de diámetro…"

Responde brevemente a estas preguntas:

¿Cuál es la realidad de la Tierra según el autor?
¿La gente respeta los mares y los ríos?
¿Y a los animales?
¿Y a los otros hombres?
¿Y la capa de ozono?

¿La gente vigila la Tierra y la protege?
¿La amamos y la defendemos?
¿Por qué le hacemos daño a nuestro planeta con el tipo de vida que llevamos?

Ahora elige una de las preguntas y escribe un párrafo parecido al anterior dando tu opinión.

Actividades **Unidad 16**

11 Unas personas tienen una serie de problemas o necesitan cosas. Reúnete con un/a compañero/a y pensad en consejos que les podríais dar. Podéis formularlos con: **Podría/s** + Infinitivo, **¿Y si** + Imperfecto de Subjuntivo?, **Yo** + Condicional o **Debería/s** + Infinitivo. A ver a qué grupo se le ocurren los mejores consejos. El ejemplo os puede servir de ayuda.

Quiero hacer un curso de español en Colombia, pero no sé dónde buscar información.

● Quiero hacer un curso de español en Colombia pero no sé dónde buscar información.
○ ¿Y si preguntaras en la Embajada?
■ Yo buscaría información en Internet.

Siempre tengo dolor de estómago. He ido a varios médicos pero no saben lo que tengo.

Tengo ya 45 años y me gustaría casarme, pero no encuentro pareja.

No sé cocinar, pero me gusta comer cosas sanas y buenas...

No me gusta el trabajo que tengo y, además, mi jefe es insoportable.

Quiero alquilar un apartamento en Ibiza, pero no sé cómo.

Estoy buscando una casa que no sea muy cara pero que tenga jardín, aunque sea pequeño.

Mis vecinos hacen mucho ruido por la noche, escuchan música muy fuerte, dan fiestas...

Me cuesta recordar palabras nuevas en español.

12 Habéis decidido hacer un viaje de fin de curso, pero no sabéis a dónde ir, cómo ir, cuándo, durante cuánto tiempo, etc. Os reunís en pequeños grupos y acordáis un plan de viaje. Exponedlo al resto de la clase razonando sus ventajas. Luego, entre todos decidiremos un plan que guste a todo el mundo.

● Nosotros pensamos que podríamos ir a Andalucía, a Sevilla y a Granada, en primavera. En verano haría demasiado calor. Y así quizá podríamos estar en Semana Santa...
○ ¿Y si fuéramos en abril? En abril podríamos ver la Feria...

Unidad 16 Actividades

13 Wie Sie in den Unidades 1, 11 und 12 gesehen haben, gibt es eine enge Verbindung zwischen der Syntax und der Intonation. Hören Sie diese Bedingungssätze und achten Sie auf die Intonationskurven.

Si fuéramos de cámping, sería más barato.

Si tú no llegas, iré yo solo.

Sería más barato si fuéramos de cámping.

Iré yo solo si tú no llegas.

Im ersten Teil steigt die Stimme an; im zweiten Teil sinkt sie wieder ab, wie es auch bei den Aussagesätzen der Fall ist.

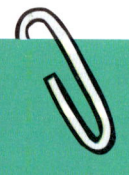

Para usar todo lo que hemos aprendido hasta ahora...

Heute können Sie sich in Ihrem Kurs Gedanken darüber machen, was in unserer Gesellschaft, in der Welt, im menschlichen Verhalten usw. geändert werden könnte bzw. sollte.

Überlegen Sie sich eine Reihe von Slogans, die Sie in Ihrem Programm ausstrahlen können. Verwenden Sie dazu möglichst viele der Zeiten und Strukturen, die Sie in dieser Unidad kennen gelernt haben.

Zum Beispiel:

Si no hubiera ningún niño sin escuela, todo iría mejor.

Queremos una sociedad que dé trabajo a todo el mundo.

Und vergessen Sie nicht, Ihre Sendung aufzunehmen ...

Unidad 17

In dieser Einheit lernen Sie ...

- wie man die Worte anderer wiedergibt

- wie man Aufforderungen und Befehle anderer übermittelt

- wie man auf Informationen reagiert

- das Plusquamperfekt

Unidad 17 Textos

1 En esta historia, Mariana y Santi no consiguen hablar. Escucha y lee los diálogos.

A
- ¿Está Mariana?
- No, en este momento no está.
- ¿Sabe a qué hora volverá?
- Pues, la verdad, no lo sé. No me lo ha dicho.
- Bueno, gracias. Soy Santi. Volveré a llamar antes de las nueve.

B
- Hola, Mariana. Te ha llamado Santi. Me ha preguntado cuándo volverías. Y ha dicho que te llamará antes de las nueve.

C
- ¡Qué raro! Ha dicho que me llamaría antes de las nueve, ¿no?

D
- Mamá, me voy al cine.
- ¿Y si llama ese chico?
- Pídele el teléfono y yo lo llamo…

E
- ¿Está Mariana?
- No, se ha ido al cine. Me ha dicho que te pida el teléfono y que ella te llamará.
- Ah, vale. Es el 854 32 41 78. ¿Le puede decir por favor que me llame mañana a partir de las seis de la tarde?
- De acuerdo. Se lo diré.

F
- Mariana, anoche, sobre las diez y media llamó ese chico, Santi, y me dijo que lo llamaras hoy a partir de las seis de la tarde.

Textos **Unidad 17**

🔍 Observa las conversaciones de la página anterior. En algunas se transmite el contenido de conversaciones anteriores.
¿Hay cosas que no se dicen? ¿Otras que se añaden?
¿Hay algún cambio de tiempo verbal?

🔍 Ahora vamos a encontrar las reglas para transmitir palabras de otros:

¿Qué verbos se utilizan antes de las palabras que se van a transmitir? ¿Se utiliza el mismo verbo si se transmite una pregunta, una información o una petición?

Cuando hay cambios en los tiempos verbales, ¿por qué crees que se han efectuado? ¿Dependen del tiempo cronológico, de la intención de la persona que habla o de las dos cosas?

Compara todos estos fenómenos con lo que haces en tu lengua materna al transmitir palabras de otros. Observa las similitudes y las diferencias.

2 En la página siguiente tienes una serie de tarjetas de un juego de mesa sobre el mundo hispano. Vamos a jugar. En parejas, uno/a irá leyendo las informaciones y el/la otro/a, al escucharlas, tiene que reaccionar. Luego, os intercambiaréis los papeles. Para reaccionar podéis usar las construcciones siguientes:

> **Sí, ya lo sabía.**
> **No lo sabía / No sabía que** + Imperfecto/Pluscuamperfecto
> **No tenía ni idea / No tenía idea de que** + Imperfecto/Pluscuamperfecto
> **No me acordaba. Creía/Pensaba que** + Imperfecto/Pluscuamperfecto
> **No estaba seguro. Creía/Pensaba que** + Imperfecto/Pluscuamperfecto
> **Creía/Pensaba que** + Imperfecto/Pluscuamperfecto

Cuando recibes una información, pero no acabas de creértela, puedes usar alguno de estos recursos:

> • **¿Estás / está usted seguro (de que** + información)?
> ○ **Sí, sí, completamente. / Sí, sí, lo pone aquí / lo ha dicho X/...**

¿Estás segura de que Leonardo de Caprez se ha vuelto a casar?

Sí, sí, segurísima. Lo pone aquí. Mira...

Poner heißt in bestimmten Kontexten soviel wie „schreiben": **Lo pone aquí.** = Es steht hier.

doscientos trece ■ 213

Unidad 17 Textos

Jóvenes

- En los Juegos Olímpicos de 1992, la delegación española consiguió 22 medallas.

- A los habitantes de Buenos Aires se les llama "porteños".

- El "mojito" es una bebida cubana hecha a base de ron, hierbabuena y hielo.

- En España el 28 de diciembre es el Día de los Inocentes. Se hacen bromas y se pegan muñecos en la espalda de la gente.

- Por lo visto, algunas tribus amazónicas toman una droga hecha de raíces que se llama "ayahuasca". Dicen que es una droga telepática. Te permite saber y ver lo que está ocurriendo en otro lugar.

- Los pasteles chilenos son de tradición alemana y muchos pasteles españoles proceden de recetas árabes o hebreas.

- Las Cataratas de Iguazú pueden verse desde Argentina y Brasil.

- El director de cine Luis Buñuel, el poeta Federico García Lorca y el pintor Salvador Dalí coincidieron durante varios años en la Residencia de Estudiantes de Madrid y fueron muy amigos.

- Según los entendidos, las mejores aceitunas españolas son las andaluzas.

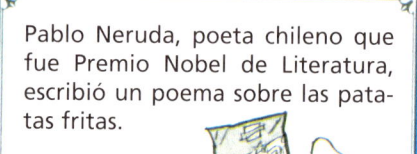

- *Nahiko ongui* significa "bastante bien" en euskera y *oso ongui* significa "muy bien".

- En algunos países de Latinoamérica como, por ejemplo, Colombia, el plátano se llama "banano".

- Pablo Neruda, poeta chileno que fue Premio Nobel de Literatura, escribió un poema sobre las patatas fritas.

- El Chupa Chups es un invento español.

- En las playas del norte de Chile se come el alga "cachayuyo", que se toma con vinagre o dentro de los guisos y que también se emplea para quitar el dolor de muelas.

- Pone en el periódico que los únicos chicles que se venden en China son españoles. Se llaman *Ta-Ta* que, en chino, significa "grande, grande".

- Una de las comidas más típicas de Venezuela son las arepas, una masa de harina de maíz que se rellena con diferentes ingredientes.

- Al parecer, Tàpies es uno de los pintores españoles más conocidos internacionalmente y, también, uno de los más cotizados.

Ahora, vuelve a mirar las informaciones de las fichas y, si hay alguna que no te parece del todo creíble, coméntala con tus compañeros.

🔍 **En alguna de las informaciones se utilizan recursos para señalar alguna duda o distancia sobre el contenido que transmiten. A ver si los encuentras. Haz una lista.**

Gramática Unidad 17

■ Die indirekte Rede *(El estilo indirecto o discurso referido)*

■ Gibt man die Worte anderer wieder, muss man sie an die neue Gesprächssituation anpassen. Das betrifft besonders Elemente wie die Personen des Verbs, Possessiv- und Demonstrativpronomen, Orts- und Zeitangaben usw. Im Spanischen steht immer die Konjunktion **que** *(dass)*.

> La última novela de García Márquez es buenísima.
>
> Mañana vengo y me la compro.

> En la librería Galdós me han dicho que la última novela de García Márquez es buenísima. Mañana voy y me la compro.

> Wilson me ha dicho que mañana se comprará la última novela de García Márquez.

■ Man kann die indirekte Rede außer mit **decir** auch mit folgenden Verben einleiten.

Bei der Wiedergabe von Informationen	comentar…
PEPE: Me encuentro mal, mañana no iré al trabajo.	• Pepe me **ha comentado** que se encontraba mal y que mañana no irá al trabajo.
Bei Bewertungen und Meinungsäußerungen	comentar
SANDRA: Es un piso muy bonito.	• Sandra me **ha comentado** que es un piso muy bonito.
Bei Erklärungen und Rechtfertigungen	explicar
EMILIO: No puedo ir porque es el cumpleaños de mi novia.	• Emilio me **ha explicado** por qué no puede venir.
Bei Fragen ohne Fragewort	preguntar si
RUTH: ¿Has visto a Juan últimamente?	• Ruth me **ha preguntado si** he visto a Juan.
Bei Fragen mit Fragewort	preguntar qué/quién/cuándo/dónde…
JULIO: ¿Cuándo se casó Natalia?	• Julio me **ha preguntado cuándo** se casó Natalia.
Bei Erzählungen und Berichten	contar
NACHO: Me casé en marzo en Ibiza.	• Nacho me **ha contado** que se casó en marzo en Ibiza.

Unidad 17 Gramática

Bei Vorschlägen	**proponer** + Subjuntivo
MARTÍN: ¿Por qué no trabajas con nosotros?	• Martín me **ha propuesto** que trabaje con ellos.
Bei Antworten	**responder/contestar**
YO: ¿Quieres ir al cine? BERTA: No.	• Me **ha contestado** que no.
Bei Aufforderungen und Befehlen	**pedir/ordenar** + Subjuntivo
ANDRÉS: Pásame a recoger a la oficina.	• Andrés me **ha pedido** que le pase a recoger a la oficina.
Bei Ratschlägen	**aconsejar/recomendar** + Subjuntivo
EVA: Tienes que ir al médico.	• Eva me **ha aconsejado** que vaya al médico.

■ Die Zeit des Verbs ändert sich, wenn sich die zeitlichen Bedingungen geändert haben.

Die zeitlichen Bedingungen haben sich geändert: Es ist nach 7 Uhr.

Iré a tu casa a las siete.

¡Qué raro! Me ha dicho que **vendría** a las siete.

■ Auch wenn sich die zeitlichen Bedingungen nicht geändert haben, kann der Sprecher eine andere Zeitform verwenden, um deutlich zu machen, dass er die Worte anderer wiedergibt.

Es werden die Worte eines anderen wiedergegeben.

Roberto **es** un idiota.

Me ha dicho que Roberto **era** un idiota.

Gramática **Unidad 17**

■ Wenn sich die Zeiten der Verben in der indirekten Rede ändern, so tun sie es wie folgt:

Indikativ Präsens	→ Imperfekt
• Luis **trabaja** mucho.	• Nos comentó que Luis **trabajaba** mucho.

Präsens (als Zukunft) oder Futur	→ Konditional
• Mañana te **devuelvo** el libro. • Mañana te **devolveré** el libro.	• Me prometió que al día siguiente me **devolvería** el libro.

Perfekt	→ Plusquamperfekt
• **He estado** de vacaciones.	• Nos contó que **había estado** de vacaciones.

Indefinido	→ Plusquamperfekt
• En mayo **estuve** en Lima.	• Nos contó que en mayo **había estado** en Lima.

Imperativ (oder Bitten)	→ Präsens oder Imperfekt des Subjuntivo
• **Espérame** aquí. • ¿**Puedes esperarme** aquí?	• Me ha pedido que lo **espere** aquí./ Me pidió que lo **esperara** allí.

Präsens des Subjuntivo	→ Imperfekt des Subjuntivo
• Es mejor que **vayas** tú.	• Me dijo que era mejor que **fuera** yo.

Das Imperfekt, das Konditional und das Plusquamperfekt ändern sich nicht.

■ Wenn man die Worte anderer wiedergibt, ist es kaum möglich, sich an die in der Aussage verwendete Zeit zu erinnern, sondern nur an den Inhalt des Gesagten.

• En junio iré a Bolivia.
• En junio voy a Bolivia.
• En junio voy a ir a Bolivia.

• Antes del verano me dijo que en junio **iría** a Bolivia.

• ¿Puedes recoger tú a los niños?
• Recoge tú a los niños, por favor.
• ¿Podrías recoger tú a los niños?

• Ayer me pidió que **recogiera** yo a los niños.

Bueno, pues... Adiós y gracias por todo. Y recuerdos a Pepa.

Se ha despedido, me ha dado las gracias y recuerdos para ti.

doscientos diecisiete

Unidad 17 Gramática

■ Häufig verwendet man in der indirekten Rede Ausdrücke wie **al parecer**, **por lo visto** usw., um Distanz gegenüber der weitergegebenen Information zu zeigen. Oder man gibt die Quelle der Information an: **según dice X**, **según dicen**, **según X** usw.

■ Wenn man jemanden bittet, einem anderen etwas auszurichten, verwendet man den Imperativ.

- **Dile** a tu marido que me llame, por favor.
- **Dígale** al señor González que ha venido su hermano.

■ Das Plusquamperfekt (El Pretérito Pluscuamperfecto)

	Imperfekt von **haber** + Partizip Perfekt	
yo	**había**	coment**ado**
tú	**habías**	explic**ado**
él, ella, usted	**había**	le**ído**
nosotros/as	**habíamos**	sal**ido**
vosotros/as	**habíais**	…
ellos, ellas, ustedes	**habían**	

■ Wie im Deutschen verwendet man das Plusquamperfekt, um über ein Geschehen zu berichten, das vor einem anderen in der Vergangenheit eingetreten ist.

- Cenó muy poco porque **había merendado** a las siete de la tarde.
  („Merendar" kommt vor dem Abendessen.)

Dasselbe gilt auch für die indirekte Rede.

- He visto a Nelson a las diez y me ha dicho que **había llegado** a las ocho.

■ Wie man auf eine Information reagiert

■ Wenn man eine Information erhält, reagiert man häufig, indem man sagt, dass diese Auskunft einem schon bekannt war oder nicht bekannt war oder dass man etwas anderes vermutet hätte. In solchen Fällen kann man folgende Aussagen mit dem Imperfekt oder Plusquamperfekt verwenden.

| Sí, ya lo sabía.
 No lo sabía.
 No tenía ni idea.
 No me acordaba.
 No estaba seguro/a. | No sabía que…
 No tenía ni idea de que…
 Creía/Pensaba que… | + Imperfekt
 Plusquamperfekt |

- Ana está estudiando en San Francisco.
  ○ Ah, **no sabía que estaba** en Estados Unidos.
- Ana ha estado estudiando en San Francisco.
  ○ Ah, **no sabía que había estado** en Estados Unidos.

Actividades Unidad 17

3 Vamos a trabajar en parejas. Imagina que tu compañero/a busca trabajo y que tú lo/la entrevistas. Tienes que decidir si le das el puesto de trabajo y justificar tu decisión.

ALUMNO/A A: trabajas en la pizzería "Rocco" y entrevistas a B, que quiere trabajar como repartidor/a.

ALUMNO/A B: eres el/la gerente de la discoteca "Área reservada" y entrevistas a A, que quiere trabajar como camarero/a.

PIZZERÍA ROCCO

Guión de la entrevista:

¿Cuántos años tiene usted?
¿Qué ha estudiado?
¿Sabe idiomas?
¿Qué ingredientes lleva la pizza Margarita?
¿Tiene pareja?
¿Ha trabajado antes?
¿Va en moto normalmente?
¿Qué haría si se le cayera la pizza al suelo?
¿Es puntual?
¿Le gusta conducir rápido?
¿Es alérgico a algún alimento?
¿A qué hora cena normalmente?

Área reservada

Guión de la entrevista:

¿Tiene experiencia en este tipo de trabajo?
¿Dónde ha estudiado?
¿Cómo se prepara un *Bloody Mary*?
¿Cuáles son sus bebidas preferidas?
¿Sale con alguien?
¿A qué hora se acuesta normalmente?
¿Está en buena forma física?
¿Cuándo viajó por última vez y a dónde?
¿Sabe bailar?
¿Se considera usted una persona dinámica?
¿Cómo prefiere el café: solo o con leche?
¿Sabe leer los labios?

● No le voy a contratar porque me ha dicho que la pizza Margarita llevaba atún.

Ahora, comenta a toda la clase las respuestas más divertidas o más sorprendentes que te ha dado tu compañero/a.

4 Vamos a hacer un poco de teatro. Vamos a trabajar en grupos de tres. El/la profesor/a distribuirá los papeles: A es el/la jefe/a de una empresa, B su secretario/a, y C el/la tercer/a empleado/a, que está lejos de estos dos. El/la jefe/a va a dar unas órdenes a B para C, cuatro de las siguientes:

corregir una carta
hacer una traducción
ir inmediatamente a su despacho
pedir una factura de la última compra a la empresa Zaca
enviar un fax
encargar unos bocadillos
escribir una carta en el ordenador
archivar unos papeles
salir a la calle para ir a Correos
llamar al señor González y preguntarle si ha recibido el último pedido

● Lorenzo, dígale a Norman que corrija inmediatamente esta carta.
○ Norman, me ha dicho la jefa que tiene que corregir urgentemente esta carta.

Ahora, C va a explicar a toda la clase las órdenes que ha recibido.

● La jefa me ha pedido que corrigiera una carta, que...

doscientos diecinueve ■ 219

Unidad 17   Actividades

5 Imagina que has mantenido estas conversaciones. ¿Cómo le cuentas a tu compañero/a las palabras de las personas con las que has hablado, teniendo en cuenta que las transmites en un contexto diferente y de acuerdo con las circunstancias que se señalan?

	Circunstancias en las que se refiere la conversación
Tú/Pepe ● ¿Qué tal estás? ○ Pues no muy bien. Tengo un dolor de cabeza horrible.	- una hora después, sin marcar que son palabras de otro - al cabo de tres días

- ● Hace una hora he hablado con Pepe y me ha dicho que le duele mucho la cabeza.
- ● Hace unos días hablé con Pepe y me dijo que le dolía mucho la cabeza.

Tú/Clara ● Esta novela es buenísima. Si quieres te la presto. ○ Ah, muy bien. El martes de la semana que viene te la traigo.	- al día siguiente, en tu casa - el miércoles de la semana que viene todavía no la ha traído
Tú/Fernando ● ¿Qué tal están los macarrones? ○ Están un poco salados.	- un minuto después - al día siguiente
Tú/Julia ● ¿Qué le vas a comprar a Pablo por su cumpleaños? ○ Pues todavía no lo sé. Esta tarde le compraré algo.	- unas horas después - el día del cumpleaños de Pablo
Tú/Ramón ● ¿Por qué no viniste el sábado a la discoteca? ○ Es que estuve estudiando Matemáticas todo el día.	- al cabo de unos días
Tú/Carmen ● ¿Qué te pasa? ¿Estás de mal humor? ○ No, es que estoy muy cansada. He trabajado mucho.	- un rato después - dos días después
Tú/Inés ● ¿Vendrás a la fiesta de Lupe pasado mañana? ○ No, pasado mañana a estas horas estaré volando hacia Quito.	- un rato después - el día de la fiesta de Lupe
Tú/Susana ● ¿Has visto a Beatriz últimamente? ○ Anteayer la llamé, pero no estaba.	- un rato después en su despacho - por la noche, en tu casa

6 Escribe una pequeña nota con el contenido que quieras (una petición, un comentario, una pregunta...) y fírmala (con un seudónimo, si quieres). El/la profesor/a recogerá todas las notas y las redistribuirá entre los compañeros. ¿Qué te dicen en la que te ha tocado a ti? Prepara tu respuesta por escrito e informa al resto de la clase.

¿Quieres ir a bailar conmigo esta noche?

David ♥

- ● A mí David me ha propuesto que vayamos a bailar. Y yo le he contestado que no, que no me gusta bailar.

Actividades **Unidad 17**

7 Imagina que hace unos días has estado en una fiesta en casa de Begoña, una amiga tuya. Escucha lo que te dicen unas personas. Luego escríbele un e-mail a un/a amigo/a y explícale las cosas de las que te has enterado.

> Begoña me presentó a su novio. Me dijo que se llamaba Federico y que lo había conocido hacía seis meses en Menorca...

8 En varios periódicos y revistas has encontrado estas noticias. Transmíteselas a tu compañero/a. Si alguna te parece poco creíble, utiliza los recursos que conoces para distanciarte de su contenido. Tu compañero/a reaccionará expresando conocimiento, sorpresa, duda, desconocimiento, etc.

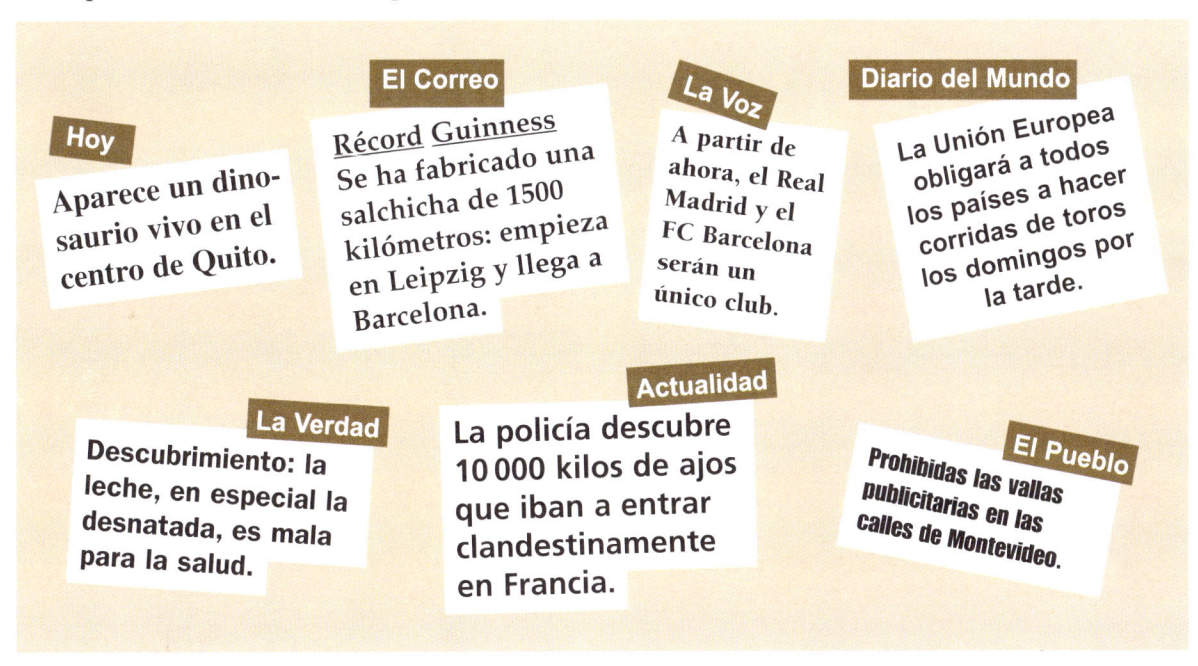

Hoy
Aparece un dinosaurio vivo en el centro de Quito.

El Correo
Récord Guinness
Se ha fabricado una salchicha de 1500 kilómetros: empieza en Leipzig y llega a Barcelona.

La Voz
A partir de ahora, el Real Madrid y el FC Barcelona serán un único club.

Diario del Mundo
La Unión Europea obligará a todos los países a hacer corridas de toros los domingos por la tarde.

La Verdad
Descubrimiento: la leche, en especial la desnatada, es mala para la salud.

Actualidad
La policía descubre 10 000 kilos de ajos que iban a entrar clandestinamente en Francia.

El Pueblo
Prohibidas las vallas publicitarias en las calles de Montevideo.

● Por lo visto, ha aparecido un dinosaurio vivo en el centro de Quito.
○ ¿Estás segura?
● Segurísima. Lo he leído en el periódico.

9 Lee este trabalenguas y, luego, intenta traducirlo a tu lengua.

Me han dicho que has dicho un dicho
que han dicho que he dicho yo;
el que lo ha dicho, mintió,
y en caso de que hubiese dicho
ese dicho que tú has dicho
que han dicho que he dicho yo,
dicho y redicho quedó.
Y estaría muy bien dicho,
siempre que yo hubiera dicho
ese dicho que tú has dicho
que han dicho que he dicho yo.

Unidad 17 Actividades

10 Imaginad que queréis trabajar como detectives. Para contrataros, la agencia "Sergio Olmos" os pone esta prueba. ¿Quién es el ladrón? El/la que lo descubra primero, logrará el contrato.

SERGIO OLMOS — Agencia de **detectives**

TEST DE PRUEBA

Los hechos

> Han robado un cuadro de Picasso en la casa de la joven marquesa Von Quisen a las seis y cuarto de la tarde. Ha sido una de estas personas.

marquesa Von Quisen — *Edu Carnicero* — *Ramón Ladrón* — *Iván Tuerto* — *Gerardo Capone*

> El cuadro estaba en su dormitorio, en el segundo piso.
> La marquesa siempre duerme dos horas de siesta, de tres y media a cinco y media, luego toma un té y a las seis en punto baja a nadar a su piscina.
> Todas las habitaciones tienen alarma y, además, en la casa hay un servicio de guardias de seguridad.
> El ladrón conocía perfectamente la casa y los hábitos de la marquesa.
> El día del robo había en la casa estas cuatro personas y la marquesa.
> Ramón Ladrón creía que el cuadro era de Miró.
> Gerardo Capone sabía que el cuadro era de Picasso.
> Iván Tuerto creía que el cuadro era de Juan Gris.
> Edu Carnicero pensaba que el cuadro era de Dalí.
> La persona que ha robado el cuadro sabía que había alarma en el dormitorio de la marquesa.
> La persona que pensaba que el cuadro era de Dalí ha dicho que a la hora del robo estaba en la piscina.
> La persona que pensaba que el cuadro era de Miró ha dicho que a la hora del robo estaba durmiendo.
> Edu Carnicero no sabía que había alarma en el dormitorio.
> La persona que pensaba que el cuadro era de Juan Gris ha dicho que a la hora del robo estaba en el jardín.
> El ladrón ha dicho que a la hora del robo estaba en la biblioteca.
> Ramón Ladrón, Iván Tuerto y Gerardo Capone sabían que había alarma en el dormitorio de la marquesa.

Actividades **Unidad 17**

11 Aquí tienes unos fragmentos de una Enciclopedia. ¿Ves algún fallo? Léelos atentamente y comenta con tus compañeros las informaciones que te parecen erróneas, las que desconocías, las que te sorprenden, etc.

América. Cristobal Colón descubrió América en 1942.
Avianca. Compañía de aviación cubana.
bandoneón. Instrumento típico del tango. Su inventor era alemán.
Barcelona. Fue la sede de los Juegos Olímpicos de 1996.
Berlín. El muro de Berlín cayó el 9 de noviembre de 1990.
Bolivia. Limita al norte y al este con Brasil, al sureste con Paraguay, al suroeste con Chile y al oeste con Perú.
Buenos Aires. La Avenida 9 de Julio de Buenos Aires es la más ancha del mundo.
España. Fue neutral en la IIª Guerra Mundial.
gallego. Lengua hablada en Galicia que se parece mucho al portugués.
Madrid. En Madrid se puede comer el mejor pescado de España.
Paraguay. Hay dos lenguas oficiales: el español y el guaraní.
San José. Capital de Costa Rica.
teléfono. Johan Philip Reis construyó el primer teléfono en 1861. Muchos creen que el primer teléfono lo construyó el escocés A. Graham Bell.

teléfono

420

● ¿Estáis seguros de que la Avenida 9 de Julio de Buenos Aires es la avenida más ancha del mundo? Yo creía que era la 5ª Avenida de Nueva York.

12 Hier werden Aussagen bzw. Fragen anderer wiedergegeben. Beachten Sie die Intonation.

Volveré a llamar antes de las nueve.

Ha dicho que volverá a llamar antes de las nueve.

¿Está Mariana?

Me ha preguntado si estabas.

Pídele el teléfono.

Me ha dicho que te pida el teléfono.

In der indirekten Rede kann man immer die gleiche Intonation beobachten, die den Aussagesätzen sehr ähnlich ist: Im ersten Teil wird die Stimme deutlich angehoben, im zweiten Teil sinkt sie langsam ab.

doscientos veintitrés **223**

Unidad 17 Actividades

13 Vamos a jugar a recordar las siguientes cosas. En parejas, cuéntale a tu compañero/a:

> el mejor *piropo* o *elogio* que te han hecho
>
> la cosa más **sorprendente** o **indiscreta** que te han preguntado
>
> la historia más increíble que te han contado
>
> la cosa que te han dicho que más te ha servido en tu vida
>
> la historia más ***divertida*** que te han contado
>
> la cosa más *desagradable* que te han explicado
>
> la vez que has metido más la pata

- Una vez, iba andando por la calle y un desconocido se me acercó y me dijo que tendría un novio italiano. Y ahora tengo un novio italiano.
○ Pues a mí, una vez...

Para usar todo lo que hemos aprendido hasta ahora...

Alle Radiosender senden morgens eine Presseschau mit den Schlagzeilen und Kommentaren verschiedener Tageszeitungen.

Verfassen Sie in Gruppenarbeit Schlagzeilen oder suchen Sie aktuelle Meldungen in spanischen Zeitungen oder im Internet und tragen Sie sie vor.

Sie können auch interessante oder komische Zitate von Prominenten aus Presse, Rundfunk oder Fernsehen wiedergeben und kommentieren.

Und vergessen Sie nicht, Ihre Sendung aufzunehmen ...

Unidad 18

In dieser Einheit lernen Sie ...

- wie man Einverständnis oder Widerspruch äußert

- wie man andere nach ihrer Meinung fragt

- wie man den Zweck einer Sache angibt

- wie man Verständigungsprobleme ausräumt

- weitere Anwendungen des Subjuntivo

Unidad 18 Textos

1 En la calle Galdós hay unos terrenos vacíos, pero no todos los vecinos están de acuerdo sobre qué hay que hacer con ese espacio. Mira la ilustración.

Textos **Unidad 18**

Estas noticias han aparecido en los periódicos en los últimos días.

EL PROPIETARIO DE LOS TERRENOS DE LA CALLE GALDÓS NO ESTÁ DISPUESTO A NEGOCIAR

"No acepto que me quiten lo que es mío. Voy a construir doscientas viviendas. Todo el mundo sabe que la ciudad necesita más viviendas", ha declarado esta mañana Ruiz Sanz.

Los vecinos de la calle Galdós en contra del proyecto del Ayuntamiento de construir una residencia para refugiados políticos

Los vecinos exigen al alcalde Enrique Pérez que construya un nuevo local para su asociación, un polideportivo y una guardería o una escuela. No quieren ni la residencia para refugiados ni el parking. *"El barrio está muy mal en lo que respecta a instalaciones deportivas y, por otra parte, es evidente que faltan plazas de guardería"* ha declarado Marta Gómez, presidenta de la Asociación de Vecinos.

La Asociación de Comerciantes de la calle Galdós pide al Ayuntamiento un parking para que se solucionen los problemas de aparcamiento del barrio

"Aunque algunos no lo acepten, todos necesitamos que se construya ese parking. El problema del aparcamiento se ha vuelto insostenible", ha dicho la presidenta de la Asociación de Comerciantes, Rosario Guzmán.

La Asociación CIUDAD VERDE a favor de conservar los árboles de la calle Galdós

"Cortar esos árboles, en el centro de la ciudad, sería una estupidez", ha declarado Rodolfo Ríos, portavoz de CIUDAD VERDE. *"Nosotros solo pedimos que se respete lo que es de todos: la naturaleza. Se podría limpiar la zona y convertirla en un parque, pero sin cortar los árboles".*

¿Cuántas posturas diferentes hay? ¿Cuáles? ¿Qué quiere cada grupo? Haz una lista así:

La asociación de vecinos ... un nuevo local y ...

¿Te has fijado en que aparecen nuevos usos del Subjuntivo? ¿En qué frases? ¿Qué tipo de verbos se utilizan en las frases principales?

A partir de la lista anterior, trata de hacer frases con la siguiente construcción:

Los vecinos **quieren que...**

Unidad 18 Textos

2 En la televisión regional hay un debate sobre el tema de los terrenos de la calle Galdós. Escucha y lee lo que dicen los invitados.

(Imagen del plató de televisión con los participantes: alcalde, presentadora, portavoz de Ciudad Verde, presidenta de la Asociación de Comerciantes, asistente social, presidenta de la Asociación de Vecinos)

- La residencia para refugiados políticos no es un capricho del Ayuntamiento, sino una necesidad de la ciudad. Los vecinos deberían comprenderlo: es un problema de todos.

- ¿Cree usted que los vecinos no quieren que se instalen refugiados políticos en el barrio?
- No, no, qué va, en absoluto… A nosotros nos parece muy bien que haya refugiados en el barrio… Lo que yo quiero decir es que la gente del barrio necesita un local para que haya más vida social y cultural…

- Nosotros, los comerciantes, no queremos que el barrio sea un caos sino que se viva mejor. Por eso pedimos un parking…
- No estoy en absoluto de acuerdo con usted. Lo único que ustedes quieren es defender sus intereses: aparcamientos para los clientes de sus tiendas y nada más. Y los niños, que jueguen en casa…

- No es verdad que la Asociación de Vecinos necesite un nuevo local. El local que tienen es suficiente…
- Mire, lo que nosotros pedimos es que nuestros hijos tengan lugares para hacer deporte, para reunirse…
- ¿Y para que jueguen los niños hay que cortar árboles?
- No entiendo qué quiere decir…
- Pues que lo de cortar árboles es una barbaridad…

- ¿Qué opina usted de la posibilidad de combinar varias soluciones? Es decir, una parte bosque, otra, instalaciones para el barrio, y una parte residencia, por ejemplo…
- Yo, personalmente, estoy totalmente de acuerdo con esa solución. Me parece muy bien… Pero es un tema muy complicado. Lo malo es que todo el mundo tiene razón en parte…

¿Quién crees que ha formulado cada una de las opiniones anteriores?

Ahora que ya tienes mucha información sobre el problema, si se tratara de tu barrio, ¿quiénes crees que tendrían razón? Escríbelo. Puedes usar la construcción siguiente:

Para mí, tienen razón…

Gramática **Unidad 18**

■ Der Gebrauch des Subjuntivo in substantivischen Nebensätzen

■ Wenn durch das Subjekt des Hauptsatzes die Absicht ausgedrückt wird, einen Einfluss auf das Subjekt des Nebensatzes auszuüben (z. B. mit den Verben **querer**, **pedir**, **necesitar**, **exigir**, …), so steht das Verb des Nebensatzes im Subjuntivo.

Los vecinos quieren que el Ayuntamiento **construya** una residencia.

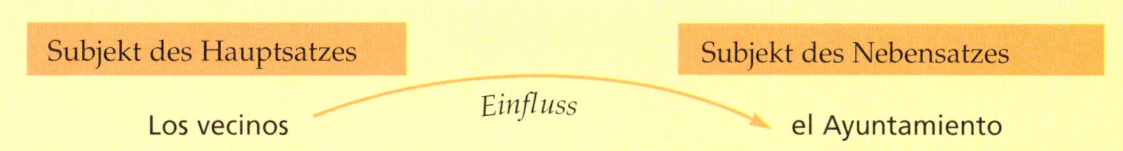

Subjekt des Hauptsatzes	*Einfluss*	Subjekt des Nebensatzes
Los vecinos	→	el Ayuntamiento

■ Denken Sie daran, dass man den Subjuntivo auch dann verwendet, wenn im Nebensatz eine Reaktion auf eine Information ausgedrückt wird.

- El gobierno va a privatizar muchas empresas públicas y, además, va a subir los impuestos.
- Es una barbaridad que **privatice** empresas públicas.
- Yo no creo que **suba** los impuestos.

■ Aunque + Indikativ/Subjuntivo

■ Man verwendet **aunque** + Subjuntivo, wenn die Information des Nebensatzes als bekannt oder nicht entscheidend dargestellt wird oder wenn man sich auf etwas Zukünftiges oder Hypothetisches bezieht (dt. *auch wenn / selbst wenn*).

- **Aunque haga** calor, no voy a bañarme.
- **Aunque llueva**, mañana voy a bañarme.

■ Man verwendet **aunque** + Indikativ, wenn man einen Gegensatz ausdrücken möchte und wenn die Information des Nebensatzes als neu oder entscheidend dargestellt wird (dt. *obwohl*).

- **Aunque hace** calor, no voy a bañarme.

■ Sino (que)

■ Verneint man eine Aussage und bestätigt eine andere, benutzt man **sino** oder **sino que** (*sondern*).

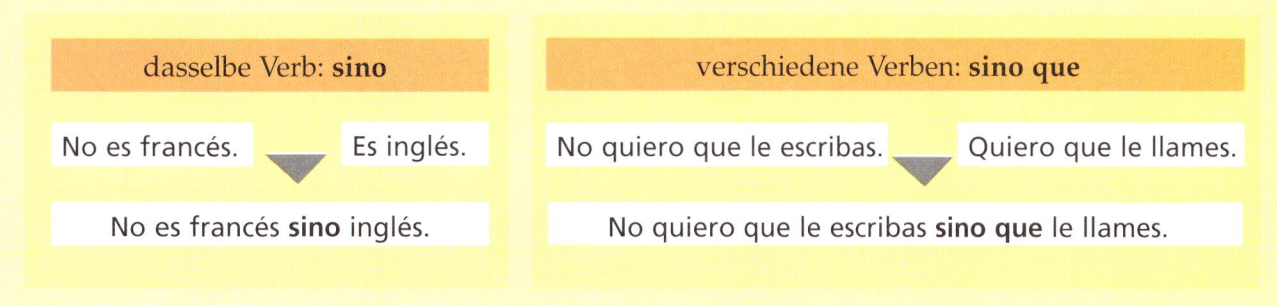

dasselbe Verb: **sino**	verschiedene Verben: **sino que**
No es francés. → Es inglés.	No quiero que le escribas. → Quiero que le llames.
No es francés **sino** inglés.	No quiero que le escribas **sino que** le llames.

■ Wie man einen Zweck oder ein Ziel ausdrückt: para (que)

■ Um einen Zweck oder ein Ziel auszudrücken, benutzt man **para** (*um zu*) oder **para que** (*damit*).

verschiedene Subjekte	dasselbe Subjekt
para que + Subjuntivo	**para** + Infinitiv

- Le he dado tu número **para que te llame**.
  (yo)   (él)
- ¿Quieres su número **para llamarle**?
  (tú)   (tú)

doscientos veintinueve ■ **229**

Unidad 18 Gramática

■ Konstruktionen mit **lo**

■ Will man sich auf ein bekanntes oder schon genanntes Thema beziehen, verwendet man in der Umgangssprache **lo de** + Substantiv.

| **lo de** + Substantiv |

● ¿Cómo va **lo de** Luis?
○ Mal. Es que la cosa se complica cada vez más.
● Ya. Es una pena. Oye, ¿y esos problemas que tuvo con el viaje de novios?
○ Por suerte, **lo del** viaje ya está solucionado.

■ Um einen bestimmten Aspekt einer Sache hervorzuheben, verwendet man die Konstruktion **lo** + Adjektiv + **es que**…

| **lo** + Adjektiv + **es que** |

● **Lo** malo **es que** es muy caro.
● **Lo** raro **es que** no ha llamado.

Es muy bonito, me encanta el color.
*Sí. **Lo** malo **es que** es muy caro.*

■ Wie man jmd. nach der Meinung fragt

| ¿Qué opinas de / ¿Qué opina usted de | + Thema? |

| ¿Crees que / ¿Cree usted que | + Meinung? |

■ Wie man Einverständnis oder Widerspruch äußert

Yo estoy (totalmente) de acuerdo con	eso.
Yo no estoy (en absoluto / nada) de acuerdo con	María.
	lo de cambiar el horario.

| Yo lo veo como | tú/ella… Manuel/Carlos… | | Yo comparto | tu opinión / la opinión de… |

| Yo creo que tiene razón | Alberto / ella / el Ayuntamiento… |
| tienen razón | los vecinos / todos… |

■ Wie man Verständigungsprobleme ausräumt

■ Oft treten in einem Gespräch Verständigungsprobleme auf. Diese kann man ausräumen, indem man:

| um Erklärungen bittet: | No entiendo qué quiere/s decir (con eso). No sé si te/le he entendido bien. |

| sagt, dass man missverstanden wurde: | Yo no quería decir eso… |

| neu formuliert: | Es decir, Lo que yo quiero decir es que + neue Formulierung Pues que… |

230 ■ doscientos treinta

Actividades **Unidad** 18

3 Entre estas once afirmaciones hay cinco falsas. Reúnete con uno/a o dos compañeros/as y decidid cuáles son. Luego, explicaréis a la clase vuestras conclusiones. Para señalar a qué tema os referís, podéis usar **lo de**.

La paella se hace con patatas.
Paraguay y Bolivia son los únicos países de América sin salida al mar.
El 25% de la producción industrial española está en Cataluña.
El flamenco es un baile típico de toda España.
La isla Margarita está en el Caribe.
Antonio Gaudí es un pintor español muy famoso.
Asunción es la capital de Cuba.
El baile más característico de Colombia es la "cumbia".
Hay dos ciudades españolas en la costa de Marruecos.
España es uno de los países más montañosos de Europa.
El tango es un baile mexicano.

● Lo de la paella no es cierto. Se hace con arroz.

4 Si alguien dice estas cosas, ¿cómo reaccionas?

Actualmente no hay ningún grupo de música realmente bueno.

Los hombres y las mujeres son muy diferentes.

Antes, los padres y los hijos no tenían tantos problemas.

Los jóvenes de ahora no respetan nada y no tienen ningún ideal.

Siempre ha habido ricos y pobres.

Ya no se escribe buena literatura.

Seguir la moda es una tontería. La moda es un montaje comercial.

La droga es el principal problema de la juventud.

Yo no veo que Internet sea tan útil.

Los políticos son todos corruptos.

La música electrónica no es música de verdad.

● Yo no estoy nada de acuerdo con lo de la música electrónica. Yo creo que sí es música de verdad.

doscientos treinta y uno ■ 231

Unidad 18 Actividades

5 Aquí tienes algunas opiniones sobre las corridas de toros, una tradición española que despierta una gran polémica. ¿Con quién estás de acuerdo? Puedes usar estas construcciones:

Yo (no) lo veo como…
Yo (no) estoy de acuerdo con…

Yo creo que X tiene razón…
Yo no creo que X tenga razón…

Laura TOMÁS ZAMBRANO
Empresaria
46 años

"Aunque sea un poco violento, es un espectáculo muy bonito. Claro que, podrían torear, pero sin matar al toro."

Margarita VEGA RÍOS
Estudiante de Biología
22 años

"Es una barbaridad. Es la tortura de un animal. Es una vergüenza que para los españoles sea una fiesta."

Nicolás BARRIOS LUQUE
Periodista
26 años

"Si no hubiera corridas, ya no existirían los toros bravos. Al menos los toros viven y crecen en la naturaleza. Hasta el momento de ir a la plaza, viven mucho mejor que los animales en las granjas."

Pedro SÁNCHEZ HINOJOSA
Jubilado
70 años

"Es arte, tradición."

Valentina PÉREZ GIL
Secretaria
24 años

"Tendría que estar prohibido. Es horrible."

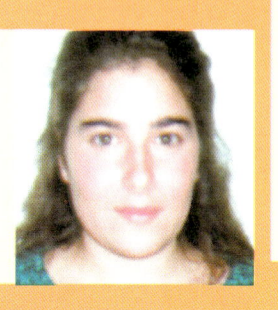

Enrique CRUZ MOORE
Funcionario
45 años

"Se critica mucho a España por los toros, pero los ingleses, por ejemplo, tienen la caza del zorro, que también es muy salvaje, y nadie dice nada."

Actividades **Unidad 18**

Leandro PIÑAR COSTA
Profesor de Antropología
35 años

"La lucha entre el hombre y la bestia es histórica. El torero representa la muerte para el toro y viceversa. Para mí, es un arte injustamente criticado. Sin duda."

Rosa GIL HURTADO
Pintora
41 años

"Intelectuales y artistas han amado y aman los toros: Hemingway, Picasso... Dos cosas muy importantes están en juego: la lucha por la vida y la belleza".

Mario FIGUEROA ECHEVARRÍA
Traductor
33 años

"Es un espectáculo primitivo y cruel. Lo odio."

Carlos ANTÓN VILLA
11 años

"Yo, de mayor, quiero ser torero."

6 En parejas, vais a simular las siguientes conversaciones. Un/a estudiante (A) da un consejo u opinión y otro/a (B) lo rechaza usando **aunque,** explicando sus intenciones y justificándolas.

A y B, en una tienda, ven una chaqueta muy bonita, pero muy cara.	A. Es muy cara, ¿no crees? B. *(vas a comprártela, te encanta)*
B se encuentra mal y tiene fiebre. Estáis en casa.	A. Si tienes fiebre, no salgas. B. *(vas a salir, tienes una cita)*
B está programando unas vacaciones en España, quizá en la Costa Brava.	A. No vayas a la Costa Brava. Todo es muy caro y hay demasiada gente. B. *(te apetece mucho ir a la Costa Brava)*
Habláis de un amigo común.	A. Lucas es muy tímido, ¿no? B. *(Lucas es también muy simpático)*
Estáis preparando un examen de Matemáticas.	A. Esto es aburridísimo. B. *(tienes que estudiar, quieres aprobar)*

● Aunque sea cara, me la voy a comprar. Me encanta.

Dale, ahora, un consejo a alguno/a de tus compañeros/as. Si te dan uno a ti con el que no estás de acuerdo, reacciona usando **aunque**.

Unidad 18 Actividades

7 Aquí tienes el cartel de una campaña en favor de la igualdad y el respeto de los derechos humanos. Lee los artículos de prensa que contiene.

Democracia es Igualdad

Para la Igualdad y el Respeto de los Derechos Humanos

Algún día estas noticias desaparecerán de los periódicos

Los insumisos se manifiestan en contra de la compra de material armamentístico

Más de 300 000 insumisos se concentraron ayer en Madrid para denunciar la inversión millonaria del gobierno en material armamentístico.

Un grupo de jóvenes ataca a tres homosexuales en el centro de A Coruña

La Policía Municipal detuvo a uno de los cinco agresores, que pasó a disposición judicial.

Una mujer denuncia malos tratos

Clara Arenas denunció ayer a su marido, Fernando Vallejo, por malos tratos. Según la afectada, de 35 años, su marido la pegaba habitualmente en el domicilio familiar, situado en la localidad madrileña de Villaba.

Dos desconocidos prenden fuego a una casa con 14 inmigrantes subsaharianos dentro

Los afectados tuvieron que llamar ellos mismos a los bomberos ante la pasividad de los vecinos.

EL ALCALDE DE RODES QUIERE EXPULSAR A LOS MENDIGOS

El alcalde de Rodes, con apoyo de algunos vecinos, pide acelerar la expulsión de diez vagabundos que viven en las calles de esta población.

Una joven discapacitada pide un nuevo piso para poder salir a la calle

Sara Moreno, tetrapléjica, ha pasado seis años encerrada en su piso de Mollet del Vallés (Barcelona).

Se pueden hacer muchas cosas para que estas noticias desaparezcan. ¿Qué crees que se puede hacer?
- para que los minusválidos se integren completamente,
- para que desaparezca la violencia interracial,
- para que todos tengamos los mismos derechos,
- para que aprendamos a convivir pacíficamente,
...

Discútelo con el resto de la clase.

• Para que los minusválidos se integren completamente, hay que eliminar las barreras arquitectónicas.

Luego, entre todos podéis elaborar un documento, una especie de "declaración" por la igualdad. Le podéis dar forma de póster o de cartel y colocarlo en una pared del aula.

Actividades **Unidad 18**

8 Éstos son tres profesores y tres alumnos del Instituto García Lorca de Granada. Observando su carácter y sus costumbres verás que en algunas cosas se entienden y en otras, no. ¿Cómo crees que son sus relaciones? A ver quién formula un máximo de frases con estas construcciones:

> Fernando **no soporta** que Marta...
> A Cristina **le gusta mucho que** Raúl...
> Isabel **quiere que** sus alumnos...

Fernando Garcés
profesor de Historia
- sus clases son divertidas
- sus estudiantes tienen que leer en casa
- casi nunca pone exámenes
- no soporta los animales
- pregunta a los alumnos qué les interesa estudiar o discutir

Sofía Arnán
16 años
estudiante
- le interesa mucho la Literatura
- le encanta discutir sobre temas con sus compañeros
- no soporta los exámenes
- es muy comunicativa
- siempre habla en clase con sus compañeros o con amigos por el teléfono móvil

Cristina Hidalgo
profesora de Matemáticas
- pone muchos deberes y sus exámenes son muy difíciles
- no le gusta nada que los estudiantes lleguen tarde
- explica muy bien las Matemáticas
- tiene que haber silencio en clase

Raúl Castón
17 años
estudiante
- no le interesa nada el Inglés
- le interesan mucho las Matemáticas
- por la mañana siempre llega tarde
- es un poco tímido y no le gusta hablar

Isabel García
profesora de Inglés
- organiza debates con sus estudiantes
- trabaja en clase con canciones, vídeos, etc.
- sus estudiantes tienen que hablar en inglés en clase

Marta Sala
18 años
estudiante
- tiene un hámster y lo lleva a clase
- nunca hace los deberes
- le encanta el hip hop y la música soul
- siempre está escuchando su CD portátil
- le gustan los profesores que explican bien su materia

doscientos treinta y cinco ■ **235**

Unidad 18 Actividades

9 Aquí tienes cuatro citas de cuatro escritores. Léelas y relaciónalas con la ilustración que les corresponde. Puedes preguntar a tu profesor/a si hay algo que no entiendes. Luego, en grupos de tres, vais a:
- elegir una de las cuatro citas,
- determinar cuál es el tema al que se refiere,
- resumir la idea central,
- explicar qué quiere decir, dando ejemplos o diciéndolo de otra manera, o señalar si hay alguna parte que no entendéis,
- discutir sobre si estáis de acuerdo o no con la opinión que contienen.

Después, un/a portavoz del grupo explicará a los demás grupos la idea central de su cita y las diferentes opiniones que ha suscitado.

1 — FERNANDO SAVATER

El mito de la Nación es agresivo en su esencia misma y no tiene otro sentido verdadero que la movilización bélica. Si no hubiera enemigos, no habría patrias.

2 — IGNACIO ELLACURÍA

Las naciones poderosas de hoy nos dicen que vienen al Tercer Mundo para hacernos "ricos" y "demócratas". Pero estas generosas proposiciones ocultan, en realidad, un proyecto político muy diferente.

3 — PAUL VALÉRY

La guerra es una masacre entre gente que no se conoce para provecho de gente que sí se conoce pero que no se masacra.

4 — J. ORTEGA Y GASSET

La Historia no prevé el futuro, sino que tiene que aprender a evitar lo que no hay que hacer… Porque el pasado (…), si no se le domina con la memoria, se vuelve siempre contra nosotros.

Actividades **Unidad 18**

10 Aquí tienes una serie de informaciones discutibles, sorprendentes, preocupantes... Seguro que te sugieren algo. Trata, a partir de cada una, de hacer lo siguiente:

- resumir la idea central o sacar una conclusión **(O sea / Es decir que...)**,
- formularla de otra manera **(Esto quiere decir que...)**,
- pensar en algún fenómeno que contradice la información o que la matiza **(Sí, pero aunque...)**,
- manifestar duda o incredulidad respecto a una parte de la información **(Yo no creo que...)**,
- valorar el hecho o la información **(A mí me parece...)**.

Datos en cifras

➡ Cada año se gastan en el estado español más de 4500 millones de euros en publicidad, a través de la prensa, la radio, la televisión y las vallas. Los estudios recientes demuestran que, desde la infancia, la gente aprende a ignorar y a desconfiar de los anuncios (...). La mayoría de los niños de ocho años sabe que los anuncios intentan vender cosas y que más de la mitad de la publicidad que ven no es verdad.

➡ Un coche con un ocupante puede desplazar a éste entre 6,5 y 9,5 km por cada litro de combustible. La persona que viaja en un autobús junto con otros 40 pasajeros recorre con un litro 50 Km, lo mismo que si va en tren con 300 pasajeros.

➡ El europeo medio actual tiene tres veces más ropa que en los años cincuenta.

➡ Según un estudio reciente, las dos terceras partes de las noticias de televisión incluyen algún tipo de violencia, desde guerras internacionales a accidentes de coches y asaltos a casas. Otro informe señaló que, a los quince años, un niño medio que ve unas 19 horas de televisión semanales, ha presenciado 6500 matanzas y 10 400 tiroteos.

➡ El habitante cinco mil millones del planeta nació el 7 de julio de 1986; el número seis mil millones en 2001, y el siete mil millones, en 2012. Incluso los demógrafos más optimistas creen que la población del mundo no va a equilibrarse hasta llegar a los diez mil millones, quizá a finales del siglo XXI.

11 Escucha a estos jóvenes. Dan opiniones sobre las diferencias entre los chicos y las chicas. ¿Dicen estas cosas?

· Las chicas quieren parecer mayores de lo que son.
· Las chicas maduran antes.
· Los chicos y las chicas maduran igual. Depende de las personas y no del sexo.
· Los chicos maduran antes.

Unidad 18 Actividades

12 Eines der wichtigsten Merkmale natürlichen Sprechens und Lesens ist das richtige Segmentieren einer Aussage. Achten Sie bei diesen Sätzen darauf, wann die Sprecher eine Pause machen, und beachten Sie auch, ob sie die Stimme vor jeder Pause anheben, senken oder in der Schwebe halten.

- La residencia de extranjeros no es un capricho del Ayuntamiento sino una necesidad de la ciudad.
- ¿Cree usted que los vecinos no quieren que se instalen extranjeros en el barrio?
- No, no, qué va, en absoluto… A nosotros nos parece muy bien que haya extranjeros en el barrio…
- Nosotros, los comerciantes, no queremos que el barrio sea un caos sino que se viva mejor.
- No estoy en absoluto de acuerdo con usted. Lo único que ustedes quieren es defender sus intereses.
- Yo, personalmente, estoy totalmente de acuerdo con esa solución.

Wie Sie bemerkt haben, werden die Pausen nach Sinneinheiten gesetzt. Die Stimme wird angehoben oder bleibt erhoben, wenn der Satz noch nicht beendet ist; am Ende des Satzes wird sie gesenkt. Das richtige Setzen von Pausen ist Voraussetzung für das Verständnis des gesamten Satzes.

Para usar todo lo que hemos aprendido...

Heute bereiten Sie für Ihren Radiosender eine Debatte vor. Eine/r von Ihnen wird die Diskussion moderieren, die anderen sind Gäste.

Wählen Sie ein provokatives aktuelles Thema, fertigen Sie eine Liste mit den Gästen an (bestimmte Charaktere oder berühmte Persönlichkeiten) und entscheiden Sie, wer welche Rolle übernimmt.

Jede/r bereitet sich auf das Thema der Debatte vor, dann wird die Diskussion geführt.

Nun sind Sie am Ende des Kurses angelangt. Haben Sie Ihre Sendemanuskripte aufbewahrt? Haben Sie alles aufgenommen? Verfassen Sie einen Abschlussbericht über die Arbeit in Ihrem Radiosender. Auf diese Weise können Sie sich noch einmal bewusst machen, welche Erfolge Sie hatten bzw. welche Schwierigkeiten aufgetreten sind, was Sie gelernt haben und wie Sie weitermachen wollen.

Vokabular

Vokabular

Vokabular nach Lektionen

- Dieses Wörterverzeichnis hilft Ihnen beim Erschließen der Lektionen.
- Erstmalige vorkommende Wörter werden in der Reihenfolge ihres Vorkommens aufgeführt.
- Dieses Vokabular enthält viele Wörter, die zwar zum Verständnis der einzelnen Aufgaben hilfreich sind, aber nicht unbedingt zur Weiterarbeit mit Rápido erforderlich sind. Daher wurde ein Lernwortschatz vorgeschlagen (hier **fett** und *kursiv* hervorgehoben), der natürlich an die individuellen Bedürfnisse der Lerngruppe angepasst werden sollte. Dabei haben wir uns an der Wortschatzliste des Europäischen Sprachenzertifikats „Certificado de Español" orientiert.
- Die spanischen Substantive sind mit Artikel aufgeführt, denn es empfiehlt sich, diesen gleich mit zu lernen, da das Geschlecht häufig vom deutschen abweicht.
- Die deutsche Übersetzung gibt die Bedeutung im jeweiligen Zusammenhang wieder.
- Wörter, die ausschließlich auf der CD oder der Kassette vorkommen, sind nicht aufgeführt.
- Bei konjugierten Verbformen wird auf den Infinitiv verwiesen; zu Verben mit unregelmäßigen Präsensformen *(i), (ie), (ue), (y), (zc)* findet sich ein Hinweis.
- Sollten Sie bei der Bearbeitung eines Textes einmal ein Wort nicht finden, so ist es wahrscheinlich in einer vorherigen Lektion vorgekommen. In diesen Fällen hilft Ihnen die alphabetische Wortliste.

Unidad 1

1

en	in, auf
este/esta	diese/r/s
el **curso**	Kurs, Lehrgang
vamos a + Inf.	wir werden ...
a	nach; zu; an; um
aprender	lernen
cómo	wie
son (Infinitiv: ser)	sie sind
los/las	bestimmter Artikel PluralSpanier/in
el/la **español/a**	
y	und
el/la **latinoamericano/a**	Lateinamerikaner/in
¿Qué...?	Was ...? Welche/r/s ...?
el **problema**	Problem lernen
tienen (tener)	sie haben
tener (ie)	haben
la cosa	Sache
de	von; aus
veintitrés	dreiundzwanzig
el **país**	Land
en los que se habla español	in denen man Spanisch spricht
los	best. Artikel Plural maskulin
que	der, die, das (Relativpronomen)
se	man
hablar	sprechen
el *español*	Spanisch
¿Dónde...?	Wo ...?
estar	sein, sich befinden
España	Spanien
México	Mexiko
Argentina	Argentinien
¿Cuál?	Welche/r/s?
ser	sein
del	de + el
el **Mercosur** (Mercado del Cono Sur)	gemeinsamer Markt des südlichen Lateinamerikas: Argentinien, Brasilien, Uruguay und Paraguay
la **gramática**	Grammatik
funcionar	funktionieren
el **verbo**	Verb
el **pronombre**	Pronomen
comunicarse	kommunizieren
escuchar	(zu)hören
la **conversación**	Gespräch
con	mit
el/la **compañero/a**	Mitschüler/in, Kollege/in
el/la **profesor/a**	Lehrer/in
escribir	schreiben
el **resumen**	Zusammenfassung
hacer	machen
el **ejercicio**	Übung
el **examen**	Examen, Prüfung
intercambiar	austauschen
la idea	Idee
la experiencia	Erfahrung
¿Cómo se llama esto en español?	Wie heißt das auf Spanisch?
llamarse	heißen
esto	das (hier)
el **diccionario**	Wörterbuch
¿Qué significa...?	Was bedeutet ...?
significar	bedeuten
el **periódico**	Zeitung
¿Cómo se pronuncia...?	Wie spricht man ... aus?
pronunciar	aussprechen
¿Cómo se dice...?	Wie sagt man ...?
decir	sagen
gracias	danke
o	oder
sí	ja
exacto/a	genau
lo mismo que...	dasselbe wie ...
el **alemán**	Deutsch
¿verdad?	nicht wahr?

Vokabular

2

el/la	der/die/das (best. Artikel)
un/una	ein/eine
la **lengua**	Sprache
para + Inf.	um zu ...
más de	mehr als
trescientos	dreihundert
el **millón**	Million
la **persona**	Person, Mensch
viajar	reisen
por	*hier:* durch
de todo el mundo	aus der ganzen Welt
todo/a	ganz
el **mundo**	Welt
descubrir	entdecken
la **cultura**	Kultur
muy	sehr
diferente	unterschiedlich, verschieden
conocer (zc)	kennen lernen
la **literatura**	Literatur
español/a	spanisch
latinoamericano/a	lateinamerikanisch
la **canción**	Lied
entender (ie)	verstehen
otro/a	andere/r/s
el **pueblo**	Volk
su	sein/ihr/Ihr
la **costumbre**	Gewohnheit, Sitte, Brauch
trabajar	arbeiten
el/la **hispanohablante**	Spanischsprechende/r
convivir	zusammenleben
visitar	besuchen; besichtigen
los **Andes**	Anden
el **Caribe**	Karibik
ir	gehen; fahren
en fin	kurz und gut
el **fin**	Ende; Ziel; Absicht
nuevo/a	neu
el **plural**	Plural
la **política**	Politik

3

Roma	Rom
el/la **perro/a**	Hund/Hündin
Colombia	Kolumbien
el **queso**	Käse
la **almohada**	Kopfkissen
la **historia**	Geschichte
Cuba	Kuba
Bolivia	Bolivien
la **televisión**	Fernsehen
la **geografía**	Geographie
el **gato**	Katze

4

¿**Cómo se escribe?**	Wie schreibt man das?

Grammatik

Alemania	Deutschland
Filipinas	Philippinen
el **kilómetro**	Kilometer
Rusia	Russland
la **sierra**	Gebirge
el **singular**	Singular
el **texto**	Text
vivir	leben, wohnen
el **taxi**	Taxi
la **cruz**	Kreuz
el **cine**	Kino
Ginebra	Genf
ganar	gewinnen
el **gol**	Tor
gustar	gefallen; schmecken
la **cigüeña**	Storch
el **pingüino**	Pinguin
el **jamón**	Schinken
el/la **jefe/a**	Chef/in
quizá	vielleicht
el **zapato**	Schuh

5

estudiar	lernen, studieren
leer	lesen
la **novela**	Roman
la **página web**	Webseite
la **página**	Seite
la **revista**	Zeitschrift
la **poesía**	Gedicht
el **cómic**	Comic
el **folleto**	Prospekt
el/la **hablante**	Sprecher/in
mi/s	mein/e
la **música latina**	lateinamerikanische Musik
la **música**	Musik
la **radio**	Radio
entre	zwischen
ver	sehen; sich etwas anschauen
la **película**	Film
el **correo electrónico**	E-Mail
la **carta**	Brief
el/la **amigo/a**	Freund/in
el/la **conocido/a**	Bekannte/r
el/la **familiar**	Verwandte/r
el/la **compañero/a de trabajo**	Arbeitskollege/in
la **mayoría quiere...**	die Mehrheit möchte ...
la **mayoría**	Mehrheit
querer (ie)	wollen; mögen; lieben
muchos/as	viele
nadie	niemand

Vokabular

7

el/la niño/a	Junge/Mädchen
el zoo	Zoo

8

usar	verwenden

Unidad 2

1

vivir	leben, wohnen
la República Dominicana	Dominikanische Republik
los Estados Unidos	USA (Vereinigte Staaten)
Guinea Ecuatorial	Äquatorialguinea
también	auch
el aspecto	Aspekt, Gesichtspunkt
el folclore	Folklore
la economía	Wirtschaft
además	außerdem
el artículo	Artikel
el sustantivo	Substantiv
el texto	Text
el artículo de periódico	Zeitungsartikel
corto/a	kurz
el resumen	Zusammenfassung
el ensayo	Essay; *hier:* Aufsatz
tomar notas	sich Notizen machen
la nota	Notiz
como	wie
el jardín	Garten

2

tú	du
no	nein; nicht
el francés	Französisch
el idioma	Sprache
yo	ich
el italiano	Italienisch
nosotros/as	wir
un poco	etwas
poco/a	wenig
sólo/solo	nur
el inglés	Englisch
el ruso	Russisch
el chino	Chinesisch
pero	aber
no muy bien	nicht sehr gut
no	nein; nicht
bien	gut
bueno	nun, also

3

bastante	ziemlich
la necesidad	Bedürfnis
urgente	dringend
la Universidad	Universität
necesitar	brauchen, benötigen
especialmente	besonders
la escuela	Schule
dos	zwei
aproximadamente	ungefähr
por ciento	Prozent
el/la estudiante	Student/in
escoger	auswählen
algunos/as	einige
u	oder (vor „o" oder „ho")
por otra parte	andererseits
la parte	Teil
la región	Region; Gegend
Cataluña	Katalonien
Galicia	Galicien
País Vasco	Baskenland
el idioma extranjero	Fremdsprache
extranjero/a	fremd, ausländisch
es (ser)	es ist
tercer(o)/a	dritte/r
el catalán	Katalanisch
el gallego	Galicisch
el euskera	Baskisch
la clase	Unterricht
cada vez (más)	immer (mehr)
cada	jede/r/s
practicar	(aus)üben
la comunicación	Kommunikation
llegar a + Inf.	dahin gelangen zu ...
usar	gebrauchen, benutzen
la vida	Leben
real	echt, wirklich
fácil	leicht
navegar por Internet	im Internet surfen
comprar	kaufen
el libro	Buch
el vídeo	Video
el/la casete	Kassette
en casa	zu Hause
la casa	Haus
no siempre	nicht immer
siempre	immer
por eso	deshalb
en vacaciones	in den Ferien
las vacaciones	Ferien, Urlaub
la suerte	Glück
el dinero	Geld
Inglaterra	England
Irlanda	Irland
Francia	Frankreich
15 días	14 Tage, 2 Wochen

Vokabular

el *día*	Tag

Grammatik

él	er
ella	sie
usted	Sie
vosotros/as	ihr
ellos/ellas	sie
ustedes	Sie
bueno/a	gut
la *capital*	Hauptstadt
¿Me pasas el diccionario?	Gibst du mir das Wörterbuch?
pasar	reichen

4

el *griego*	Griechisch
el *árabe*	Arabisch
el *holandés*	Holländisch
el *portugués*	Portugiesisch

8

ese/a	diese/r
Gran Bretaña	Großbritannien
en clase	im Unterricht

9

quince	fünfzehn
quinientos	fünfhundert

10

eres (ser)	du bist
el/la *canadiense*	Kanadier/in
¿*no*?	nicht wahr?
veinte	zwanzig
tu/s	dein/e
el *japonés*	Japanisch
los *padres*	Eltern
los *hermanos*	Geschwister
el *ordenador*	Computer

11

hay	es gibt
la **lengua oficial**	Amtssprache
oficial	offiziell, amtlich
el *castellano*	Kastilisch, Spanisch
el/la *único/a*	der/die einzige
el *territorio*	Gebiet
románico/a	romanisch
no se conoce	man kennt nicht
la *seguridad*	Sicherheit
el *origen*	Ursprung

Unidad 3

1

Esto es ...	Das ist ...
la Giralda	Glockenturm der Kathedrale von Sevilla
la *ciudad*	Stadt
precioso/a	wunderschön
el **edificio más conocido**	das bekannteste Gebäude
el *edificio*	Gebäude
conocido/a	bekannt
el *puente*	Brücke
un amigo nuestro	einer unserer Freunde
nuestro/a	unser/e
el/la *chico/a*	Junge/Mädchen
chileno/a	chilenisch
la *paella*	spanisches Reisgericht
el *plato*	*hier:* Gericht
típico/a	typisch
comer	essen
el *arroz*	Reis
el *pescado*	Fisch *(gefangen oder zubereitet)*
el *marisco*	Meeresfrüchte
la *carne*	Fleisch
la *verdura*	Gemüse
los *señores*	Herr und Frau
la *calle*	Straße
importante	wichtig
el *pueblo*	Dorf
bonito/a	schön, hübsch
el *porrón*	*Trinkgefäß aus Glas mit langer Tülle*
servir (i)	dienen, nützen
beber	trinken
el *vino*	Wein
la *cerveza*	Bier
el *estadio*	Stadion
¡Qué grande!	Wie groß!
grande	groß
el Barça	F.C. Barcelona
el *tablao*	Bühne *(für Flamenco)*
el *sitio*	Ort, Platz, Stelle
cantar	singen
bailar	tanzen
el *flamenco*	Flamenco
¿Quién...? ¿Quiénes?	Wer ...?
famoso/a	berühmt
Florencia	Florenz

2

geográfica y humanamente	geographisch und menschlich gesehen
geográfico/a	geographisch
humanamente	menschlich
variado/a	vielfältig
la *naturaleza*	Natur

Vokabular

la costa	Küste
la sierra	Gebirge
la selva	(Ur-)Wald
rico/a	reich
el recurso	Vorkommen
natural	Natur-, natürlich
la minería	Bergbau
la pesca	Fischfang
el cultivo	Anbau
el algodón	Baumwolle
el azúcar	Zucker
principal	Haupt-, hauptsächlich
la fuente	Quelle, Ursprung
peruano/a	peruanisch
las divisas	Devisen
la artesanía	Kunsthandwerk
textil	Textil-
el trabajo	Arbeit
la plata	Silber
la capital	Hauptstadt
el/la habitante	Einwohner/in
la población	Bevölkerung
el/la peruano/a	Peruaner/in
el/la indio/a	Indianer/in (Ureinwohner/in Lateinamerikas)
el/la mestizo/a	Mestize/in
restante	restlich, übrig geblieben
el/la blanco/a	Weiße/r
el origen	Ursprung
europeo/a	europäisch
los orientales	Orientalen
el/la negro/a	Schwarze/r
como consecuencia de	als Folge von
la consecuencia	Folge
la mezcla	Mischung
la raza	Rasse
difícil	schwierig
definir	definieren
el carácter	Charakter
en la actualidad	gegenwärtig
la actualidad	Aktualität
la desigualdad	Ungleichheit
social	sozial, gesellschaftlich
el analfabetismo	Analphabetentum
la inflación	Inflation
la gente (Sing.)	Leute
enorme	riesig, enorm
pues	nun
por ejemplo	zum Beispiel
el ejemplo	Beispiel
mucho/a	viel
la comida	Essen, Mahlzeit
o sea	das heißt
divertirse (ie)	sich amüsieren
político/a	politisch
económico/a	Wirtschafts-, wirtschaftlich
difícil	schwer

Grammatik

cortar	schneiden
el/la alumno/a	Schüler/in
la vaca	Kuh
el libro	Buch
la libreta	Notizbuch
la moto	Motorrad
la mano	Hand
la palabra	Wort
la plaza	Platz
el sofá	Sofa
el/la economista	Volkswirt(schaftler/in)
el/la belga	Belgier/in
la libertad	Freiheit
la expresión	Ausdruck
el sistema	System
el tema	Thema
la cama	Bett
el hombre	Mann
el papá	Vater, Papa
el/la iraní	Iraner/in
interesante	interessant
el coche	Auto
esto	das (hier)
vuestro/a	euer/e
suyo/a	seine/r, ihre/r, Ihre/r
simpático/a	sympathisch
feliz	glücklich
difícil	schwer
inglés/inglesa	englisch
francés/francesa	französisch
el/la iraquí	Iraker/in
el/la italiano/a	Italiener/in
el/la boliviano/a	Bolivianer/in
el/la brasileño/a	Brasilianer/in
el/la nicaragüense	Nicaraguaner/in
el/la estadounidense	US-Amerikaner/in
la bebida	Getränk
tomar	nehmen; zu sich nehmen; trinken
el plato	Teller
las matemáticas	Mathematik

3

Yo creo que...	Ich glaube, dass ...
creer	glauben
esto	das (hier)
la foto	Foto
el número	Nummer
no sé (saber)	ich weiß nicht

4

la cadena	Kette
el establecimiento	Geschäft

Vokabular

la **comida rápida**	Fastfood
el **bocadillo**	belegtes Brötchen
la **cadena de televisión**	Fernsehsender
mexicano/a	mexikanisch
la **empresa**	Firma, Unternehmen
uruguayo/a	uruguayisch
los **productos lácteos**	Milchprodukte
el **producto**	Produkt
la **compañía aérea**	Fluggesellschaft
la **compañía**	Gesellschaft, Firma
la **tienda de ropas**	Bekleidungsgeschäft
la **tienda**	Geschäft, Laden
la **ropa**	Kleidung, Wäsche
el **portal**	Portal

5

el **marido**	Ehemann
la **mujer**	(Ehe-)Frau
el **padre**	Vater
la **madre**	Mutter
el/la **hijo/a**	Sohn/Tochter
el/la **hermano/a**	Bruder/Schwester
el **abuelo/a**	Großvater/Großmutter
el/la **nieto/a**	Enkel/in
el/la **tío/a**	Onkel/Tante
el/la **primo/a**	Cousin/Cousine
el/la **cuñado/a**	Schwager/Schwägerin
el/la **sobrino/a**	Neffe/Nichte
el/la **suegro/a**	Schwiegervater/Schwiegermutter
el **yerno**	Schwiegersohn
la **nuera**	Schwiegertochter

6

el **nombre**	Name, Vorname
primer(o)/a	erste/r/s
el **apellido**	Nachname
segundo/a	zweite/r/s
el **matrimonio**	Ehe
cuando	wenn; als
se dice (decir)	man sagt
todos	alle
el **asunto**	Angelegenheit
burocrático/a	bürokratisch
perder (ie)	verlieren
propio/a	eigene/r/s
sin embargo	jedoch
conocer (zc)	kennen
más	mehr; *hier:* besser
al	a + el
utilizar	verwenden
la **señora**	Frau
nunca	nie
la **boda**	Hochzeit

7

mío/a	mein/e/r
colombiano/a	kolumbianisch

8

el **director general**	Generaldirektor/in
el/la **director/a**	Direktor/in
el/la **subdirector/a general**	stellvertretende/r Generaldirektor/in
el/la **director/a financiero/a**	Finanzdirektor/in
el/la **director/a comercial**	kaufmännische/r Leiter/in
el/la **director/a de marketing**	Marketingleiter/in
el/la **director/a de producción**	Produktionsleiter/in
la **producción**	Produktion
el/la **jefe/a de personal**	Personalleiter/in
el/la **jefe/a**	Chef/in
el/la **jefe/a de ventas**	Verkaufsleiter/in
la **venta**	Verkauf
el/la **jefe/a de publicidad**	Werbeleiter/in
la **publicidad**	Werbung

9

el/la **vendedor/a**	Verkäufer/in
el **deporte**	Sport
la **carretera**	Landstraße
verde	grün
la **riqueza**	Reichtum

10

la **planta**	Pflanze
el **hombre**	Mann
el **animal**	Tier
el/la **cantante**	Sänger/in
el/la **escritor/a**	Schriftsteller/in
el/la **deportista**	Sportler/in
alemán/ana	deutsch
japonés/esa	japanisch
Europa	Europa
América	Amerika
el **objeto**	Gegenstand
la **clase**	Klassenraum
empezar (ie)	anfangen, beginnen
la **vocal**	Vokal
la **consonante**	Konsonant
la **letra**	Buchstabe
el/la **futbolista**	Fußballspieler/in
brasileño/a	brasilianisch

Vokabular

Unidad 4

1

la fecha de nacimiento	Geburtsdatum
la fecha	Datum
el lugar	Ort, Platz, Stelle
la profesión	Beruf
la afición	Hobby
el/la motociclista	Motorradfahrer/in
descansar	sich ausruhen
el/la periodista	Journalist/in
la gastronomía	Gastronomie
el/la bailarín/bailarina	Tänzer/in
el cine	Kino
el/la actor/actriz	Schauspieler/in
el ballet	Ballett
Vizcaya	Biskaya
cubano/a	kubanisch
conducir (zc)	fahren, lenken
el/la director/a de cine	Filmregisseur/in
coleccionar	sammeln
el disco	Schallplatte
antiguo/a	alt, antik
el/la pintor/a	Maler/in
el ajedrez	Schach
la ópera	Oper
la pintura	Malerei
el fútbol	Fußball
la familia	Familie
el/la príncipe/princesa	Prinz/Prinzessin
el/la licenciado/a	Akademiker/in
el Derecho	Recht
Económicas	Wirtschaftswissenschaften
la vela	Segeln

2

los jóvenes	Jugendliche
en primer lugar	an erster Stelle, erstens
hay que	man muss
señalar	hinweisen (auf)
encuestado/a	befragt
la relación	Beziehung
el amor	Liebe
la salud	Gesundheit
la paz	Frieden
las cosas más importantes	die wichtigsten Dinge
porque	weil
el bienestar	Wohlbefinden
el cariño	Liebe
en cuanto a	was … angeht
la injusticia	Ungerechtigkeit
pensar (ie)	denken
el mal	Übel, Leid
inevitable	unvermeidlich
el progreso	Fortschritt
considerar	betrachten; *hier:* der Meinung sein
lo más importante	das Wichtigste
en general	im Allgemeinen
el/la político/a	Politiker/in
el voto	Stimme (politisch)
el poder	Macht
personal	persönlich
respecto a	hinsichtlich, betreffend
siguiente	folgende/r/s
el tema	Thema
opinar	meinen
la monarquía	Monarchie
el sistema educativo	Bildungswesen
el sistema	System
mal(o)/a	schlecht
así como	sowie
la sanidad	Gesundheitswesen
el ejército	Armee
tener que	müssen
ser	sein
profesional	professionell
los derechos humanos	Menschenrechte
la patria	Vaterland
la religión	Religion
la solidaridad	Solidarität
el valor	Wert
aunque	obwohl
la sociedad	Gesellschaft
actual	gegenwärtig, aktuell
individualista	individualistisch
la fidelidad	Treue
sexual	sexuell
fundamental	wesentlich
sobre todo	vor allem
a causa de	wegen
el SIDA (síndrome de inmunodeficiencia adquirida)	Aids
por último	zum Schluss, zuletzt
casi	fast
feliz (Pl. felices)	glücklich
la vida es bastante buena	das Leben ist ganz angenehm
cómodo/a	bequem

Grammatik

sentarse (ie)	sich setzen
levantarse	aufstehen
el/la colombiano/a	Kolumbianer/in
el/la venezolano/a	Venezolaner/in
el/la ecuatoriano/a	Ecuadorianer/in
el/la guineano/a	Guineer/in
el/la mexicano/a	Mexikaner/in
el/la costarricense	Costaricaner/in
el/la panameño/a	Panamaer/in
el/la salvadoreño/a	Salvadorianer/in
el/la hondureño/a	Honduraner/in

doscientos cuarenta y siete

Vokabular

el/la **holandés/esa**	Holländer/in
el/la **escocés/esa**	Schotte/in
el/la **danés/esa**	Däne/in
el/la **marroquí**	Marokkaner/in
el/la **paquistaní**	Pakistaner/in
el/la **sueco/a**	Schwede/in
el/la **austríaco/a**	Österreicher/in
el/la **griego/a**	Grieche/in
el/la **alemán/ana**	Deutsche/r
el/la **suizo/a**	Schweizer/in
el/la **chino/a**	Chinese/in
el/la **turco/a**	Türke/in
¿A qué te dedicas?	Was bist du von Beruf?
dedicarse a	sich widmen; *hier:* beruflich machen
el/la **mecánico/a**	Mechaniker/in
el/la **médico/a**	Arzt/Ärztin
el/la **abogado/a**	Rechtsanwalt/anwältin
el/la **juez/a**	Richter/in
el/la **arquitecto/a**	Architekt/in
el/la **presidente/a**	Präsident/in
¿De dónde?	Woher?
la edad	Alter
el año	Jahr
el nacimiento	Geburt
la nacionalidad	Staatsangehörigkeit
el domicilio	Anschrift
el/la **inglés/esa**	Engländer/in
el/la **europeo/a**	Europäer/in
estar en contra	dagegen sein
la globalización	Globalisierung

3

el **músico/a**	Musiker/in
el **Coliseo**	Kolliseum
la **Sirenita**	Kleine Meerjungfrau

4

un señor/una señora mayor	ein älterer Herr/eine ältere Dame
mayor	*hier:* älter
joven	jung
el/la **anciano/a**	alter Mann/alte Frau
el/la **niño/a**	Junge/Mädchen
¿Cuántos años tiene?	Wie alt ist er/sie?
¿Cuántos/as?	Wie viele?
saber	wissen; können
el personaje	Persönlichkeit; Person *(lit.)*
¿De dónde?	Woher?
argentino/a	Argentinier/in

5

estar de acuerdo	einverstanden sein
Es verdad.	Das ist wahr. Das stimmt.
la verdad	Wahrheit

6

el nombre familiar	Familienname
familiar	Familien-
compuesto/a	zusammengesetzt

7

usted(es)	Sie
existir	existieren
la forma	Form
el tratamiento	*hier:* Anrede
menos que	weniger als
vosotros/as	ihr
Latinoamérica	Lateinamerika
El **Cono Sur**	*Argentinien, Chile, Paraguay und Uruguay*
Centroamérica	Mittelamerika
vos *(Lateinamerika)*	du
el mundo del trabajo	Arbeitswelt
el/la **colega**	Kollege/in
de igual o similar categoría	von gleichem oder ähnlichem Rang
similar	ähnlich
la categoría	Kategorie, Rang, Klasse
normalmente	normalerweise
dirigirse a	sich wenden an
hablándoles	*hier:* indem sie sie ansprechen
el caso	Fall
el/la **médico/a**	Arzt/Ärztin
el/la **policía**	Polizist/in
el/la **funcionario/a**	Beamter/Beamtin
generalmente	meistens, normalerweise
tutear	duzen
aceptar	akzeptieren
por parte de	seitens
el/la **mismo/a**	der/dieselbe
la edad	Alter
tuyo/a	deine/r/s
el/la **taxista**	Taxifahrer/in
el hospital	Krankenhaus
desconocido/a	nicht bekannt, unbekannt

8

ellos/ellas	sie *(Plural)*
la imagen	Bild
más o menos	mehr oder weniger
tópico/a	klischeehaft
apasionado/a	leidenschaftlich
perezoso/a	faul
desorganizado/a	schlecht organisiert
simpático/a	sympathisch
amable	liebenswert, nett
demasiado	(all)zu, zu sehr, zu viel
hablador/a	geschwätzig
un poquito	ein wenig, ein bisschen

Vokabular

dramático/a	dramatisch
el/la **irlandés/esa**	Ire/Irin
el/la **hispanista**	Hispanist/in
el *fuego*	Feuer
la **sangre**	Blut
ruidoso/a	laut, geräuschvoll
sensual	sinnlich
vitalista	lebenslustig
e *(vor „i" oder „hi")*	und
incapaz	unfähig
durante mucho tiempo	längere Zeit
durante	während
el *tiempo*	Zeit
el/la **interlocutor/a**	Gesprächspartner/in
el **estereotipo**	Stereotyp
sobre	über
el **extranjero**	Ausland
todavía	noch
la **playa**	Strand
el *sol*	Sonne
el *toro*	Stier
asociar	in Verbindung bringen
arcaico/a	archaisch
rural	ländlich
heredar	erben
franquista	Franco-
la **Guerra Civil**	Bürgerkrieg
la *dictadura*	Diktatur
de todas formas	wie auch immer, jedenfalls
la **España de hoy**	das heutige Spanien
contradictorio/a	widersprüchlich
tradicional	traditionell
moderno/a	modern
turístico/a	touristisch
europeo/a	europäisch
industrial	Industrie-
dinámico/a	dynamisch
trabajador/a	arbeitsam, fleißig
vago/a	faul
disciplinado/a	diszipliniert
indisciplinado/a	undiszipliniert
progresista	fortschrittlich, progressiv
conservador/a	konservativ
falso/a	falsch
honesto/a	ehrlich, anständig
racista	rassistisch
antipático/a	unsympathisch
organizado/a	organisiert, ordentlich
frío/a	hier: kaltherzig
abierto/a	aufgeschlossen
cerrado/a	verschlossen
solidario/a	solidarisch
insolidario/a	unsolidarisch
serio/a	ernst; ernsthaft
divertido/a	lustig
formal	seriös
informal	informell; unzuverlässig
complicado/a	kompliziert

9

¿Cómo te llamas?	Wie heißt du?
el/la **fotógrafo/a**	Fotograf/in
aficionado/a al tenis	Tennisfan
aficionado/a a	zugetan, angetan von
el/la **chileno/a**	Chilene/in

10

escocés/esa	schottisch
analizar	analysieren
la *cabeza*	Kopf

11

la **educación sexista**	sexistische Erziehung
la **educación**	Erziehung, Bildung
fuerte	stark
activo/a	aktiv
agresivo/a	aggressiv
inteligente	intelligent
independiente	unabhängig
seguro/a	sicher
egoísta	egoistisch
duro/a	hart
débil	schwach
pasivo/a	passiv
sensible	sensibel
intuitivo/a	intuitiv
dependiente	abhängig
inseguro/a	unsicher
generoso/a	großzügig
tierno/a	sanft, zärtlich
la **igualdad**	Gleichheit
el **desarrollo parcial**	*hier:* einseitige Entwicklung
el **pseudónimo**	Pseudonym
la **profesión soñada**	Traumberuf
mantener amistad	die Freundschaft aufrechterhalten
la *amistad*	Freundschaft
serio/a	seriös

Unidad 5

1

la **Península Ibérica**	Iberische Halbinsel
la **península**	Halbinsel
estar situado/a	gelegen sein, liegen
estar	sein, sich befinden
al sur (de)	südlich (von)
el *sur*	Süden

doscientos cuarenta y nueve

Vokabular

el *norte*	Norden
África	Afrika
el *este*	Osten
el *Mar Mediterráneo*	Mittelmeer
el *mar*	Meer
el *oeste*	Westen
el *Océano Atlántico*	Atlantischer Ozean
los *Pirineos*	Pyrenäen
el *Mar Cantábrico*	Kantabrisches Meer
comprender	umfassen, einschließen
las *Islas Baleares*	Balearen
la isla	Insel
las *Islas Canarias*	Kanarische Inseln
el *archipiélago*	Inselgruppe, Archipel
canario/a	kanarisch
el *Atlántico Norte*	Nordatlantik
a ... *kilómetros de*	... Kilometer entfernt von
unos/unas	ungefähr (vor Zahlen)
suroeste	Südwesten
peninsular	der Halbinsel
enfrente (de)	gegenüber (von)
sahariano/a	saharauisch, der Westsahara
el *borde*	Rand
el *Trópico*	Tropen
la *comunidad*	Gemeinschaft; *hier:* Region
la *Comunidad Autónoma*	autonome Region
el *centro*	Zentrum
limitar con	grenzen an
Castilla	Kastilien
la *Puerta del Sol*	berühmter Platz im Zentrum Madrids
el *kilómetro cero*	Nullpunkt (Ausgangspunkt der span. Nationalstraßen)
el *noreste*	Nordosten
constar de	bestehen aus
la *provincia*	Provinz
último/a	letzte/r/s
Andalucía	Andalusien
en su parte oriental	an seiner östlichen Seite
occidental	westlich

2

salir	aus-, weg-, hinausgehen
la *pizzería*	Pizzeria
seguir (i)	folgen
todo recto	immer geradeaus
llegar	(an)kommen
cruzar	überqueren
pasado el.../pasada la...	*hier:* hinter, nach ...
unos/as	einige
el *árbol*	Baum
pasar	*hier:* durchgehen
después de	nach
la *curva*	Kurve
el *lago*	See
a la derecha	rechts
la *cascada*	Wasserfall
la *barca*	(Fischer-)Boot
al otro lado de	auf der anderen Seite von
el *camino*	Weg
a la izquierda	links
tomar	nehmen
la *roca*	Fels
hasta	bis
la *cabina de teléfonos*	(Telefon-)Zelle
el *teléfono*	Telefon
girar	abbiegen
allí	dort
la *posibilidad*	Möglichkeit
al lado de	neben
el *monasterio*	Kloster
la *base*	Basis; *hier:* Landeplatz
el *helicóptero*	Hubschrauber
directamente	direkt
saliendo de	wenn man ... verlässt
delante de	vor (räumlich)
la *tienda de souvenirs*	Souvenirladen
el *lavabo*	Toilette
ese/a	diese/r/s
el *cajero automático*	Geldautomat
tener que + *Inf.*	müssen
el *de en medio*	der mittlere
a ... *metros*	nach ... Metern
la *máquina de bebidas*	Getränkeautomat
al final	am Ende
el *campamento*	Lager(platz)

Grammatik

poner	setzen, stellen
la *gasolinera*	Tankstelle
el *dormitorio*	Schlafzimmer
el *salón*	Wohnzimmer
la *cocina*	Küche; Herd
el *baño*	Badezimmer, Toilette
lejos	weit
cerca (de)	in der Nähe (von)
el *banco*	Bank
por aquí	hier
el *metro*	Meter
pasar	vorbeigehen
ninguno/a	keine/r/s
la *panadería*	Bäckerei
el *cajón*	Schublade
el *armario*	Schrank
el *tren*	Zug
el *metro*	U-Bahn
el *avión*	Flugzeug
la *bicicleta*	Fahrrad
el *autobús*	(Omni-)Bus
el *barco*	Schiff
el *pie*	Fuß
a pie	zu Fuß

Vokabular

el **caballo**	Pferd
situar	stellen, platzieren
dar	geben
subir	hinaufgehen
bajar	hinuntergehen
bañar	baden
detrás de	hinter
encima de	auf, über
debajo de	unter
dentro de	in
a la derecha (de)	rechts (von)
a la izquierda (de)	links (von)
antes de	vor; bevor
¿**Cuánto?**/¿**Cuántos/as?**	Wie viel? / Wie viele?
Perdona.	Entschuldige.
Perdone.	Entschuldigen Sie.
la **farmacia**	Apotheke

4

debajo de	unter
el **bosque**	Wald
la **cordillera**	Gebirgskette
la **montaña**	Berg; Gebirge
el **valle**	Tal
el **golfo**	Golf
el **puerto**	Hafen
la **meseta**	Hochebene
la **bahía**	Bucht
el **río**	Fluss
la **autopista**	Autobahn
el **pantano**	Sumpf; Stausee

5

recomendable	empfehlenswert
el **carnaval**	Karneval, Fasching
el **paseo marítimo**	Strandpromenade
el **acuario**	Aquarium
la **catedral**	Kathedrale
conmemorar	gedenken
el **final**	Ende, Schluss
la **guerra**	Krieg
la **independencia**	Unabhängigkeit
el **teatro**	Theater
fantástico/a	fantastisch
el **pórtico**	Säulenhalle
neoclásico/a	neoklassizistisch
el **templo**	Tempel
la **fachada**	Fassade
barroco/a	barock
el **siglo**	Jahrhundert
la **mansión**	Villa
el **estilo**	Stil
prehispánico/a	aus der Zeit vor der Entdeckung Amerikas
el **estado**	Staat
la **pirámide**	Pyramide
el **relieve**	Relief
el **tablero**	Holztafel
el **friso**	Fries
las **pinturas murales**	Wandmalereien
la **pintura**	Malerei; Gemälde
el **mural**	Wandgemälde
destacar	hervorstechen
el **nicho**	(Grab-)Nische
el **año solar**	Sonnenjahr
el **año**	Jahr
la **zona**	Zone, Gebiet
arqueológico/a	archäologisch
la **terraza**	Terrasse
la **columna**	Säule
el **guerrero**	Krieger
conocido/a como	bekannt als

6

el **pan**	Brot
el **perfume**	Parfüm
los **cosméticos**	Kosmetikartikel
el **pastel**	Törtchen; Kuchen
el **dulce**	Süßigkeit
el **papel**	Papier
el **bolígrafo**	Kugelschreiber
el **medicamento**	Medikament
la **gasolina**	Benzin
el **producto de limpieza**	Putzmittel
la **fruta**	Obst
el **tabaco**	Tabak
la **droguería**	Drogerie
la **pastelería**	Konditorei
la **papelería**	Schreibwarengeschäft
la **carnicería**	Metzgerei
la **panadería**	Bäckerei
la **frutería**	Obstgeschäft
la **perfumería**	Parfümerie
la **gasolinera**	Tankstelle
la **farmacia**	Apotheke
la **librería**	Buchhandlung
el **quiosco**	Kiosk
el **estanco**	Tabakladen
el **supermercado**	Supermarkt
la **confitería**	Konditorei, Konfiserie
la **joyería**	Juwelierladen
el **comercio**	Laden
especial	speziell
el **mueble**	Möbel
según	gemäß, laut
el **super**	Supermarkt
el **colmado**	Lebensmittelgeschäft
la **miscelánea**	Lebensmittelgeschäft (Mexiko)
el **abasto**	Lebensmittelgeschäft (Venezuela)

Vokabular

el chino	Lebensmittelgeschäft *(Peru)*
la feria	Lebensmittelgeschäft *(Chile)*
el almacén	Lebensmittelgeschäft *(Argentinien)*
vender	verkaufen
el alimento	Nahrungsmittel
el uso	Gebrauch
cotidiano/a	alltäglich

7

la plaza de toros	(Stierkampf-)Arena
la iglesia	Kirche
San	Kurzform für "Santo" vor Namen
el/la Santo/a	Heilige/r
el campo de fútbol	Fußballplatz
la estatua	Statue
Colón (Cristóbal)	Kolumbus (Christoph)
la Plaza Mayor	Hauptplatz *(Mittelpunkt vieler span. Städte)*
la Calle Mayor	Hauptstraße
el ayuntamiento	Rathaus
la Gran Vía	eine der Hauptstraßen von Madrid
Correos	Postamt
el casco antiguo	Altstadt
la estación de trenes	Bahnhof
la estación	Bahnhof
el tren	Zug
el autobús	(Omni-)Bus
la dirección	Anschrift
numerado/a	nummeriert
del siguiente modo	folgendermaßen
el lado	Seite
par	gerade *(Zahl)*
impar	ungerade *(Zahl)*
dar	geben
se dice (decir)	man sagt
primero	zuerst
el piso	Stockwerk
el tercero	dritter Stock
el cuarto	vierter Stock
el quinto	fünfter Stock
luego	dann, anschließend
la puerta	Tür
por esa razón	aus diesem Grund
el sobre	Briefumschlag
así	so, auf diese Weise
Sra. = señora	Frau
la plaza	Platz
la avenida	breite Straße; Allee
el paseo	Promenade
el código postal	Postleitzahl
el buzón	Briefkasten
amarillo/a	gelb
la esquina	Ecke
unos cuantos	einige
rojo/a	rot
la correspondencia	Briefwechsel, Korrespondenz
a veces	manchmal
la relación	Bezug, Verbindung
el suceso	Ereignis
histórico/a	historisch
el personaje literario	literarische Figur
la Plaza Dos de Mayo	*Platz in Madrid*
el mesón	(kleines) Wirts-, Gasthaus
Quijote	Held des gleichnamigen Romans von Cervantes
el hostal	Gasthaus
los Reyes Católicos	die Katholischen Könige (Ferdinand von Aragonien und Isabella von Kastilien)
Dulcinea	Herzensdame des Don Quijote

9

el/la camarero/a	Kellner/in
la agencia de viajes	Reisebüro
la oficina de Correos	Postamt
aquí	hier
cerca (de)	in der Nähe (von)
mirar	(an)sehen, betrachten

10

el aeropuerto	Flughafen
el barrio	Stadtteil, -viertel
a los pies de la Cordillera	am Fuße der Kordillere

11

el póster	Poster
el despertador	Wecker
la mesilla	Nachttisch
la lámpara	Lampe
la estantería	Regal
el cajón	Schublade
la mesa	Tisch
la silla	Stuhl
el armario	Schrank
la cama	Bett
la papelera	Papierkorb
encima de	auf, über
dentro de	in
el suelo	Boden
la ventana	Fenster
contra	gegen
la pared	Wand

12

la guitarra	Gitarre
el reloj	Uhr
las gafas de sol	Sonnenbrille

Vokabular

las *gafas*	Brille
la *falda*	Rock
el *disco de vinilo*	Vinylschallplatte
la *camiseta*	Unterhemd; T-Shirt
el *televisor*	Fernsehapparat
la *raqueta de tenis*	Tennisschläger
ninguno/a	keine/r/s

13

la *cocina*	Küche; Herd
la *entrada*	Eingang
el *salón*	Wohnzimmer
el *baño*	*hier:* Badezimmer, Toilette
el *dormitorio*	Schlafzimmer
poner	setzen, stellen
el *sofá*	Sofa

14

el *cuarto de baño*	Badezimmer
la *biblioteca*	Bibliothek
la *oficina*	Büro
el *garaje*	Garage

15

la *jungla*	Dschungel
la *nevera*	Kühlschrank
el *avión*	Flugzeug

16

el *paseo*	Spaziergang
inolvidable	unvergesslich
poder (ue)	können
la *visita*	Besuch; Besichtigung
el *centro histórico*	Altstadt
Plaza de Mayo	großer Platz im Zentrum von Buenos Aires
la Casa Rosada	Sitz des argentinischen Präsidenten
la *sede*	Sitz
el *poder ejecutivo*	Exekutive
nacional	national, staatlich
la Catedral Metropolitana	Kathedrale der Hauptstadt
el Banco Nación	Nationalbank
entrar	eintreten, hineingehen
tomar	nehmen; trinken
desayunar	frühstücken
caminar	laufen
adelante	vor(wärts)
al fondo	im Hintergrund
el *símbolo*	Symbol
el *Obelisco*	Obelisk
el *tipo*	Typ, Art
la *disquería*	Schallplattengeschäft
bajar	hinuntergehen
la *calle peatonal*	Fußgängerzone
obligatorio/a	obligatorisch
las Galerías Pacífico	Einkaufzentrum in Buenos Aires
contemplar	betrachten
los *frescos*	Fresken
pintar	malen
la *cúpula*	Kuppel
cualquier(a)	irgendein/e, jede/r/s
el *rincón*	Ecke
el *caramelo*	Bonbon
el *chocolate*	Schokolade
riquísimo/a	sehr lecker, köstlich
el *alfajor*	Honigkuchen mit Mandeln und Nüssen

Unidad 6

1

ayudar en casa	im Haushalt helfen
ayudar	helfen
el *material*	Material
el *plástico*	Kunststoff, Plastik
el *precio*	Preis
el *euro*	Euro
el *peso*	Gewicht
el *kilo*	Kilogramm
la *energía eléctrica*	elektrische Energie
fabricado/a	hergestellt
Japón	Japan
saber	können; wissen
la *hamburguesa*	Hamburger
la *tarta*	Torte
la *fresa*	Erdbeere
el *helado*	(Speise-)Eis
solucionar	lösen
el *problema*	Problem; *hier:* Aufgabe
la *química*	Chemie
tocar	*hier:* (ab)spielen
la *música clásica*	klassische Musik
clásico/a	klassisch
llevar	tragen
la *película de terror*	Horrorfilm
el *navegador de Internet*	Internetbrowser
la *discusión*	Diskussion, Auseinandersetzung
los *hijos*	Kinder
el *mejor amigo*	der beste Freund
mejor	beste/r
el *aluminio*	Aluminium
el *hierro*	Eisen
la *energía solar*	Sonnenenergie
Alemania	Deutschland
las *patatas fritas*	Pommes frites
la *patata*	Kartoffel

Vokabular

la traducción	Übersetzung
el rap	Rap
el disc-jockey	Disc-Jockey
la fiesta	Fest; Feier
el lector de DVD	DVD-Laufwerk
la película de ciencia ficción	Science-Fiction-Film
la película policíaca	Kriminalfilm
la consola	Konsole
el videojuego	Videospiel
jugar (ue)	spielen
el ping pong	Tischtennis
despertarse (ie)	aufwachen
por la mañana	morgens, vormittags
la mañana	Morgen, Vormittag
preferir (ie)	bevorzugen
ecológico/a	ökologisch
barato/a	billig
pesar	wiegen
menos	weniger
fabricar	herstellen
el tipo	Typ, Klasse, Art
ya	schon

2

igual	gleich
México D.F. (Distrito Federal)	Mexiko-Stadt (Bundesbezirk)
tampoco	auch nicht
dentro de	innerhalb von
una misma ciudad mismo/a	ein und dieselbe Stadt gleich
el/la campesino/a	Bauer/Bäuerin
el/la obrero/a	Arbeiter/in
incluso	sogar
distinto/a	verschieden
lógicamente	logischerweise
presentar	zeigen, aufweisen
la diferencia	Unterschied
el sonido	Laut
final	End-, Schluss-
aspirar	aspirieren, hauchen
desaparecer (zc)	verschwinden
la expresión	Ausdruck
el léxico	Wortschatz
el uso	Verwendung
el plátano	Banane
la lengua hablada	gesprochene Sprache
fonético/a	phonetisch
léxico/a	lexikalisch
sintáctico/a	syntaktisch
pequeño/a	klein
literario/a	literarisch
la lengua culta	gehobene Sprache
culto/a	kultiviert
parecido/a	ähnlich
hispanohablante	spanischsprachig
enseguida	gleich, sofort
la variante	Variante, Abweichung
mejor	besser
peor	schlechter

Grammatik

poder (ue)	können
seguir (i)	folgen
estos/as	diese (hier)
mil	tausend
cien	hundert
la decena	Zehner
la unidad	Einheit
el dólar	Dollar
el real	Real (brasilianische Währung)
la madera	Holz
la tela	Stoff
la lana	Wolle
el cuero	Leder
completamente	ganz
Londres	London
hace frío	es ist kalt
el frío	Kälte
durar	dauern
gastar	ausgeben; verbrauchen

3

el/la más grande	der/die/das größte
el bar	Kneipe
solamente	nur
el metro	Meter
el pueblo más alto	der höchstgelegene Ort

4

la medicina pública	(öffentl.) Gesundheitswesen
acostarse (ue)	sich hinlegen
tarde	spät
la noche	Nacht
el café	Kaffee
la leche	Milch
encontrarse (ue)	sich treffen
el tráfico	Verkehr
desordenado/a	hier: chaotisch
hay	es gibt
el atasco	Stau
el clima	Klima
tropical	tropisch
el teatro	Theater
fanático/a	fanatisch
hablar al mismo tiempo	gleichzeitig sprechen
hablar en voz muy alta	sehr laut sprechen
la voz	Stimme
gesticular	gestikulieren
fumar	rauchen
el verano	Sommer

Vokabular

5

imaginario/a	erdacht
el vaquero	Jeans
el zumo	Saft
la entrada	*hier:* Eintrittskarte
la zapatilla de deporte	Turnschuh
el billete	Fahrschein, Fahrkarte
el alquiler	Miete
el piso	Wohnung
la habitación	Zimmer
caro/a	teuer

6

el coche	Auto
negro/a	schwarz

7

más	plus
menos	minus
multiplicado por	mal
dividido por	geteilt durch
es/son igual a	ist gleich

8

afectar	betreffen, angehen
la discoteca	Diskothek

9

en cambio	hingegen
desordenado/a	unordentlich
ordenado/a	ordentlich

10

el/la consumidor/a	Verbraucher/in
verde	grün; *hier:* ökologisch
reducir (zc)	reduzieren
reutilizar	wiederverwenden
reciclar	wiederverwerten
llamado/a	so genannt
la ley	Gesetz
el principio	Prinzip, Grundsatz
el orden de prioridad	Prioritätenfolge
la prioridad	Priorität, Vorrang
el consumo	Verbrauch
no consumir por consumir	nicht konsumieren um des Konsum willen
pedir (i)	bitten; verlangen; bestellen
la bolsa	Tasche, Tüte
de casa	von zu Hause
la lata	Dose
fresco/a	frisch
a granel	unverpackt, lose
la botella	Flasche
el cristal	Glas; Kristall
el trapo de cocina	Geschirrtuch
el papel de cocina	Küchenpapier
el gas	Gas
la calefacción eléctrica	elektrische Heizung
tirar	wegwerfen
el contenedor de basura	Mülltonne
el plato precocinado	Fertiggericht
precocinado/a	vorgekocht
cocinar	kochen
el spray	Spray
la bicicleta	Fahrrad
educar	erziehen
prohibir	verbieten
general	allgemein

11

sin	ohne
la frontera	Grenze
la semana	Woche
el profesorado	Lehrkörper, Lehrerschaft
especializado/a	spezialisiert
la situación	Situation, Lage
el laboratorio de idiomas	Sprachlabor
el objetivo	Ziel, Zweck
comunicarse	sich unterhalten
la actividad	Aktivität; Übung
optativo/a	fakultativ
la clase de cocina	Kochunterricht
la proyección de películas	Filmvorführung
la enseñanza	Unterricht; Unterrichtswesen
complementario/a	ergänzend
el grupo	Gruppe
el/la alumno/a	Schüler/in
el centro	Zentrum; Institut
enseñar	unterrichten
el vocabulario	Vokabular, Wortschatz
la lengua escrita	geschriebene Sprache, Schriftsprache
la conferencia	Konferenz; Vortrag
el tema de actualidad	aktuelles Thema
el servicio	Dienst
el alojamiento con familias	Unterbringung bei Familien
el alojamiento	Unterkunft
incluido/a	eingeschlossen, inbegriffen
la academia	Sprachschule
pasar unas vacaciones divertidas	schöne Ferien verbringen
pasar	verbringen
la equitación	Reiten
el tenis	Tennis
la visita	Besichtigung, Besuch

Vokabular

12

los **datos básicos**	allgemeine Daten
la *moneda*	Währung
la *superficie*	Fläche, Oberfläche
la *densidad*	*hier:* (Bevölkerungs-)Dichte
el *crecimiento*	Wachstum
anual	jährlich
la **esperanza de vida**	Lebenserwartung
urbano/a	städtisch
los **grupos de edad**	Altersgruppen
PNB = Producto Nacional Bruto	Bruttosozialprodukt
per cápita	pro Kopf
el *empleo*	Beschäftigung
la **población activa**	erwerbstätige Bevölkerung
la *estructura*	Struktur
la *industria*	Industrie
la *agricultura*	Landwirtschaft
el *servicio*	Dienstleistung

13

la *alimentación*	Ernährung
el *litro*	Liter
el *transporte*	Transport; Verkehrsmittel
el *metro*	Untergrundbahn/U-Bahn
la *vivienda*	Wohnung
la *periferia*	Stadtrand, Randgebiet
los *gastos*	Ausgaben
la *copa*	Getränk, Drink
el **bar nocturno**	Nachtbar
diverso/a	verschieden
el *videojuego*	Videospiel
la **llamada (telefónica)**	Anruf; Telefongespräch
el *preservativo*	Kondom
más o menos	ungefähr

14

el *caos*	Chaos
el *pantalón*	Hose

Unidad 7

1

el/la *detective*	Detektiv
todo el mundo	die ganze Welt, alle
tanto... como	sowohl ... als auch
privado/a	privat
raro/a	seltsam, merkwürdig, komisch
la **tele(visión)**	Fernsehen
la *gente*	Leute
la *policía*	Polizei
ir a casa de un amigo	zu einem Freund gehen
el/la *psiquiatra*	Psychiater/in
el/la *cliente*	Klient/in, Kunde/in
el/la *socio/a*	Teilhaber/in
la *agencia*	Agentur
madrileño/a	aus Madrid
gordito/a	ein wenig dick
gordo/a	dick
bajito/a	etwas kleiner
bajo/a	klein; niedrig
calvo/a	kahl, glatzköpfig
el *éxito*	Erfolg
el/la *novio/a*	feste/r Freund/in
diferente	verschieden
extranjero/a	ausländisch
estar de buen humor	gut gelaunt sein
el *humor*	Laune; Humor
es muy buena persona	er ist ein feiner Kerl
único/a	einzige/r/s
estar enamorado/a	verliebt sein
venir (ie)	kommen
peor	schlimmer
enamorarse	sich verlieben
constantemente	ständig
mi	mein/e
en el tema de...	was ... angeht
tímido/a	schüchtern, zurückhaltend
salir con	ausgehen mit
ponerse enfermo/a	krank werden
enfermo/a	krank
no lo entiendo	das verstehe ich nicht
atractivo/a	attraktiv
alto/a	groß
moreno/a	dunkelhaarig
inteligentísimo	sehr intelligent
la *secretaria*	Sekretärin
simpatiquísimo/a	sehr sympathisch
despistado/a	zerstreut, geistesabwesend
guapo/a	hübsch, schön
en realidad	in Wirklichkeit
feo/a	hässlich
medir (i)	messen
no importa	das macht nichts
le	ihm/ihr/Ihnen
llamar por teléfono	anrufen
la **vez** (Pl. veces)	Mal
al día	am Tag
naturalmente	natürlich
Comunica.	*hier:* Es ist besetzt.
el **chico de los recados**	Botenjunge
el *recado*	Nachricht; *hier:* Besorgung
el/la *mensajero/a*	Bote/Botin
blanco/a	weiß; *hier:* hellhäutig
delgado/a	schlank
bizco/a	schielend
el/la *artista*	Künstler/in
el *poema*	Gedicht
escondido/a	versteckt

Vokabular

la mesa	Tisch; *hier:* Schreibtisch
ponerse colorado/a	rot werden
el tomate	Tomate
olvidar(se) de	vergessen
resumir	zusammenfassen
el equipo	Team, Mannschaft
interesante	interessant
emocionante	aufregend
en este momento	im Augenblick, zur Zeit
la casa discográfica	Plattenfirma
lo	ihn/es
el bigote	Schnurrbart
el paquete	Paket
¿Quién es la del teléfono?	Wer ist die Frau am Telefon?
la fotografía	Fotografie
el jersey	Pullover
el pelo	Haar

2

encontrar *(ue)*	finden
el guardarropa	Garderobe
azul	blau
gris	grau
marrón	braun

Grammatik

parecerse *(zc)*	sich ähneln
traducir *(zc)*	übersetzen
parecer *(zc)*	scheinen
crecer *(zc)*	wachsen
producir *(zc)*	herstellen
el abrigo	Mantel
la maleta	Koffer
el hotel	Hotel
la chaqueta	Jacke, Sakko
el pasaporte	(Reise-)Pass
aquel/aquello/a	jene/r/s
derecha	rechts
izquierda	links
arriba	oben
el traje	Anzug
rubio/a	blond
castaño/a	kastanienfarben
liso/a	glatt
rizado/a	kraus, lockig
la nariz	Nase
el ojo	Auge
la cazadora	Jacke
no se parecen nada	sie sind sich überhaupt nicht ähnlich
en la manera de...	*hier:* in der Art wie ...
andar	laufen
el/la mismo/a	derselbe/dieselbe, der/die gleiche
contento/a	zufrieden
triste	traurig
enfadado/a	erbost, zornig
relajado/a	entspannt
tranquilo/a	ruhig
cansado/a	müde
horrible	schrecklich; hässlich

3

el móvil	Handy
la cámara de vídeo	Videokamera
el equipo de música	Stereoanlage
la cámara fotográfica	Fotoapparat

4

físicamente	äußerlich, körperlich
el color	Farbe

5

contar *(ue)*	erzählen
por teléfono	telefonisch
suyo/a	seine/r, ihre/r, Ihre/r

6

el hijo mayor	der älteste Sohn
llevar bigote	einen Schnurrbart haben
el hijo menor	der jüngste Sohn
tener ... años	... Jahre alt sein
la lectura	Lesen
ir vestido/a de negro	schwarz gekleidet sein
la barba	(Voll-)Bart
largo/a	lang
el chico de la pelota	der Junge mit dem Ball
la pelota	Ball

7

el/la cartero/a	Briefträger/in
el latín	Latein
el/la jubilado/a	Rentner/in
el ama *(f)* de casa	Hausfrau
ser aficionado/a a...	sich für etwas begeistern
el/la mafioso/a	Angehörige/r der Mafia
el golf	Golf
el fan	Fan

8

la chaqueta	Jacke; Sakko
loco/a	verrückt
el cuello	Hals
quizá	vielleicht
aquel/aquello/a	jene/r/s

Vokabular

explicar	erklären

9

el/la hombre/mujer de tus sueños	dein/e Traummann/frau
el sueño	Traum
el príncipe azul	Märchenprinz
ideal	ideal
el sentido	Sinn

10

la misión	Mission, Einsatz
el/la extraterrestre	Außerirdische/r
el (ser) humano	Mensch

Unidad 8

1

el/la astronauta	Astronaut/in
alguna vez	(schon) einmal
alguno/a	irgendein/e
haber	haben (Hilfsverb)
marearse	seekrank werden; schwindelig werden
el barco	Schiff
estar encerrado/a	eingeschlossen sein
salir	hier: sich befreien, herauskommen
el ascensor	Fahrstuhl
soñar (ue)	träumen
volar (ue)	fliegen
tener ganas	Lust haben
volver a casa	(wieder) nach Hause kommen
volver (ue)	zurückkommen, -kehren
la lata	Dose
congelado/a	tiefgefroren
ver	sehen
La guerra de las galaxias	Krieg der Sterne
la ciencia ficción	Sciencefiction
tener miedo (a)	Angst haben (vor)
la oscuridad	Dunkelheit
la soledad	Einsamkeit
el/la exraterrestre	Außerirdische/r
el lobo	Wolf
feroz	wild; grausam
hacer deporte	Sport treiben
encontrarse (ue) bien	sich wohl fühlen
los cereales	Getreide; Müsli
el desayuno	Frühstück
arreglar	in Ordnung bringen; reparieren
el sexo	Geschlecht
levantarse	aufstehen
temprano	früh
el periódico	Zeitung
hacer la cama	das Bett machen
últimamente	in letzter Zeit
estar nervioso/a	nervös sein
estar de mal humor	schlecht gelaunt sein
el dolor de cabeza	Kopfschmerzen
el dolor	Schmerz
el plan	Plan
el proyecto	Vorhaben, Projekt
contestar	antworten
mañana por la mañana	morgen früh
el fin de semana que viene	nächstes Wochenende
el fin de semana	Wochenende
próximo/a	nächste/r/s
si	ob, falls; wenn
la respuesta	Antwort
¿Cuándo...?	Wann ...?
dentro de poco tiempo	in der nächsten Zeit
antes de	bevor
jubilarse	in Rente/in den Ruhestand gehen
el mes que viene	nächsten Monat
el mes	Monat
el ser	Wesen, Geschöpf
el planeta	Planet
casarse	heiraten
tener hijos	Kinder bekommen
la pregunta	Frage

2

despistado/a	zerstreut
mamá	Mutti, Mama
la cartera	(Schul-)Tasche
¡Anda!	Sag bloß!
el reloj	(Armband)uhr
parecer (zc)	scheinen
encima de	auf
la cama	Bett
oye	hör mal!
dejar	lassen; hier: (aus)leihen
el diccionario	Wörterbuch
la cazadora de cuero	Lederjacke
el cuero	Leder
meter	(hin-, hinein)legen
¡Ay!	Ach!
papá	Papa, Vati
Ah, sí!	Oh ja!
vuestro/a	euer/e
el dormitorio	Schlafzimmer
el boligrafo	Kugelschreiber
ni... ni	weder ... noch

Grammatik

volver (ue)	zurückkommen, -gehen
poner	setzen; anziehen
romper(se)	(zer)brechen

Vokabular

¿Qué tal...?	Wie war ...?
aburrido/a	langweilig
hoy	heute
últimamente	in letzter Zeit
el mes	Monat
la tarde	Nachmittag
la primavera	Frühling
la Navidad	Weihnachten
la vez	Mal
muchas veces	oft
alguna vez	(irgendwann) einmal
varias veces	mehrmals
regular	mittelmäßig
fatal	fürchterlich, mies
el rollo	eine langweilige Sache
terminar	beenden, aufhören
la carrera	Laufbahn, Karriere
venir	kommen
... que viene	kommende/r/s
próximo/a	nächste/r/s
pasado mañana	übermorgen
¿Qué hora es?	Wie viel Uhr ist es?
la hora	Uhrzeit; Stunde
en punto	genau
quedar	sich verabreden
el mediodía	Mittag
Buenos días.	Guten Morgen./Guten Tag.
Buenas tardes.	Guten Tag./Guten Abend.
Buenas noches.	Guten Abend./Gute Nacht.
el lunes	Montag
el martes	Dienstag
el miércoles	Mittwoch
el jueves	Donnerstag
el viernes	Freitag
el sábado	Samstag
el domingo	Sonntag
la primavera	Frühling
el otoño	Herbst
el invierno	Winter

3

aparecer (zc)	erscheinen, auftauchen
muerto/a	tot
el/la muerto/a	Tote/r
reunirse	sich treffen
el/la director/a comercial	kaufmännische/r Leiter/in
el/la director/a	Leiter/in
el/la heredero/a	Erbe/Erbin
la industria	Industrie; *hier:* Unternehmen
el/la contable	Buchhalter/in
el/la conserje	Hausmeister/in

4

en un papel	auf einem Blatt Papier
preguntar	fragen

5

el horóscopo	Horoskop
el día de hoy	der heutige Tag
suceder	geschehen
Aries	Widder *(Sternzeichen)*
pasar (un buen día)	(einen schönen Tag) verbringen
la sorpresa	Überraschung
Tauro	Stier *(Sternzeichen)*
quedarse	bleiben
Géminis	Zwillinge *(Sternzeichen)*
convertirse (en) *(ie)*	sich verwandeln in
el cuidado	Vorsicht
Cáncer	Krebs *(Sternzeichen)*
la personalidad	Persönlichkeit
el encanto personal	Charme
recibir	empfangen, erhalten
el regalo	Geschenk
Leo	Löwe *(Sternzeichen)*
disfrutar de	genießen
descansar	ausruhen
seguramente	sicherlich
después de	nach
la fruta	Obst
Virgo	Jungfrau *(Sternzeichen)*
excitante	aufregend, erregend
Libra	Waage *(Sternzeichen)*
el mediodía	Mittag
el susto	Schreck
agradable	angenehm
regular	mittelmäßig
Escorpio	Skorpion *(Sternzeichen)*
la pareja	(Ehe-)Paar
la paciencia	Geduld
el estómago	Magen
por la tarde	nachmittags
Sagitario	Schütze *(Sternzeichen)*
lejano/a	fern, entfernt, entlegen
Capricornio	Steinbock *(Sternzeichen)*
la vida amorosa	Liebesleben
la maravilla	Wunder
conseguir (i)	erhalten, erreichen
Acuario	Wassermann *(Sternzeichen)*
tranquilo/a	ruhig
el problema amoroso	Liebeskummer
pasear	spazierengehen
el campo	Land; Natur; Feld
nadar	schwimmen
Piscis	Fische *(Sternzeichen)*
quedarse en casa durmiendo (Inf. dormir)	zu Hause bleiben und schlafen
acertar *(ie)*	*hier:* zutreffen
doler *(ue)*	schmerzen, wehtun

Vokabular

6

relacionar	verbinden
reconstruir (y)	rekonstruieren, wiederherstellen
horrible	schrecklich
aburrido/a	langweilig
el parque de atracciones	Vergnügungspark
llover (ue)	regnen
jugar (ue)	spielen
el parchís	Mensch-Ärgere-Dich-Nicht
el horror	Entsetzen
pasárselo bien	es sich gut gehen lassen
estupendo/a	wunderbar, großartig
dormirse (ue)	einschlafen
llegar tarde	zu spät kommen
llegar	(an)kommen
la filosofía	Philosophie
salir bien	gut gelingen
el examen	Prüfung
el/la primo/a	Cousin/e
pasar a la historia	in die Geschichte eingehen
el desastre	Katastrophe
a tiempo	rechtzeitig
suspender	durchfallen (lassen)
perder (ie) el autobús	den Bus verpassen
pincharse una rueda	eine Reifenpanne haben
la rueda	Rad; Reifen
el examen sorpresa	nicht angekündigte Prüfung
decretar	an-, verordnen, beschließen
ordenar	ordnen, aufräumen

7

quieran (Konj. Präs. querer)	wollen, möchten
la noticia	Nachricht
prohibido/a	verboten
el/la ciudadano/a	Bürger/in
la obligación	Verpflichtung
el compromiso	Verpflichtung
la prohibición	Verbot
excepcional	außergewöhnlich
al conocer la noticia	als sie die Nachricht hörten

8

el mar	Meer
la tarjeta de crédito	Kreditkarte
el parque	Park
la catedral	Kathedrale
el medicamento	Arzneimittel

9

correspondiente	entsprechend
la mochila	Rucksack
ponerse la mochila	den Rucksack aufsetzen
para ver qué tal	um zu sehen, wie er sitzt
el cumpleaños	Geburtstag
el pastel de cumpleaños	Geburtstagstorte
el comedor	Speisesaal, Esszimmer
continuamente	ständig, ununterbrochen
querer (ie) a alguien	jmd. lieben
necesitar a alguien	jmd. brauchen
mandar	schicken
el ramo	Strauß
la rosa	Rose
pondrá (Inf. poner)	(er/sie/Sie/es) wird stellen
podrá (Inf. poder)	(er/sie/Sie/es) wird können
gustar	gefallen
odiar	hassen
poner los CD-ROM en la boca	die CD-ROMs in das Laufwerk schieben
comerse	essen
probar (ue)	probieren
tan	so, so sehr
conectarse a Internet	ins Internet gehen
conectarse	Verbindung herstellen
el virus	Virus
destruir (y)	zerstören, vernichten
el error	Fehler

10

cambiarse de casa	umziehen
regalar	schenken
guardar	(auf)bewahren
enviar	schicken
Voy a regalárselos.	Ich werden sie ihnen schenken.
el/la sobrino/a	Neffe/Nichte
la raqueta de tenis	Tennisschläger

12

el verso	Vers
el ansia (f)	Angst; (starke) Sehnsucht
el disgusto	Kummer; Ärger; Missfallen
la añoranza	Sehnsucht
el llanto	Weinen
bastar	ausreichen, genügen

Unidad 9

1

el habla (f)	Sprache
la isla	Insel
Asturias	Asturien
elegir (i)	(aus)wählen
el gusto	Geschmack, Vorliebe
el interés	Interesse
encantar	entzücken, begeistern
observar	beobachten; bemerken
la terminación	Endung

Vokabular

2

perdonar	entschuldigen
traer	(her-, mit)bringen
pescado al horno	im Ofen gebackener Fisch
el horno	Backofen
la trucha	Forelle
truchas a la navarra	Forellen mit Schinken gefüllt u. mit Tomatensoße serviert
vale	in Ordnung
pues	dann; nun
de primero	zuerst
el gazpacho	kalte Gemüsesuppe
rico/a	lecker
buenísimo/a	sehr gut
delicioso/a	köstlich
no me apetece	ich habe keinen Appetit darauf
apetecer (zc)	zusagen; mögen
interesar	interessieren
salado/a	salzig; versalzen
valorar	bewerten
ofrecer (zc)	(an)bieten

Grammatik

el cuadro	Bild
Me encanta.	Es gefällt mir sehr.
me	mir, mich
encantar	begeistern
detestar	verabscheuen
soportar	ertragen, aushalten
a mí	mir
A mí, sí.	Mir schon.
A mí, no.	Mir nicht.
A mí, tampoco.	Mir auch nicht.
conmigo	mit mir
contigo	mit dir
genial	genial, toll
maravilloso/a	wunderbar, wunderschön
increíble	unglaublich
espantoso/a	entsetzlich, scheußlich
horroroso/a	schrecklich
cenar	zu Abend essen
fuera	(dr)außen, hier: auswärts
de primero	als Vorspeise
de segundo	als Hauptgericht
de postre	als Nachtisch
el postre	Nachtisch
el agua	Wasser
de entrada	als Vorspeise
la sopa	Suppe

3

los gustos	Vorlieben
pasar	geschehen
contigo	mit dir
pintar	malen
el resto	Rest
justificar	begründen
la decisión	Entscheidung

4

aconsejar	(an)raten
tener en cuenta	in Betracht ziehen, bedenken
el surf	Surfen
la naturaleza	Natur
entonces	dann
afable	liebenswürdig
la variedad	Vielfalt
el paisaje	Landschaft
la zona montañosa	Gebirgsgegend
la zona	Gebiet, Gegend
la costa caribeña	Karibikküste
selvático/a	(Ur-)Wald-
el volcán	Vulkan
la montaña	Berg
el arte (f)	Kunst
el museo	Museum
exquisito/a	erlesen, exquisit
hermoso/a	herrlich, schön
numeroso/a	zahlreich
el centro comercial	Einkaufszentrum
el monumento	Monument, Denkmal
la época	Zeitalter colonial Kolonialfeucht
húmedo/a	
caudaloso/a	wasserreich
el ecoturismo	Ökotourismus
el contacto	Berührung, Kontakt
la fauna	Tierwelt
exótico/a	exotisch

5

crear	anlegen, erstellen
el chat	Chat
practicar	üben
¿Con quién te sientes más identificado?	Mit wem kannst du dich am besten identifizieren?
sentirse (ie)	sich fühlen
el/la cubano/a	Kubaner/in
Me encanta.	Es gefällt mir sehr.
me	mir, mich
me gusta	ich mag
nada	hier: überhaupt nicht
la astrología	Astrologie
italiano/a	italienisch
esperar	(er)warten
la noticia	Nachricht
el/la uruguayo/a	Uruguayer/in
Punta del Este	Badeort in Uruguay

Vokabular

todo tipo de	jegliche Art von
la moto	Motorrad
hasta pronto	bis bald
el beso	Kuss
esquiar	Ski fahren
la excursión	Ausflug
ni	und auch nicht
muchísimo	sehr viel; sehr
soportar	ertragen, aushalten
solo/a	alleine
Brasil	Brasilien
en general	im Allgemeinen
Londres	London
Nueva York	New York
francés/esa	französisch
relacionado/a con	in Verbindung mit
ti	dir, dich

6

en cadena	der Reihe nach
A mí, también.	Mir auch.
el Tercer Mundo	Dritte Welt
las ciencias ocultas	Okkultismus
las matemáticas	Mathematik
la informática	Informatik
el baloncesto	Basketball
el esquí	Ski
la (película) de terror	Horrorfilm
la (película) histórica	Historienfilm

7

la cinta	Band
la frase	Satz
la entonación	Tonfall, Intonation
reaccionar	reagieren
¡Qué rico!	Köstlich! Lecker!
¡Qué asco!	Ekelhaft!
el asco	Ekel
¡Qué horror!	Furchtbar!

8

la entrevista	Interview
la encuesta	Umfrage, Befragung
determinar	festlegen
preferido/a	bevorzugt, Lieblings-
el sábado	Samstag

9

el asesino/a	Mörder/in
Es que...	Es ist so, dass ...
dirigido/a por	hier: inszeniert von
la sesión (de cine)	(Kino-)Vorstellung
la exposición	Ausstellung
el pájaro	Vogel
el concierto	Konzert
el centro cultural	Kulturzentrum
el descuento	Preisnachlass
la inauguración	Eröffnung, Einweihung
la ciencia	Wissenschaft
la medicina	Medizin
a través de	quer durch, im Laufe von
la historia	Geschichte
prehistórico/a	prähistorisch
la aspirina	Aspirin
la final	Finale, Endrunde
femenino/a	weiblich, feminin
el open	Meisterschaft(skampf)
la retransmisión en directo	Direktübertragung
directo/a	direkt
la mejor marcha	hier: das größte Vergnügen
la pantalla	Leinwand; Bildschirm
gigante	gigantisch, riesig
las actuaciones en vivo	Live-Vorführungen
a partir de	ab

10

el hábito	(An-)Gewohnheit
cultural	kulturell
el total	(Gesamt-)Menge
revelar	enthüllen
el/la cantautor/a	Liedermacher/in
el rock duro	Hardrock
la letra	hier: Text
dar igual	egal sein
el equipamiento	Ausstattung
el reproductor de CD	CD-Player
el reproductor de casetes	Kassettenrekorder
la frecuencia	Häufigkeit
diario/a	täglich
la asistencia	Teilnahme
contestar	antworten
el porcentaje	Prozentsatz
el minuto	Minute
frente (a)	vor
la clase alta	Oberschicht
la clase media alta	gehobene Mittelschicht
la clase baja	Unterschicht

11

la carta	Speisekarte
el entrante	Vorspeise
la tortilla de maíz	Maisfladen
enrollado/a	zusammengerollt
la cebolla	Zwiebel
la sopa	Suppe
el caldo de verduras	Gemüsebrühe
el lomo de cerdo	Schweinelende

fresco/a	frisch
macerado/a	eingelegt
el jugo de limón	Zitronensaft
la cazuela	(Schmor-)Topf
el bacalao	Stockfisch
el ajo	Knoblauch
la guindilla	Peperoni
el tomate	Tomate
la pechuga de pollo	Hähnchenbrust
el pollo	Hähnchen
deshilachado/a	ausgepflückt
servido/a	serviert
la masa de pan	Brotteig
relleno/a	gefüllt
el bistec	(Beef-)Steak
el pimiento	Paprika
el cordero	Lamm
el jamón	Schinken
la panceta	durchwachsener Schweinespeck
el ingrediente	Zutat
a base de	hergestellt mit
la mantequilla	Butter
la tarta	Torte
el melocotón	Pfirsich
el almíbar	Sirup
la compota	Kompott
la(s) fruta(s)	Obst
el maíz	Mais
el ron	Rum
el cava	(spanischer) Sekt
de primero	als Vorspeise
de segundo	als Hauptgericht
de postre	als Nachtisch

12

la(s) pasta(s)	Teigwaren

13

contemporáneo/a	zeitgenössisch
la preciosidad	Kostbarkeit
la porquería	*hier:* Mist
maravilloso/a	wunderbar, wunderschön
espantoso/a	entsetzlich, scheußlich
genial	genial, toll
impresionante	beeindruckend
horroroso/a	schrecklich
curioso/a	seltsam, merkwürdig
relajante	entspannend

14

el pato	Ente
el pico	Schnabel
el taco	Schimpfwort
la peca	Sommersprosse
tapar	zudecken

Unidad 10

1

la biografía	Biografie
el Premio Nobel de la Paz	Friedensnobelpreis
poner en relación	in Verbindung bringen
histórico/a	geschichtlich
remitir (a)	verweisen (auf)
el pasado	Vegangenheit
el orden	Ordnung; Reihenfolge
soler (ue) + Inf.	etwas zu tun pflegen
nacer (zc)	geboren werden
enero	Januar
la aldea	Siedlung, Dorf
el altiplano	Hochebene
indígena	eingeboren; einheimisch
desde	seit
la infancia	Kindheit
sufrir	(er)leiden
la explotación	Ausbeutung
el/la terrateniente	(Groß-)Grundbesitzer/in
representar	darstellen
poseer	besitzen
la tierra	Land
la propiedad	Besitz
cultivar	anbauen
la caña de azúcar	Zuckerrohr
la adolescencia	Jugend
dedicarse al servicio doméstico	als Hausangestellte/r arbeiten
defender (ie)	verteidigen
múltiple	mehrfach; vielfältig
el intento	Absicht, Vorhaben; Versuch
expulsar	vertreiben
asesinar	ermorden, umbringen
el/la testigo	Zeuge/in
el asesinato	Mord
por completo	völlig, voll und ganz
la lucha	Kampf
la represión	Unterdrückung
a gran escala	in großem Maße
al mismo tiempo	gleichzeitig
crear	schaffen; *hier:* errichten
la organización	Organisation; Einrichtung
popular	Volks-
ingresar	eintreten
el Comité de Unidad Campesina	Komitee der Bauernvereinigung
los oprimidos	Unterdrückte
asaltar	überfallen
pacíficamente	friedlich
la embajada	Botschaft
protestar	protestieren

Vokabular

guatemalteco/a	aus Guatemala
el asalto	Angriff, Überfall
militar	Militär-
abril	April
la caza	Jagd
la bruja	Hexe
el aumento	Zunahme
la protesta	Protest
secuestrar	entführen
torturar	foltern
paramilitar	paramilitärisch
amenazado/a de muerte	unter Todesandrohung
exiliarse	ins Exil gehen
incorporarse	sich anschließen
el grupo guerrillero	Guerillagruppe
el/la exiliado/a	(politischer) Flüchtling
participar en	teilnehmen an
activamente	aktiv, lebhaft; tatkräftig
la manifestación	Demonstration
el/la propietario/a	Besitzer/in, Eigentümer/in
la mitad	Hälfte
la finca	Landgut
clasificar	klassifizieren, einordnen
la clasificación	Klassifizierung, Einstufung
la regularidad	Regelmäßigkeit
la irregularidad	Unregelmäßigkeit
fechar	mit Datum versehen
el acontecimiento	Ereignis
la expresión temporal	Zeitangabe
verificar	überprüfen, kontrollieren

2

el formato	Format
el titular	Überschrift, Schlagzeile
el subtitular	Untertitel
el contenido	Inhalt
basarse en	beruhen auf
comprobar (ue)	überprüfen
la complicación	Komplikation; Schwierigkeit
el rescate	Erlösung, Befreiung
olvidado/a	vergessen
pasado/a	vergangen
el regreso	Rückkehr
imposible	unmöglich
cambiar	ändern
modernizar	modernisieren
mejorar	(ver)bessern
la tortilla de patatas	Kartoffelomelett
el colesterol	Cholesterin
inventar	erfinden
la generación	Generation
escogido/a	auserwählt
investigar	erforschen
la existencia de vida	(Spuren von) Leben
Saturno	Saturn
despedirse (i)	sich verabschieden
subirse a	hinaufklettern, -steigen
la nave espacial	Raumschiff
espacial	(Welt-)Raum-
el mando	Steuerung
oír	hören
la explosión	Explosion
previsto/a	vorgesehen
acercarse	sich nähern
alejarse	sich entfernen
el vuelo	Flug
horrorizado/a	entsetzt
atrapar	hier: festhalten
el interior	Inneres
gracias a	dank
el espíritu	Geist, Seele
aventurero/a	abenteuerlich
al cabo de	nach
grabar	aufnehmen
complicar	komplizieren, erschweren
eléctrico/a	elektrisch
estropearse	kaputt gehen
terminarse	zu Ende gehen
la manzana	Apfel
la pastilla	Tablette
rarísimo/a	sehr seltsam, komisch
a principios de…	am Anfang von …
S.O.S. = mensaje de socorro	Notruf
arreglar	in Ordnung bringen, regeln
contundente	überzeugend
el saludo	Gruß
pedir (i) socorro	um Hilfe bitten
localizar	suchen, finden
el infinitivo	Infinitiv

Grammatik

sentir (ie)	fühlen
dormir (ue)	schlafen
anteayer	vorgestern
anoche	gestern Abend
¡Qué casualidad!	So ein Zufall!
preguntar	fragen
detener	verhaften
poner en libertad	freilassen
ayer	gestern
el lunes	Montag
la Nochevieja	Silvester

4

nada más terminar…	kaum war … zu Ende
a mediados de julio	Mitte Juli
a la vuelta de	nach der Rückkehr von
la vuelta	Rückkehr
el festival	Festival
la agencia de publicidad	Werbeagentur
Holanda	Holland

Vokabular

Bélgica	Belgien
de viaje	auf Reisen
cazar	jagen

5

Franco	*span. Diktator (1892–1975)*
las **elecciones**	Wahlen
democrático/a	demokratisch
el **PSOE** (Partido Socialista Obrero Español)	Sozialistische Spanische Arbeiterpartei
la **Comunidad** (Económica) Europea	Europäische (Wirtschafts-) Gemeinschaft
la peseta	Pesete

6

el **hecho**	Ereignis
elaborar	ausarbeiten
la **versión**	Version, Fassung

7

por última vez	zum letzten Mal
las ganas	Lust
el/la **dentista**	Zahnarzt/ärztin
pedir dinero prestado	jmdn. um Geld bitten
actuar	auftreten
la **obra** de teatro	Theaterstück
pasar las vacaciones	die Ferien verbringen
el **desierto**	Wüste
entrar en un chat	chatten
asiático/a	asiatisch
plantar	pflanzen
el **caracol**	Schnecke
las **Canarias**	Kanaren

8

valer	gelten, gültig sein
adaptarse	sich anpassen
cambiarse de casa	umziehen
el accidente	Unfall
los **problemas físicos**	körperliche Gesundheitsprobleme
la **hepatitis**	Hepatitis, Leberentzündung
tu gran amor	deine große Liebe
el **concurso**	Wettbewerb
ponerse a + Inf.	anfangen zu

9

el **curriculum vitae**	Lebenslauf
relevante	relevant
tener en común	gemeinsam haben
el **D.N.I** = Documento Nacional de Identidad	Personalausweis
académico/a	akademisch
la **Educación General Básica (EGB)**	*spanische Grundschule*
el **Bachillerato Unificado Polivalente (BUP)**	*gymnasiale Oberstufe*
el **Curso de Orientación Universitaria (COU)**	*Vorbereitungsjahr für die Universität*
PAU (Pruebas de Acceso a la Universidad)	*Aufnahmeprüfung der Universität*
la **licenciatura**	akademischer Grad, Titel
la traducción	Übersetzung
la **interpretación**	Dolmetschen
el **semestre**	Semester
el intercambio	Austausch
el **ciclo**	Zyklus
el **periodismo**	Journalismus
el/la **teleoperador/a**	Telefonist/in, Operator/in
el **instituto**	Institut
la **estadística**	Statistik
publicitario/a	Werbe-
la **gestión**	(Geschäfts-)Führung
el/la **redactor/a**	Redakteur/in
perfecto/a	perfekt
el **nivel**	Niveau
oral	mündlich
escrito/a	schriftlich
el **estudio**	Studium
universitario/a	Universitäts-
adjuntar	beilegen, beifügen
el certificado	Zeugnis, Bescheinigung
el **máster**	Master
el derecho	Recht
internacional	international
el/la abogado/a	Rechtsanwalt/anwältin
la **Cámara de Comercio**	Handelskammer
responsable	verantwortlich
las **referencias** *(Pl.)*	Referenzen
anterior	vorige/r/s
la **prácticas** *(Pl.)*	Praktikum
el **despacho** (de abogado)	Anwaltskanzlei

10

el **programa de televisión**	Fernsehsendung
faltar	fehlen
dejar	*hier:* aufgeben
los estudios	Studium
entrar a trabajar	zu arbeiten beginnen
el/la **productor/a**	*hier:* Schallplattenproduzent/in
los **cuatrillizos**	Vierlinge
Le toca la lotería.	Er/sie hat im Lotto gewonnen.
la **lotería**	Lotterie
el **gordo**	das große Los, Hauptgewinn
divorciarse	sich scheiden lassen
montar	montieren
el **estudio de grabación**	Aufnahmestudio

Vokabular

buscar	suchen
el/la **primo/a**	Cousin/e
segundo/a	zweite/r
desesperadamente	sehr verzweifelt
la **denuncia**	(Straf-)Anzeige
la prensa	Presse
ocupar	ausfüllen, belegen
la **portada**	Titelblatt
la **actuación**	Auftritt
el público	Publikum
el **triunfo**	Sieg
la „**señorona**"	vornehme Dame
desde entonces	seitdem
el **escándalo**	Skandal
el **romance**	Romanze
tener (mucho) cuidado	(sehr) aufpassen
el **grupo musical**	Musikgruppe
la **telenovela**	Seifenoper
A por todas.	Alles oder nichts.
el/la **solista**	Solist/in
convertirse (ie)	sich verwandeln
la **gira**	Tournee
el **continente**	Kontinent
americano/a	amerikanisch
conceder	verleihen
el **disco de platino**	Platinplatte
trasladarse (a)	sich begeben nach
amar	lieben
publicar	veröffentlichen
la **copia**	Kopie
el/la **modelo**	Model
venezolano/a	venezolanisch
el **premio**	Preis

11

la sombra	Schatten
el **hambre** (f)	Hunger
la función	Funktion
la **aventura**	Abenteuer
el **alma** (f)	Seele
sexto/a	sechste/r/s

12

la **rapidez**	Schnelligkeit
el **aprendizaje**	Lernen, Lehrzeit
secuestrar	entführen
anoche	gestern Abend
el/la **desconocido/a**	Unbekannte/r
raptar	entführen
acompañar	begleiten
detener	verhaften
sorprender	überraschen

13

el **taxi colectivo**	Sammeltaxi
árido/a	karg
la **fuente termal**	Thermalbrunnen
el **géiser**	Geysir
el **oasis**	Oase
el **lugar de interés**	Sehenswürdigkeit
colosal	kolossal, riesig
la **mina**	Bergwerk
visible	sichtbar
el **Pan de Azúcar**	Zuckerhut
reunir	(ver)sammeln
el **cactus**	Kaktus
la **callejuela**	Gässchen
la **arquitectura**	Architektur
el museo	Museum
mineralógico/a	Mineralien-
el arte (f)	Kunst
religioso/a	religiös
divisar	erblicken
el **delfín**	Delphin
la **planta**	*hier:* Anlage
el **pisco**	Art Grappa aus Pisco in Peru
portuario/a	Hafen-
el **Congreso**	Kongress
la **subida**	Auffahrt
el ascensor	Fahrstuhl
superior	obere/r/s
el **cerro**	Hügel
admirar	bewundern
magnífico/a	herrlich
la **panorámica**	(Aus-)Blick
el/la **poeta**	Dichter/in
el **arbusto**	Strauch, Busch
el **casino**	Kasino
el **recorrido**	Tour
el **carruaje**	Kutsche
exquisito/a	exquisit, köstlich
la **angula**	Aal
el limón	Zitrone
las **especias**	Gewürze
la **langosta**	Languste
el **barrio comercial**	Einkaufsviertel
los alrededores	Umgebung
el **globo**	(Heißluft-)Ballon
el **ala** (f) **delta**	Drachenfliegen
el **parapente**	Paragliding
el **esquí**	Ski(sport)
fascinante	faszinierend
arqueológico/a	archäologisch
el **misterio**	Geheimnis, Rätsel
resolver (ue)	lösen
a lo largo de	entlang
la **flora**	Pflanzenwelt
el **submarinismo**	Tauchsport
el mercado	Markt

Vokabular

al aire libre	unter freiem Himmel
mapuche	araukanisch
la caverna	Höhle
volcánico/a	vulkanisch
el ascenso	Aufstieg
el cráter	Krater
humear	rauchen
la desembocadura	(Ein-)Mündung
la fortaleza	Festung
intenso/a	intensiv; *hier:* grell
el poblado	Dorf
la miniatura	Miniatur
la mitología	Mythologie
la leyenda	Legende
austral	südlich
extenderse *(ie)*	sich ausdehnen
hacia	nach, zu
el fiordo	Fjord
espeso/a	dicht
el glaciar	Gletscher
el crucero	Kreuzfahrt
la vista	Ausblick
espectacular	sensationell
valer la pena	sich lohnen
característico/a	charakteristisch
el tejado	Dach
Tierra del Fuego	Feuerland
el horizonte	Horizont
extenso/a	weit
la pampa	Pampa
nevado/a	verschneit
solitario/a	einsam

Unidad 11

1

mayor	größte/r/s
la humanidad	Menschheit
sin duda	zweifellos
la duda	Zweifel
industrializado/a	industrialisiert
el hemisferio	Erdhalbkugel
pobre	arm
encontrarse *(ue)*	liegen, sich befinden
mientras que	während
América Latina	Lateinamerika
en todos los terrenos	in allen Bereichen
consumir	verbrauchen
la energía	Energie
mundial	Welt-
el metal	Metall
la cuarta parte	Viertel
equivalente	gleichwertig, entsprechend
los estudios superiores	Hochschulstudium
tratarse de	sich handeln um
por (lo) tanto	deshalb
el círculo vicioso	Teufelskreis
muy difícil de romper	sehr schwer zu durchbrechen
romper	zerbrechen, zerschlagen
corresponder a	entsprechen
la colonia	Kolonie
en el fondo	im Grunde (genommen), eigentlich
encubierto/a	verdeckt
el país industrializado	Industriestaat
depender de	abhängen von
totalmente	ganz
por una parte	einerseits
obtener (ie)	erreichen, bekommen
el beneficio	Vorteil, Nutzen
exportar	ausführen, exportieren
por medio de	mittels
la multinacional	multinationaler Konzern
pagar	zahlen
la materia prima	Rohstoff
el mineral	Mineral
resulta evidente que…	es ist klar, dass …
resultar	sich erweisen als
evidente	offensichtlich
la ayuda	Hilfe
claramente	deutlich
insuficiente	unzureichend, ungenügend
la oportunidad	Gelegenheit
hacia	in Richtung
por eso	daher
el país en vía de desarrollo	Entwicklungsland
el desarrollo	Entwicklung
trasladarse	übersiedeln; sich begeben
el/la refugiado/a	Flüchtling
el/la emigrante	Emigrant/in
legal	legal
ilegal	illegal
huir *(y)*	fliehen, flüchten
intentar	versuchen
entrar	*hier:* einwandern
por todos los medios	mit allen Mitteln
por todo ello	deshalb
el/la experto/a	Fachmann/frau, Experte/in
la emigración	Auswanderung
el informe	Bericht
el Desarrollo del PNUD	Entwicklungshilfe des PNUD
el Programa de las Naciones Unidas para el Desarrollo	Entwicklungshilfeprogramm der Vereinten Nationen
aparecer *(zc)*	auftauchen, erscheinen
emigrar	auswandern
la lista	Liste
el género	Genus, Geschlecht
la palabra clave	Schlüsselwort
en negrita	fett gedruckt
organizar	organisieren
el contexto	Kontext
la hipótesis	Hypothese
la causa	Grund

Vokabular

2

manifestar *(ie)*	äußern; zeigen
Es cierto.	Das stimmt.
injusto/a	ungerecht
la vergüenza	Schande
tanto/a	soviel
el arma *(f)*	Waffe
en lugar de	anstelle von
la falta de vivienda	Wohnungsnot
la droga	Droge
de acuerdo	einverstanden
la delincuencia	Kriminalität
el paro	Arbeitslosigkeit
grave	ernst; *hier:* schwer wiegend
el producto nacional bruto	Bruttosozialprodukt
per cápita	pro Kopf
Suiza	Schweiz
evidentemente	natürlich, klar
el modo	Modus
verbal	verbal, Verb-
el subjuntivo	*spanischer Konjunktiv*
las condiciones	Bedingungen, Verhältnisse
simple	einfach
la frase subordinada	Nebensatz
actualmente	gegenwärtig
la tontería	Dummheit
necesario/a	notwendig
morir (ue)	sterben
la contaminación	Umweltverschmutzung
claro	klar, natürlich

3

formular	formulieren
identificar	identifizieren
expresar	ausdrücken
la opinión	Meinung
servir (i)	*hier:* begabt, geeignet sein
el método	*hier:* Lehrwerk
lo mejor	das Beste
justo/a	gerecht
hace doscientos años	vor zweihundert Jahren
el ideal	Ideal
luchar	kämpfen
pasarlo bien	es sich gut gehen lassen
legalizar	legalisieren
controlar	kontrollieren

4

explicar	erklären
la causa	Ursache
ganar	verdienen
ir mal de dinero	nicht mit dem Geld auskommen
llevarse bien	gut auskommen
comprender	verstehen
el tiempo	Zeit
triste	traurig

5

la razón	Grund
mayor	höchste/r/s
el homicidio	Totschlag, Mord
el crecimiento económico	Wirtschaftswachstum
implicar	mit sich bringen, zur Folge haben
la protección del medio ambiente	Umweltschutz
la protección	Schutz
el medio ambiente	Umwelt
la especie animal	Tierart
la especie vegetal	Pflanzenart
en peligro de extinción	vom Aussterben bedroht
el peligro	Gefahr
la esperanza de vida	Lebenserwartung
la esperanza	Hoffnung
los recursos naturales	natürliche Ressourcen
la deuda externa	Auslandsschuld
la preocupación	Sorge
aumentar	steigern, erhöhen
el racismo	Rassismus

6

la serie	Reihe
varios/as	verschiedene, einige
anotar	notieren
la intervención	Aussage
responder	antworten

7

comparar	vergleichen
la población	*hier:* Ortschaft

8

autorizado/a	genehmigt, gestattet
probable(mente)	wahrscheinlich
obligatorio/a	vorgeschrieben
a los veinte años	mit zwanzig Jahren
el honor	Ehre
el/la extranjero/a	Ausländer/in
el alcohol	Alkohol
la comida	*hier:* Mittagessen
la cena	Abendessen
el alto cargo directivo	Leitender
el/la ministro/a	Minister/in
los que	diejenigen, die
el delito	Delikt, Straftat
decir mentiras	lügen
la mentira	Lüge
la pena	Strafe

Vokabular

llegan hasta…	dauern bis zu …
la cárcel	Gefängnis
la mentira gorda	faustdicke Lüge
cortar	schneiden; *hier:* fällen
grave	schlimm
la carrera	*hier:* Wettlauf
la tortuga	Schildkröte
invertir *(ie)*	anlegen, investieren
la tecnología	Technologie
competitivo/a	Wettbewerbs-, Konkurrenz-
¿Qué te parece?	Was meinst du?
comentar	besprechen, kommentieren
sorprendente	erstaunlich
peligroso/a	gefährlich
ridículo/a	lächerlich
lógico/a	logisch

9

deber	müssen
sacar buenas notas	gute Noten bekommen
alrededor de	*hier:* etwa

10

comunicativo/a	mitteilsam, gesprächig

11

la descripción	Beschreibung
el nivel del mar	Meeresspiegel
el largo	Länge
el ancho	Breite
el agua corriente	fließendes Wasser
la electricidad	Elektrizität
la forma de vida	Lebensweise
el/la inca	Inka
la tradición	Tradition
los antepasados	Vorfahren, Ahnen
el/la turista	Tourist/in
desear	wünschen, mögen
lamentablemente	leider
foráneo/a	fremd
pretender	beabsichtigen, vorhaben
desplazar	befördern
la lancha	Barkasse
privar	entziehen, wegnehmen
los ingresos económicos	Einnahmen, Einkünfte
el/la lanchero/a	Schifffahrer/in
alojar	beherbergen, unterbringen
ni un/a solo/a…	nicht einmal ein/e …
controlado/a	kontrolliert
la misa	Gottesdienst
discutir	diskutieren
el futuro	Zukunft
inmediato/a	direkt, unverzüglich
de fuera	von außen; nicht aus dem Ort
la insurrección	Aufstand
la corrupción	Korruption
policial	Polizei-
la justicia	Gerechtigkeit
robar	stehlen
la oveja	Schaf
ante	vor
la reunión	Versammlung
obligado/a	gezwungen
la vuelta	*hier:* Runde
llevando la oveja a sus espaldas	indem er das Schaf auf dem Rücken trägt
la espalda	Rücken
matar	töten
conducir *(zc)*	führen; *hier:* überführen
el continente	Kontinent; *hier:* Festland
permitir	erlauben
regresar	zurückkehren
tejer	weben
la técnica	Technik
precolombino/a	vorkolumbisch
la hoja	Blatt
obtener	erhalten; *hier:* gewinnen
el escarabajo	Käfer, Skarabäus
las tierras	Ländereien
una especie de	eine Art von
la especie	Art
lleno/a	voll
la magia	Zauberei, Magie
de vez en cuando	gelegentlich, hin und wieder
en lugar de	anstatt
las sandalias	Sandalen
la piel	Leder
la crítica	Kritik
pronto	bald
la norma	Norm
el sacerdote	Priester
el hechicero	Zauberer, Hexenmeister
suficiente	genügend
mayor	*hier:* älter

12

representativo/a	repräsentativ
indispensable	unentbehrlich
la Tierra	Erde
confeccionar	anfertigen

Unidad 12

1

tratar de	versuchen zu

Vokabular

el enlace	Verbindung, Link
abrir	(er)öffnen
la contraseña	Passwort
marzo	März
Italia	Italien
la gramática	Grammatik
el vocabulario	Wortschatz
la fonética	Phonetik
la editorial	Verlag
el viaje	Reise
el/la pionero/a	Vorreiter/in
contar con (ue)	verfügen über
el personal	Personal
cualificado/a	qualifiziert
la espalda	Rücken
el horario	Geschäftszeit
De L-V = de lunes a viernes	Mo-Fr. = Montag bis Freitag
mensual	Monats-
los conocimientos	Kenntnisse
semanal	Wochen-
la audición	hier: Hörtext
la instrucción	Anweisung
fijarse en	sich ansehen, achten auf
el imperativo	Imperativ
rellenar	ausfüllen
coincidir	übereinstimmen

2

la empanada	gefüllte Teigtasche
el ingrediente	Zutat
la receta	Rezept
la masa	Teig
la harina	Mehl
la margarina	Margarine
cl = centilitro(s)	Zentiliter
la cucharada	ein Esslöffel voll
la sal	Salz
el relleno	Füllung
gr = gramo(s)	Gramm
la carne picada	Hackfleisch
un puñado (de)	eine Hand voll
la pasa	Rosine
el comino	Kümmel
la pimienta	Pfeffer
el pimentón	(gemahlener) Paprika
el huevo duro	hartgekochtes Ei
la aceituna	Olive
hervir (ie)	kochen (Flüssigkeit)
calentar (ie)	erhitzen
añadir	hinzufügen
freír	braten; frittieren
extender (ie)	ausbreiten, ausrollen
cortar	schneiden; hier: ausstechen
poner	hineintun
doblar	falten, zusammenlegen
preparar	(vor-, zu)bereiten

sacar una conclusión	eine Schlussfolgerung ziehen

Grammatik

correr	laufen
callarse	schweigen
la grasa	Fett
la ventana	Fenster
seguir (i) recto	geradeaus gehen
poner el agua a hervir	das Wasser zum Kochen bringen
hervir (ie)	kochen
la pastilla	Tablette
el té	Tee
apagar	ausschalten
mandar	schicken
enchufar	einstecken
apretar (ie)	drücken
el botón	Knopf
pasar	hier: (über)reichen
la sal	Salz
el vaso	Glas
preocuparse	sich Sorgen machen

3

ponerse triste	traurig werden
la ilustración	Zeichnung
leer	lesen
el informativo	Nachrichtensendung
la documental	Dokumentarfilm
recordar (ue)	erinnern an
mojarse	nass werden
ponerse contento/a	sich freuen
contento/a	froh, fröhlich
el amor de tu vida	deine große Liebe
el/la cocinero/a	Koch/Köchin
elegante	elegant
coger	nehmen
el paraguas	Regenschirm

4

la petición	Bitte
tantas veces	so oft
un montón de gracias	vielen, vielen Dank
un abrazo muy fuerte	herzlichst

5

encargar	bestellen, in Auftrag geben
la campaña publicitaria	Werbeaktion
la campaña	Kampagne
vivir ecológicamente	umweltbewusst leben
el anuncio	Anzeige
atreverse a	sich trauen, es wagen zu
un mundo de locos	eine verrückte Welt
el espejismo	Trugbild, Illusion

Vokabular

la felicidad	Glück
la realidad	Wirklichkeit
el tiempo libre	Freizeit
preocupado/a	besorgt
llevar	führen
sano/a	gesund
gratificante	befriedigend
viviendo con simplicidad	indem wir ein einfaches Leben führen
montar en bici	Rad fahren
el transporte público	öffentliche Verkehrsmittel
estar en contacto (con)	in Verbindung (sein mit)
cuidar	pflegen
con moderación	in Maßen
no hacer caso de	ignorieren
correr	laufen
tener prisa	es eilig haben
el/la espectador/a	Zuschauer/in
el actor	hier: aktiver Teilnehmer
ser respetuoso/a con	Rücksicht nehmen auf
ser generoso/a	großzügig sein
dejarse manipular	sich manipulieren lassen
ser violento/a	jähzornig, gewalttätig sein
alimentarse	sich ernähren
subrayar	unterstreichen

6

avanzar una barbaridad	große Fortschritte machen
las instrucciones de uso	Gebrauchsanweisung
desordenado/a	durcheinander
ordenar	ordnen
la secuencia	Sequenz, Reihe
la manera	Art, Weise
la máquina	Maschine
cambiar de canal	umschalten
el mando a distancia	Fernbedienung
bostezar	gähnen
automáticamente	automatisch
seleccionar	auswählen
encender (ie)	anzünden
el botón	Knopf
apagar	ausschalten, ausmachen
el croissant	Croissant
volver a + Inf.	wieder + Inf.
apretar	drücken
desenchufar	den Stecker herausziehen, abschalten
enchufar	einstecken
recoger	sammeln
caliente	warm
sustituir (y)	ersetzen; vertreten
el teclado	Tastatur
la hora de llegada	Ankunftszeit
la hora de salida	Abfahrtszeit
la pila	Batterie
meterse en la cama	sich ins Bett legen
de nuevo	nochmals
la tecla	Taste
adiós	auf Wiedersehen
funcionar	funktionieren

7

pedir permiso	um Erlaubnis bitten
el permiso	Erlaubnis
las relaciones formales	formelle Beziehungen
la ventanilla	Fenster
hace calor	es ist warm/heiß
el calor	Wärme, Hitze

9

hacer de médico	einen Arzt spielen
el/la enfermo/a	Kranke/r
la ficha	Karte
... lo que te pasa	... was mit dir los ist
el diálogo	Dialog
la fiebre	Fieber
estar resfriado/a	erkältet sein
la garganta	Hals; Kehle
toser	husten
vomitar	(er)brechen, sich übergeben
mareado/a	schwindelig
el riñón	Niere
la barriga	Bauch
hacer pis	fam.: Pipi machen
caerse	hinfallen
la escalera	Treppe
hincharse	anschwellen
el pie	Fuß
al moverlo	wenn man ihn bewegt
la gripe	Grippe
la vitamina	Vitamine
el jarabe	Hustensaft
la tos	Husten
el antibiótico	Antibiotikum
la indigestión	Verdauungsstörung
la grasa	Fett
la manzanilla	Kamille(ntee)
guardar reposo	Bettruhe einhalten
el reposo	Bettruhe
el analgésico	Schmerzmittel
el análisis	Analyse, Untersuchung
el traumatismo	Trauma
el hielo	Eis
analgésico/a	schmerzstillend
el descanso	Ruhe, Erholung
con el pie levantado	mit hochgelegtem Bein
mover (ue)	bewegen
el oído	Ohr
la garganta	Hals
la boca	Mund

Vokabular

el corazón	Herz
la mano	Hand
la pierna	Bein
el dedo	Finger
la rodilla	Knie
el tobillo	Fußknöchel
¿Qué le pasa?	Was fehlt Ihnen?

10

pedir un favor	um einen Gefallen bitten
quedarse sin dinero	kein Geld mehr haben
las compras	Einkäufe
prestar	(aus)leihen, borgen
mañana mismo	gleich morgen
devolver (ue)	zurückgeben
preocuparse	sich Sorgen machen

11

la reacción	Reaktion

12

la Dirección General de Tráfico	spanisches Straßenverkehrsamt
la instrucción	Anweisung
el/la conductor/a	Fahrer/in
celebrar	feiern
el Año Nuevo	Neujahr
la campanada	Glockenschlag
comenzar (ie)	anfangen, beginnen
la fiesta	Fest; Feiertag
Nochevieja	Silvester
una copa de más	ein Gläschen zuviel
la copa	Drink, Glas
arruinar	verderben
la celebración	Feier
los demás	die übrigen
evitar	(ver)meiden
el consejo	Ratschlag, Rat
largo desplazamiento	lange Fahrt
revisar	überprüfen (lassen)
los puntos vitales	wichtige Punkte
el vehículo	Fahrzeug
abrocharse/ponerse el cinturón	sich anschnallen
el cinturón de seguridad	Sicherheitsgurt
respetar	beachten
el límite de velocidad	Geschwindigkeitsbegrenzung
mantener	einhalten
la distancia de seguridad	Sicherheitsabstand
adelantar	hier: überholen
No adelante sin visibilidad	Überholen Sie nicht bei schlechten Sichtverhältnisse
al mínimo	das Risiko minimieren
el síntoma de cansancio	Ermüdungserscheinung
el casco	Helm
el ciclomotor	Moped
el Ministerio del Interior	Innenministerium
la revisión	hier: Inspektion
el freno	Bremse
el aceite	Öl
el neumático	Reifen
correr	hier: schnell fahren
potente	leistungsfähig, stark
pasar a otro coche	(ein anderes Auto) überholen
la recomendación	Empfehlung
el documento	Dokument
reflejar	hier: zeigen
el momento	Augenblick
conseguir (i)	erreichen; gelingen
la uva	Weintraube
el dibujo	Zeichnung

13

poner el agua a hervir	das Wasser zum Kochen bringen
enchufar	hier: einstecken
el vaso	Glas
pasar	(über)reichen
la sal	Salz

Unidad 13

1

hace algún tiempo	vor einiger Zeit
pronto	früh
medio/a	halb
facturar	hier: einchecken
Salidas Internacionales	Internationale Abflüge
la salida	Abflug
recoger	abholen
la tarjeta de embarque	Bordkarte
rápidamente	schnell
el jerez	Sherry
por primera vez	zum ersten Mal
seguir (i) + gerundio	etw. weiter machen
hojear	überfliegen, durchblättern
el altavoz	Lautsprecher
llamar	rufen
el/la pasajero/a	Fahrgast, Passagier/in
con destino a	nach
embarcar	an Bord gehen
el asiento	Sitzplatz
¡Qué casualidad!	Was für ein Zufall!
el abrigo	Mantel
el maletero	Kofferraum; hier: Gepäckfach
despegar (ie)	abheben, starten
la azafata	Stewardess
el funcionamiento	Funktion(weise)
la máscara de oxígeno	Sauerstoffmaske

Vokabular

servir (i)	servieren
determinado/a	bestimmt
el *servicio*	Toilette
aterrizar	landen
avisar	benachrichtigen, Bescheid sagen
libre	frei
el *viaje*	Reise; *hier:* Flug
la *piel*	*hier:* Leder
el *mensaje*	Botschaft, Nachricht
el *esquema*	Schema
narrar	erzählen

2

la *acción*	Handlung
información "clave"	wichtige Information
a pesar de que	obwohl
estar + *gerundio*	gerade etwas tun
la *corbata*	die Krawatte
los *famosos*	Berühmtheiten
El *café sabía fatal.*	Der Kaffee schmeckte scheußlich.
saber (Essen, Getränk)	*hier:* schmecken
la *naranja*	Apfelsine, Orange
estar extrañado/a de	erstaunt sein über
preocupado/a	besorgt
la *plaza*	*hier:* (Sitz-)Platz
reservado/a	reserviert
desaparecido/a	verschwunden
describir	beschreiben
ocurrir	geschehen
avanzar	weitergehen

3

la *estación de esquí*	Wintersportort
llevar + *Zeitangabe*	schon + Zeitangabe + da sein
llevan algunos días	sie sind seit einigen Tagen da
el *relato*	Erzählung
rápido/a	schnell
ponerse en medio	sich in die Mitte stellen
¡Qué mala suerte!	Was für ein Pech!
el *apartamento*	Appartement, (Ferien-)Wohnung
el *tiempo*	Wetter
¡Qué pena!	Wie schade!
¡Qué lástima!	Wie schade!
decidir	entscheiden
perfecto	*hier:* gut, toll
¡No me digas!	Sag bloß!
invitar	einladen
andaluz/a	andalusisch
poner una película	einen Film vorführen
¡Qué lástima!	Wie schade!

Grammatik

4

Hace sol.	Die Sonne scheint.
el *banco*	(Sitz-)Bank
el *semáforo*	Ampel
medio dormido/a	verschlafen
a punto de	kurz davor zu
chocar	zusammenstoßen
tranquilizarse	sich beruhig
dar clase	unterrichten
hispanoalemán/alemana	deutsch-spanisch
perfeccionar	verbessern

5

a casa	nach Hause
justificar	begründen, rechtfertigen
estropeado/a	kaputt
salir juntos	*hier:* zusammen sein
mudarse	umziehen

6

imaginarse	sich vorstellen

7

organizar	*hier:* strukturieren
cerrado/a	geschlossen
el/la *vecino/a*	Nachbar/in
gritar	schreien
no hay nadie	es ist niemand da
el *rato*	Weile
el/la *portero/a*	Pförtner/in, Hausmeister/in
sacar	*hier:* herausholen
así que	so dass
subir	hinaufgehen, -fahren
o sea	das heißt
llamar	*hier:* klingeln; läuten
por suerte	zum Glück
romperse	kaputt gehen
total que	also; kurz und gut

8

el *cuento*	Märchen
rodear	umgeben
individualmente	einzeln
la *escoba*	Besen
la *pócima mágica*	Zaubertrank
el *murciélago*	Fledermaus
asado/a	gegrillt

Vokabular

las **brujerías**	Hexerei, Zauberei
la **viñeta**	Vignette
el **momento temporal**	Augenblick, Zeitpunkt

9

el *motivo*	Grund
el **acento**	Akzent
soltero/a	ledig
el/la **director/a de producción**	Produktionsleiter/in
la **vocación**	Berufung
el *campo*	Feld
audiovisual	audiovisuell
el/la **auxiliar de producción**	Produktionsassistent/in
el/la **productor/a**	(Film-)Produzent/in
el **contrato de alquiler**	Mietvertrag
el *contrato*	Vertrag
el/la **mediador/a**	Vermittler/in
los **parientes**	Verwandte
la *fábrica*	Fabrik
metalúrgico/a	Metall-
dudar	(be)zweifeln; *hier:* sich unschlüssig sein
el **instante**	Augenblick
disponer de	verfügen über
a finales de…	Ende der …
al principio	am Anfang
proponerse	sich bewerben
convencido/a	überzeugt
superior	überlegen
armónico/a	harmonisch
multicultural	multikulturell
eliminar	beseitigen
el **prejuicio**	Vorurteil
el/la **senegalés/esa**	Senegalese/in
la **ONG** (Organización No Gubernamental)	Nichtregierungsorganisation
la luz	Licht
la **Filología Hispánica**	Hispanistik
conceder una beca	ein Stipendium vergeben
la **beca**	Stipendium
de posgrado	Postgraduierten-
la **asistenta**	Haushaltshilfe
no tener ni un duro	pleite sein
el **duro**	Fünfpesetenstück
más tarde	später
el *sueño*	Traum
costero/a	Küsten-
la **circunstancia**	Umstand

11

enfadarse (con)	sich ärgern (über)
alguien	jemand
nervioso/a	nervös, unruhig
tener razón	Recht haben
el/la **estúpido/a**	Dummkopf
pelear	streiten
la **cita**	Termin, Verabredung
ponerse nervioso/a	nervös werden
la **opción**	Wahl(möglichkeit)
presentar	vorstellen
práctico/a	praktisch
insoportable	unausstehlich
el *punto*	Punkt
sacar	*hier:* erreichen
negativo/a	negativ

12

el **diario**	Tagebuch
la **continuación**	Fortsetzung
hacia	gegen
la **India**	Indien
al contrario	im Gegenteil
de cuando	als
marcharse	weggehen
vestido/a	gekleidet

13

la **piña**	Ananas
el *hielo*	Eis
la **hierba**	Gras
el **yeso**	Gips

Unidad 14

1

el **fragmento**	Ausschnitt, Auszug
andar con rodeos	Umschweife machen
hablar alto	laut sprechen
el **gesto**	Geste
al menos	zumindest
la **regla**	Regel; Ordnung; Prinzip
tomar la palabra	das Wort ergreifen
el **horario**	*hier:* Stundenplan
el **día laborable**	Werktag
aún	sogar, noch
ligero/a	leicht
la **locura**	Wahnsinn
chocar	schockieren
intocable	unberührbar
cerrar (ie)	schließen
emitir	senden
el **canal**	Fernsehsender
la **pausa**	Pause
por todas partes	überall
la **Caja de ahorro**	Sparkasse
el **churro**	*frittiertes Spritzgebäck*
a media mañana	am späten Vormittag
el **cafecito**	(kleiner) Kaffee
el **aperitivo**	Aperitif

Vokabular

el **canapé**	Appetithappen
merendar *(ie)*	die Nachmittagsmahlzeit nehmen
a media tarde	zwischen 16 und 18 Uhr nachmittags
impresionar	beeindrucken
la **importancia**	Bedeutung
acostumbrarse (a)	sich gewöhnen (an)
pegar	kleben
aprovechar	ausnutzen
desconocer *(zc)*	nicht kennen
el **comportamiento**	Benehmen, Verhalten
el **estereotipo**	Stereotyp, Klischee
la **explicación**	Erklärung
plantear	angehen
la **rutina**	Routine

2

que no	bestimmt nicht
en mi época	zu meiner Zeit, damals
en punto	pünktlich
la **juventud**	Jugend

Grammatik

a menudo	häufig, oft
la empresa petrolífera	Erdölunternehmen
recorrer	bereisen; zurücklegen

3

bastantes veces	ziemlich oft
muchas veces	sehr oft
la **ducha**	Dusche

4

la **americana**	Sakko, Jackett
la **gabardina**	Trenchcoat
los **calzoncillos**	Herrenunterhose
las **bragas**	Schlüpfer
los **calcetines**	Socken
las **medias**	Strümpfe
el **pijama**	Schlafanzug
el **camisón**	Nachthemd
el **sujetador**	Büstenhalter
el **cinturón**	Gürtel

5

la **manía**	Wahn, Manie, Sucht
sumar	zusammenzählen
la **matrícula**	Autokennzeichen
simétrico/a	symmetrisch
la **flor**	Blume
el **paso de cebra**	Zebrastreifen

pisar	betreten
la **raya**	Streifen

6

habitual	gewöhnlich
hacer una sobremesa	nach dem Mittagessen plaudern
la **siesta**	Mittagsschlaf
la **barbacoa**	Grillparty
el **crucigrama**	Kreuzworträtsel
el **suplemento dominical**	Sonntagsbeilage
los **abuelos**	Großeltern

7

poner	*hier:* schreiben
Muy señor/a mío/a	Sehr geehrte/r Dame/Herr
Distinguido/a señor/a	Sehr geehrte/r Dame/Herr
estimado/a	geschätzte/r
Un cordial saludo	Mit freundlichen Grüßen
cordial	freundlich
Atentamente.	Hochachtungsvoll.
Querido/a	Liebe/r
Besos	Küsse; *hier:* Grüße
Un fuerte abrazo.	Herzliche Grüße.
el **abrazo**	Umarmung
el **encabezamiento**	Briefkopf
la **coma**	Komma

8

el **cambio**	Veränderung; Wechsel
sufrir cambios	sich verändern, Änderungen erfahren

9

el **juego**	Spiel
antes	früher

10

el **albergue (juvenil)**	(Jugend-)Herberge

11

al revés	umgekehrt

12

Nochebuena	Heiligabend
Día de los Inocentes	Tag, an dem man anderen einen Bären aufbindet, vergleichbar mit dem 1. April
Reyes	Heilige Drei Könige

Vokabular

14

el/la fundador/a	Gründer/in
mítico/a	mythisch
mar adentro	seewärts
formarse	sich bilden
separarse	sich trennen
el inicio	Beginn
mayo	Mai
el instrumento musical	(Musik-)Instrument
entonces	damals
la banda	Band
el chico en cuestión	der fragliche/betreffende Junge
la cuestión	Frage
suponer	annehmen; voraussetzen
exactamente	genau
juntos/as	zusammen
entenderse (ie)	sich verstehen
unirse	sich zusammentun
poner	hier: geben
acordarse (ue)	sich erinnern
gratis	gratis, umsonst
la compañía discográfica	Plattenfirma
fichar	hier: verpflichten
noviembre	November
a pesar de	trotz
fulgurante	blitzartig
no acabar de funcionar	nicht funktionieren
la pelea	Streit
interno/a	intern
saltar	springen; hier: platzen
realmente	wirklich
el motivo	Grund
maduro/a	reif
repentino/a	plötzlich
pelearse	sich streiten
presionar	Druck ausüben (auf)
explotar	explodieren
en directo	live
recuperar	wiedererlangen, zurückgewinnen
viejo/a	alt
incluir (y)	beinhalten
por supuesto	selbstverständlich
el principio	Anfang
la etapa	Abschnitt
productivo/a	produktiv
duradero/a	dauerhaft

Unidad 15

1

a lo mejor	vielleicht
el suelo	Boden
igual	hier: womöglich
rodar (ue)	drehen
tal vez	vielleicht
algo así	so etwas
la ambulancia	Krankenwagen; Unfallstation
ojalá	hoffentlich
el atraco	Überfall
por aquí	hier
ir como loco	sehr schnell fahren
el grado	Grad
la certeza	Gewissheit
el recurso	hier: Redemittel

2

la estancia	Aufenthalt
mínimo/a	Mindest-
el vuelo de línea	Linienflug
regular	regulär
el destino	(Reise-)Ziel
la llegada	Ankunft
el traslado	Transfer
el autocar	(Reise-)Bus
la recepción	Empfang; Rezeption
vía	über
a bordo	an Bord
el Parque Nacional	Nationalpark
la hectárea	Hektar
el/la sexto/a	Sechste/r
la caída de agua	Wasserfall
el salto	Wasserfall
constituir (y)	bilden
el área (f)	Bereich, Gebiet
la cabaña	Hütte
distribuido/a	verteilt
junto a	neben, direkt bei
recomendar (ie)	empfehlen
opcional	wahlweise
navegar	mit dem Schiff fahren
la cueva	Höhle
sobrevolar (ue)	überfliegen
el bimotor	zweimotoriges Flugzeug
el delta	Delta
ubicado/a	sich befinden
el islote	(unbewohnte) Felseninsel
abundante	reichlich
el amanecer	Tagesanbruch
el esplendor	Glanz, Pracht
la piraña	Piranha
marcar	markieren, kennzeichnen

Grammatik

caber	(hinein)passen
la temperatura	Temperatur
a lo mejor	vielleicht
igual	hier: womöglich, vielleicht

Vokabular

3

especular	spekulieren

4

el recuadro	Kasten, Kästchen
perderse (ie)	sich verirren, verlaufen, verfahren
ponerse en marcha	hier: starten
desconectar	abschalten; hier: unterbrechen
el cable	Kabel
estropear	kaputt machen
equivocarse	sich irren
ducharse	sich duschen
el timbre	Klingel
colocar	legen
correcto/a	korrekt
la broma	Scherz
el aula	Klassenzimmer, Unterrichtsraum
la pronunciación	Aussprache

5

la futurología	Futurologie
la falta	Mangel
en soporte de papel	gedruckt
el soporte	Träger
la energía alternativa	alternative Energie
lograr	erreichen
curar	heilen
la enfermedad	Krankheit
el ser humano	Mensch
el mundial de fútbol	Fußballweltmeisterschaft
la galaxia	Galaxie
el petróleo	Erdöl

6

optimista	optimistisch
pesimista	pessimistisch
razonar	argumentieren

7

el cuento	Märchen
el/la lechero/a	Milchmann/frau
el/la informático/a	Informatiker/in
soñador/a	träumerisch, verträumt
presentar	vorstellen
continuar	weiter machen
entrevistar	befragen
subir de categoría	befördern
la categoría	(Dienst-)Rang, Position
nombrar	ernennen

8

la semana que viene	nächste Woche
el año que viene	nächstes Jahr
el crédito	Kredit

9

cumplir 50 años	50 Jahre alt werden
le toca la lotería	er/sie gewinnt im Lotto

10

el/la empleado/a	Angestellte/r
la escala	Zwischenlandung
la ida	Hinfahrt, -flug
la vuelta	Rückfahrt, -flug
enlazar	Anschluss haben
el cuaderno	Heft

11

el peaje	Autobahngebühr, Maut
doblar	abbiegen
el brillo	Glanz
anunciar	ankündigen
la arena	Sand
quemar	(ver)brennen
alrededor	ringsherum
la ubicación	Lage, Standort
prestar atención	aufmerksam sein, aufpassen
el bronceador	Sonnen(schutz)creme
gozar	genießen
el vacilón	hier: Fest
el cebiche	marinierter, roher Fisch
en bolsa	in der Tüte verpackt
en botellón	aus der Flasche
vigilar	(be-, über)wachen
la parrilla	Grill
el carbón	Kohle
la ilusión	Hoffnung
esconderse	sich verstecken
la toalla	Handtuch
avanzar	vorrücken; hier: stärker werden
quemarse	sich verbrennen
la panza	Bauch
el camarón	Garnele
el gringo	(verächtlich) Ausländer
quedarse dormido	einschlafen
el bombero	Feuerwehrmann
rico/a	hier: herrlich
el chapuzón	Untertauchen, Sprung ins Wasser
el meón	hier: Angsthase
flaquito/a	mager, sehr dünn
el/la barrigón/ona	fam: dickbäuchig

Vokabular

el camión	Lastwagen
en el fondo	im Grunde, eigentlich
agradecido/a	dankbar
instalarse	sich niederlassen
ambos/as	beide
irónicamente	ironisch

13

célebre	berühmt
interpretar	interpretieren
el/la representante	Vertreter/in
el/la autor/a	Autor/in
el verso	Gedicht
influenciar	beeinflussen
castellano/a	kastilisch
prematuro/a	früh
la muerte	Tod
colocar	stellen, einordnen
de privilegio	privilegiert
el privilegio	Privileg
la poesía	Poesie, Dichtkunst
el recuerdo	Erinnerung
bostezar	gähnen
el hastío	Langeweile
el/la doctor	Doktor/in
vacío/a	leer
el vacío	Leere
importar	*hier:* bedeuten
el abanico	Fächer

Unidad 16

1

el viaje de estudios	Studienreise
la duración	Dauer
la residencia universitaria	Studentenwohnheim
la habitación triple	Dreibettzimmer
la admisión	Aufnahme
la solicitud	Antrag
el gimnasio	Fitnesscenter
por semana	wöchentlich
amueblado/a	möbliert
min. = minuto	Minute
las afueras	Stadtrand, Umgebung
la agencia inmobiliaria	Immobilienagentur
compartir	teilen
la tranquilidad	Ruhe
molestar	stören
disponible	verfügbar
la habitación doble	Doppelzimmer
la habitación individual	Einzelzimmer
el estudio	Studio
la casa particular	Privathaus
céntrico/a	zentral gelegen
la pensión	Pension
pensión completa	Vollpension
casero/a	hausgemacht
la ventaja	Vorteil
el inconveniente	Nachteil
la mascota	Maskottchen
alojarse	unterkommen
la transcripción	Transkription
salir muy caro/a	teuer sein
la propuesta	Vorschlag

Grammatik

¿Te importaría hacerme un favor?	Könntest du mir einen Gefallen tun?
el favor	Gefallen
subir	erhöhen
el sueldo	Gehalt
yo, en tu lugar, ...	ich an deiner Stelle ...

2

la temporada	Zeit
completar	ergänzen, vervollständigen
la construcción	Konstruktion

3

el electrodoméstico	Haushaltsgerät

4

montar a caballo	reiten
el caballo	Pferd
predecir	voraussagen
la subasta	Versteigerung, Auktion
diseñar	entwerfen
el/la vegetariano/a	Vegetarier/in

5

la característica	Eigenschaft
el adjetivo	Adjektiv
la frase relativa	Relativsatz
la vivienda unifamiliar	Einfamilienhaus
la casa adosada	Reihenhaus
la estación (del) ferrocarril	Bahnhof
el aseo	Badezimmer
rehabilitado/a	renoviert
la piscina	Schwimmbad
comunitario/a	Gemeinschafts-
la compra	Kauf

6

la ocasión	Gelegenheit
la red	Netz
las relaciones	Beziehungen

preferentemente	vorzugsweise
ensayar	proben, üben
insonorizado/a	schalldicht
la batería	Schlagzeug

7

comparativo/a	Vergleichs-
calcular	kalkulieren; abschätzen
criticar	kritisieren
poner de relieve	hervorheben
útil	nützlich
el oro	Gold
la muralla	Mauer
la vida nocturna	Nachtleben
mediterráneo/a	Mittelmeer-
la ensaimada	Blätterteiggebäck
el mallorquín	Mallorkinisch (katalanischer Dialekt)
auténtico/a	echt
el interior	Landesinnere

8

la imaginación	Vorstellungskraft, Fantasie
de pronto	plötzlich
gobernar (ie)	regieren
acabar	enden
me toca	ich gewinne
tomar el sol	sich sonnen
bañarse	baden
cristalino/a	glasklar

9

la varita mágica	Zauberstab

10

el centímetro	Zentimeter
el diámetro	Durchmesser
flotar	schweben
la extensión	Fläche
fino/a	fein, dünn
la capa	Schicht
rodear (de)	umgeben (mit)
suspendido/a	schwebend
quedarse maravillado/a	aus dem Staunen nicht herauskommen
acuático/a	im Wasser lebend; Wasser-
volador/a	fliegend
proteger	schützen
hacer daño	Schaden zufügen
la maravilla	Wunder
brevemente	kurz
la capa de ozono	Ozonschicht
el tipo de vida	Lebensart, -weise

el párrafo	Abschnitt

11

sano/a	gesund
el ruido	Lärm
fuerte	hier: laut

12

acordar (ue)	vereinbaren
la Semana Santa	Karwoche
la Feria	Jahrmarkt

Unidad 17

1

sobre las diez	gegen zehn Uhr
transmitir	übermitteln
efectuarse	geschehen, erfolgen
cronológico/a	chronologisch
el fenómeno	Phänomen
la lengua materna	Muttersprache
la similitud	Ähnlichkeit

2

el juego de mesa	Gesellschaftsspiel
hispano/a	spanisch
Lo pone aquí.	Hier steht es.
los Juegos Olímpicos	Olympische Spiele
la delegación	Delegation
la medalla	Medaille
la hierbabuena	Minze
la hierba	Kraut
proceder de	(her)kommen von, stammen aus
árabe	arabisch
hebreo/a	hebräisch
Según dicen los entendidos…	Laut denen, die etwas davon verstehen …
el chicle	Kaugummi
el/la muñeco/a	Puppe
el Chupa Chups	Lutscher
el invento	Erfindung
por lo visto	offenbar
la tribu	Stamm
amazónico/a	Amazonas-
la raíz (Pl. raíces)	Wurzel
telepático/a	telepathisch
coincidir	zusammentreffen
el alga (f)	Alge
el vinagre	Essig
el guiso	Schmorbraten
emplear	verwenden

Vokabular

quitar	beseitigen
la muela	Backenzahn
al parecer	anscheinend
cotizado/a	angesehen
la distancia	Entfernung, Abstand

Grammatik

proponer	vorschlagen
recomendar (ie)	empfehlen
el/la idiota	Idiot/in
dar las gracias	sich bedanken

3

el puesto de trabajo	Arbeitsplatz
el/la repartidor/a	Zusteller/in
el/la gerente	Geschäftsführer/in
el guión	Entwurf, Skript
alérgico/a	allergisch
físico/a	körperlich
el labio	Lippe
contratar	einstellen
el atún	Thunfisch

4

la orden	Befehl
proponer	vorschlagen
corregir (i)	korrigieren
inmediatamente	sofort
el despacho	Büro, Arbeitszimmer
la factura	Rechnung
el fax	Fax
archivar	abheften

5

mantener	halten
de acuerdo con	gemäß
referirse (ie) a	sich beziehen auf
marcar	markieren
los macarrones	Makkaroni
salado/a	salzig
pasado mañana	übermorgen

6

firmar	unterschreiben
el seudónimo	Pseudonym
redistribuir (y)	umverteilen

8

creíble	glaubhaft
distanciarse	sich distanzieren
el desconocimiento	Unwissenheit
el dinosaurio	Dinosaurier
vivo/a	lebendig
la salchicha	Wurst
la Unión Europea	Europäische Union
la corrida de toros	Stierkampf
el descubrimiento	Entdeckung
la leche desnatada	fettarme Milch
clandestino/a	heimlich
la valla publicitaria	Reklametafel, Plakatwand

9

el trabalenguas	Zungenbrecher

10

la prueba	Probe, Prüfung
el cuadro	Bild, Gemälde
el/la marqués/marquesa	Graf/Gräfin
la alarma	Alarm
el guardia de seguridad	Sicherheitsbeamter
el robo	Diebstahl

11

la enciclopedia	Enzyklopädie
el fallo	Fehler, Irrtum
erróneo/a	falsch
Cristóbal Colón	Cristoph Kolumbus
la compañía de aviación	Fluggesellschaft
el/la inventor/a	Erfinder/in
ancho/a	breit
el piropo	Kompliment
el elogio	Lob
increíble	unglaublich, außergewöhnlich
desagradable	unangenehm
meter la pata	ins Fettnäppchen treten

Unidad 18

1

el terreno	Grundstück
el espacio	Platz, Raum
el polideportivo	Sportzentrum
el parking	Parkplatz; Parkhaus
la especulación	Spekulation; hier: Bodenspekulation
la guardería	Kinderkrippe, Kindergarten
el local	Raum; Lokal
estar dispuesto/a a	bereit sein zu
negociar	(ver)handeln
quitar	wegnehmen
construir (y)	bauen
la asociación	Vereinigung; Verein
el/la comerciante	Kaufmann/frau

el *aparcamiento*	Parkplatz	el/la *empresario/a*	Unternehmer/in
insostenible	untragbar	*violento/a*	heftig; gewaltsam, brutal
en contra de	gegen	el *espectáculo*	Darbietung, Vorstellung
la *residencia*	Wohnheim	torear	mit Stieren kämpfen
exigir	fordern, verlangen	*bravo/a*	*hier:* wild
el/la *alcalde/alcaldesa*	Bürgermeister/in	la *plaza*	*hier:* Stierkampfarena
en lo que respecta a	was ... anbelangt	la *biología*	Biologie
las *instalaciones deportivas*	Sportanlagen	la *granja*	Bauernhof, Farm
evidente	klar, deutlich	la *tortura*	Folter
a favor de	für	el *zorro*	Fuchs
conservar	erhalten	salvaje	wild
la *estupidez*	Blödsinn, Dummheit	la *antropología*	Anthropologie
el/la *portavoz*	Sprecher/in	*la lucha*	Kampf
limpiar	sauber machen, reinigen	la *bestia*	Bestie
la *postura*	Meinung, Haltung	viceversa	umgekehrt
		la belleza	Schönheit
		el/la *traductor/a*	Übersetzer/in
		primitivo/a	primitiv
		cruel	grausam
		el/la *intelectual*	Intellektuelle/r
		de mayor	als Erwachsener
		el *torero*	Stierkämpfer

2

la *televisión regional*	Regionalprogramm		
el *debate*	Auseinandersetzung, Debatte		
los *invitados*	Gäste		
el/la *asistente social*	Sozialarbeiter/in		
el/la *presentador/a*	Moderator/in		
el *capricho*	Laune		
la *necesidad*	Notwendigkeit		
qué va	ach was		
en absoluto	überhaupt nicht		
la *barbaridad*	*hier:* Wahnsinn, Unsinn		
combinar	kombinieren		
las *instalaciones*	Einrichtungen		
todo el mundo	jedermann		

6

programar	programmieren
común	gemeinsam
tímido/a	schüchtern
aprobar *(ue)*	bestehen

Grammatik

privatizar	privatisieren
público/a	staatlich; öffentlich
el *impuesto*	Steuer
sino	sondern

7

el *cartel*	Plakat
el *insumiso*	Wehrdienstverweigerer
el *material armamentístico*	Rüstungsmaterial
concentrarse	zusammenkommen
denunciar	anzeigen
los *malos tratos*	Misshandlungen
el/la *afectado/a*	Betroffene/r
pegar	schlagen, verprügeln
habitualmente	gewöhnlich
el *domicilio*	Wohnsitz
expulsar	ausweisen
el/la *mendigo/a*	Bettler/in
el apoyo	Unterstützung
acelerar	beschleunigen
la *expulsión*	Verweis, Vertreibung
el/la *vagabundo/a*	Obdachlose/r
atacar	angreifen
el/la *homosexual*	Homosexuelle/r
municipal	städtisch
el/la *agresor/a*	Angreifer/in
la *disposición*	Anordnung
judicial	Justiz-, richtlich
prender fuego	Feuer legen
el fuego	Feuer
el/la *gitano/a*	Zigeuner/in

3

la *afirmación*	Behauptung
la salida	Ausgang
montañoso/a	gebirgig

4

corrupto/a	korrupt
la moda	Mode
el *montaje comercial*	*hier:* Kommerz
electrónico/a	elektronisch

5

despertar (ie)	wecken; auslösen
la *polémica*	Polemik

Vokabular

la **pasividad**	Passivität, Tatenlosigkeit
inválido/a	invalide
el/la **tetrapléjico**/a	Querschnittsgelähmte/r
encerrado/a	eingesperrt, eingeschlossen
el/la **minusválido**/a	Schwerbehinderte/r
interracial	zwischen den Rassen
convivir	zusammenleben
la **barrera**	Schranke, Barriere
arquitectónico/a	architektonisch
la *declaración*	Erklärung

8

poner (muchos) deberes	(viele) Hausaufgaben geben
los **deberes**	Hausaufgaben
el *silencio*	Stille, Ruhe
portátil	tragbar
la **materia**	Fach

9

la **cita**	*hier:* Zitat
la **idea central**	Hauptgedanke
suscitar	auslösen
el **mito**	Mythos
la *nación*	Nation
la **esencia**	Essenz, Wesen
el *sentido*	Sinn
verdadero/a	echt
la **movilización**	Einsatz
bélico/a	Kriegs-
el/la *enemigo*/a	Feind/in
la **patria**	Vaterland
poderoso/a	mächtig
el/la **demócrata**	Demokrat/in
la **proposición**	Vorschlag
ocultar	verbergen, verdecken
la **masacre**	Massaker
el **provecho**	Nutzen, Vorteil
masacrar	massakrieren
prever	vorhersehen
dominar	beherrschen, meistern
la *memoria*	Gedächtnis

10

discutible	bestreitbar, fraglich
preocupante	besorgniserregend
sugerir *(ie)*	nahelegen; vorschlagen
contradecir	widersprechen
matizar	*hier:* nuancieren
la **incredulidad**	Ungläubigkeit, Misstrauen
reciente	jüngst (geschehen)
demostrar *(ue)*	beweisen, darlegen
ignorar	ignorieren
desconfiar	misstrauen
el/la **ocupante**	Insasse/in

desplazar	*hier:* transportieren
el *litro*	Liter
el **combustible**	Kraftstoff
recorrer	zurücklegen, bereisen
el/la *europeo*/a	Europäer/in
el **medio**	Durchschnitt
los **años cincuenta**	die 50er Jahre
la **tercera parte**	ein Drittel
incluir (y)	einschließen
la *violencia*	Gewalt
semanal	wöchentlich
presenciar	erleben
la **matanza**	Gemetzel
el **tiroteo**	Schießerei
el/la **demógrafo**/a	Demograph/in
optimista	optimistisch
equilibrarse	sich ausgleichen, ins Gleichgewicht kommen
madurar	reifen; reif werden

12

la **naturalidad**	Natürlichkeit
el/la **locutor**/a	Sprecher/in
plano/a	flach
el **capricho**	Laune

Wortliste

Wortliste

- *Kursiv* gedruckte Wörter gehören zur Wortschatzliste des Europäischen Sprachenzertifikats "Certificado de Español".
- Wörter, die in unterschiedlichen Bedeutungen vorkommen, sind durch Strichpunkt voneinander getrennt.
- Anders als in vielen spanischen Wörterbüchern finden Sie **ch** un **ll** innerhalb von **c** und **l**; **ñ** folgt auf **n**.

A

a		nach; zu; an; um
	a ... kilómetros de	... Kilometer entfernt von
	a ... metros	nach ... Metern
	a base de	hergestellt mit
	a bordo	an Bord
	a casa	nach Hause
	a causa de	wegen
	a favor de	für
	a finales de...	Ende der ...
	a gran escala	in großem Maße
	a la derecha (de)	rechts (von)
	a la izquierda (de)	links (von)
	a lo largo de	entlang
	a lo mejor	vielleicht
	a media mañana	am späten Vormittag
	a media tarde	zwischen 16 und 18 Uhr nachmittags
	a mediados de julio	Mitte Juli
	a menudo	häufig, oft
	a mí	mir
	A mí, no.	Mir nicht.
	A mí, sí.	Mir schon.
	A mí, también.	Mir auch.
	A mí, tampoco.	Mir auch nicht.
	a partir de	ab
	a pesar de	trotz
	a pie	zu Fuß
	a principios de...	am Anfang von ...
	a punto de	kurz davor zu
	¿A qué te dedicas?	Was bist du von Beruf?
	a tiempo	rechtzeitig
	a través de	quer durch; im Laufe von

el **abanico**	Fächer
el **abasto**	Lebensmittelgeschäft (Venezuela)
abierto/a	geöffnet; aufgeschlossen
el/la *abogado/a*	Rechtsanwalt/anwältin
el *abrazo*	Umarmung
Un fuerte abrazo.	Herzliche Grüße.
el *abrigo*	Mantel
abril	April
abrir	(er)öffnen
abrocharse/ponerse el cinturón	sich anschnallen
el *abuelo/a*	Großvater/Großmutter
los *abuelos*	Großeltern
abundante	reichlich
aburrido/a	langweilig
acabar	enden
la academia	Sprachschule
académico/a	akademisch
el *accidente*	Unfall
la *acción*	Handlung
el *aceite*	Öl
la aceituna	Olive
acelerar	beschleunigen
el acento	Akzent
aceptar	akzeptieren
acercarse	sich nähern
acertar *(ie)*	zutreffen
acompañar	begleiten
aconsejar	(an)raten
el acontecimiento	Ereignis
acordar *(ue)*	vereinbaren
acordarse *(ue)*	sich erinnern
acostarse *(ue)*	sich hinlegen
acostumbrarse (a)	sich gewöhnen (an)
activamente	aktiv, lebhaft; tatkräftig
la actividad	Aktivität; Übung
activo/a	aktiv
el/la *actor/actriz*	Schauspieler/in
la actuación	Auftritt
las actuaciones en vivo	Live-Vorführungen
actual	gegenwärtig, aktuell
la *actualidad*	Aktualität
actualmente	gegenwärtig
actuar	auftreten
el acuario	Aquarium

Acuario	Wassermann (Sternzeichen)
acuático/a	im Wasser lebend; Wasser-
adaptarse	sich anpassen
adelantar	überholen
adelante	vor(wärts)
además	außerdem
adiós	auf Wiedersehen
el *adjetivo*	Adjektiv
adjuntar	beilegen, beifügen
admirar	bewundern
la admisión	Aufnahme
la adolescencia	Jugend
el *aeropuerto*	Flughafen
afable	liebenswürdig
el/la afectado/a	Betroffene/r
afectar	betreffen, angehen
la *afición*	Hobby
aficionado/a a	zugetan, angetan von
la afirmación	Behauptung
África	Afrika
las afueras	Stadtrand, Umgebung
la *agencia*	Agentur
la agencia de publicidad	Werbeagentur
la agencia de viajes	Reisebüro
la agencia inmobiliaria	Immobilienagentur
agradable	angenehm
agradecido/a	dankbar
agresivo/a	aggressiv
el/la agresor/a	Angreifer/in
la agricultura	Landwirtschaft
el *agua (f)*	Wasser
el agua corriente	fließendes Wasser
el ajedrez	Schach
el ajo	Knoblauch
al	a + el
al aire libre	unter freiem Himmel
al cabo de	nach
al contrario	im Gegenteil
al día	am Tag
al final	am Ende
al fondo	im Hintergrund
al lado de	neben
al menos	zumindest
al mismo tiempo	gleichzeitig

doscientos ochenta y cinco ■ **285**

Wortliste

al otro lado de	auf der anderen Seite von	el amanecer	Tagesanbruch	el anuncio	Anzeige
al parecer	anscheinend	amar	lieben	añadir	hinzufügen
al revés	umgekehrt	amarillo/a	gelb	el año	Jahr
el ala (f) delta	Drachenfliegen	amazónico/a	Amazonas-	el Año Nuevo	Neujahr
la alarma	Alarm	ambos/as	beide	el año que viene	nächstes Jahr
el albergue (juvenil)	(Jugend-)Herberge	la ambulancia	Krankenwagen	el año solar	Sonnenjahr
el/la alcalde/alcaldesa	Bürgermeister/in	amenazado/a de muerte	unter Todesandrohung	los años cincuenta	die 50er Jahre
el alcohol	Alkohol	América	Amerika	la añoranza	Sehnsucht
la aldea	Siedlung, Dorf	América Latina	Lateinamerika	apagar	ausschalten, ausmachen
alejarse	sich entfernen	la americana	Sakko, Jackett	el aparcamiento	Parkplatz
el alemán	Deutsch	americano/a	amerikanisch	aparecer (zc)	auftauchen, erscheinen
alemán/ana	deutsch	el/la amigo/a	Freund/in	el apartamento	Appartement, (Ferien-)Wohnung
el/la alemán/ana	Deutsche/r	la amistad	Freundschaft	apasionado/a	leidenschaftlich
Alemania	Deutschland	el amor	Liebe	el apellido	Nachname
alérgico/a	allergisch	el amor de tu vida	deine große Liebe	el aperitivo	Aperitif
el alfajor	Honigkuchen mit Mandeln und Nüssen	amueblado/a	möbliert	apetecer (zc)	zusagen; mögen
		el analfabetismo	Analphabetentum	el apoyo	Unterstützung
el alga (f)	Alge	el analgésico	Schmerzmittel	aprender	lernen
algo así	so etwas	analgésico/a	schmerzstillend	el aprendizaje	Lernen, Lehrzeit
el algodón	Baumwolle	el análisis	Analyse, Untersuchung	apretar (ie)	drücken
alguien	jemand	analizar	analysieren	aprobar (ue)	bestehen
alguna vez	(irgendwann) einmal	el ancho	Breite	aprovechar	ausnutzen
alguno/a	irgendein/e	ancho/a	breit	aproximadamente	ungefähr
algunos/as	einige	el/la anciano/a	alter Mann/alte Frau	aquel/aquello/a	jene/r/s
la alimentación	Ernährung	¡Anda!	Sag bloß!	aquí	hier
alimentarse	sich ernähren	Andalucía	Andalusien	el árabe	Arabisch
el alimento	Nahrungsmittel	andaluz/a	andalusisch	árabe	arabisch
allí	dort	andar	laufen	el árbol	Baum
el alma (f)	Seele	andar con rodeos	Umschweife machen	el arbusto	Strauch, Busch
el almacén	Lebensmittelgeschäft (Argentinien)	los Andes	Anden	arcaico/a	archaisch
		la angula	Aal	el archipiélago	Inselgruppe, Archipel
el almíbar	Sirup	el animal	Tier	archivar	abheften
la almohada	Kopfkissen	anoche	gestern Abend	el área (f)	Bereich, Gebiet
el alojamiento	Unterkunft	anotar	notieren	la arena	Sand
alojar	beherbergen, unterbringen	el ansia (f)	Angst; Sehnsucht	Argentina	Argentinien
		ante	vor	argentino/a	Argentinier/in
alojarse	unterkommen	anteayer	vorgestern	árido/a	karg
el alquiler	Miete	los antepasados	Vorfahren, Ahnen	Aries	Widder (Sternzeichen)
alrededor (de)	ringsherum; etwa	anterior	vorige/r/s	el arma (f)	Waffe
los alrededores	Umgebung	antes	früher; vorher	el armario	Schrank
el altavoz	Lautsprecher	antes de	vor; bevor	armónico/a	harmonisch
el altiplano	Hochebene	el antibiótico	Antibiotikum	arqueológico/a	archäologisch
alto/a	groß	antiguo/a	alt, antik	el/la arquitecto/a	Architekt/in
el aluminio	Aluminium	antipático/a	unsympathisch	arquitectónico/a	architektonisch
el/la alumno/a	Schüler/in	la antropología	Anthropologie	la arquitectura	Architektur
el ama (f) de casa	Hausfrau	anual	jährlich	arreglar	in Ordnung bringen; reparieren
amable	liebenswert, nett	anunciar	ankündigen		

Wortliste

arriba	oben	*aumentar*	steigern, erhöhen	*bañar(se)*	baden
el *arroz*	Reis	el *aumento*	Zunahme	el *baño*	Badezimmer, Toilette
arruinar	verderben	*aun*	sogar	el *bar*	Kneipe
el arte (f)	Kunst	*aún*	noch	el *bar nocturno*	Nachtbar
la *artesanía*	Kunsthandwerk	*aunque*	obwohl	*barato/a*	billig
el *artículo*	Artikel	*austral*	südlich	la *barba*	(Voll-)Bart
el/la *artista*	Künstler/in	el/la *austríaco/a*	Österreicher/in	la *barbacoa*	Grillparty
asado/a	gegrillt	*auténtico/a*	echt	la *barbaridad*	Wahnsinn, Unsinn
asaltar	überfallen	el *autobús*	(Omni-)Bus	el *Barça*	F.C. Barcelona
el *asalto*	Angriff, Überfall	el *autocar*	(Reise-)Bus	la *barca*	(Fischer-)Boot
el *ascenso*	Aufstieg	*automáticamente*	automatisch	el *barco*	Schiff
el *ascensor*	Fahrstuhl	la *autopista*	Autobahn	la *barrera*	Schranke, Barriere
el asco	Ekel	el/la *autor/a*	Autor/in	la *barriga*	Bauch
el *aseo*	Badezimmer	*autorizado/a*	genehmigt, gestattet	el/la *barrigón/ona*	*fam.* dickbäuchig
asesinar	ermorden, umbringen	el/la *auxiliar de producción*	Produktionsassistent/in	el *barrio*	Stadtteil, -viertel
el *asesinato*	Mord	*avanzar*	weitergehen; stärker werden	el *barrio comercial*	Einkaufsviertel
el *asesino/a*	Mörder/in	la *avenida*	breite Straße; Allee	*barroco/a*	barock
así	so, auf diese Weise	la *aventura*	Abenteuer	*basarse en*	beruhen auf
así como	sowie	*aventurero/a*	abenteuerlich	la *base*	Basis; Landeplatz
así que	so dass	el *avión*	Flugzeug	*bastante*	ziemlich
asiático/a	asiatisch	*avisar*	benachrichtigen,	*bastar*	ausreichen, genügen
el *asiento*	Sitzplatz	¡*Ay*!	Ach!	la *bateria*	Schlagzeug
la *asistencia*	Teilnahme	*ayer*	gestern	*beber*	trinken
la *asistenta*	Haushaltshilfe	la *ayuda*	Hilfe	la *bebida*	Getränk
el/la *asistente social*	Sozialarbeiter/in	*ayudar*	helfen	la *beca*	Stipendium
la *asociación*	Vereinigung; Verein	ayudar en casa	im Haushalt helfen	el/la *belga*	Belgier/in
asociar	in Verbindung bringen	el *ayuntamiento*	Rathaus	*Bélgica*	Belgien
el *aspecto*	Aspekt, Gesichtspunkt	la *azafata*	Stewardess	*bélico/a*	Kriegs-
aspirar	aspirieren, hauchen	*el azúcar*	Zucker	la *belleza*	Schönheit
la *aspirina*	Aspirin	*azul*	blau	el *beneficio*	Vorteil, Nutzen
la *astrología*	Astrologie			*el beso*	Kuss
el/la *astronauta*	Astronaut/in	**B**		la *bestia*	Bestie
Asturias	Asturien			la *biblioteca*	Bibliothek
el *asunto*	Angelegenheit	el *bacalao*	Stockfisch	*la bicicleta*	Fahrrad
atacar	angreifen	el *Bachillerato Unificado Polivalente* (BUP)	*gymnasiale Oberstufe*	*bien*	gut
el *atasco*	Stau			el *bienestar*	Wohlbefinden
atentamente	hochachtungsvoll			el *bigote*	Schnurrbart
aterrizar	landen			*el billete*	Fahrschein, Fahrkarte
el *Atlántico Norte*	Nordatlantik	la *bahía*	Bucht	el *bimotor*	zweimotoriges Flugzeug
el *atraco*	Überfall	*bailar*	tanzen		
atractivo/a	attraktiv	el/la *bailarín/bailarina*	Tänzer/in	la *biografía*	Biografie
atrapar	festhalten	*bajar*	hinuntergehen	la *biología*	Biologie
atreverse a	sich trauen	*bajo/a*	klein; niedrig	el *bistec*	(Beef-)Steak
el *atún*	Thunfisch	el *ballet*	Ballett	*bizco/a*	schielend
la *audición*	Hörtext	el *baloncesto*	Basketball	el/la *blanco/a*	Weiße/r
audiovisual	audiovisuell	*el banco*	(Sitz-)Bank	*blanco/a*	weiß; hellhäutig
el *aula*	Klassenzimmer, Unterrichtsraum	la *banda*	Band	*la boca*	Mund
				el *bocadillo*	belegtes Brötchen

Wortliste

la *boda*	Hochzeit
el *bolígrafo*	Kugelschreiber
Bolivia	Bolivien
el/la *boliviano/a*	Bolivianer/in
la *bolsa*	Tasche, Tüte
en bolsa	in der Tüte verpackt
el *bombero*	Feuerwehrmann
bonito/	schön, hübsch
el *borde*	Rand
el *bosque*	Wald
bostezar	gähnen
la *botella*	Flasche
el *botón*	Knopf
las *bragas*	Schlüpfer
Brasil	Brasilien
el/la *brasileño/a*	Brasilianer/in
brasileño/a	brasilianisch
bravo/a	wild
brevemente	kurz
el *brillo*	Glanz
la *broma*	Scherz
el *bronceador*	Sonnen(schutz)creme
la *bruja*	Hexe
las *brujerías*	Hexerei, Zauberei
buenísimo/a	sehr gut
bueno	nun, also
bueno/a	gut
Buenas noches.	Guten Abend./Gute Nacht.
Buenas tardes.	Guten Tag./Guten Abend.
Buenos días.	Gute Morgen./Guten Tag.
burocrático/a	bürokratisch
buscar	suchen
el *buzón*	Briefkasten

C

el *caballo*	Pferd
la *cabaña*	Hütte
caber	(hinein)passen
la *cabeza*	Kopf
la *cabina de teléfonos*	Telefonzelle
el *cable*	Kabel
el *cactus*	Kaktus
cada	jede/r/s
cada vez (más)	immer (mehr)
la *cadena*	Kette
la *cadena de televisión*	Fernsehsender
caerse	hinfallen
el *café*	Kaffee
el *cafecito*	(kleiner) Kaffee
la *caída de agua*	Wasserfall
la *Caja de ahorro*	Sparkasse
el *cajero automático*	Geldautomat
el *cajón*	Schublade
los *calcetines*	Socken
calcular	kalkulieren; abschätzen
el *caldo de verduras*	Gemüsebrühe
la *calefacción eléctrica*	elektrische Heizung
calentar (ie)	erhitzen
caliente	warm
callarse	schweigen
la *calle*	Straße
la Calle Mayor	Hauptstraße
la calle peatonal	Fußgängerzone
la *callejuela*	Gässchen
el *calor*	Wärme, Hitze
hace calor	es ist warm/heiß
calvo/a	kahl, glatzköpfig
los *calzoncillos*	Herrenunterhose
la *cama*	Bett
la *cámara*	(Foto-)Kamera; Kammer
la Cámara de Comercio	Handelskammer
la cámara de vídeo	Videokamera
la cámara fotográfica	Fotoapparat
el/la *camarero/a*	Kellner/in
el *camarón*	Garnele
cambiar	ändern; wechseln
cambiar de canal	umschalten
cambiarse de casa	umziehen
el *cambio*	Veränderung; Wechsel
caminar	gehen
el *camino*	Weg
el *camión*	Lastwagen
la *camiseta*	Unterhemd; T-Shirt
el *camisón*	Nachthemd
el *campamento*	Lager(platz)
la *campanada*	Glockenschlag
la *campaña*	Kampagne
la campaña publicitaria	Werbeaktion
el/la *campesino/a*	Bauer/Bäuerin
el *campo*	Land; Feld
el campo de fútbol	Fußballplatz
el/la *canadiense*	Kanadier/in
el *canal*	Fernsehsender
el *canapé*	Appetithappen
las *Canarias*	Kanaren
canario/a	kanarisch
Cáncer	Krebs (Sternzeichen)
la *canción*	Lied
cansado/a	müde
el/la *cantante*	Sänger/in
cantar	singen
el/la *cantautor/a*	Liedermacher/in
la *caña de azúcar*	Zuckerrohr
el *caos*	Chaos
la *capa*	Schicht
la capa de ozono	Ozonschicht
la *capital*	Hauptstadt
el *capricho*	Laune
Capricornio	Steinbock (Sternzeichen)
el *caracol*	Schnecke
el *carácter*	Charakter
la *característica*	Eigenschaft
característico/a	charakteristisch
el *caramelo*	Bonbon
el *carbón*	Kohle
la *cárcel*	Gefängnis
el *cargo directivo*	leitender Angestellter
el *Caribe*	Karibik
el *cariño*	Liebe
el *carnaval*	Karneval, Fasching
la *carne*	Fleisch
la carne picada	Hackfleisch
la *carnicería*	Metzgerei
caro/a	teuer
la *carrera*	Laufbahn, Karriere; Wettlauf
la *carretera*	Landstraße
el *carruaje*	Kutsche
la *carta*	Brief; Speisekarte
el *cartel*	Plakat
la *cartera*	Tasche
el/la *cartero/a*	Briefträger/in
la *casa*	Haus
en casa	zu Hause
la casa adosada	Reihenhaus

Wortliste

la casa discográfica	Plattenfirma	cerrar *(ie)*	schließen	*la* clase	Unterricht; Klassenraum; Schicht
la casa particular	Privathaus	el cerro	Hügel		
la Casa Rosada	Sitz des argentinischen Präsidenten	la certeza	Gewissheit	la clase alta	Oberschicht
		el certificado	Zeugnis, Bescheinigung	la clase baja	Unterschicht
casarse	heiraten	*la* cerveza	Bier	la clase media alta	gehobene Mittelschicht
la cascada	Wasserfall	el chapuzón	Untertauchen, Sprung ins Wasser		
el casco	Helm			dar clase	unterrichten
el casco antiguo	Altstadt	la chaqueta	Jacke, Sakko	clásico/a	klassisch
casero/a	hausgemacht	el chat	Chat	la clasificación	Klassifizierung,
el/la casete	Kassette	el chicle	Kaugummi	clasificar	klassifizieren, einordnen
casi	fast	el/la chico/a	Junge/Mädchen	el/la cliente	Klient/in, Kunde/in
el casino	Kasino	el chico de los recados	Botenjunge	el clima	Klima
el caso	Fall	chileno/a	chilenisch	el coche	Auto
castaño/a	kastanienfarben	el/la chileno/a	Chilene/in	la cocina	Küche; Herd; Kochkunst
el castellano	Kastilisch, Spanisch	el chino	Chinesisch; Lebensmittelgeschäft *(Peru)*	cocinar	kochen
castellano/a	kastilisch			el/la cocinero/a	Koch/Köchin
Castilla	Kastilien			el código postal	Postleitzahl
el catalán	Katalanisch	el/la chino/a	Chinese/in	coger	nehmen
Cataluña	Katalonien	chocar	zusammenstoßen; schockieren	coincidir	übereinstimmen; zusammentreffen
la catedral	Kathedrale				
la categoría	Kategorie, Rang, Klasse	el chocolate	Schokolade	coleccionar	sammeln
caudaloso/a	wasserreich	el Chupa Chups	Lutscher	el/la colega	Kollege/in
la causa	Grund; Ursache	el churro	frittiertes Spritzgebäck	el colesterol	Cholesterin
el cava	(spanischer) Sekt	el ciclo	Zyklus	el Coliseo	Kolliseum
la caverna	Höhle	el ciclomotor	Moped	el colmado	Lebensmittelgeschäft
la caza	Jagd	cien	hundert	colocar	legen; stellen; einordnen
la cazadora	Jacke	la ciencia	Wissenschaft		
la cazadora de cuero	Lederjacke	la ciencia ficción	Sciencefiction	Colombia	Kolumbien
		las ciencias ocultas	Okkultismus	colombiano/a	kolumbianisch
cazar	jagen	cierto/a	gewiss	el/la colombiano/a	Kolumbianer/in
la cazuela	(Schmor-)Topf	Es cierto.	Das stimmt.	Colón (Cristóbal)	Kolumbus (Christoph)
el cebiche	marinierter, roher Fisch	la cigüeña	Storch	la colonia	Kolonie
la cebolla	Zwiebel	*el* cine	Kino	colonial	Kolonial-
la celebración	Feier	la cinta	Band	el color	Farbe
celebrar	feiern	el cinturón	Gürtel	colosal	kolossal, riesig
célebre	berühmt	el cinturón de seguridad	Sicherheitsgurt	la columna	Säule
la cena	Abendessen			la coma	Komma
cenar	zu Abend essen	el círculo vicioso	Teufelskreis	combinar	kombinieren
el centímetro	Zentimeter	la circunstancia	Umstand	el combustible	Kraftstoff
céntrico/a	zentral gelegen	la cita	Termin, Verabredung; Zitat	el comedor	Esszimmer; Speisesaal
el centro	Zentrum; Institut			comentar	besprechen, kommentieren
el centro comercial	Einkaufszentrum	*la* ciudad	Stadt		
el centro cultural	Kulturzentrum	el/la ciudadano/a	Bürger/in	comenzar *(ie)*	anfangen, beginnen
el centro histórico	Altstadt	cl = centilitro (s)	Zentiliter	*comer*	essen
Centroamérica	Mittelamerika	clandestino/a	heimlich	el/la comerciante	Kaufmann/frau
cerca (de)	in der Nähe (von)	claramente	deutlich	el comercio	Laden
los cereales	Getreide; Müsli	claro	klar, natürlich	comer(se)	essen
cerrado/a	geschlossen; verschlossen				

doscientos ochenta y nueve ■ 289

Wortliste

el cómic	Comic
la comida	Essen, Mahlzeit
la comida rápida	Fastfood
el comino	Kümmel
el Comité de Unidad Campesina	Komitee der Bauernvereinigung
como	wie, als; da, weil
¿cómo?	wie?
cómodo/a	bequem
el/la compañero/a	Mitschüler/in, Kollege/in
la compañía	Gesellschaft, Firma
la compañía aérea	Fluggesellschaft
la compañía de aviación	Fluggesellschaft
la compañía discográfica	Plattenfirma
comparar	vergleichen
comparativo/a	Vergleichs-
compartir	teilen
competitivo/a	Wettbewerbs-, Konkurrenz-
complementario/a	ergänzend
completamente	ganz
completar	ergänzen, vervollständigen
la complicación	Komplikation; Schwierigkeit
complicado/a	kompliziert
complicar	erschweren
el comportamiento	Benehmen, Verhalten
la compota	Kompott
la compra	Kauf
comprar	kaufen
las compras	Einkäufe
comprender	verstehen; umfassen, einschließen
comprobar (ue)	überprüfen
el compromiso	Verpflichtung
compuesto/a	zusammengesetzt
común	gemeinsam
la comunicación	Kommunikation
comunicar (con)	kommunizieren (mit); sich unterhalten
comunicativo/a	mitteilsam, gesprächig
la comunidad	Gemeinschaft; Region
la Comunidad Autónoma	die autonome Region
la Comunidad (Económica) Europea	Europäische (Wirtschafts-) Gemeinschaft
comunitario/a	Gemeinschafts-
con	mit
con moderación	in Maßen
conceder	verleihen
conceder una beca	ein Stipendium vergeben
concentrarse	zusammenkommen
el concierto	Konzert
el concurso	Wettbewerb
las condiciones	Bedingungen, Verhältnisse
conducir (zc)	fahren, lenken; führen
el/la conductor/a	Fahrer/in
conectarse a Internet	ins Internet gehen
confeccionar	anfertigen
la conferencia	Konferenz; Vortrag
la confitería	Konditorei, Konfiserie
congelado/a	tiefgefroren
el Congreso	Kongress
conmemorar	gedenken
conmigo	mit mir
El Cono Sur	Argentinien, Chile, Paraguay und Uruguay
conocer (zc)	kennen; kennen lernen
el/la conocido/a	Bekannte/r
conocido/a	bekannt
los conocimientos	Kenntnisse
la consecuencia	Folge
conseguir (i)	erhalten, erreichen; gelingen
el consejo	Ratschlag, Rat
el/la conserje	Hausmeister/in
conservador/a	konservativ
conservar	erhalten
considerar	betrachten; der Meinung sein
la consola	Konsole
la consonante	Konsonant
constantemente	ständig
constar de	bestehen aus
constituir (y)	bilden
la construcción	Konstruktion
construir (y)	bauen
el/la consumidor/a	Verbraucher/in
consumir	verbrauchen
el consumo	Verbrauch
el/la contable	Buchhalter/in
el contacto	Berührung, Kontakt
la contaminación	Umweltverschmutzung
contar (ue)	erzählen
contar con	verfügen über
contemplar	betrachten
contemporáneo/a	zeitgenössisch
el contenedor de basura	Mülltonne
el contenido	Inhalt
contento/a	froh, fröhlich; zufrieden
contestar	antworten
el contexto	Kontext
contigo	mit dir
el continente	Kontinent
la continuación	Fortsetzung
continuamente	ständig, ununterbrochen
continuar	weiter machen
contra	gegen
contradecir	widersprechen
contradictorio/a	widersprüchlich
la contraseña	Passwort
contratar	einstellen
el contrato	Vertrag
el contrato de alquiler	Mietvertrag
controlado/a	kontrolliert
controlar	kontrollieren
contundente	überzeugend
convencido/a	überzeugt
la conversación	Gespräch
convertirse en (ie)	sich verwandeln in
convivir	zusammenleben
la copa	Glas; Drink
una copa de más	ein Gläschen zuviel
la copia	Kopie
el corazón	Herz
la corbata	die Krawatte
el cordero	Lamm
cordial	freundlich
la cordillera	Gebirgskette
correcto/a	korrekt
corregir (i)	korrigieren
el correo electrónico	E-Mail
Correos	Postamt
correr	laufen

Wortliste

la correspondencia	Briefwechsel, Korrespondenz	¿Cuándo...?	Wann ...?	de cuando	als
corresponder a	entsprechen	¿Cuánto?/¿Cuántos/as?	Wie viel?, Wie viele?	¿De dónde?	Woher?
correspondiente	entsprechend	la cuarta parte	Viertel	de fuera	von außen; nicht aus dem Ort
la corrida de toros	Stierkampf	el cuarto de baño	Badezimmer	de mayor	als Erwachsener
la corrupción	Korruption	los cuatrillizos	Vierlinge	de nuevo	nochmals
corrupto/a	korrupt	cubano/a	kubanisch	de posgrado	Postgraduierten-
cortar	schneiden; fällen; ausstechen	el/la cubano/a	Kubaner/in	de primero	als Vorspeise
		la cucharada	ein Esslöffel voll	de privilegio	privilegiert
corto/a	kurz	el cuello	Hals	de pronto	plötzlich
la cosa	Sache	el cuento	Märchen	de segundo	als Hauptgericht
los cosméticos	Kosmetikartikel	el cuero	Leder	de todas formas	wie auch immer, jedenfalls
la costa	Küste	la cuestión	Frage		
la costa caribeña	Karibikküste	la cueva	Höhle	de vez en cuando	gelegentlich, hin und wieder
el/la costarricense	Costaricaner/in	el cuidado	Vorsicht		
costero/a	Küsten-	cuidar	pflegen	debajo de	unter
la costumbre	Gewohnheit, Sitte, Brauch	el culebrón	Seifenoper	el debate	Auseinandersetzung, Debatte
		cultivar	anbauen		
cotidiano/a	alltäglich	el cultivo	Anbau	deber	müssen
cotizado/a	angesehen	culto/a	kultiviert	los deberes	Hausaufgaben
el cráter	Krater	la cultura	Kultur	débil	schwach
crear	anlegen, erstellen; schaffen; errichten	cultural	kulturell	la decena	Zehner
		el cumpleaños	Geburtstag	decidir	entscheiden
crecer (zc)	wachsen	cumplir años	Geburtstag haben	decir	sagen
el crecimiento	Wachstum	el/la cuñado/a	Schwager/Schwägerin	¿Cómo se dice...?	Wie sagt man ...?
el crecimiento económico	Wirtschaftswachstum	la cúpula	Kuppel	se dice (decir)	man sagt
		curar	heilen	la decisión	Entscheidung
el crédito	Kredit	curioso/a	seltsam, merkwürdig	la declaración	Erklärung
creer	glauben	el curriculum vitae	Lebenslauf	decretar	an-, verordnen, beschließen
creíble	glaubhaft	el curso	Kurs, Lehrgang		
el cristal	Glas; Kristall	el Curso de Orientación Universitaria (COU)	Vorbereitungsjahr für die Universität	dedicarse a	sich widmen; beruflich machen
cristalino/a	glasklar				
Cristóbal Colón	Cristoph Kolumbus	la curva	Kurve	¿A qué te dedicas?	Was bist du von Beruf?
la crítica	Kritik				
criticar	kritisieren	**D**		dedicarse al servicio doméstico	als Hausangestellte/r arbeiten
el croissant	Croissant				
cronológico/a	chronologisch	el D.N.I = Documento Nacional de Identidad	Personalausweis	el dedo	Finger
el crucero	Kreuzfahrt			defender (ie)	verteidigen
el crucigrama	Kreuzworträtsel			definir	definieren
cruel	grausam	el/la danés/esa	Däne/in	dejar	lassen; aufgeben; (aus)leihen
la cruz	Kreuz	dar	geben		
cruzar	überqueren	dar clase	unterrichten	del	de + el
el cuaderno	Heft	dar igual	egal sein	delante de	vor (räumlich)
el cuadro	Bild, Gemälde	dar las gracias	sich bedanken	la delegación	Delegation
¿Cuál?	Welche/r/s?	los datos básicos	allgemeine Daten	el delfín	Delphin
cualificado/a	qualifiziert	de	von; aus	delgado/a	schlank
cualquier(a)	irgendein/e; jede/r/s	de acuerdo	einverstanden	delicioso/a	köstlich
cuando	wenn; als	de acuerdo con	gemäß	la delincuencia	Kriminalität

Wortliste

el **delito**	Delikt, Straftat
el **delta**	Delta
los **demás**	die übrigen
demasiado	(all)zu, zu sehr, zu viel
el/la **demócrata**	Demokrat/in
democrático/a	demokratisch
el/la **demógrafo/a**	Demograph/in
demostrar (ue)	beweisen, darlegen
la **densidad**	(Bevölkerungs-)Dichte
el/la **dentista**	Zahnarzt/ärztin
dentro de	in; innerhalb von
dentro de poco tiempo	in der nächsten Zeit
la **denuncia**	(Straf-)Anzeige
denunciar	anzeigen
depender de	abhängen von
dependiente	abhängig
el **deporte**	Sport
el/la **deportista**	Sportler/in
derecha	rechts
a la derecha (de)	rechts
el **Derecho**	Recht
los **derechos humanos**	Menschenrechte
desagradable	unangenehm
desaparecer (zc)	verschwinden
desaparecido/a	verschwunden
el **desarrollo**	Entwicklung
el **desarrollo parcial**	einseitige Entwicklung
el **desastre**	Katastrophe
desayunar	frühstücken
el **desayuno**	Frühstück
descansar	sich ausruhen
el **descanso**	Ruhe, Erholung
desconectar	abschalten; unterbrechen
desconfiar	misstrauen
desconocer (zc)	nicht kennen
desconocido/a	nicht bekannt
el/la **desconocido/a**	Unbekannte/r
el **desconocimiento**	Unwissenheit
describir	beschreiben
la **descripción**	Beschreibung
el **descubrimiento**	Entdeckung
descubrir	entdecken
el **descuento**	Preisnachlass
desde	seit
desde entonces	seitdem
desear	wünschen, mögen
la **desembocadura**	(Ein-)Mündung
desenchufar	den Stecker herausziehen, abschalten
desesperadamente	verzweifelt
deshilachado/a	ausgepflückt
el **desierto**	Wüste
la **desigualdad**	Ungleichheit
desordenado/a	unordentlich; durcheinander
desorganizado/a	schlecht organisiert
el **despacho**	Büro, Arbeitszimmer
el **despacho (de abogado)**	Anwaltskanzlei
despedirse (i)	sich verabschieden
despegar	abheben, starten
el **despertador**	Wecker
despertar (ie)	wecken; auslösen
despertarse (ie)	aufwachen
despistado/a	zerstreut, geistesabwesend
desplazar	transportieren; befördern
después de	nach; nachdem
destacar	hervorstechen
el **destino**	(Reise-)Ziel
destruir (y)	zerstören, vernichten
el/la **detective**	Detektiv
detener	verhaften
determinado/a	bestimmt
determinar	festlegen
detestar	verabscheuen
detrás de	hinter
la **deuda externa**	Auslandsschuld
devolver (ue)	zurückgeben
el **día**	Tag
Día de los Inocentes	Tag der Unschuldigen
el **día de hoy**	der heutige Tag
el **día laborable**	Werktag
el **diálogo**	Dialog
el **diámetro**	Durchmesser
el **diario**	Tagebuch
diario/a	täglich
15 días	14 Tage, 2 Wochen
dibujar	zeichnen
el **dibujo**	Zeichnung
el **diccionario**	Wörterbuch
la **dictadura**	Diktatur
la **diferencia**	Unterschied
diferente	unterschiedlich; verschieden
difícil	schwer; schwierig
dinámico/a	dynamisch
el **dinero**	Geld
el **dinosaurio**	Dinosaurier
la **dirección**	Anschrift
la **Dirección General de Tráfico**	spanisches Straßenverkehrsamt
directamente	direkt
directo/a	direkt
el/la **director/a**	Direktor/in; Leiter/in
el/la **director/a comercial**	kaufmännische/r Leiter/in
el/la **director/a de cine**	Filmregisseur/in
el/la **director/a financiero/a**	Finanzdirektor/in
dirigido/a por	inszeniert von
dirigirse a	sich wenden an
disciplinado/a	diszipliniert
el **disc-jockey**	Disc-Jockey
el **disco**	Schallplatte
el **disco de platino**	Platinplatte
el **disco de vinilo**	Vinylschallplatte
la **discoteca**	Diskothek
la **discusión**	Diskussion, Auseinandersetzung
discutible	bestreitbar, fraglich
discutir	diskutieren
diseñar	entwerfen
disfrutar de	genießen
el **disgusto**	Kummer; Ärger; Missfallen
disponer de	verfügen über
disponible	verfügbar
la **disposición**	Anordnung
la **disquería**	Schallplattengeschäft
la **distancia**	Entfernung, Abstand
la **distancia de seguridad**	Sicherheitsabstand
distanciarse	sich distanzieren
Distinguido/a señor/a	Sehr geehrte/r Dame/Herr

Wortliste

distinto/a	verschieden
distribuido/a	verteilt
diverso/a	verschieden
divertido/a	lustig
divertirse (ie)	sich amüsieren
dividido por	geteilt durch
divisar	erblicken
las *divisas*	Devisen
divorciarse	sich scheiden lassen
doblar	falten, zusammenlegen; abbiegen
el/la *doctor*	Doktor/in
el *documental*	Dokumentarfilm
el *documento*	Dokument
el *dólar*	Dollar
doler (ue)	schmerzen, wehtun
el *dolor*	Schmerz
el *dolor de cabeza*	Kopfschmerzen
el *domicilio*	Anschrift; Wohnsitz
dominar	beherrschen, meistern
el *domingo*	Sonntag
¿*Dónde...?*	Wo ...?
¿*De dónde?*	Woher?
dormir (ue)	schlafen
dormirse (ue)	einschlafen
el *dormitorio*	Schlafzimmer
dos	zwei
dramático/a	dramatisch
la *droga*	Droge
la *droguería*	Drogerie
la *ducha*	Dusche
ducharse	sich duschen
la *duda*	Zweifel
dudar	(be)zweifeln; sich unschlüssig sein
el *dulce*	Süßigkeit
Dulcinea	*Herzensdame des Don Quijote*
la *duración*	Dauer
duradero/a	dauerhaft
durante	während
durar	dauern
el *duro*	Fünfpesetenstück
duro/a	hart

E

e	und *(vor „i" oder „hi")*
ecológico/a	ökologisch
la *economía*	Wirtschaft
Económicas	Wirtschaftswissenschaften
económico/a	Wirtschafts-, wirtschaftlich
el/la *economista*	Volkswirt(schaftler/in)
el *ecoturismo*	Ökotourismus
el/la *ecuatoriano/a*	Ecuadorianer/in
la *edad*	Alter
el *edificio*	Gebäude
la editorial	Verlag
la educación	Erziehung, Bildung
la Educación General Básica (EGB)	*spanische Grundschule*
educar	erziehen
efectuarse	geschehen, erfolgen
egoísta	egoistisch
el *ejemplo*	Beispiel
por ejemplo	zum Beispiel
el *ejercicio*	Übung
el *ejército*	Armee
él	er
el/la	der/die/das
elaborar	ausarbeiten
las *elecciones*	Wahlen
la *electricidad*	Elektrizität
eléctrico/a	elektrisch
el *electrodoméstico*	Haushaltsgerät
electrónico/a	elektronisch
elegante	elegant
elegir (i)	(aus)wählen
eliminar	beseitigen
ella	sie
ellos/ellas	sie *(Plural)*
el *elogio*	Lob
la *embajada*	Botschaft
embarcar	an Bord gehen
la *emigración*	Auswanderung
el/la *emigrante*	Emigrant/in
emigrar	auswandern
emitir	senden
emocionante	aufregend
la *empanada*	*gefüllte Teigtasche*
empezar (ie)	anfangen, beginnen
el/la *empleado/a*	Angestellte/r
emplear	verwenden
el *empleo*	Beschäftigung
la *empresa*	Firma, Unternehmen
la *empresa petrolífera*	Erdölunternehmen
el/la *empresario/a*	Unternehmer/in
en	in, auf
en absoluto	überhaupt nicht
en cadena	der Reihe nach
en cambio	hingegen
en casa	zu Hause
en clase	im Unterricht
en contra de	gegen
en cuanto a	was ... angeht
en directo	live
en el fondo	im Grunde, eigentlich
en fin	kurz und gut
en general	im Allgemeinen
en lo que respecta a	was ... anbelangt
en lugar de	anstatt
en mi época	zu meiner Zeit, damals
en negrita	fett gedruckt
en primer lugar	an erster Stelle, erstens
en punto	genau
en todos los terrenos	in allen Bereichen
enamorarse	sich verlieben
el *encabezamiento*	Briefkopf
encantar	entzücken, begeistern
Me encanta.	Es gefällt mir sehr.
el *encanto personal*	Charme
encargar	bestellen, in Auftrag geben
encender (ie)	anzünden
encerrado/a	eingesperrt, eingeschlossen
enchufar	einstecken
la *enciclopedia*	Enzyklopädie
encima de	auf, über
encontrar (ue)	finden
encontrarse (ue)	liegen, sich befinden; sich treffen
encontrarse bien	sich wohl fühlen
encubierto/a	verdeckt
la *encuesta*	Umfrage, Befragung
encuestado/a	befragt
el/la *enemigo/a*	Feind/in
la *energía*	Energie
enero	Januar
enfadado/a	erbost, zornig
enfadarse (con)	sich ärgern (über)

Wortliste

la enfermedad	Krankheit
enfermo/a	krank
el/la enfermo/a	Kranke/r
enfrente (de)	gegenüber (von)
el enlace	Verbindung; Link
enlazar	Anschluss haben
enorme	riesig, enorm
enrollado/a	zusammengerollt
la ensaimada	*Blätterteiggebäck*
ensayar	proben, üben
el ensayo	Essay; Aufsatz
enseguida	gleich, sofort
la enseñanza	Unterricht; Bildungswesen
enseñar	unterrichten
entender (ie)	verstehen
la entonación	Tonfall, Intonation
entonces	dann; damals
la entrada	Eingang; Eintrittskarte
el entrante	Vorspeise
entrar	eintreten, hineingehen
entrar en un chat	chatten
entre	zwischen
la entrevista	Interview
entrevistar	befragen
enviar	schicken
la época	Zeitalter
equilibrarse	sich ausgleichen, ins Gleichgewicht kommen
el equipamiento	Ausstattung
el equipo	Team, Mannschaft
el equipo de música	Stereoanlage
la equitación	Reiten
equivalente	gleichwertig, entsprechend
equivocarse	sich irren
erróneo/a	falsch
el error	Fehler
la escala	Zwischenlandung
la escalera	Treppe
el escándalo	Skandal
el escarabajo	Käfer, Skarabäus
la escoba	Besen
el/la escocés/esa	Schotte/in
escocés/esa	schottisch
escoger	auswählen
escogido/a	auserwählt
esconderse	sich verstecken
escondido/a	versteckt
Escorpio	Skorpion *(Sternzeichen)*
escribir	schreiben
¿Cómo se escribe?	Wie schreibt man das?
escrito/a	schriftlich
el/la escritor/a	Schriftsteller/in
escuchar	(zu)hören
la escuela	Schule
ese/a	diese/r/s
la esencia	Essenz, Wesen
espacial	(Welt-)Raum-
el espacio	Platz, Raum; Weltraum
la espalda	Rücken
espantoso/a	entsetzlich, scheußlich
España	Spanien
el español	Spanisch
el/la español/a	Spanier/in
español/a	spanisch
especial	speziell
especializado/a	spezialisiert
especialmente	besonders
las especias	Gewürze
la especie	Art
la especie animal	Tierart
la especie vegetal	Pflanzenart
espectacular	sensationell
el espectáculo	Darbietung, Vorstellung
el/la espectador/a	Zuschauer/in
la especulación	Spekulation
especular	spekulieren
el espejismo	Trugbild, Illusion
la esperanza	Hoffnung
la esperanza de vida	Lebenserwartung
esperar	(er)warten
espeso/a	dicht
el espíritu	Geist, Seele
el esplendor	Glanz, Pracht
el esquema	Schema
el esquí	Ski(sport)
esquiar	Ski fahren
la esquina	Ecke
el establecimiento	Geschäft
la estación	Bahnhof
la estación (del) ferrocarril/de trenes	Bahnhof
la estación de esquí	Wintersportort
el estadio	Stadion
la estadística	Statistik
el estado	Staat
los Estados Unidos	USA (Vereinigte Staaten)
el/la estadounidense	US-Amerikaner/in
la estancia	Aufenthalt
el estanco	Tabakladen
la estantería	Regal
estar	sein, sich befinden
estar + *Gerundio*	gerade etwas tun
estar de acuerdo	einverstanden sein
estar dispuesto/a a	bereit sein zu
estar en contra	dagegen sein
estar en contacto (con)	in Verbindung sein (mit)
estar enamorado/a	verliebt sein
estar extrañado/a de	erstaunt sein über
estar resfriado/a	erkältet sein
estar situado/a	gelegen sein, liegen
la estatua	Statue
el este	Osten
este/esta	diese/r/s
el estereotipo	Stereotyp, Klischee
el estilo	Stil
estimado/a	geschätzte/r
esto	das (hier)
el estómago	Magen
estos/as	diese (hier)
estropeado/a	kaputt
estropear	kaputt machen
estropearse	kaputt gehen
la estructura	Struktur
el/la estudiante	Student/in
estudiar	lernen, studieren
el estudio	Studium; Studio
el estudio de grabación	Aufnahmestudio
los estudios superiores	Hochschulstudium
estupendo/a	wunderbar, großartig
la estupidez	Blödsinn, Dummheit
el/la estúpido/a	Dummkopf
la etapa	Abschnitt
el euro	Euro
Europa	Europa
europeo/a	europäisch

Wortliste

el/la europeo/a	Europäer/in		
el euskera	Baskisch		
evidente	klar, deutlich; offensichtlich		
evidentemente	natürlich, klar		
evitar	(ver)meiden		
exactamente	genau		
exacto/a	genau		
el examen	Examen, Prüfung		
el examen sorpresa	nicht angekündigte Prüfung		
excepcional	außergewöhnlich		
excitante	aufregend, erregend		
la excursión	Ausflug		
exigir	fordern, verlangen		
el/la exiliado/a	(politischer) Flüchtling		
exiliarse	ins Exil gehen		
la existencia de vida	(Spuren von) Leben		
existir	existieren		
el *éxito*	Erfolg		
exótico/a	exotisch		
la experiencia	Erfahrung		
el/la experto/a	Fachmann/frau, Experte/in		
la explicación	Erklärung		
explicar	erklären		
la explosión	Explosion		
la explotación	Ausbeutung		
explotar	explodieren		
exportar	ausführen, exportieren		
la exposición	Ausstellung		
expresar	ausdrücken		
la expresión	Ausdruck		
la expresión temporal	Zeitangabe		
expulsar	vertreiben		
la expulsión	Verweis, Vertreibung		
exquisito/a	erlesen, exquisit		
el/la extraterrestre	Außerirdische/r		
extender *(ie)*	ausbreiten, ausrollen		
extenderse *(ie)*	sich ausdehnen		
la extensión	Fläche		
extenso/a	weit		
el *extranjero*	Ausland		
extranjero/a	fremd, ausländisch		
el/la *extranjero/a*	Ausländer/in		
extraño/a	seltsam		
el/la extraterrestre	Außerirdische/r		

F

la *fábrica*	Fabrik
fabricado/a	hergestellt
fabricar	herstellen
la fachada	Fassade
fácil	leicht
la factura	Rechnung
facturar	einchecken
la *falda*	Rock
el fallo	Fehler, Irrtum
falso/a	falsch
la falta	Mangel
la falta de vivienda	Wohnungsnot
faltar	fehlen
la *familia*	Familie
el/la *familiar*	Verwandte/r
familiar	Familien-
famoso/a	berühmt
los famosos	Berühmtheiten
el fan	Fan
fanático/a	fanatisch
fantástico/a	fantastisch
la *farmacia*	Apotheke
fascinante	faszinierend
fatal	fürchterlich
la fauna	Tierwelt
el favor	Gefallen
el fax	Fax
la *fecha*	Datum
la fecha de nacimiento	Geburtsdatum
fechar	mit Datum versehen
la felicidad	Glück
feliz (Pl. felices)	glücklich
femenino/a	weiblich, feminin
el fenómeno	Phänomen
feo/a	hässlich
la feria	Jahrmarkt; Lebensmittelgeschäft (Chile)
feroz	wild; grausam
el festival	Festival
la ficha	Karte
fichar	verpflichten
la fidelidad	Treue
la *fiebre*	Fieber
la fiesta	Fest; Feiertag

la figura	Figur
fijarse en	sich ansehen, achten auf
Filipinas	Philippinen
la Filología Hispánica	Hispanistik
la filosofía	Philosophie
el *fin*	Ende; Ziel; Absicht
el fin de semana	Wochenende
el *final*	Ende, Schluss
al *final*	am Ende
la final	Finale, Endrunde
la finca	Landgut
fino/a	fein, dünn
el fiordo	Fjord
firmar	unterschreiben
físicamente	äußerlich, körperlich
físico/a	körperlich
el flamenco	Flamenco
flaquito/a	mager, sehr dünn
la flor	Blume
la flora	Pflanzenwelt
Florencia	Florenz
flotar	schweben
el folclore	Folklore
el folleto	Prospekt
la fonética	Phonetik
fonético/a	phonetisch
foráneo/a	fremd
la forma	Form
la forma de vida	Lebensweise
la formación rocosa	(Gesteins-)Formation
formal	formal; seriös
formarse	sich bilden
el formato	Format
formular	formulieren
la fortaleza	Festung
la *foto*	Foto
la *fotografía*	Fotografie
el/la *fotógrafo/a*	Fotograf/in
el fragmento	Ausschnitt, Auszug
el francés	Französisch
francés/francesa	französisch
Francia	Frankreich
Franco	span. Diktator (1892–1975)
franquista	Franco-
la frase	Satz
la frase relativa	Relativsatz

Wortliste

la frase subordinada	Nebensatz	el gas	Gas	Gran Bretaña	Großbritannien
la frecuencia	Häufigkeit	la gasolina	Benzin	la Gran Vía	eine der Hauptstraßen von Madrid
freír	braten; frittieren	la gasolinera	Tankstelle		
el freno	Bremse	gastar	ausgeben; verbrauchen	grande	groß
frente (a)	vor	los gastos	Ausgaben	la granja	Bauernhof, Farm
la fresa	Erdbeere	la gastronomía	Gastronomie	la grasa	Fett
fresco/a	frisch	el gato	Katze	gratificante	befriedigend
los frescos	Fresken	el gazpacho	kalte Gemüsesuppe	gratis	gratis, umsonst
el frío	Kälte	el géiser	Geysir	grave	ernst, schlimm
hace frío	es ist kalt	Géminis	Zwillinge (Sternzeichen)	el griego	Griechisch
frío/a	kalt; kaltherzig	la generación	Generation	el/la griego/a	Grieche/in
el friso	Fries	generalmente	meistens, normalerweise	el gringo	Ausländer (verächtlich)
la frontera	Grenze	el género	Genus, Geschlecht	la gripe	Grippe
la(s) fruta(s)	Obst	generoso/a	großzügig	gris	grau
la frutería	Obstgeschäft	genial	genial, toll	gritar	schreien
el fuego	Feuer	la gente (Sing.)	Leute	el grupo	Gruppe
la fuente	Quelle, Ursprung	la geografía	Geographie	el grupo guerrillero	Guerillagruppe
la fuente termal	Thermalbrunnen	geográfico/a	geographisch	el grupo musical	Musikgruppe
fuera	(dr)außen, auswärts	el/la gerente	Geschäftsführer/in	los grupos de edad	Altersgruppen
fuerte	stark; laut	gesticular	gestikulieren	guapo/a	hübsch, schön
fulgurante	blitzartig	la gestión	(Geschäfts-)Führung	guardar	(auf)bewahren
fumar	rauchen	el gesto	Geste	guardar reposo	Bettruhe einhalten
la función	Funktion	gigante	gigantisch, riesig	el guardarropa	Garderobe
el funcionamiento	Funktions(weise), Gebrauch	el gimnasio	Fitnesscenter	la guardería	Kinderkrippe, Kindergarten
		Ginebra	Genf		
funcionar	funktionieren	la gira	Tournee	el guardia de seguridad	Sicherheitsbeamter
el/la funcionario/a	Beamter/Beamtin	la Giralda	Glockenturm der Kathedrale von Sevilla	guatemalteco/a	aus Guatemala
el/la fundador/a	Gründer/in			la guerra	Krieg
fundamental	wesentlich			la Guerra Civil	Bürgerkrieg
el fútbol	Fußball	girar	abbiegen	el guerrero	Krieger
el/la futbolista	Fußballspieler/in	el/la gitano/a	Zigeuner/in	la guindilla	Peperoni
el futuro	Zukunft	el glaciar	Gletscher	Guinea Ecuatorial	Äquatorialguinea
la futurología	Futurologie	la globalización	Globalisierung	el/la guineano/a	Guineer/in
		el globo	(Heißluft-)Ballon	el guión	Entwurf, Skript
## G		gobernar (ie)	regieren	el guiso	Schmorbraten
		el gol	Tor	la guitarra	Gitarre
la gabardina	Trenchcoat	el golf	Golf	gustar	gefallen; schmecken
las gafas	Brille	gordito/a	ein wenig dick	me gusta	ich mag
las gafas de sol	Sonnenbrille	el gordo	das große Los, Hauptgewinn	el gusto	Geschmack, Vorliebe
la galaxia	Galaxie				
las Galerías Pacífico	Einkaufszentrum in Buenos Aires	gordo/a	dick	## H	
		gozar	genießen		
Galicia	Galicien	gr = gramo(s)	Gramm	haber	haben (Hilfsverb)
el gallego	Galicisch	grabar	aufnehmen	la habitación	Zimmer
ganar	gewinnen; verdienen	gracias	danke	la habitación doble	Doppelzimmer
las ganas	Lust	gracias a	dank	la habitación individual	Einzelzimmer
el garaje	Garage	el grado	Grad		
la garganta	Hals; Kehle	la gramática	Grammatik	la habitación triple	Dreibettzimmer

el/la habitante	Einwohner/in	el hierro	Eisen	humear	rauchen
el hábito	(An-)Gewohnheit	el/la hijo/a	Sohn/Tochter	húmedo/a	feucht
habitual	gewöhnlich	el hijo mayor	der älteste Sohn	el humor	Laune
habitualmente	gewöhnlich	el hijo menor	der jüngste Sohn	estar de buen humor	gut gelaunt sein
el habla (f)	Sprache	los hijos	Kinder	estar de mal humor	schlecht gelaunt sein
hablador/a	geschwätzig	hincharse	anschwellen		
el/la hablante	Sprecher/in	la hipótesis	Hypothese	**I**	
hablar	sprechen	el/la hispanista	Hispanist/in		
hace	vor	hispano/a	spanisch	la ida	Hinfahrt, -flug
hace algún tiempo	vor einiger Zeit	hispanoalemán/ana	deutsch-spanisch	la idea	Idee
hacer	machen	el/la hispanohablante	Spanischsprechende/r	la idea central	Hauptgedanke
hace calor	es ist warm/heiß	hispanohablante	spanischsprachig	ideal	ideal
hace doscientos años	vor zweihundert Jahren	la historia	Geschichte	el ideal	Ideal
		histórico/a	historisch	identificar	identifizieren
hace frío	es ist kalt	la hoja	Blatt	el idioma	Sprache
hace sol	die Sonne scheint	hojear	überfliegen, durchblättern	el idioma extranjero	Fremdsprache
hacer daño	Schaden zufügen			el/la idiota	Idiot/in
hacer de médico	einen Arzt spielen	Holanda	Holland	la iglesia	Kirche
hacer pis	fam.: Pipi machen	el holandés	Holländisch	ignorar	ignorieren
hacer una sobremesa	nach dem Mittagessen plaudern	el/la holandés/esa	Holländer/in	igual	gleich; womöglich, vielleicht
		el hombre	Mann		
hacia	nach, zu; gegen	el/la hombre/mujer de tus sueños	dein/e Traummann/frau	la igualdad	Gleichheit
el hambre (f)	Hunger			ilegal	illegal
la hamburguesa	Hamburger	el homicidio	Totschlag, Mord	la ilusión	Hoffnung
la harina	Mehl	el/la homosexual	Homosexuelle/r	la ilustración	Zeichnung
hasta	bis	el/la hondureño/a	Honduraner/in	la imagen	Bild
hasta pronto	bis bald	honesto/a	ehrlich, anständig	la imaginación	Vorstellungskraft, Fantasie
el hastío	Langeweile	el honor	Ehre		
hay	es gibt	la hora	Uhrzeit; Stunde	imaginario/a	erdacht
hebreo/a	hebräisch	la hora de llegada	Ankunftszeit	imaginarse	sich vorstellen
el hechicero	Zauberer, Hexenmeister	la hora de salida	Abfahrtszeit	impar	ungerade (Zahl)
		el horario	Geschäftszeit; Stundenplan	el imperativo	Imperativ
el hecho	Ereignis			implicar	mit sich bringen, zur Folge haben
la hectárea	Hektar	el horizonte	Horizont		
el helado	(Speise-)Eis	el horno	Backofen	la importancia	Bedeutung
el helicóptero	Hubschrauber	el horóscopo	Horoskop	importante	wichtig
el hemisferio	Erdhalbkugel	horrible	schrecklich; hässlich	lo más importante	das Wichtigste
la hepatitis	Hepatitis, Leberentzündung	el horror	Entsetzen	importar	bedeuten
		horrorizado/a	entsetzt	imposible	unmöglich
heredar	erben	horroroso/a	schrecklich	impresionante	beeindruckend
el/la heredero/a	Erbe/Erbin	el hospital	Krankenhaus	impresionar	beeindrucken
el/la hermano/a	Bruder/Schwester	el hostal	Gasthaus	el impuesto	Steuer
los hermanos	Geschwister	el hotel	Hotel	la inauguración	Eröffnung, Einweihung
hermoso/a	herrlich, schön	hoy	heute		
hervir (ie)	kochen	el huevo duro	hartgekochtes Ei	el/la inca	Inka
el hielo	Eis	huir (y)	fliehen, flüchten	incapaz	unfähig
la hierba	Gras; Kraut	humanamente	menschlich	incluido/a	inbegriffen
la hierbabuena	Minze	la humanidad	Menschheit		

Wortliste

incluir (y)	beinhalten, einschließen
incluso	sogar
el inconveniente	Nachteil
incorporarse	sich anschließen
la incredulidad	Ungläubigkeit, Misstrauen
increíble	unglaublich
la independencia	Unabhängigkeit
independiente	unabhängig
la India	Indien
indígena	eingeboren; einheimisch
el/la indígena	Eingeborene/r
la indigestión	Verdauungsstörung
el/la indio/a	Indianer/in (Ureinwohner/in Lateinamerikas)
indisciplinado/a	undiszipliniert
indispensable	unentbehrlich
individualista	individualistisch
individualmente	einzeln
la industria	Industrie; Unternehmen
industrial	Industrie-
industrializado/a	industrialisiert
inevitable	unvermeidlich
la infancia	Kindheit
el infinitivo	Infinitiv
la inflación	Inflation
influenciar	beeinflussen
la información clave	wichtige Information
informal	informell; unzuverlässig
la informática	Informatik
el/la informático/a	Informatiker/in
el informativo	Nachrichtensendung
el informe	Bericht
Inglaterra	England
el inglés	Englisch
el/la inglés/inglesa	Engländer/in
inglés/inglesa	englisch
el ingrediente	Zutat
ingresar	eintreten
los ingresos económicos	Einnahmen, Einkünfte
el inicio	Beginn
la injusticia	Ungerechtigkeit
injusto/a	ungerecht
inmediatamente	sofort
inmediato/a	direkt, unverzüglich
inolvidable	unvergesslich
inseguro/a	unsicher
insolidario/a	unsolidarisch
insonorizado/a	schalldicht
insoportable	unausstehlich
insostenible	untragbar
las instalaciones	Einrichtungen
las instalaciones deportivas	Sportanlagen
instalarse	sich niederlassen
el instante	Augenblick
el instituto	Institut
la instrucción	Anweisung
las instrucciones de uso	Gebrauchsanweisung
el instrumento musical	(Musik-)Instrument
insuficiente	unzureichend, ungenügend
el insumiso	Wehrdienstverweigerer
la insurrección	Aufstand
el/la intelectual	Intellektuelle/r
inteligente	intelligent
inteligentísimo/a	sehr intelligent
intenso/a	intensiv; grell
intentar	versuchen
el intento	Absicht, Vorhaben; Versuch
intercambiar	austauschen
el intercambio	Austausch
el interés	Interesse
interesante	interessant
interesar	interessieren
el interior	Inneres; Landesinnere
el/la interlocutor/a	Gesprächspartner/in
internacional	international
interno/a	intern
la interpretación	Dolmetschen
interpretar	interpretieren
interracial	zwischen den Rassen
la intervención	Aussage
intocable	unberührbar
intuitivo/a	intuitiv
inválido/a	invalide
inventar	erfinden
el invento	Erfindung
el/la inventor/a	Erfinder/in
invertir *(ie)*	anlegen, investieren
investigar	erforschen
el invierno	Winter
los invitados	Gäste
invitar	einladen
ir	gehen; fahren
ir como loco	sehr schnell fahren
ir mal de dinero	nicht mit dem Geld auskommen
el/la iraní	Iraner/in
el/la iraquí	Iraker/in
Irlanda	Irland
el/la irlandés/esa	Ire/Irin
irónicamente	ironisch
la irregularidad	Unregelmäßigkeit
la isla	Insel
las Islas Baleares	Balearen
las Islas Canarias	Kanarische Inseln
el islote	(unbewohnte) Felseninsel
Italia	Italien
el italiano	Italienisch
el/la italiano/a	Italiener/in
italiano/a	italienisch
izquierda	links
a la izquierda (de)	links (von)

J

el jamón	Schinken
Japón	Japan
el japonés	Japanisch
japonés/esa	japanisch
el jarabe	Hustensaf
el jardín	Garten
el/la jefe/a	Chef/in
el/la jefe/a de personal	Personalchef/in
el/la jefe/a de publicidad	Werbeleiter/in
el/la jefe/a de ventas	Verkaufsleiter/in
el jerez	Sherry
el jersey	Pullover
joven	jung
los jóvenes	Jugendliche
la joyería	Juwelierladen
el/la jubilado/a	Rentner/in
jubilarse	in Rente/in den Ruhestand gehen

Wortliste

judicial	Justiz-	la leche	Milch	¿Cómo se llama	Wie heißt das auf
el *juego*	Spiel	la leche desnatada	fettarme Milch	esto en español?	Spanisch?
el juego de mesa	Gesellschaftsspiel	el/la lechero/a	Milchmann/frau	¿Cómo te llamas?	Wie heißt du?
los Juegos Olímpicos	Olympische Spiele	el lector de DVD	DVD-Laufwerk	el llanto	Weinen
		la lectura	Lesen	la llegada	Ankunft
el *jueves*	Donnerstag	*leer*	lesen	*llegar*	(an)kommen
el/la juez/a	Richter/in	legal	legal	llegar tarde	zu spät kommen
jugar (ue)	spielen	legalizar	legalisieren	lleno/a	voll
el jugo (de limón)	(Zitronen)saft	lejano/a	fern, entfernt, entlegen	*llevar*	tragen; führen
la jungla	Dschungel	*lejos*	weit	llevan algunos días	sie sind seit einigen Tagen da
junto a	neben, direkt bei	la *lengua*	Sprache		
juntos/as	zusammen	la lengua culta	gehobene Sprache	llevar bigote	einen Schnurrbart haben
la justicia	Gerechtigkeit	la lengua escrita	geschriebene Sprache, Schriftsprache		
justificar	begründen, rechtfertigen			llevarse bien	gut auskommen
		la lengua hablada	gesprochene Sprache	*llover* (ue)	regnen
justo/a	gerecht	la lengua materna	Muttersprache	lo	ihn/es
la *juventud*	Jugend	la lengua oficial	Amtssprache	el lobo	Wolf
		Leo	Löwe *(Sternzeichen)*	el local	Raum; Lokal
K		la *letra*	Buchstabe; Text	localizar	suchen, finden
		levantarse	aufstehen	loco/a	verrückt
el kilo	Kilogramm	el *léxico*	Wortschatz	la locura	Wahnsinn
el kilómetro	Kilometer	léxico/a	lexikalisch	el/la *locutor/a*	Sprecher/in
el kilómetro cero	Nullpunkt *(Ausgangspunkt der span. Nationalstraßen)*	la ley	Gesetz	*lógicamente*	logischerweise
		la leyenda	Legende	*lógico/a*	logisch
		la *libertad*	Freiheit	lograr	erreichen
		Libra	Waage *(Sternzeichen)*	el lomo de cerdo	Schweinelende
L		*libre*	frei	Londres	London
		la librería	Buchhandlung	los/las	die *(bestimmter Artikel Plural)*
el labio	Lippe	la libreta	Notizbuch		
el laboratorio de idiomas	Sprachlabor	el *libro*	Buch	los que	diejenigen, die
		el/la licenciado/a	Akademiker/in	la lotería	Lotterie
el lado	Seite	la licenciatura	akademischer Grad, Titel	la *lucha*	Kampf
el lago	See	*ligero/a*	leicht	*luchar*	kämpfen
lamentablemente	leider	limitar con	grenzen an	*luego*	dann, anschließend
la lámpara	Lampe	el límite de velocidad	Geschwindigkeitsbegrenzung	el *lugar*	Ort, Platz, Stelle
la lana	Wolle			el lugar de interés	Sehenswürdigkeit
la lancha	Barkasse	el *limón*	Zitrone	en lugar de	anstatt
el/la lanchero/a	Schifffahrer/in	*limpiar*	sauber machen	en primer lugar	an erster Stelle, erstens
la langosta	Languste	liso/a	glatt	la luna	Mond
el largo	Länge	la lista	Liste	el *lunes*	Montag
largo/a	lang	literario/a	literarisch	la luz	Licht
la *lata*	Dose	la literatura	Literatur		
el latín	Latein	el litro	Liter	**M**	
Latinoamérica	Lateinamerika	la llamada (telefónica)	Anruf; Telefongespräch		
el/la *latinoamericano/a*	Lateinamerikaner/in	llamado/a	so genannt	los macarrones	Makkaroni
latinoamericano/a	lateinamerikanisch	*llamar*	rufen; klingeln; läuten	macerado/a	eingelegt
el lavabo	Toilette	llamar por teléfono	anrufen	la madera	Holz
le	ihm/ihr/Ihnen, ihn/sie/Sie	*llamarse*	heißen	la madre	Mutter

Wortliste

madrileño/a	aus Madrid	marcharse	weggehen	el/la médico/a	Arzt/Ärztin
madurar	reifen; reif werden	mareado/a	schwindelig	el medio	Durchschnitt
maduro/a	reif	marearse	seekrank werden; schwindelig werden	el medio ambiente	Umwelt
el/la mafioso/a	Angehörige/r der Mafia			medio/a	halb
		la margarina	Margarine	el de en medio	der mittlere
la magia	Zauberei, Magie	el marido	Ehemann	medio dormido/a	verschlafen
magnífico/a	herrlich	el marisco	Meeresfrüchte	el mediodía	Mittag
el maíz	Mais	el/la marqués/marquesa	Graf/Gräfin	medir (i)	messen
el mal	Übel, Leid	marrón	braun	mediterráneo/a	Mittelmeer-
mal(o)/a	schlecht	el/la marroquí	Marokkaner/in	mejor	beste/r; besser
la maleta	Koffer	el martes	Dienstag	lo mejor	das Beste
el maletero	Kofferraum; Gepäckfach	marzo	März	mejorar	(ver)bessern
el mallorquín	Mallorkinisch (katalanischer Dialekt)	más	mehr; plus	el melocotón	Pfirsich
		más de	mehr als	la memoria	Gedächtnis
los malos tratos	Misshandlungen	el/la más grande	der/die/das größte	el/la mendigo/a	Bettler/in
mamá	Mutti, Mama	más o menos	mehr oder weniger; ungefähr	menor	kleiner, jünger
mandar	schicken			menos	weniger; minus
el mando	Steuerung	más tarde	später	el mensaje	Botschaft, Nachricht
el mando a distancia	Fernbedienung	la masa	Teig	el/la mensajero/a	Bote/Botin
la manera	Art, Weise	la masa de pan	Brotteig	mensual	Monats-
la manía	Wahn, Manie, Sucht	masacrar	massakrieren	la mentira	Lüge
la manifestación	Demonstration	la masacre	Massaker	decir mentiras	lügen
manifestar (ie)	äußern; zeigen	la máscara de oxígeno	Sauerstoffmaske	la mentira gorda	faustdicke Lüge
la mano	Hand	la mascota	Maskottchen	el meón	Angsthase
la mansión	Villa	el máster	Master	el mercado	Markt
mantener	einhalten; halten	la matanza	Gemetzel	el Mercosur (Mercado del Cono Sur)	gemeinsamer Markt des südlichen Lateinamerikas: Argentinien, Brasilien, Uruguay und Paraguay
mantener amistad	die Freundschaft aufrechterhalten	matar	töten		
		las Matemáticas	Mathematik		
la mantequilla	Butter	la materia	Fach		
la manzana	Apfel	la materia prima	Rohstoff		
la manzanilla	Kamille(ntee)	el material	Material		
la mañana	Morgen, Vormittag	el material armamentístico	Rüstungsmaterial	merendar (ie)	die Nachmittagsmahlzeit nehmen
mañana (mismo)	(gleich) morgen				
mañana por la mañana	morgen früh	matizar	nuancieren	el mes	Monat
		la matrícula	Autokennzeichen	la mesa	Tisch
mapuche	araukanisch	el matrimonio	Ehe	la meseta	Hochebene
la máquina	Maschine	mayo	Mai	la mesilla	Nachttisch
la máquina de bebidas	Getränkeautomat	mayor	größte/r/s; höchste/r/s; älter	el mesón	(kleines) Wirts-, Gasthaus
el mar	Meer	la mayoría	Mehrheit	el/la mestizo/a	Mestize/in
mar adentro	seewärts	me	mir, mich	el metal	Metall
el Mar Cantábrico	Kantabrisches Meer	el/la mecánico/a	Mechaniker/in	metalúrgico/a	Metall-
el Mar Mediterráneo	Mittelmeer	la medalla	Medaille	meter	(hin-, hinein) legen
la maravilla	Wunder	el/la mediador/a	Vermittler/in	meter la pata	ins Fettnäppchen treten
maravilloso/a	wunderbar, wunderschön	las medias	Strümpfe	meterse en la cama	sich ins Bett legen
		el medicamento	Medikament	el método	Lehrwerk
marcar	markieren, kennzeichnen	la medicina	Medizin	el metro	U-Bahn; Meter
		la medicina pública	(öffentl.) Gesundheitswesen	el/la mexicano/a	Mexikaner/in

Wortliste

mexicano/a	mexikanisch	el montaje comercial	Kommerz	**N**	
México	Mexiko	la montaña	Berg; Gebirge		
México D.F. (Distrito Federal)	Mexiko-Stadt (Bundesbezirk)	montañoso/a	gebirgig	nacer (zc)	geboren werden
		montar	montieren	el nacimiento	Geburt
la mezcla	Mischung	montar a caballo	reiten	la nación	Nation
mi/s	mein/e	montar en bici	Rad fahren	nacional	national, staatlich
mientras (que)	während	el monumento	Monument, Denkmal	la nacionalidad	Staatsangehörigkeit
el miércoles	Mittwoch	moreno/a	dunkelhaarig	nada	überhaupt nicht
mil	tausend	morir (ue)	sterben	nadar	schwimmen
militar	Militär-	el motivo	Grund	nadie	niemand
el millón	Million	la moto	Motorrad	la naranja	Apfelsine, Orange
min. = minuto	Minute	el/la motociclista	Motorradfahrer/in	la nariz	Nase
la mina	Bergwerk	mover (ue)	bewegen	narrar	erzählen
el mineral	Mineral	el móvil	Handy	natural	Natur-, natürlich
mineralógico/a	Mineralien-	la movilización	Einsatz	la naturaleza	Natur
la minería	Bergbau	muchísimo	sehr viel; sehr	la naturalidad	Natürlichkeit
la miniatura	Miniatur	mucho/a	viel	naturalmente	natürlich
mínimo/a	Mindest-	muchas veces	oft	la nave espacial	Raumschiff
el Ministerio del Interior	Innenministerium	mudarse	umziehen	el navegador de Internet	Internetbrowser
		el mueble	Möbel		
el/la ministro/a	Minister/in	la muela	Backenzahn	navegar	mit dem Schiff fahren
el/la minusválido/a	Schwerbehinderte/r	la muerte	Tod	navegar por Internet	im Internet surfen
el minuto	Minute	muerto/a	tot	la Navidad	Weihnachten
mío/a	mein/e/r	el/la muerto/a	Tote/r	necesario/a	notwendig
mirar	(an)sehen, betrachten	la mujer	(Ehe-)Frau	la necesidad	Bedürfnis; Notwendigkeit
la misa	Gottesdienst	multicultural	multikulturell		
la miscelánea	Lebensmittelgeschäft (Mexiko)	la multinacional	multinationaler Konzern	necesitar	brauchen, benötigen
				negativo/a	negativ
la misión	Mission, Einsatz	múltiple	mehrfach; vielfältig	negociar	(ver)handeln
el/la mismo/a	der/dieselbe	multiplicado por	mal	el/la negro/a	Schwarze/r
mismo/a	selbst; gleich	el mundial de fútbol	Weltmeisterschaft	negro/a	schwarz
el misterio	Geheimnis, Rätsel	mundial	Welt-	neoclásico/a	neoklassizistisch
la mitad	Hälfte	el mundo	Welt	nervioso/a	nervös, unruhig
mítico/a	mythisch	el mundo del trabajo	Arbeitswelt	el neumático	Reifen
el mito	Mythos	municipal	städtisch	nevado/a	verschneit
la mitología	Mythologie	el/la muñeco/a	Puppe	la nevera	Kühlschrank
la mochila	Rucksack	el mural	Wandgemälde	ni	und auch nicht
la moda	Mode	la muralla	Mauer	ni un/a solo/a...	nicht einmal ein/e
el/la modelo	Model/Modele	el murciélago	Fledermaus	ni... ni	weder ... noch
modernizar	modernisieren	el museo	Museum	el nicaragüense	Nicaraguaner/in
moderno/a	modern	la música	Musik	el nicho	(Grab-)Nische
el modo	Modus	la música clásica	klassische Musik	el/la nieto/a	Enkel/in
del siguiente modo	folgendermaßen	la música latina	lateinamerikanische Musik	ninguno/a	keine/r/s
mojarse	nass werden			el/la niño/a	Junge/Mädchen
molestar	stören	el músico/a	Musiker/in	el nivel	Niveau
el momento	Augenblick	muy	sehr	el nivel del mar	Meeresspiegel
el monasterio	Kloster			no	nein; nicht
la moneda	Währung			¿no?	nicht wahr?

Wortliste

no acabar de funcionar	nicht funktionieren
no consumir por consumir	nicht konsumieren um des Konsums willen
no hacer caso de	ignorieren
no hay nadie	es ist niemand da
no importa	das macht nichts
¡No me digas!	Sag bloß!
no sé (saber)	ich weiß nicht
no siempre	nicht immer
no tener ni un duro	pleite sein
la noche	Nacht
Nochebuena	Heiligabend
Nochevieja	Silvester
nombrar	ernennen
el nombre	Name, Vorname
el nombre familiar	Familienname
el noreste	Nordosten
la norma	Norm
normalmente	normalerweise
el norte	Norden
nosotros/as	wir
la nota	Notiz
la noticia	Nachricht
la novela	Roman
noviembre	November
el/la novio/a	feste/r Freund/in
la nuera	Schwiegertochter
nuestro/a	unser/e
Nueva York	New York
nuevo/a	neu
numerado/a	nummeriert
el número	Nummer
numeroso/a	zahlreich
nunca	nie

O

o	oder
o sea	das heißt
el oasis	Oase
el obelisco	Obelisk
el objetivo	Ziel, Zweck
el objeto	Gegenstand
la obligación	Verpflichtung
obligado/a	gezwungen
obligatorio/a	obligatorisch; vorgeschrieben
la obra de teatro	Theaterstück
el/la obrero/a	Arbeiter/in
observar	beobachten; bemerken
obtener	bekommen
la ocasión	Gelegenheit
occidental	westlich
el Océano Atlántico	Atlantischer Ozean
ocultar	verbergen, verdecken
el/la ocupante	Insasse/in
ocupar	ausfüllen, belegen
ocurrir	geschehen
odiar	hassen
el oeste	Westen
oficial	offiziell, amtlich
la oficina	Büro
la oficina de Correos	Postamt
ofrecer (zc)	(an)bieten
el oído	Ohr
oír	hören
ojalá	hoffentlich
el ojo	Auge
olvidado/a	vergessen
olvidar(se) de	vergessen
la ONG (Organización No Gubernamental)	Nichtregierungsorganisation
la opción	Wahl(möglichkeit)
opcional	wahlweise
el open	Meisterschaft(skampf)
la ópera	Oper
opinar	meinen
la opinión	Meinung
la oportunidad	Gelegenheit
los oprimidos	Unterdrückte
optativo/a	fakultativ
optimista	optimistisch
oral	mündlich
el orden	Ordnung; Reihenfolge; Befehl
el orden de prioridad	Prioritätsfolge
ordenado/a	ordentlich; geordnet
el ordenador	Computer
ordenar	ordnen, aufräumen
la organización	Organisation; Einrichtung
organizado/a	organisiert, ordentlich
organizar	organisieren; strukturieren
los orientales	Orientalen
el origen	Ursprung
el oro	Gold
la oscuridad	Dunkelheit
el otoño	Herbst
otro/a	andere/r/s
la oveja	Schaf
oye	hör mal!

P

la paciencia	Geduld
pacíficamente	friedlich
el padre	Vater
los padres	Eltern
la paella	spanisches Reisgericht
pagar	zahlen
la página	Seite
la página web	Webseite
el país	Land
el país en vías de desarrollo	Entwicklungsland
el país industrializado	Industriestaat
País Vasco	Baskenland
el paisaje	Landschaft
el pájaro	Vogel
la palabra	Wort
la palabra clave	Schlüsselwort
la pampa	Pampa
el pan	Brot
el Pan de Azúcar	Zuckerhut
la panadería	Bäckerei
el/la panameño/a	Panamaer/in
la panceta	durchwachsener Schweinespeck
la panorámica	(Aus-)Blick
la pantalla	Leinwand; Bildschirm
el pantalón	Hose
el pantano	Sumpf; Stausee
la panza	Bauch
el papá	Vater, Papa
el papel	Papier
el papel de cocina	Küchenpapier
la papelera	Papierkorb
la papelería	Schreibwarengeschäft

Wortliste

el paquete	Paket	la(s) pasta(s)	Teigwaren	per cápita	pro Kopf
el/la paquistaní	Pakistaner/in	el pastel	Törtchen; Kuchen	perder (ie)	verlieren
par	gerade (Zahl)	el pastel de cumpleaños	Geburtstagskuchen	perder el autobús	den Bus verpassen
para + Inf.	um zu ...			perderse (ie)	sich verirren, verlaufen, verfahren
el paraguas	Regenschirm	la pastelería	Konditorei		
paramilitar	paramilitärisch	la pastilla	Tablette	perdonar	entschuldigen
el parapente	Paragliding	la patata	Kartoffel	perezoso/a	faul
el parchís	Mensch-Ärgere-Dich-Nicht	las patatas fritas	Pommes frites	perfeccionar	verbessern
		el pato	Ente	perfecto/a	perfekt; gut, toll
parecer (zc)	scheinen	la patria	Vaterland	el perfume	Parfüm
parecerse (zc)	sich ähneln	PAU (Pruebas de Acceso a la Universidad)	Aufnahmeprüfung der Universität	la perfumería	Parfümerie
parecido/a	ähnlich			la periferia	Stadtrand, Randgebiet
la pared	Wand			el periódico	Zeitung
la pareja	(Ehe-)Paar	la pausa	Pause	el periodismo	Journalismus
los parientes	Verwandte	la paz	Frieden	el/la periodista	Journalist/in
el parking	Parkplatz; Parkhaus	el peaje	Autobahngebühr, Maut	el permiso	Erlaubnis
el paro	Arbeitslosigkeit	la peca	Sommersprosse	permitir	erlauben
el parque	Park	la pechuga de pollo	Hähnchenbrust	pero	aber
el parque de atracciones	Vergnügungspark	pedir (i)	bitten; verlangen; bestellen	el/la perro/a	Hund/Hündin
				la persona	Person, Mensch
el Parque Nacional	Nationalpark	pedir (i) socorro	um Hilfe bitten	el personaje	Persönlichkeit
el párrafo	Abschnitt	pedir un favor	um einen Gefallen bitten	el personaje literario	literarische Figur
la parrilla	Grill			personal	persönlich
la parte	Teil	pegar	kleben; schlagen, verprügeln	el personal	Personal
participar (en)	teilnehmen (an)			la personalidad	Persönlichkeit
la pasa	Rosine	la pelea	Streit	peruano/a	peruanisch
el pasado	Vergangenheit	pelear(se)	sich streiten	el/la peruano/a	Peruaner/in
pasado/a	vergangen	la película	Film	pesar	wiegen
pasado mañana	übermorgen	la película de ciencia ficción	Science-Fiction-Film	la pesca	Fischfang
el/la pasajero/a	Fahrgast, Passagier/in			el pescado	Fisch (gefangen oder zubereitet)
el pasaporte	(Reise-)Pass	la película de terror	Horrorfilm		
pasar	vorbei(gehen); durchgehen; verbringen; (über)reichen; geschehen	la película histórica	Historienfilm	pescado al horno	im Ofen gebackener Fisch
		la película policíaca	Kriminalfilm		
		el peligro	Gefahr	la peseta	Pesete
		en peligro de extinción	vom Aussterben bedroht	pesimista	pessimistisch
pasar a la historia	in die Geschichte eingehen			el peso	Gewicht
		peligroso/a	gefährlich	la petición	Bitte
pasar a otro coche	überholen	el pelo	Haar	el petróleo	Erdöl
pasar las vacaciones	die Ferien verbringen	la pelota	Ball	el pico	Schnabel
pasarlo bien	es sich gut gehen lassen	la pena	Strafe	el pie	Fuß
pasear	spazierengehen	la península	Halbinsel	la piedra	Stein
el paseo	Promenade; Spaziergang	la Península Ibérica	Iberische Halbinsel	la piel	Leder
		peninsular	der Halbinsel	la pierna	Bein
el paseo marítimo	Strandpromenade	pensar (ie)	denken	el pijama	Schlafanzug
la pasividad	Passivität, Tatenlosigkeit	la pensión	Pension	la pila	Batterie
pasivo/a	passiv	pensión completa	Vollpension	el pimentón	(gemahlener) Paprika
el paso de cebra	Zebrastreifen	peor	schlechter; schlimmer	la pimienta	Pfeffer
		pequeño/a	klein	el pimiento	Paprika

trescientos tres ■ 303

Wortliste

pincharse una rueda	eine Reifenpanne haben
el **ping pong**	Tischtennis
el **pingüino**	Pinguin
pintar	malen
el/la **pintor/a**	Maler/in
la **pintura**	Malerei; Gemälde
las **pinturas murales**	Wandmalereien
la **piña**	Ananas
el/la **pionero/a**	Vorreiter/in
la **pirámide**	Pyramide
la **piraña**	Piranha
los **Pirineos**	Pyrenäen
el **piropo**	Kompliment
pisar	betreten
la **piscina**	Schwimmbad
Piscis	Fische *(Sternzeichen)*
el **pisco**	*Art Grappa aus Pisco (in Peru)*
el *piso*	Wohnung; Stockwerk
la **pizzería**	Pizzeria
el **plan**	Plan
el **planeta**	Planet
plano/a	flach
la *planta*	Pflanze; Anlage
plantar	pflanzen
plantear	angehen
el **plástico**	Kunststoff, Plastik
la *plata*	Silber
el **plátano**	Banane
el **plato**	Teller; Gericht
el **plato precocinado**	Fertiggericht
la *playa*	Strand
la *plaza*	Platz; (Sitz-)Platz
Plaza de Mayo	*großer Platz im Zentrum von Buenos Aires*
la **plaza de toros**	(Stierkampf-)Arena
el **plural**	Plural
PNB = Producto Nacional Bruto	Bruttosozialprodukt
la *población*	Bevölkerung; Ortschaft
la **población activa**	erwerbstätige Bevölkerung
el **poblado**	Dorf
poblado/a	bevölkert
pobre	arm
la **pócima mágica**	Zaubertrank

poco/a	wenig
un poco	etwas
un poquito	ein wenig
el **poder**	Macht
poder (ue)	können
el **poder ejecutivo**	Exekutive
poderoso/a	mächtig
el **poema**	Gedicht
la **poesía**	Gedicht; Poesie, Dichtkunst
el/la **poeta**	Dichter/in
la **polémica**	Polemik
el/la *policía*	Polizist/in
la *policía*	Polizei
policial	Polizei-
el **polideportivo**	Sportzentrum
la *política*	Politik
político/a	politisch
el/la **político/a**	Politiker/in
el **pollo**	Hähnchen
poner	setzen, stellen, hineintun
poner (muchos) deberes	(viele) Hausaufgaben geben
poner de relieve	hervorheben
poner en libertad	freilassen
poner en relación	in Verbindung bringen
poner una película	einen Film vorführen
ponerse	anziehen
ponerse en marcha	starten
ponerse en medio	sich in die Mitte stellen
ponerse a + Inf.	anfangen zu
ponerse + Adj.	werden
ponerse colorado/a	rot werden
ponerse contento/a	sich freuen
ponerse enfermo/a	krank werden
ponerse nervioso/a	nervös werden
ponerse triste	traurig werden
popular	Volks-
poquito	ein wenig, ein bisschen
por	durch
por (lo) tanto	deshalb
por aquí	hier
por ciento	Prozent
por completo	völlig, voll und ganz
por ejemplo	zum Beispiel
por esa razón	aus diesem Grund
por eso	deshalb

por la mañana	morgens, vormittags
por la tarde	nachmittags
por lo visto	offenbar
por medio de	mittels
por otra parte	andererseits
por parte de	seitens ...
por semana	wöchentlich
por suerte	zum Glück
por supuesto	selbstverständlich
por teléfono	telefonisch
por todas partes	überall
por todo ello	deshalb
por todos los medios	mit allen Mitteln
por última vez	zum letzten Mal
por último	zum Schluss, zuletzt
por una parte	einerseits
el **porcentaje**	Prozentsatz
porque	weil
la **porquería**	Mist
el **porrón**	*Trinkgefäß aus Glas mit langer Tülle*
la **portada**	Titelblatt
el **portal**	Portal
portátil	tragbar
el/la **portavoz**	Sprecher/in
el/la **portero/a**	Pförtner/in, Hausmeister/in
el **pórtico**	Säulenhalle
portuario/a	Hafen-
el **portugués**	Portugiesisch
poseer	besitzen
la **posibilidad**	Möglichkeit
el **póster**	Poster
el *postre*	Nachtisch
de postre	als Nachtisch
la **postura**	Meinung, Haltung
potente	leistungsfähig, stark
practicar	(aus)üben
las **prácticas** *(Pl.)*	Praktikum
práctico/a	praktisch
el *precio*	Preis
la **preciosidad**	Kostbarkeit
precioso/a	wunderschön
precocinado/a	vorgekocht
precolombino/a	vorkolumbisch
predecir	voraussagen
preferentemente	vorzugsweise

Wortliste

preferido/a	bevorzugt, Lieblings-
preferir (ie)	bevorzugen
la **pregunta**	Frage
preguntar	fragen
prehispánico/a	*aus der Zeit vor der Entdeckung Amerikas*
prehistórico/a	prähistorisch
el **prejuicio**	Vorurteil
prematuro/a	früh(zeitig)
el **premio**	Preis
Premio Nobel de la Paz	Friedensnobelpreis
prender fuego	Feuer legen
la **prensa**	Presse
la **preocupación**	Sorge
preocupado/a	besorgt
preocupante	besorgniserregend
preocuparse	sich Sorgen machen
preparar	(vor-, zu)bereiten
presenciar	erleben
el/la **presentador/a**	Moderator/in
presentar	zeigen, aufweisen; vorstellen
el **preservativo**	Kondom
el/la *presidente/a*	Präsident/in
presionar	Druck ausüben (auf)
prestar	(aus)leihen, borgen
prestar atención	aufmerksam sein, aufpassen
pretender	beabsichtigen, vorhaben
prever	vorhersehen
previsto/a	vorgesehen
la **primavera**	Frühling
primer(o)/a	erste/r/s
primero	zuerst
primitivo/a	primitiv
el/la *primo/a*	Cousin/Cousine
principal	Haupt-, hauptsächlich
el/la **príncipe/princesa**	Prinz/Prinzessin
el **príncipe azul**	Märchenprinz
el **principio**	Anfang; Prinzip, Grundsatz
al principio	am Anfang
la **prioridad**	Priorität, Vorrang
privado/a	privat
privar	entziehen, wegnehmen
privatizar	privatisieren
el **privilegio**	Privileg
probable(mente)	wahrscheinlich
probar (ue)	probieren
el **problema**	Problem; Aufgabe
el **problema amoroso**	Liebeskummer
los **problemas físicos**	körperliche Gesundheitsprobleme
proceder de	(her)kommen von, stammen aus
la **producción**	Produktion
producir (zc)	herstellen
productivo/a	produktiv
el **producto**	Produkt
el **producto de limpieza**	Putzmittel
el **producto nacional bruto**	Bruttosozialprodukt
el/la **productor/a**	(Film-)Produzent/in
los **productos lácteos**	Milchprodukte
la **profesión**	Beruf
la **profesión soñada**	Traumberuf
profesional	professionell
el/la **profesor/a**	Lehrer/in
el **profesorado**	Lehrkörper, Lehrerschaft
el **programa**	Programm
el Programa de las Naciones Unidas para el Desarrollo	Entwicklungshilfeprogramm der Vereinten Nationen
el programa de televisión	Fernsehsendung
programar	programmieren
progresista	fortschrittlich, progressiv
el **progreso**	Fortschritt
la **prohibición**	Verbot
prohibido/a	verboten
prohibir	verbieten
el **pronombre**	Pronomen
pronto	früh; bald
la **pronunciación**	Aussprache
pronunciar	aussprechen
¿Cómo se pronuncia...?	Wie spricht man ... aus?
la **propiedad**	Besitz
el/la **propietario/a**	Besitzer/in, Eigentümer/in
propio/a	eigene/r/s
proponer	vorschlagen
proponerse	sich bewerben
la **proposición**	Vorschlag
la **propuesta**	Vorschlag
la **protección**	Schutz
la **protección del medio ambiente**	Umweltschutz
proteger	schützen
la **protesta**	Protest
protestar	protestieren
el **provecho**	Nutzen, Vorteil
la **provincia**	Provinz
próximo/a	nächste/r/s
la **proyección de películas**	Filmvorführung
el **proyecto**	Vorhaben, Projekt
la **prueba**	Probe; Prüfung
el **pseudónimo**	Pseudonym
el/la **psiquiatra**	Psychiater/in
el **PSOE** (Partido Socialista Obrero Español)	*Sozialistische Spanische Arbeiterpartei*
publicar	veröffentlichen
la **publicidad**	Werbung
publicitario/a	Werbe-
el *público*	Publikum
público/a	staatlich; öffentlich
el *pueblo*	Volk; Dorf
el *puente*	Brücke
la *puerta*	Tür
la Puerta del Sol	*berühmter Platz im Zentrum Madrids*
el *puerto*	Hafen
pues	dann; nun
el *puesto de trabajo*	Arbeitsplatz
Punta del Este	*Badeort in Uruguay*
el *punto*	Punkt
los *puntos vitales*	wichtige Punkte
el *puñado*	Handvoll

Q

que	der, die, das (Relativpronomen)
¿Qué...?	Was ...? Welche/r/s ...?
¡Qué...!	Wie! Was für ein...!
¡Qué asco!	Ekelhaft!

Wortliste

¡Qué casualidad!	Was für ein Zufall!
¡Qué grande!	Wie groß!
¿Qué hora es?	Wie viel Uhr ist es?
¡Qué horror!	Furchtbar!
¡Qué lástima!	Wie schade!
¿Qué le pasa?	Was fehlt Ihnen?
¡Qué mala suerte!	Was für ein Pech!
¡Qué pena!	Wie schade!
¡Qué rico!	Köstlich! Lecker!
¿Qué significa…?	Was bedeutet …?
¿Qué tal…?	Wie war …?
¿Qué te parece?	Was meinst du?
¡Qué va!	Ach was!
quedar	sich verabreden
quedarse	bleiben
quedarse dormido	einschlafen
quedarse maravillado/a	aus dem Staunen nicht herauskommen
quedarse sin dinero	kein Geld mehr haben
quemarse	sich verbrennen
querer (ie)	wollen; mögen; lieben
Querido/a	Liebe/r
el queso	Käse
¿Quién…? ¿Quiénes?	Wer …?
Quijote	Held des gleichnamigen Romans von Cervantes
la química	Chemie
quince	fünfzehn
quinientos	fünfhundert
el quinto	fünfter Stock
el quiosco	Kiosk
quitar	beseitigen; wegnehmen
quizá	vielleicht

R

el racismo	Rassismus
racista	rassistisch
la radio	Radio
la raíz (Pl. raíces)	Wurzel
el ramo	Strauß
el rap	Rap
rápidamente	schnell
la rapidez	Schnelligkeit
rápido/a	schnell
raptar	entführen
la raqueta de tenis	Tennisschläger
rarísimo/a	sehr seltsam, komisch
raro/a	seltsam, merkwürdig, komisch
el rato	Weile
la raya	Streifen
la raza	Rasse
la razón	Grund
razonar	argumentieren
la reacción	Reaktion
reaccionar	reagieren
real	echt, wirklich
el real	Real (brasilianische Währung)
la realidad	Wirklichkeit
realmente	wirklich
el recado	Nachricht; Besorgung
la recepción	Empfang; Rezeption
la receta	Rezept
recibir	empfangen, erhalten
reciclar	wiederverwerten
reciente	jüngst (geschehen)
recoger	abholen; sammeln
recomendable	empfehlenswert
la recomendación	Empfehlung
recomendar (ie)	empfehlen
reconstruir (y)	rekonstruieren
recordar (ue)	erinnern an
recorrer	bereisen; zurücklegen
el recorrido	Tour
el recuadro	Kasten, Kästchen
el recuerdo	Erinnerung
recuperar	wiedererlangen
el recurso	Vorkommen; Redemittel
los recursos naturales	natürliche Ressourcen
la red	Netz
el/la redactor/a	Redakteur/in
redistribuir (y)	umverteilen
reducir (zc)	reduzieren
las referencias (Pl.)	Referenzen
referirse (ie)	sich beziehen auf
reflejar	zeigen
el refrán	Sprichwort
el/la refugiado/a	Flüchtling
regalar	schenken
el regalo	Geschenk
la región	Region; Gegend
la regla	Regel; Ordnung; Prinzip
regresar	zurückkehren
el regreso	Rückkehr
regular	mittelmäßig; regulär
la regularidad	Regelmäßigkeit
rehabilitado/a	renoviert
la relación	Bezug, Verbindung; Beziehung
relacionado/a	in Verbindung mit
relacionar	verbinden
las relaciones	Beziehungen
relajado/a	entspannt
relajante	entspannend
el relato	Erzählung
relevante	relevant
el relieve	Relief
la religión	Religion
religioso/a	religiös
rellenar	ausfüllen
el relleno	Füllung
relleno/a	gefüllt
el reloj	(Armband)Uhr
remitir (a)	verweisen (auf)
el/la repartidor/a	Zusteller/in
repentino/a	plötzlich
el reposo	Bettruhe
el/la representante	Vertreter/in
representar	darstellen
representativo/a	repräsentativ
la represión	Unterdrückung
el reproductor de casetes	Kassettenrekorder
el reproductor de CD	CD-Player
la República Dominicana	Dominikanische Republik
el rescate	Erlösung, Befreiung
reservado/a	reserviert
la residencia	Wohnheim
la residencia universitaria	Studentenwohnheim
resolver (ue)	lösen
respecto a	hinsichtlich, betreffend
respetar	beachten
responder	antworten
responsable	verantwortlich
la respuesta	Antwort

restante	restlich, übrig geblieben
el resto	Rest
resultar	sich erweisen als
el resumen	Zusammenfassung
resumir	zusammenfassen
la retransmisión en directo	Direktübertragung
la reunión	Versammlung
reunir	(ver)sammeln
reunirse	sich treffen
reutilizar	wiederverwenden
revelar	enthüllen
revisar	überprüfen (lassen)
la revisión	Inspektion
la revista	Zeitschrift
Reyes	Heilige Drei Könige
los Reyes Católicos	die Katholischen Könige (Ferdinand von Aragonien und Isabella von Kastilien)
rico/a	reich; lecker
ridículo/a	lächerlich
el rincón	Ecke
el riñón	Niere
el río	Fluss
la riqueza	Reichtum
riquísimo/a	sehr lecker, köstlich
rizado/a	kraus, lockig
robar	stehlen
el robo	Diebstahl
la roca	Fels
el rock duro	Hardrock
rodar (ue)	drehen
rodear (de)	umgeben (mit)
la rodilla	Knie
rojo/a	rot
el rollo	eine langweilige Sache
Roma	Rom
el romance	Romanze
románico/a	romanisch
romper(se)	(zer)brechen; kaputt gehen
el ron	Rum
la ropa	Kleidung, Wäsche
la rosa	Rose
rubio/a	blond
la rueda	Rad; Reifen
el ruido	Lärm
ruidoso/a	laut, geräuschvoll
rural	ländlich
Rusia	Russland
el ruso	Russisch
la rutina	Routine

S

S.O.S. = mensaje de socorro	Notruf
el sábado	Samstag
saber	wissen; können
saber (Essen, Getränk)	schmecken
El café sabía fatal	Der Kaffee schmeckte scheußlich
sacar	herausholen; erreichen
sacar buenas notas	gute Noten bekommen
sacar una conclusión	eine Schlussfolgerung ziehen
el sacerdote	Priester
Sagitario	Schütze (Sternzeichen)
sahariana/o	saharauisch, der Westsahara
la sal	Salz
salado/a	salzig; versalzen
la salchicha	Wurst
la salida	Ausgang; Abflug
salir	aus-, weg-, hinausgehen
el salón	Wohnzimmer
saltar	springen; platzen
el salto	Wasserfall
la salud	Gesundheit
el saludo	Gruß
Un cordial saludo	Mit freundlichen Grüßen
el/la salvadoreño/a	Salvadorianer/in
salvaje	wild
San	Kurzform für "Santo" vor Namen
las sandalias	Sandalen
la sangre	Blut
la sanidad	Gesundheitswesen
sano/a	gesund
el/la Santo/a	Heilige/r
Saturno	Saturn
se	man; sich
la secretaria	Sekretärin
la secuencia	Sequenz, Reihe
secuestrar	entführen
la sede	Sitz
seguir (i)	folgen
seguir (i) + Gerundio	etw. weiter machen
seguir (i) recto	geradeaus gehen
según	gemäß, laut
segundo/a	zweite/r/s
seguramente	sicherlich
la seguridad	Sicherheit
seguro/a	sicher
seleccionar	auswählen
la selva	(Ur-)Wald
selvático/a	(Ur-)Wald-
el semáforo	Ampel
la semana	Woche
la semana que viene	nächste Woche
la Semana Santa	Karwoche
semanal	Wochen-
el semestre	Semester
el/la senegalés/esa	Senegalese/in
sensible	sensibel
sensual	sinnlich
sentarse (ie)	sich setzen
el sentido	Sinn
sentir (ie)	fühlen
señalar	hinweisen (auf)
el señor	Herr
Muy señor/a mío/a	Sehr geehrte/r Dame/Herr
la señora	Frau
los señores	Herr und Frau
la "señorona"	vornehme Dame
separarse	sich trennen
ser	sein
Es que...	Es ist so, dass ...
ser respetuoso/a con	Rücksicht nehmen auf
el ser	Wesen, Geschöpf
el ser humano	Mensch
la serie	Reihe
serio/a	ernst; ernsthaft; seriös
el servicio	Dienst; Dienstleistung; Toilette
servir (i)	dienen, nützen; servieren; begabt, geeignet sein

Wortliste

la sesión (de cine)	(Kino-)Vorstellung
el seudónimo	Pseudonym
el sexo	Geschlecht
sexto/a	sechste/r/s
el/la sexto/a	Sechste/r
sexual	sexuell
si	ob; wenn, falls
sí	ja
el SIDA (Síndrome de Inmunodeficiencia Adquirida)	Aids
siempre	immer
la sierra	Gebirge
la siesta	Mittagsschlaf
el siglo	Jahrhundert
significar	bedeuten
el siguiente	folgende/r/s
el silencio	Stille, Ruhe
la silla	Stuhl
el símbolo	Symbol
simétrica/a	symmetrisch
similar	ähnlich
la similitud	Ähnlichkeit
simpático/a	sympathisch
simpatiquísimo/a	sehr sympathisch
simple	einfach
sin	ohne
sin duda	zweifellos
sin embargo	jedoch
el singular	Singular
sino	sondern
sintáctico/a	syntaktisch
el síntoma de cansancio	Ermüdungserscheinung
la Sirenita	Kleine Meerjungfrau
el sistema	System
el sistema educativo	Bildungswesen
el sitio	Ort, Platz, Stelle
la situación	Situation, Lage
situar	stellen, platzieren
sobre	über
el sobre	Briefumschlag
sobre todo	vor allem
sobrevolar (ue)	überfliegen
el/la sobrino/a	Neffe/Nichte
social	sozial, gesellschaftlich
la sociedad	Gesellschaft
el/la socio/a	Teilhaber/in
el sofá	Sofa
el sol	Sonne
hace sol	die Sonne scheint
solamente	nur
la soledad	Einsamkeit
soler (ue) + Inf.	etwas zu tun pflegen
la solicitud	Antrag
la solidaridad	Solidarität
solidario/a	solidarisch
el/la solista	Solist/in
solitario/a	einsam
sólo/solo	nur, alleine
soltero/a	ledig
solucionar	lösen
la sombra	Schatten
el sonido	Laut
soñador/a	träumerisch, verträumt
soñar (ue)	träumen
la sopa	Suppe
soportar	ertragen, aushalten
el soporte	Träger
en soporte de papel	gedruckt
sorprendente	erstaunlich
sorprender	überraschen
la sorpresa	Überraschung
el spray	Spray
Sra. = señora	Frau
su	sein/ihr/Ihr
la subasta	Versteigerung, Auktion
el/la subdirector/a general	stellvertretende/r Generaldirektor/in
la subida	Auffahrt
subir	hinaufgehen,-fahren; erhöhen
subir de categoría	befördern
el Subjuntivo	spanischer Konjunktiv
el submarinismo	Tauchsport
subrayar	unterstreichen
el subtitular	Untertitel
suceder	geschehen
el suceso	Ereignis
el/la sueco/a	Schwede/in
el/la suegro/a	Schwiegervater/ Schwiegermutter
el sueldo	Gehalt
el suelo	Boden
el sueño	Traum
la suerte	Glück
suficiente	genügend
sufrir	(er)leiden
sufrir cambios	sich verändern, Änderungen erfahren
sugerir (ie)	nahelegen; vorschlagen
Suiza	Schweiz
el/la suizo/a	Schweizer/in
el sujetador	Büstenhalter
sumar	zusammenzählen
el super	Supermarkt
la superficie	Fläche, Oberfläche
superior	obere/r/s; überlegen
el supermercado	Supermarkt
el suplemento dominical	Sonntagsbeilage
suponer	annehmen; voraussetzen
el sur	Süden
al sur (de)	südlich (von)
el surf	Surfen
suroeste	Südwesten
suscitar	auslösen
suspender	durchfallen (lassen)
suspendido/a	schwebend
el sustantivo	Substantiv
sustituir (y)	ersetzen; vertreten
el susto	Schreck
suyo/a	seine/r, ihre/r, Ihre/r

T

el tabaco	Tabak
el tablao	Bühne (für Flamenco)
el tablero	Holztafel
el taco	Schimpfwort
tal vez	vielleicht
también	auch
tampoco	auch nicht
tan	so, so sehr
tantas veces	so oft
tanto ... como	sowohl ... als auch
tanto/a	soviel
tapar	zudecken
tarde	spät
la tarde	Nachmittag
la tarjeta	Karte
la tarjeta de crédito	Kreditkarte
la tarjeta de embarque	Bordkarte

Wortliste

la tarta	Torte	el territorio	Gebiet	la tortilla de maíz	Maisfladen
Tauro	Stier *(Sternzeichen)*	el/la testigo	Zeuge/in	la tortilla de patatas	Kartoffelomelett
el taxi	Taxi	el/la tetrapléjico/a	Querschnittsgelähmte/r	la tortuga	Schildkröte
el taxi colectivo	Sammeltaxi	textil	Textil-	la tortura	Folter
el/la taxista	Taxifahrer/in	el texto	Text	torturar	foltern
te	dir, dich	ti	dir, dich	la tos	Husten
el té	Tee	*el tiempo*	Zeit; Wetter	toser	husten
el teatro	Theater	el tiempo libre	Freizeit	el total	(Gesamt-)Menge
la tecla	Taste	a tiempo	rechtzeitig	total que	also; kurz und gut
el teclado	Tastatur	*la tienda*	Geschäft, Laden	totalmente	ganz
la técnica	Technik	la tienda de ropa	Bekleidungsgeschäft	trabajador/a	arbeitsam, fleißig
la tecnología	Technologie	la tienda de souvenirs	Souvenirladen	trabajar	arbeiten
el tejado	Dach			*el trabajo*	Arbeit
tejer	weben	tienen *(tener)*	sie haben	el trabalenguas	Zungenbrecher
la tela	Stoff	tierno/a	sanft, zärtlich	la tradición	Tradition
el teléfono	Telefon	*la tierra*	Land; Erde	tradicional	traditionell
la telenovela	Seifenoper	Tierra del Fuego	Feuerland	la traducción	Übersetzung
el/la teleoperador/a	Telefonist/in, Operator/in	las tierras	Ländereien	traducir *(zc)*	übersetzen
		el timbre	Klingel	el/la traductor/a	Übersetzer/in
telepático/a	telepathisch	tímido/a	schüchtern, zurückhaltend	traer	(her-, mit)bringen
la televisión	Fernsehen			el tráfico	Verkehr
el televisor	Fernsehapparat	*el/la tío/a*	Onkel/Tante	el traje	Anzug
el tema	Thema	típico/a	typisch	la tranquilidad	Ruhe
la temperatura	Temperatur	el tipo	Typ, Klasse, Art	tranquilizarse	sich beruhigen
el templo	Tempel	el tipo de vida	Lebensart, -weise	tranquilo/a	ruhig
la temporada	Zeit	tirar	wegwerfen	la transcripción	Transkription
temprano	früh	el tiroteo	Schießerei	transmitir	übermitteln
tener *(ie)*	haben	el titular	Überschrift, Schlagzeile	*el transporte*	Transport; Verkehrsmittel
tener en común	gemeinsam haben				
tener en cuenta	in Betracht ziehen	la toalla	Handtuch	el transporte público	öffentliche Verkehrsmittel
tener ganas	Lust haben	el tobillo	Fußknöchel		
tener hijos	Kinder bekommen	todo	alles	el trapo de cocina	Geschirrtuch
tener prisa	es eilig haben	todo/a, todos/as	ganz; jede(r); alle	trasladarse	sich begeben nach; übersiedeln
tener que + Inf.	müssen	todo el mundo	die ganze Welt, alle		
tener razón	Recht haben	tocar	anfassen; spielen	el traslado	Transfer
tener ... años	...Jahre alt sein	todavía	noch	el tratamiento	Anrede
el tenis	Tennis	tomar	nehmen; zu sich nehmen; trinken	tratar de	versuchen zu
el Tercer Mundo	Dritte Welt			tratarse de	sich handeln um
tercer(o)/a	dritte/r	tomar el sol	sich sonnen	el traumatismo	Trauma
la tercera parte	ein Drittel	tomar la palabra	das Wort ergreifen	*el tren*	Zug
el tercero	dritter Stock	tomar notas	sich Notizen machen	trescientos	dreihundert
la terminación	Endung	*el tomate*	Tomate	la tribu	Stamm
terminar	beenden, aufhören	la tontería	Dummheit	*triste*	traurig
terminarse	zu Ende gehen	tópico/a	klischeehaft	el triunfo	Sieg
el/la terrateniente	(Groß-)Grundbesitzer/in	torear	mit Stieren kämpfen	tropical	tropisch
la terraza	Terrasse	el torero	Stierkämpfer	el Trópico	Tropen
el terreno	Grundstück	*el toro*	Stier	la trucha	Forelle
terrible	schrecklich	la tortilla	Omelet		

Wortliste

truchas a la navarra	Forellen mit Schinken gefüllt u. mit Tomatensoße serviert	vale	in Ordnung	vestido/a	gekleidet
		valer	gelten, gültig sein	la vez (Pl. veces)	Mal
		valer la pena	sich lohnen	a veces	manchmal
tú	du	la valla publicitaria	Reklametafel, Plakatwand	vía	über
tu/s	dein/e			viajar	reisen
el/la turco/a	Türke/in	el valle	Tal	el viaje	Reise
el/la turista	Tourist/in	el valor	Wert	el viaje de estudios	Studienreise
turístico/a	touristisch	valorar	bewerten	de viaje	auf Reisen
tutear	duzen	vamos a + Inf.	wir werden ...	viceversa	umgekehrt
tuyo/a	deine/r/s	el vaquero	Jeans	la vida	Leben
		variado/a	vielfältig	la vida amorosa	Liebesleben
U		la variante	Variante; Abweichung	la vida nocturna	Nachtleben
				el vídeo	Video
u	oder (vor „o" oder „ho")	la variedad	Vielfalt	el videojuego	Videospiel
		varios/as	verschiedene, einige	viejo/a	alt
la ubicación	Lage, Standort	la varita mágica	Zauberstab	el viernes	Freitag
últimamente	in letzter Zeit	el vaso	Glas	vigilar	(be-, über)wachen
último/a	letzte/r/s	el/la vecino/a	Nachbar/in	el vinagre	Essig
un/una	ein/eine	el/la vegetariano/a	Vegetarier/in	el vino	Wein
el/la único/a	der/die einzige	el vehículo	Fahrzeug	la viñeta	Vignette
único/a	einzige/r/s	veinte	zwanzig	la violencia	Gewalt
la unidad	Einheit	la vela	Segeln	violento/a	heftig; gewaltsam, brutal
la Unión Europea	Europäische Union	el/la vendedor/a	Verkäufer/in		
unirse	sich zusammentun	vender	verkaufen	Virgo	Jungfrau (Sternzeichen)
la universidad	Universität	el/la venezolano/a	Venezolaner/in	el virus	Virus
universitario/a	Universitäts-	venezolano/a	venezolanisch	visible	sichtbar
unos/unas	einige, ungefähr (vor Zahlen)	venir (ie)	kommen	la visita	Besichtigung, Besuch
		la venta	Verkauf	visitar	besuchen; besichtigen
urbano/a	städtisch	la ventaja	Vorteil	la vista	Ausblick
urgente	dringend	la ventana	Fenster	vitalista	lebenslustig
uruguayo/a	uruguayisch	la ventanilla	Fenster	la vitamina	Vitamin
el/la uruguayo/a	Uruguayer/in	ver	sehen; sich etwas anschauen	la vivienda	Wohnung
usar	gebrauchen, benutzen			la vivienda unifamiliar	Einfamilienhaus
el uso	Gebrauch, Verwendung	el verano	Sommer		
usted(es)	Sie	verbal	verbal, Verb-	vivir	leben, wohnen
útil	nützlich	el verbo	Verb	vivo/a	lebendig
utilizar	verwenden	la verdad	Wahrheit	Vizcaya	Biskaya
la uva	Weintraube	Es verdad.	Das ist wahr. Das stimmt.	el vocabulario	Vokabular, Wortschatz
				la vocación	Berufung
V		¿Verdad?	Nicht wahr?	la vocal	Vokal
		verdadero/a	echt	volador/a	fliegend
la vaca	Kuh	verde	grün; ökologisch	volar (ue)	fliegen
las vacaciones	Ferien, Urlaub	la verdura	Gemüse	el volcán	Vulkan
el vacilón	Fest	la vergüenza	Schande	volcánico/a	vulkanisch
el vacío	Leere	verificar	überprüfen, kontrollieren	volver (ue)	zurückkommen, -kehren
vacío/a	leer				
el/la vagabundo/a	Obdachlose/r	la versión	Version, Fassung	volver a + Inf.	wieder + Inf.
vago/a	faul	el verso	Vers; Gedicht	vomitar	(er)brechen, sich übergeben

vos	du *(Lateinamerika)*
vosotros/as	ihr
el **voto**	Stimme *(politisch)*
la **voz**	Stimme
el **vuelo**	Flug
el **vuelo de línea**	Linienflug
la **vuelta**	Rückkehr; Rückfahrt, -flug; Runde
vuestro/a	euer/e

Y

y	und
ya	schon
el **yerno**	Schwiegersohn
el **yeso**	Gips
yo	ich

Z

la **zapatilla de deporte**	Turnschuh
el **zapato**	Schuh
la **zona**	Gebiet, Gegend
la **zona montañosa**	Gebirgsgegend
el **zoo**	Zoo
el **zorro**	Fuchs
el **zumo**	Saft